Hans Jürgen Witthöft

Vom umgebauten Tanker zum Megacarrier

# CONTAINERSCHIFFE

Rückgrat des Welthandels

Ein Gesamtverzeichnis der lieferbaren Titel schicken wir Ihnen gerne zu.
Bitte senden Sie eine E-Mail mit Ihrer Adresse an: vertrieb@koehler-books.de
Sie finden uns auch im Internet unter: www.koehler-books.de

Bibliografische Information der Deutschen Nationalbibliothek
Die Deutsche Nationalbibliothek verzeichnet diese Publikation in der
Deutschen Nationalbibliografie; detaillierte bibliografische Daten sind im Internet über
http://dnb.d-nb.de abrufbar.

ISBN 978-3-7822-1316-5



Gestaltung: Karl-Heinz Westerholt

Printed in Europe

Vom umgebauten Tanker zum Megacarrier

# CONTAINERSCHIFFE

## RÜCKGRAT DES WELTHANDELS

Koehler

# Inhaltsverzeichnis

# Einleitung

Die inzwischen als selbstverständlich empfundene Containerisierung des Gütertransports über See – zunächst waren es mehrheitlich Stückgüter, dann aber auch Bulk- und Tankpartien sowie schließlich sogar Projektladungen – hat die Grundlage für einen zuverlässigen und kostengünstigen weltweiten Austausch von Halb- und Fertigwaren sowie zahlreicher weiterer Produkte geschaffen. Das erst hat die erlebte weitgehende Arbeitsteilung der Weltwirtschaft ermöglicht und mit raschem Tempo vorangebracht – wir nennen es Globalisierung.

Zu dem Siegeszug der Boxen nicht nur durch die gesamte Transportwelt haben wesentlich zwei ganz banale Eigenschaften beigetragen: ihre weltweit gültigen genormten Abmessungen, verbunden mit ihrer Stapelfähigkeit. Die hierdurch erfolgte Mechanisierung und Industrialisierung der Transporte über See und nicht zuletzt auch des Güterumschlags in den Häfen haben einen gewaltigen Effizienzgewinn bewirkt, der überall seinen Niederschlag in den Preisgestaltungen gefunden hat.

Die mit den Containern in Fahrt gekommene Globalisierung hat den Reedereien über Jahre zunächst goldene Zeiten beschert. Die internationale Arbeitsteilung und das wirtschaftliche Erstarken der Schwellenländer, insbesondere Chinas, hat zu einem sprunghaften Anstieg des weltweiten Gütertransports per Schiff geführt. Die Nachfrage nach Transportraum stieg rasant, und die Frachtraten schossen in die Höhe, was die Reedereien dazu trieb, immer mehr und immer größere Schiffe zu bestellen. Die Containerschifffahrt erlebte einen schier unglaublichen Boom, von dem viele profitierten, bis die internationale Finanzkrise von 2007 ihm ein ziemlich abruptes Ende bereitete und so manches Unternehmen in den Ruin oder zumindest in seine Nähe getrieben hat.

Für die Containerschifffahrt brach plötzlich ein neues Zeitalter an. Die Transportnachfrage sank und damit die Frachtraten. Plötzlich gab es mehr Schiffe, als benötigt wurden. Die guten Jahre waren unwiderruflich vorbei, der Kampf ums Überleben begann. Es wurde ein knallharter Kampf um Marktanteile, um Kostenreduzierung und Macht, um Marktmacht. Zusammenschlüsse prägten die Entwicklung ebenso wie immer größere Schiffe, von deren Einsatz man sich Kostenvorteile versprach. Wer nicht mithalten konnte, musste aufgeben.

Die Auswirkungen waren vielfältig, für alle am Geschehen Beteiligten – vergleichbar mit den Anfängen der Containerschifffahrt, wenn auch unter anderen Vorzeichen. Von diesem Geschehen berichtet das vorliegende Buch. Von einer Geschichte, die mit einem umgebauten Weltkriegsfrachter begann und die mit den Giganten trotz Krise von heute noch keineswegs zu Ende ist. Es war spannend, und es bleibt so.

*Hans Jürgen Witthöft* *August 2018*

# Grundsätzliches vorweg

Die Begriffe »Container« und »containerisiert« gehören heute zum allgemeinen Sprachgut, sind selbstverständlich geworden und vermitteln hintergründig die Vorstellung von »einfach« oder »vereinfacht«. Und das stimmt auch, denn bei der Einführung der Container war es die Absicht, Transporte zu vereinfachen, indem Güter containerisiert, also für den Transport in Containern, genormten Kisten, zusammengefasst und passend gemacht wurden. Das geschah durchaus wechselseitig, denn auch die Container wurden im Laufe der Jahre den spezifischen Eigenschaften vieler Transportgüter angepasst, das heißt, es wurden Container eigens so konstruiert, dass bestimmte Güter in und mit ihnen transportiert werden konnten. Dieses Geschehen wird insgesamt mittlerweile als so normal angesehen, dass darüber nicht weiter nachgedacht wird, wie und warum das alles so wurde, wie es ist. Dabei verbirgt sich dahinter eine spannende Geschichte, eine vielschichtige Entwicklung mit der Schifffahrt im Mittelpunkt. Deshalb erscheint es lohnend und angemessen, sie einmal festgehalten, zumal manche Akteure den Container sogar zu den wichtigsten Erfindungen unseres Zeitalters zählen.

Die weltweite Containerschifffahrt – ein heute alle Fahrtgebiete umfassendes, immer dichter verwobenes Netzwerk – hat innerhalb weniger Jahrzehnte nicht allein die Linienschifffahrt grundlegend verändert, sondern ist zu der festen, unverzichtbaren Basis für die unaufhaltsame Vernetzung der Volkswirtschaften weltweit geworden. Ohne die »Erfindung« dieser an sich unspektakulär erscheinenden genormten Kisten hätte es die vielbeschworene, teilweise aber auch heftig kritisierte Globalisierung der Weltwirtschaft nicht gegeben, zumindest nicht in der erlebten Form und Schnelligkeit. Etliche mögen das beklagen, weitaus mehr haben jedoch einen erheblichen Nutzen davon. Professor Dr. Carlos Jahn, Leiter des Fraunhofer-Centers für Maritime Dienstleistungen und Logistik (CML), brachte es auf den Punkt: »Ohne den Container hätte sich der Welthandel anders entwickelt.«

Die Einführung der in ihrer Konstruktion für immer breitere Einsatzbereiche modifizierten Boxen, also der Container, hat deutlich über die Schifffahrt hinaus eine weltweite Revolution in den Transportabläufen des Güteraustauschs bewirkt und damit erheblichen Einfluss auf das Geschehen in der Gesamtwirtschaft genommen. Diese »Revolution« hat sich inzwischen zwar in ihren Grundzügen verfestigt, ist technisch aber noch längst nicht zu einem Endpunkt gelangt. Dieser, um dabei zu bleiben, revolutionäre Prozess kannte und kennt keinen Stillstand, bis heute nicht. Die Entwicklung wird noch immer von neuen Faktoren und Erfordernissen vorangetrieben und musste in ihrem Verlauf auf vielfältige äußere Einflüsse reagieren, und das möglichst rasch, unverzüglich.

Allgemein hat es den Anschein, dass man sich an die Nutzung und selbst an den Anblick der Container gewöhnt hat. Sie gehören für den Normalbürger zum Straßenbild. Wenn, dann fallen sie höchstens noch durch ihre unterschiedlichen Farben und Logos ins Auge. Das ist eine ebenso simple wie, weil es so schnell ging, faszinierende Feststellung. Allerdings hat diese Gewöhnung das Gefühl dafür überdeckt, was diese – simplen – Kisten gerade allgemein für unseren Alltag bedeuten und dafür, was dieser Alltag ohne sie wäre.

Ausgehend von der Schifffahrt und von den Häfen als Bindeglied zwischen See- und Landtransport haben sich in spektakulär kurzer Zeit umfassende Lieferketten entwickelt, die inzwischen in den bei Weitem meisten Fällen durchgehend vom Versender bis zum Empfänger reichen. Ohne die Container, von denen zur Zeit über 50 Millionen überall in der Welt unterwegs sind, hätte es, um das noch einmal herauszustellen, die immer enger gewordene Verzahnung der Volkswirtschaften weltweit nicht gegeben. Es hätte wohl, worüber die meisten Konsumenten kaum nachdenken, beispielsweise keine billigen Kleidungsstücke aus China, keine preisgünstige Unterhaltungs- und sonstige Elektronik aus Südostasien, dank Zulieferteilen aus aller Welt keine Autos zu erschwinglichen Preisen und keine Kiwis aus Neuseeland für Centbeträge gegeben. Also alles das, was heute einfach so eben als selbstverständlich erscheint und was allgemein von den jeweiligen Angeboten erwartet wird. Die Container machen es möglich, weil durch ihren massenhaften Einsatz die Transportkosten bei den Preiskalkulationen des Handels seit Langem eine nur noch verhältnismäßig untergeordnete Rolle spielen.

Die Nähe der Produktionsstätte zu den Rohstoffquellen oder zu den Absatzmärkten bzw. Verbrauchern spielt heute dank Container also keine wesentliche Rolle mehr. Doch wie kam es dazu, dass der Produktionsfaktor Arbeit von der früher einmal entscheidenden Nähe zum Absatzmarkt entkoppelt wurde? Anhand der Wertschöpfungskette eines T-Shirts lässt sich das beispielhaft gut nachvollziehen, denn ein T-Shirt ist heutzutage ein gebräuchliches und dabei ein globales Produkt. Vom Anbau des Rohstoffs Baumwolle bis hin zur Herstellung und dem Verkauf macht das Material vielfach eine Weltreise: Beispielsweise werden rund zwei Drittel der US-amerikanischen Baumwollproduktion exportiert – vor allem nach Mexiko und Honduras, der »Nähstuben« der US-Bekleidungsindustrie.

Jedoch gehen Millionen Ballen in Containern per Schiff auch nach China, dem weltgrößten Produzenten von Baumwollprodukten. Dort werden daraus zunächst Stoffe und später T-Shirts und Jeans hergestellt. Das fertige Kleidungsstück gelangt dann wieder auf einem Containerschiff zu seinem Absatzmarkt, z.B. in 30 Tagen über den Pazifik und via

Panamakanal zurück in die US-Südstaaten – dorthin, wo nur wenige Monate zuvor der Rohstoff für diese Kleidungsstücke geerntet und nach Asien verschifft worden ist. Für ein T-Shirt, das im Laden 10, 20 oder auch 30 Dollar kostet, fallen für die gesamte Transportstrecke, eine halbe Weltreise, nicht einmal zehn Cent Transportkosten an. Wenn mehr als 30 000 T-Shirts in einem 40-ft-Container von China nach Deutschland verschifft werden, liegen die Seefrachtkosten bei weniger als einem Cent pro Stück und sind damit im Verhältnis zu den Gesamtkosten des Produkts oder zur Kalkulation des Verkaufspreises nahezu bedeutungslos.

Mehr noch – das oben angeführte Beispiel zeigt auch, dass für die Planungen einer ganzen Reihe von Unternehmen unterschiedlicher Branchen die Transportkosten einen noch weiter gehenden Einfluss haben: Sie können nämlich ihre Produktionsstätten, oder Teile davon, dort einrichten, wo sie die aus ihrer Sicht günstigsten Bedingungen vorfinden, denn für ihre Zulieferungen oder später für die Bedienung ihrer speziellen Märkte sind die Transportkosten bezogen auf den Warenwert und die Endpreise, wie erwähnt, in der Regel der geringste Faktor in den Kalkulationen.

Fakt ist, dass vor nur etwa sechs Jahrzehnten in den Vereinigten Staaten von Amerika mit dem Transport der ersten Boxen über See auf einem umgebauten alten Tanker ein Umbruch in der weltweiten Linienschifffahrt begann, der in atemberaubend kurzer Zeit umfassend weltweit Einfluss auf zahlreiche Dinge nahm und bei Weitem nicht mit den Auswirkungen des vormaligen, sich allmählich vollziehenden Übergangs vom Segel- auf den Dampf- und dann auf den Motorantrieb in der Schifffahrt zu vergleichen ist.

In den ersten Jahren bewährte sich das neue Transportkonzept nach einigen Experimenten und Modifikationen allein auf inneramerikanischen Routen – Hawaii zählte auch dazu. Aber dann ging es ganz schnell, trotz erheblicher Widerstände und Befürchtungen. Erzwungen wurde ein radikales Umdenken in den internationalen Seeverkehren. Erzwungen deshalb, weil alle Beteiligten sehr bald zu der Erkenntnis gelangen mussten, dass es keine ernst zu nehmende, echte Alternative gab.

Zusammengefasst ist das Grundprinzip dieses Transportsystems eigentlich ganz einfach: Der Exporteur bekommt eine dieser stabilen Boxen auf seinen Hof gestellt, verstaut seine für den Transport vorgesehenen Produkte darin seefest, dabei häufig beraten von Fachleuten auf diesem Gebiet, und versiegelt die Kiste für den Abtransport zum Seehafen. Dort wird sie von einem Schiff übernommen, von diesem im Hafen des Empfangslandes abgeliefert und von dort mit einem Landtransportmittel zum Empfänger auf den Weg gebracht. Der entlädt die Box, liefert sie anschließend leer an die Reederei zurück oder füllt sie im Idealfall vorher mit eigenen Produkten für einen Kunden in einem anderen Teil der Welt. Dann wird die Box wieder auf die Reise geschickt, und der Ablauftakt beginnt von Neuem.

So stellt es sich zwar grob gesehen dar, aber ganz so simpel, wie der beschriebene Idealfall es vermuten lässt, ist es dann doch nicht. Zwischen den Versendern und Empfängern liegt nämlich ein enges weltumspannendes Netzwerk, bestehend aus Schiffen, Depots, Schienen, Straßen und Terminals, von den eingeschalteten Behörden ganz zu schweigen. Jedes dieser einzelnen Segmente muss möglichst reibungslos in das andere übergreifen und ist für den Gesamtablauf ebenso wichtig wie alle anderen.

Der Seeverkehr, also das Schiff, war der Ausgangspunkt und der Träger dieser globalen Transportrevolution, ist es bis heute geblieben und wird es auch künftig sein, soweit sich die Zukunft realistisch einschätzen lässt. Ohne die immer größeren Mengen an Containern, die von den Schiffen über See transportiert werden, würde es die globale Vernetzung nicht geben, und in diesem System haben dann auch die Schiffe, schon allein für sich betrachtet, eine atemberaubende Größenentwicklung durchlaufen. Das aber gilt keineswegs nur für die Schiffe und ihre Erbauer, ihre Zulieferindustrie und die ebenso wichtigen Forschungseinrichtungen, sondern gleichermaßen für die »vor- und nachgeschalteten« Häfen als wichtigste Schnittstelle sowie für jeden anderen Teilbereich.

So bleibt dann zwar die Geschichte der Schiffe, von den durch Umbau improvisierten Transportern bis zu den heutigen und künftigen Giganten, im Folgenden zwar der Mittelpunkt, es wäre aber zu kurz gegriffen, wenn nicht auch die wirtschaftlichen Geschehnisse und die vielen anderen Aspekte im Zusammenhang mit den Fortschritten im Containerschiffbau und der Weltcontainerschiffsflotte mit einbezogen würden. Nur so lässt sich ein umfassender Eindruck von dem Gesamtgeschehen vermitteln und davon, warum und wie es zu der Entwicklung dieses in sich geschlossenen, gigantischen Systems gekommen ist. Eines Systems, das viele andere Bereiche beeinflusst und die angestrebte Effizienz und Produktivität nur erreicht, wenn es in seiner Gesamtheit funktioniert.

# Die Containerisierung des Seetransports war notwendig,

Fotos (3): Hapag-Lloyd

# und so begann sie

Den Anstoß zu diesem gewaltigen, von den Containern hervorgerufenen Umbrüchen im Seeverkehr mit allen seinen weitreichenden Folgen für die Häfen, Landverkehrsträger und den globalen Güteraustausch gaben in den 50er- und 60er-Jahren immer intensivere Überlegungen, wie der Transport der rasch wachsenden Mengen im internationalen Güteraustausch vereinfacht werden könnte, um sie überhaupt noch angemessen bewältigen zu können. Mit welchen Mitteln ließen sich die Transportvorgänge effizienter gestalten, auch um die Kosten »im Griff« zu behalten? In den Häfen türmten sich Hunderte, ja Tausende Kisten und Kästen sowie andere große und kleine, schwere und sperrige Packstücke mit unterschiedlichen Abmessungen und Gewichten auf den Kais und in den Lagerschuppen. Ein Schiff damit zu beladen, um sie auf den Weg zu bringen und die heterogene Ladung im Bestimmungshafen wieder zu löschen, nahm viel Zeit in Anspruch und dauerte Tage, häufig sogar sehr viele. Für die Bewältigung dieser oft körperlich sehr schweren Arbeiten war der Einsatz vieler Menschen erforderlich deren Arbeitskraft immer teurer wurde, besonders in den westlichen Industriestaaten. In anderen Ländern, vor allem Entwicklungsländern, brachten diese Arbeiten andererseits natürlich vielen Menschen Lohn und Brot, was dort bitter notwendig war. Allerdings nahm der Ladungsschwund durch unsachgemäße Behandlung hier wie dort ebenso zu wie die Diebstahlquote. Es musste also etwas geschehen, irgendetwas, damit es nicht zu einem Kollaps kam. Aber was, wie und in welcher Form? Hauptsache war, dass bald etwas geschah und Erfolg versprechende Wege gefunden wurden.

Natürlich gab es in jener Zeit eine ganze Reihe von Vorschlägen, wie die Probleme angegangen werden könnten. Sie klangen, jeder für sich ganz gut, brachten aber keine durchgreifende Lösung für die gesamte Problematik. So wurde beispielsweise der vermehrte Einsatz von Paletten vorgeschlagen, es gab Bemühungen, Teile der Ladung vor der Übernahme einzuschlingen, vorzuschlingen (pre-sling) oder die Beladungsmöglichkeiten der Schiffe durch im Rumpf angebrachte Seitenpforten zu beschleunigen. Vieles wurde versucht, auch mit teilweisem, aber begrenztem Erfolg. Durchgesetzt hat sich schließlich, nicht ohne die bei fast allen Neuerungen üblichen Geburtswehen und Vorbehalte, eine ganz simple, aber, wie sich bald zeigen sollte, geniale Idee. So ist es ja nicht selten bei der Lösung komplexer Fälle der Fall.

Foto: HHLA

↑ Es war ja bereits viel in Kisten verpackt, jedoch waren alle unterschiedlich. Hier wird die Komplettausrüstung für eine Stahlgießerei in der VR China aus der Schweiz kommend am Hamburger Holzmüller-Terminal auf einen chinesischen Frachter verladen.

← Konventioneller Stückgutumschlag, wie er noch bis Anfang der 70er-Jahre die Hafenbilder prägte.

Es war eine schlichte Kiste, die endlich den erhofften Erfolg brachte. Alles oder möglichst vieles, was sich auf den Kais und in den Hafenschuppen stapelte und staute, sollte möglichst schon vorher in große, stabile Kisten mit einheitlichen Maßen gepackt werden, und diese waren dann, ohne sie zwischendurch auszupacken, direkt vom Versender zum Empfänger zu bringen. Niemand konnte damals auch im Entferntesten ahnen, dass derartige Kisten nicht nur den Seeverkehr und den Überseehandel »umkrempeln«, ja geradezu revolutionieren würden und darüber hinaus das gesamte internationale Transportwesen bis hin zur Lagerhaltung von Industriebetrieben und Warenhäusern. Diese Kiste, eine schlichte Erscheinung von etwa sechs Meter Länge und 2,60 Meter Höhe, wie es sich einpendelte, hatte es im wahrsten Sinne des Wortes in sich. Sie war zunächst in der Anschaffung relativ preisgünstig, kostengünstig zu befördern und wiederverwendbar. Innerhalb kürzester Zeit wurde sie das Maß aller Dinge, zumindest was das Transportwesen und sein Umfeld betraf.

Die Kiste sollte sich als großer Erfolg erweisen, doch wie es bei Erfolgen so ist, hatte auch dieser viele Väter und dazu Besserwissende, die ihn mit dem Totschlagargument abtaten: Das hatten wir doch alles schon mal. Ganz Unrecht hatten Letztere damit allerdings tatsächlich nicht, besonders wenn man weit zurückgeht und das Ganze nicht ganz so genau nimmt. Die Anfänge, Ladung zu vereinheitlichen, um die zur Verfügung stehenden Transporträume auf den Schiffen bestmöglich auszunutzen, reichen bis ins Altertum zurück. Man denke nur an die Amphoren auf griechischen und römischen Schiffen oder an den Transport gleich großer Fässer. So wurde der Container auch schon als »Amphore der Neuzeit« gelobt. Auch danach gab es vielfältige Bestrebungen, einheitliche Behälter im Stückgutverkehr von Haus zu Haus zu verwenden. Bereits um 1900 wurden für Möbeltransporte nach Übersee sogenannte »Lift Vans« genutzt, von Auswanderern beispielsweise oder von ins Ausland versetztem Personal – Beamten, Militärs oder Unternehmensvertretern.

Weiterhin hat die Deutsche Reichsbahn-Gesellschaft im April 1929 ein »Preisausschreiben für Behälterverkehr« herausgegeben. Später veranstaltete die Internationale Handelskammer in Zusammenarbeit mit anderen Organisationen einen Wettbewerb, um den besten Transportbehälter zu finden. Die Vorschläge dazu sollten bis zum 10. September 1930 eingereicht werden. 1933 wurde dann als eines der Ergebnisse dieses Wettbewerbs und nach langen Vorverhandlungen das Bureau International des Containers (BIC) gegründet. Es sollte eine Normierung der mit unterschiedlichen Abmessungen eingesetzten Behälter erarbeiten und durchsetzen. Ein zukunftsweisendes Vorhaben, dessen tatsächliche Bedeutung sich allerdings erst sehr viel später herausstellen sollte.

Bereits vor dem Ausbruch des Zweiten Weltkriegs hat die Deutsche Reichsbahn einen direkten Haus-Haus-Verkehr angeboten, indem sie in Stahlkisten verpackte Ladung von Eisenbahnwagen auf Lkw umsetzte und bis vor die Tür des Empfängers brachte. Ähnliche Entwicklungen gab es auch in anderen Ländern. Auch das Militär bediente sich solcher Kisten zur Optimierung ihrer Nachschubtransporte. Vor allem die Alliierten und dort wiederum die Amerikaner bauten das System auf breiter Basis aus und verfeinerten es nach dem Krieg weiter. Man kann zwar nicht behaupten, so wie es vielfach zu hören war, dass auch hier der Krieg als Vater aller Dinge gelten kann, aber wesentliche Einflüsse zumindest sind nicht zu leugnen. Weitere Pioniere sind, ebenfalls aus militärischen Erwägungen heraus, im Verkehr zwischen England und Nordirland zu finden sowie bei der Versorgung der britischen Rhine Army in Deutschland. In dem Maße, wie der Umfang des stark auf Behältereinsatz basierenden militärischen Nachschubflusses nachließ, musste für die teilweise spezialisierten Schiffe zivile Ladung gefunden werden. In diesen Relationen handelte es sich jedoch zunächst mehr um Ro/Ro-Verkehre mit sich nur zögerlich durchsetzendem Containeranteil.

Mehr oder weniger in Vergessenheit geraten ist das Schiff, das trotz mancher Einschränkungen unbedingt als erstes Containerschiff gelten müsste, als erstes Schiff, das von Anfang an speziell für den Transport von Containern geplant und gebaut worden ist. Es ist das 1955 in Kanada gebaute 102,24 Meter lange und mit 2983 BRT vermessene MS Clifford J. Rogers. Es war nicht für den Transport von ISO-Containern eingerichtet, denn die kannte man damals noch gar nicht, sondern für Behälter mit einem Sondermaß der White Pass & Yukon Railway. Zusätzlich konnte noch Erz geladen werden. Mit diesem Schiff wurde am 26. November 1955 ein Containerdienst zwischen Vancouver und Skagway eröffnet. Dort wurden die Behälter auf die White Pass & Yukon Bahnlinie umgeladen. Aufbauten und die 1800 PS leistende Antriebsanlage für knapp zwölf Knoten Geschwindigkeit waren achtern angeordnet. Als Umschlaggeschirr standen zwei Zehn-Tonnen-Bäume und ein 30-Tonnen-Schwergutbaum zur Verfügung. Das Schiff konnte 168 Behälter von 2,44 Meter Länge und 2,14 Meter Höhe aufnehmen, die in der Regel auf der Hinreise mit Stückgut und auf der Rückreise mit Asbestschiefer beladen waren. Im verbleibenden Raum wurde zusätzlich Zink oder Bleierz gestaut. Die Clifford J. Rogers wurde 1965 verkauft und fuhr noch bis zu ihrer Strandung 1975 auf anderen Routen. Ob oder wie dieses Schiff irgendwelchen Einfluss

Foto: Sea-Land

→ Malcom McLean war ein Typ, wie man ihn sich gewöhnlich als typisch amerikanischen Selfmademan – »vom Tellerwäscher zum Millionär« – vorstellt.

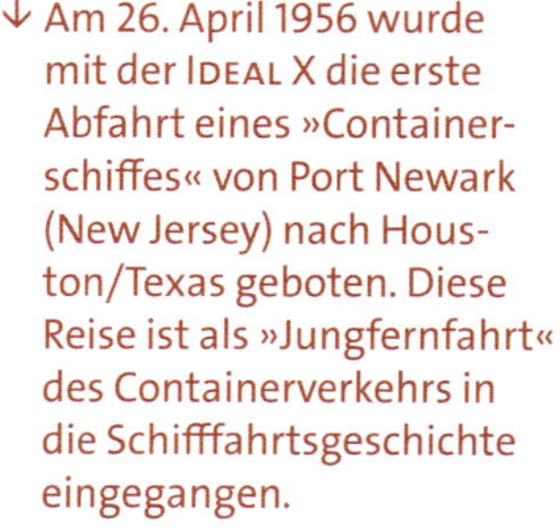

↓ Am 26. April 1956 wurde mit der Ideal X die erste Abfahrt eines »Containerschiffes« von Port Newark (New Jersey) nach Houston/Texas geboten. Diese Reise ist als »Jungfernfahrt« des Containerverkehrs in die Schifffahrtsgeschichte eingegangen.

Foto: ABS

auf die Planung eines gewissen Malcom McLean gehabt hat, der gleich einen prominenten Platz einnimmt, ist nicht bekannt und wird von dessen Betreibern auch nicht reklamiert.

Trotz der bereits erwähnten vielen Väter, die für sich in Anspruch nahmen, ebenfalls genau an diesem Konzept bzw. an dessen Vorläufern gearbeitet zu haben, was keinesfalls in Abrede gestellt werden soll, ist aber das, was wir heute unter Containerverkehr verstehen, unzweifelhaft allein dem Durchsetzungsvermögen und der Beharrlichkeit des Amerikaners Malcom McLean zuzuschreiben.

Malcom McLean war ein Mann, wie man ihn sich gewöhnlich als typisch amerikanischen Selfmademan – »vom Tellerwäscher zum Millionär – vorstellt. 1913 in Maxton/North Carolina als Sohn eines Farmerehepaares geboren, verdiente er sich nach dem Highschool-Abschluss sein erstes Geld als Tankwart, kaufte davon 1934, mitten in der schweren Wirtschaftskrise, einen Lkw und gründete mit ihm als Grundlage eine Spedition. Unternehmerischer Mut, wie er kaum ausgeprägter sein kann. Diese so entstandene McLean Trucking Company entwickelte sich in weniger als zwei Jahrzehnten zum zweitgrößten Unternehmen der Branche in den USA und disponierte 1955 bereits 1800 Lastwagen. Intensiv beschäftigte sich McLean neben dem Land- auch mit dem Seetransport, der ihm in vielen Fällen kostengünstiger erschien, als die Trucks Tausende von Meilen über die Straßen zu schicken. Dabei sollten die über See zu befördernden Güter aber nach seiner Vorstellung nicht in herkömmlicher Weise als einzelne Packstücke verschifft werden, sondern wie beim Landtransport zusammengefasst auf dem Lkw-Sattelauflieger, dem Trailer, bleiben, der für den Seetransport an Bord unterzubringen war.

Da er trotz aller Bemühungen jedoch keine Reederei von seinen Vorstellungen überzeugen konnte, verkaufte er kurzerhand 75 Prozent seiner Spedition und legte sich von dem Geld selbst eine Reederei zu, die Waterman Steamship Co. mitsamt ihrer Tochter Pan-Atlantic Steamship Corporation. Um seine Idee aber nun tatsächlich in der Praxis zu testen, ließ er einen alten »T2«-Tanker, einen der robusten Einheitsveteranen aus dem Zweiten Weltkrieg, so umbauen, dass er in einer eigens dafür angefertigten Deckskonstruktion rund 60 seiner Trailer stauen konnte. Zu Anfang wurden sie mit ihrem eigenen Fahrgestell an Bord untergebracht, später ohne, was einen weiteren Schritt vorwärts für das angestrebte System bedeutete.

Am 26. April 1956 wurde so mit dem auf den Namen IDEAL X getauften Schiff die erste Abfahrt von Port Newark (New Jersey) nach Houston/Texas geboten. Diese Reise ist als »Jungfernfahrt« des Containerverkehrs in die Schifffahrtsgeschichte eingegangen. Kurios dabei war, dass die IDEAL X in ihren Tanks, denn sie war ja eigentlich ein Tanker, nach wie vor auch Öl transportierte. Warum sollte ohnehin vorhandener Laderaum denn nicht auch noch zusätzlich zum Geldverdienen genutzt werden? So etwas ist schlicht und einfach Pragmatismus. Die Hauptladungen der an Deck gestauten Behälter waren südgehend Textilien, zurück Tabak und Zigaretten.

Im Oktober 1957 setzte McLean einen weiteren Markstein, indem er mit dem ebenfalls entsprechend umgebauten Frachter GATE CITY einen ersten regulären Liniendienst für die Bedienung von neun Häfen entlang der US-Ostküste eröffnete. Und da er nun mit seinen Aktivitäten sowohl auf See als auch an Land tätig war, nannte er sein Unternehmen ab April 1960 Sea-Land Service. Er persönlich und mit ihm Sea-Land sind so zu den eigentlichen Pionieren des Containerverkehrs geworden.

Auf den Container selbst, wie er dann üblich wurde, also auf stapelbare Behälter, soll McLean Erzählungen nach beim Ziehen einer Packung Zigaretten aus einem Automaten gekommen sein. Wie im Automatenschacht die Zigaretten sollten nach seinen sich daraus entwickelnden Vorstellungen gleich große Stahlkisten im Schiff übereinandergestapelt werden. Auch dieses Prinzip war im Grunde genommen ganz einfach, aber man musste erst einmal darauf kommen.

1958 beschäftigte McLean bereits sechs Schiffe, deren Ladegeschirr und Zwischendecks entfernt worden waren. Unter

↓ MS FAIRLAND eröffnete 1958 den Containerdienst von New York nach San Juan/Puerto Rico.

Foto: Archiv HJW

Deck hatten sie dafür eine Zellenkonstruktion erhalten, die das sichere Übereinanderstapeln der Stahlboxen, ähnlich wie in Zigarettenautomaten, für den Seetransport ermöglichte. Der Umschlag der Behälter wurde nach dem »Trailer Pack System« durchgeführt. Das lag bei dem Unternehmen nahe, das über McLean ja seine Wurzeln im Straßenverkehrsgeschäft hatte. Zudem war zu jener Zeit kein anderes Umschlagverfahren möglich, weil noch kein entsprechendes Gerät in den Häfen vorhanden war. Die Behälter wurden im Abgangshafen direkt vom Trailer aufgenommen und im Bestimmungshafen wieder auf einen solchen abgesetzt. Dieses System soll McLean zu dem Spruch veranlasst haben: »I don't have vessels, I have seagoing trucks.«

Als nächste amerikanische Reederei entschloss sich 1958 die Matson Company, dieses offensichtlich Erfolg versprechende neue Transportsystem zu testen. Auch sie tat dies anfangs mit umgebauten Standardfrachtern aus dem Zweiten Weltkrieg im Verkehr zwischen San Francisco und Honolulu. Danach wagte es 1960 die Grace Line mit zwei Schiffen im Verkehr zwischen Nord- und Südamerika – als erste Reederei übrigens, die damit den Behältertransport über die US-amerikanischen Grenzen hinaus etablieren wollte. Es blieb bei dem Versuch. Er scheiterte am Widerstand der Hafenarbeiter in La Guaira/Venezuela. Eine Erfahrung, die andere Reedereien in anderen Regionen der Welt später auch noch durchleben mussten.

Sea-Land expandierte indessen unerschrocken, überzeugt von der Richtigkeit des Konzepts. Das Unternehmen ließ weitere »T2«-Tanker zu Containerschiffen umbauen und richtete einen ersten Dienst via Panamakanal zwischen der US-Ost- und Westküste ein. Eine Linie zwischen Kalifornien und Alaska folgte. Bald waren es ca. 25 Häfen in den USA, Puerto Rico, der Dominikanischen Republik und Panama, die sich auf die veränderten Anforderungen eingestellt hatten. Das bedeutete zunächst vor allem die Ausweisung besonderer Stellflächen für wartende Chassis vor und nach ihrem Seetransport bzw. vor und nach ihrem Transport über Land.

Etwa Mitte der 60er-Jahre gab es in den Vereinigten Staaten bereits eine Flotte von 171 Schiffen, die für den Transport von Containern umgebaut oder nach dessen speziellen Anforderungen konzipiert worden waren. Einen großen Schub für diese Entwicklung brachte der eskalierende Vietnamkrieg, in dessen Verlauf nicht nur Zehntausende US-Soldaten mit umfangreichem Nachschub aller Art versorgt werden mussten, sondern auch die Verbündeten und die südvietnamesischen Streitkräfte selbst. Da zu dieser Zeit die wenigen Häfen in Südvietnam damit total überfordert waren, einigermaßen leistungsfähig waren nur Saigon und Da Nang, entschloss sich die Militärführung, das immer wieder von McLean und Matson vorgetragene Containerkonzept zu nutzen. Das brachte dann letztlich tatsächlich die von ihr dringend erwarteten notwendigen Entlastungen und für das Konzept selbst eine zusätzliche Bestätigung mit nachfolgendem Wachstumsschub. Man muss nicht unbedingt daran glauben, dass, wie bereits erwähnt, der Krieg der Vater aller Dinge sei, aber in diesem Fall hat er, im Nachhinein gesehen, einem bahnbrechenden neuen Transportkonzept geholfen, weltweit die Tore zu öffnen.

Foto: Sea-Land

← Die ersten Boxen kommen an Bord. Weitere werden für die Verladung vorbereitet (rechts auf der Pier). Das war damals durchaus noch ein medienträchtiges Ereignis.

## Ohne international gültige Normen wäre alles nichts

Nachdem die immer wieder auch von Rückschlägen begleiteten Anfänge mit den an Bord zu verladenden Trailern überwunden waren, wurde es zwingend notwendig, einheitliche Maße festzulegen, damit alle Boxen auch tatsächlich exakt in die auf den verschiedenen Schiffen installierten Stahlgerüste passten, und zwar auf allen damit ausgerüsteten Schiffen, unabhängig von der jeweiligen Reederei. Und dadurch, dass die Amerikaner in Sachen Containerisierung zweifellos zu Recht die absolute Vorreiterrolle für sich in Anspruch nehmen konnten, lassen sich die Maße erklären, die 1964 von der Internationalen Organisation für Standardisierung (ISO) normiert wurden. Das führte zu dem Begriff ISO-Container, der immer wieder auftaucht. Die Länge der Container sollte fortan 20, 30 bzw. 40 Fuß (ft) betragen, die Breite und Höhe jeweils acht Fuß (ein Fuß, engl. feet/ft = 0,305 m). Während die Breite der Container stets gleich geblieben ist, entwickelten sich, was die Höhe betrifft, später unterschiedliche Maße. Zunächst gab es jedoch nur die 8-Fuß- und dann zusätzlich noch die 8,5-Fuß-Höhe, was maßgeblich auf die Beschränkungen zurückzuführen ist, die sich aus den Tunnel-Durchfahrtshöhen auf den Zufahrtstraßen zum New Yorker Hafen, damals unangefochten die Nummer eins für diesen Spezialverkehr, ergaben. Später folgten dann noch, um das vorwegzunehmen, »High Cube«-Ausführungen mit Höhen von 9 und 9,5 Fuß. Inzwischen haben sich im Seeverkehr die 20- und 40-ft-Container als Standardgrößen durchgesetzt, wobei seit Langem ein deutlicher Trend hin zu den 40-Füßern zu registrieren ist. Nicht zuletzt deshalb, weil damit einerseits die Umschlagbewegungen in den Häfen reduziert werden und andererseits die Reedereien dadurch Geld sparen bzw. diese Kostenersparnis an ihre Kunden weitergeben können. Vor diesem Hintergrund soll gleich noch eine spätere Neukonstruktion erwähnt werden, der Tworty-Container. Dahinter verbergen sich zwei 20-ft-ISO-Container, die fest zusammengekoppelt sind und somit einen 40-ft-Container ergeben. Ihre Bewährungsprobe bestand dieses Konstrukt Mitte 2013 auf einer Reise der OOCL MONTREAL von Hamburg nach Montreal.

Die Maße des 20-Fuß-Containers wurden schließlich die Basis für alle späteren Statistiken. Die Stellplatzkapazitäten auf den Schiffen und die Umschlagzahlen in den Häfen, alles wurde mit TEU, das heißt Twenty-foot Equivalent Unit, angegeben. Später kam FEU (Forty-foot Equivalent Unit) in einigen Ausnahmefällen dazu.

Diese 1964 festgelegte Norm entsprach, um es noch einmal zu wiederholen, ganz den amerikanischen Forderungen, die sich aus der dortigen bisherigen Entwicklung ergeben hatten. Allein deshalb mussten sie auch so akzeptiert werden. Für europäische Bedürfnisse erwiesen sich die Maße allerdings als wenig vorteilhaft, denn das Grundflächenmaß war nicht auf die in Europa gebräuchliche Palettengröße abgestimmt. Es fehlten ca. zehn Zentimeter Innenbreite für eine platzsparende Stauweise dieser sogenannten Europaletten. Dadurch bleiben beim Palettentransport im Container etwa 20 Prozent des Container-Transportraums ungenutzt. Daran hat sich bis heute nichts geändert, trotz wiederholter Bemühungen.

Foto: BLG

↑ Wichtige Daten der Box sind an der Stirnseite angegeben. Das folgt einem weltweit gültigem Schema.

Wichtige Bauteile der Container sind die aus Stahlguss gefertigten Eckbeschläge (Corner Fittings), für die ebenfalls international gültige Normen festgelegt worden sind. Auch dies war eine unerlässliche Voraussetzung für weltweit funktionierende Verkehre, denn es würde dem System widersprechen, wenn ein Container in Australien oder Shanghai beim Umschlag anders angefasst werden müsste als etwa in Hamburg oder Rotterdam. Die Eckbeschläge sind so ausgebildet, dass nicht nur die Drehzapfen der Heberahmen (Spreader) der großen Umschlagbrücken in allen Häfen, sondern auch alle anderen dort eingesetzten sonstigen Hebezeuge gleichermaßen problemlos in die Corner Fittings eingreifen können. Durch Einrasten und Drehung der Zapfen wird die Verbindung verriegelt oder wieder gelöst. Überall in der Welt und bei allen in die Containerverkehre eingebundenen Transportträgern sowie der dabei eingesetzten Hebezeuge und sonstigen Gerätschaften sind es die gleichen Vorgänge. Alles passt, und wenn es nicht passen würde, gäbe es Probleme. Sie würden Zeit und Geld kosten.

Um noch etwas bei den Normen zu bleiben, so gehört zu diesem Feld noch weitaus mehr als die vorher genannten wichtigen Details. Nicht zuletzt sind die ebenso international einheitlich festgelegten Markierungen an den Containern zu nennen. Optisch und vor allem elektronisch muss jederzeit die Herkunft der jeweiligen Box zu erkennen sein. Darüber hinaus sind international gültige Regeln auch hinsichtlich der konstruktiven Sicherheit der Container festgelegt worden. Dafür bringt ein am Container angebrachtes Prüfschild einer Klassifikationsgesellschaft den erforderlichen Nachweis. Um dieses zu erlangen, müssen die Boxen vor ihrer Zulassung eine Reihe von Tests durchlaufen. Höchstmögliche Sicherheit zu erreichen, soweit sie überhaupt erreichbar sein kann, ist Teil der Ansprüche, die dieses System für sich und ihre Betreiber stellen.

Foto: HHLA

# Der Nordatlantik war mehr als nur ein Versuchsfeld

Im Jahr 1966 war es dann so weit, dass die Amerikaner zum Sprung über den Atlantik ansetzten, um das alte Europa mit ihrem neuen Transportsystem zu beglücken. Aus ihrer Sicht, auf der Grundlage der inzwischen von ihnen gesammelten Erfahrungen, war das nur folgerichtig, und auf der anderen Seite musste man eben zusehen, wie man zunächst mit diesen neuen Herausforderungen oder, präziser ausgedrückt, wie man mit diesen neuartigen Boxen fertig werden konnte. Die Skepsis auf dieser Seite des Atlantiks war außerordentlich groß, bis hin zur glatten Ablehnung. So wird beispielsweise der Vorstandschef der Hamburger Hafen- und Lagerhaus AG (HHLA) und vormalige Wirtschaftssenator der Hansestadt, Ernst Plate, mit den Worten zitiert: »Diese Kiste kommt mir nicht in meinen Hafen!« Aber die Amerikaner wollten ja helfen und entsprechende Anschubunterstützung leisten – im eigenen Interesse natürlich.

Die United States Lines (USL) waren es schließlich, die im April 1966 einen ersten Container-Liniendienst über den Nordatlantik einrichteten. Dafür hatte sie vier ihrer 13 300-tdw- Frachtschiffe zu Semicontainerschiffen für die Aufnahme von jeweils 140 Containern umbauen lassen. Das erste Schiff, das im Rahmen dieses Liniendienstes den Atlantik überquerte, war die AMERICAN RACER. Mit den vier Schiffen bot die Reederei wöchentliche Abfahrten. Der erste transatlantische Liniendienst mit »richtigen« Vollcontainerschiffen wurde dann aber nur einen Monat später von Malcom McLeans Sea-Land-Reederei eröffnet.

Ursprünglich hatte Sea-Land vorgehabt, auf der europäischen Seite nur einen Hafen, Rotterdam, anzulaufen, was eigentlich der Idealfall in einem Containerdienst wäre. Aber die Reedereispitze konnte davon überzeugt werden, dass Europa nicht mit den USA gleichzusetzen war, weil, so wurde argumentiert, hier die einzelnen Nationalstaaten ein größeres Gewicht hatten als in den USA die Bundesstaaten und bestrebt waren, ihre Ex- und Importe möglichst über eigene Häfen abzuwickeln. Was Deutschland betraf, war die Wahl zwischen Hamburg und Bremen zu fällen. Hamburg war zwar der größere Hafen, hatte aber noch kaum Interesse für den Containerverkehr gezeigt. Bremen hatte demgegenüber im USA-Verkehr, und das war ja zuerst der wichtigste, nicht zuletzt als Umschlagplatz für die Nachschubtransporte der in Süddeutschland stationierten US-Streitkräfte ein höheres Ladungsaufkommen zu bieten und damit die besseren Karten. So war die Entscheidung relativ einfach, wenn sich die Verhandlungen auch lange hinzogen. Aber Bremen war dabei in der Lage, auch gleich günstige Umschlagplätze bieten zu können – den Überseehafen und den noch im Bau befindlichen Neustädter Hafen in Bremen-Stadt. Hinzu kam der Nordhafen in Bremerhaven, der schon damals in die Überlegungen für den Containerumschlag einbezogen worden war und Container bereits durch die US-Army-Transporte kannte. Teil des dann mit Sea-Land geschlossenen Vertrags war die Beschaffung einer speziellen Umschlagbrücke. Sie wurde von der Bremer Lagerhaus-Gesellschaft, BLG, in den USA bei Paceco bestellt, dem seinerzeit einzigen Hersteller solcher Großgeräte.

← Das TS AMERICAN ACCORD kann als typisch für konventionelle Frachter gelten, die nachträglich zu Vollcontainerschiffen umgebaut wurden. Dieser 1954 gebaute und 1971 mit Wegfall des gesamten Ladegeschirrs sowie Einfügung einer neuen 32-m-Mittelschiffssektion zum Vollcontainerschiff umgebaute Veteran hatte Platz an Bord für 1027 TEU.

Mit dem MS FAIRLAND als Erstem von vier Schiffen wurde endlich am 23. April 1966 ab Port Elizabeth/New York eine Verbindung mit den europäischen Häfen Rotterdam, Ankunft 2. Mai, Bremen Überseehafen, Ankunft 5. Mai, und Grangemouth eingerichtet. Insgesamt 266 Behälter hatte die FAIRLAND an Bord. Die Zahl schwankt etwas, je nach Quelle. Unbedingt schön war der umgebaute Frachter für schifffahrtaffine Beobachter nicht anzusehen. 1942 gebaut, Typ C2-S-E1, 1957 umgebaut, 9014 BRT, eigentlich bereits ein Veteran, aber mit ihm begann auf dem alten Kontinent die Revolution. Es wurde eine echte Weltrevolution, zumindest was die internationalen Güterverkehre und damit den weltweiten, immer enger verzahnten Warenaustausch angeht.

Es ist interessant, was dieses Ereignis betrifft, ein wenig ins Einzelne zu gehen und dabei einer Schilderung aus Bremen selbst folgen. Eigentlich wollte man in der Hansestadt um die Ankunft des ersten Containerschiffes möglichst wenig Aufhebens machen, denn die Mehrzahl der bremischen Hafenbetriebe stand dem Container aus naheliegenden Gründen eher skeptisch gegenüber. Ihr war schon der Gedanke an diese modernistische Blechkiste unangenehm. Es lag allerdings auch kaum in ihrem Interesse, dem Container eine Zukunft zu prophezeien. Sie waren überzeugt, dass das, was sich der BLG-Vorstand da in den Hafen geholt hatte, ein Flop werden würde.

Am Abend des 5. Mai 1966 machte MS FAIRLAND im Überseehafen zwischen den Schuppen 16 und 18 fest. Die Asphaltie-

In den ersten Jahren wurde auch noch eine ganze Reihe von Containern auf konventionellen Frachtern transportiert ...

rungsarbeiten an der Freifläche, auf der die Behälter bzw. die Transportchassis abgestellt werden sollten, waren erst am Vorabend beendet worden. Die Container selbst wurden nämlich nicht auf der Fläche abgestellt und übereinandergestapelt, sondern vom Schiff aus gleich auf Chassis abgesetzt, vor die Lkw-Zugmaschinen gespannt waren. Auf diese Weise sollten die Container ohne erneutes Umsetzen per Lkw direkt zum Empfänger transportiert werden. Die Chassis hatte Sea-Land eigens von einer Wuppertaler Firma entsprechend den Containerabmessungen herstellen lassen und warteten bereits lange vor der Schiffsankunft gestapelt im Hafen auf ihren Einsatz. Die konventionellen bremischen Transportunternehmer rätselten damals noch, was mit diesen Fahrgestellen, die fast wie Leiterwagen aussahen, eigentlich geschehen sollte. Mit den Abläufen des Containerverkehrs hatten sie sich bis dahin nur wenig beschäftigt, und der Zeitpunkt der Ankunft des ersten Containerschiffes war wie eine geheime Kommandosache behandelt worden.

Zu dieser Zeit verfügten die Häfen bekanntlich noch über keine eigenen Containerbrücken. Die Container mussten daher mit bordeigenem Geschirr gelöscht werden, da sich die von der BLG in Auftrag gegebene Umschlagbrücke noch im Bau befand. Alle Umschlagvorgänge waren zuvor in den USA genau berechnet, es waren Skizzen angefertigt und die zu erwartenden Abläufe mit BLG-Mitarbeitern durchgespielt worden, damit das Schiff ohne Zeitverlust in Bremen anlegen und abgefertigt werden konnte. Im Vergleich zu später war die Abfertigung damals ungleich schwieriger, auch weil ungewohnt.

Der Schwenkbereich der bordeigenen Brücken war so gering, dass der Lkw mit dem Chassis zur Aufnahme des Containers sehr dicht an das Schiff heranfahren musste. Vier Männer standen mit langen, am oberen Ende mit Haken versehenen Stangen auf der Kaje bereit. Denn wenn der Container an der Brücke hängend an Land gehievt wurde, krängte das Schiff durch dessen Bewegung und Gewicht. Der Container kam so, auch durch Windeinfluss, in Schwingung und musste »eingefangen« werden, um ihn genau auf den vier Befestigungspunkten des Chassis zu platzieren. Die vier Männer hatten also den Container mit ihren langen Bootshaken an den unteren vier Ecken zu fassen und ihn genau auf die Aufsetzpunkte des Chassis zu führen. Ein aufwendiger und mühseliger Vorgang.

Am frühen Morgen des 6. Mai begann in Bremen das Löschen der ersten Container. Und es kam, wie es kommen musste. Der erste Container wurde zwar noch zielgenau abgesetzt, aber als der zweite genau um zwei Minuten nach sechs Uhr über dem Chassis schwebte, löste er sich von zwei Befestigungshaken am bordeigenen Ladegeschirr. Er stürzte auf den Lkw, drückte das Dach der Zugmaschinen ein und zersplitterte die Front- und Seitenscheiben. Der Fahrer hatte Glück im Unglück. Er wurde sofort aus dem demolierten Fahrerhaus geborgen, musste aber ins Krankenhaus eingeliefert werden. Die Bremer Befürworter des Containerverkehrs waren froh, dass der erste Bericht über die Aufnahme dieser neuen Verkehrsart nicht als Unfallbericht durch die Zeitungen ging. Aber vielleicht bringen Scherben ja tatsächlich Glück, denn alle weiteren Container konnten problemlos abgesetzt werden, wie auch Zwischenfälle dieser Art in den folgenden Jahren die absolute Ausnahme blieben.

Fotos (4): Hamburg Süd

… dabei erforderte es wie zuvor bei Stückgut viel handwerkliches Geschick und Fingerspitzengefühl, bis die Box in die Ladeluke dirigiert war.

Im Rahmen dieses neuen transatlantischen Liniendienstes löschten und luden die FAIRLAND und ihre drei Schwesterschiffe die Container wie beschrieben noch mit jeweils zwei bordeigenen Gantry-Kränen. Dadurch waren sie von den Einrichtungen in den Häfen unabhängig, denn die hatten, wie oben berichtet, noch nichts an containergerechtem Umschlaggerät zu bieten. Hafenseitig mussten zuerst nur die für die Chassis notwendigen Flächen vorgehalten werden. Da in den europäischen Häfen also anfangs keine Containerbrücken zur Verfügung standen, sorgte Sea-Land auch dafür und ließ nach US-Entwurf von der Firma Paceco gefertigte Brücken aufstellen, um den Umschlag zu beschleunigen, denn das war ja letztlich auch eines der wesentlichen Ziele des Systems. Diese Brücken waren nicht nur lange Zeit im Einsatz, sondern blieben zum Teil häufig auch noch lange weiter im Besitz von Sea-Land – in Rotterdam beispielsweise noch bis 1995.

Dazu eine Besonderheit, die zwar nicht entscheidend ist, aber ebenfalls irgendwie zu den Anfangsjahren gehört. Die von dem in Kalifornien ansässigen Unternehmen Paceco gebauten Brücken waren

↓ In vielen Häfen wurden, wie hier in Südamerika, die Container noch ebenso konventionell umgeschlagen wie auch an- und abtransportiert.

Foto: Archiv HJW

↑ Anfangs waren Container in den Häfen noch einzeln in Augenschein zu nehmen.

↓ Schon früh wurde auch die Bahn für längere Strecken aus dem und in das Hinterland genutzt. Hier wird ein Container mit einer Ladung Bier auf einen Eisenbahnwaggon gestellt.

Foto: Hamburg Süd

sehr teuer. Paceco war damals schließlich der einzige Lieferant derartiger Großgeräte, war also Monopolist, und wo Konkurrenz fehlt ...! Einziger Kunde war zu dieser Zeit Sea-Land. Die Reederei kaufte die gesamte Produktion von Paceco auf und verkaufte die einzelnen Geräte mit Gewinn weiter an die Häfen, die den Containerumschlag aufnehmen wollten. Eine Auflage von Sea-Land bei diesem Geschäft war, dass damit aber nur ihre eigenen Container umgeschlagen werden durften. Schiffe anderer Reedereien konnten nur mit Genehmigung von Sea-Land von den Paceco-Brücken bedient werden. Ob und wie viel für diese Genehmigung bezahlt werden musste, ist nicht bekannt.

Auch in den USA selbst hatte man in den ersten Jahren der Containerisierung mit einer Reihe von Hemmnissen fertig werden müssen, auch technischer Art. Vor allem aber musste der vehemente Widerstand der starken Hafenarbeitergewerkschaften überwunden werden, so wie später in anderen Ländern auch. Die Gewerkschaften befürchteten den Verlust von Arbeitsplätzen und damit eine Einschränkung ihrer Macht. Während es an der US-Westküste recht bald gelang, ein für beide Seiten erträgliches Abkommen zu erreichen, gestaltete sich die Lage an der US-Ostküste erheblich schwieriger. Ein mehrwöchiger Streik 1968/69 war der Höhepunkt der Auseinandersetzungen. Sie endeten schließlich mit einer Vereinbarung, die die Wirtschaftlichkeit des Containers zunächst zwar beeinträchtigte, seine weitere Entwicklung aber keineswegs verhindern konnte.

Trotz vielfältiger Beeinträchtigungen hielten die Boxen in atemberaubendem Tempo zunächst Einzug auf dem Nordatlantik, der damaligen Hochstraße des Weltseeverkehrs. Weitere amerikanische Reedereien folgten den Vorreitern Sea-Land und United States Lines. Fast hatte es den Anschein, als wäre der Container von den Amerikanern als Mittel erfunden worden, um die europäische Konkurrenz aus dem Markt zu drängen. Sollten sie tatsächlich derartige Gedanken gehegt haben, so hatten sie sich jedoch verrechnet. Die europäischen Reeder zogen nämlich rasch nach, denn auch für sie war der Container an sich nichts unbedingt Neues. Sie hatten die Vorgänge in Amerika nämlich von Anfang an aufmerksam verfolgt. Die nun über Europa hereinbrechende Entwicklung erschien ihnen allerdings zu überstürzt und zu unkontrolliert, was wohl auch eine Mentalitätsfrage war.

Während die europäischen Reeder damals noch versuchten, ihre konventionellen Schiffe immer besser und schneller, damit aber auch teurer und komplizierter zu machen, und so um Ladung konkurrierten, verstanden sich ihre amerikanischen Kollegen eher als Transportunternehmen. Sie wollten Ladung schnell und billig vom Produzenten zum Kunden bringen. Die Transportstrecke musste dabei möglichst ökonomisch überwunden werden, selbst wenn dies mit einem in den Augen eines traditionsbewussten Reeders ungewöhnlich proportionierten Schiff geschah.

So taucht beispielsweise in den Geschäftsberichten des Norddeutschen Lloyd (NDL) der Begriff »Container« zum ersten Mal 1965 auf, also rund zehn Jahre nachdem seine Vorläufer in den USA das »Licht der Verkehrswelt« erblickt hatten. Begeistert stand man ihm nicht gegenüber, da dieses Verkehrssystem im rein privatwirtschaftlichen Bereich, also ohne Militärgüter u.Ä., als noch nicht rentabel, noch nicht ausgereift genug erschien. Es hieß, »... es wäre zur Vermeidung großer Verluste zu begrüßen, wenn eine evolutionäre Entwicklung Platz greifen würde und keine revolutionäre Entwicklung, wie dies im Augenblick der Fall zu sein scheint«. Den Bau von Containerschiffen lehnte die Reederei zunächst noch ab. Immerhin hatte sie aber bereits 1952 gemeinsam mit der Hamburg-Amerika Linie (Hapag) und der Deutschen Bundesbahn die »CONTRANS Gesellschaft für Übersee-Behälterverkehr m.b.H.« gegründet. Mit dieser Gesellschaft konnten die beiden großen deutschen Linienreedereien durchaus schon wertvolle Erfahrungen sammeln, sodass sie also keineswegs gänzlich unvorbereitet, wenn auch ohne Enthusiasmus und mehr oder weniger gezwungen an die Sache herangingen, einfach weil es nun einmal sein musste.

Trotz der hanseatisch zurückhaltenden Formulierungen des Norddeutschen Lloyd hatten also die Akteure in Europa den Container schon längere Zeit im Visier gehabt, wie das Beispiel CONTRANS zeigt. Und nicht nur das, es ist sicher nicht übertrieben zu behaupten, dass etwa Mitte der 60er-Jahre die Fachwelt und alles andere, was sich dafür hielt, einem wahren »Containerfieber« erlegen war. Selbst von einer »Containerhysterie« zu sprechen, wie geschehen, war nicht unbedingt verkehrt. Alle infrage kommenden Kreise waren plötzlich davon erfasst, nicht nur in Deutschland, sondern im gesamten damaligen EWG-Raum und darüber hinaus. Darüber sollten die nüchternen Worte im NDL-Geschäftsbericht nicht hinwegtäuschen. Verfolgt man die Vielzahl der in dieser Zeit verfassten Artikel und Memoranden, dann zeigt es sich, dass die Meinungen geteilt waren, was nicht überraschen kann. Hier stand ein begeistertes Ja, auf der anderen Seite gab es ein kompromissloses Nein und dazwischen jede Menge anderes mit dem berühmten Sowohl-als-auch. Man wollte schließlich nichts verkehrt machen.

Diese vielstimmigen Diskussionen um den Wert oder Unsinn des Containers gipfelten darin, dass dieser Kiste von so mancher Seite geradezu magische Kräfte zugeschrieben wurden. Sie erschien als das Allheilmittel für den Ersatz oder die notwendige Ergänzung vieler jetzt antiquiert erscheinender Transportmittel, meinten die Enthusiasten. Dabei übersahen sie oft leichtfertig oder wussten es einfach nicht, mit welch immensen Kosten die Einrichtung eines funktionsfähigen Containersystems allein für die Reedereien verbunden war. Und viel zu häufig wurde darüber hinaus allzu schnell von einer »selbstverständlichen« Verbilligung der Transporte ausgegangen. Aber woher sollten außerhalb der USA denn einigermaßen gesicherte Erfahrungen auch kommen? Blieben also nur Vermutungen, Behauptungen und Prognosen. Die gab es dann auch in jeglicher Form und Inhalt. Das war eben so und menschlich zu verstehen. Jeder wollte etwas zur Sache beitragen, so oder so. Soll doch auch in dieser Angelegenheit das berühmt-berüchtigte Politikerwort gelten: »Was schert mich mein Geschwätz von gestern.«

Wegen dieser außerordentlich hohen Investitionskosten, die unumgänglich aufzubringen waren, zögerten verständlicherweise viele Reedereien zunächst noch, die notwendigen Schritte zu unternehmen, und dabei kam doch gerade ihnen die Schlüsselrolle in dieser Angelegenheit zu. Sie waren gezwungen zu handeln, wenn sie nicht schwer aufholbar zurückfallen wollten, zumal auch die Verladerschaft zunehmendes Interesse an den Boxen zeigte. Beim Verband Deutscher Reeder hieß es im März 1967 dazu in einem Informationsbrief: »Die Reeder müssen Folgendes berücksichtigen: Die ›Anderen‹, d. h. im Moment die Amerikaner, haben mit den ihnen eigenen Methoden diesen

← 25 Tonnen hob diese Container-Verladebrücke im Bremer Hafen. In Abständen von zwei bis drei Minuten konnte sie einen Container laden oder löschen. Links im Bild sind die Chassis zu sehen, die anfänglich für den An- und Abtransport der Boxen eingesetzt wurden.

Foto: BLG

Verkehr den europäischen Verladern näher gebracht, und für Europas Reeder gilt es, verlorenen Boden zunächst einmal zurückzugewinnen. Der Vorsprung der Amerikaner ist beachtlich, und es ist bekanntlich teuer und bedarf größter Anstrengungen, einen Vorsprung aufzuholen und den Konkurrenten zu überflügeln. Die europäischen Reeder sind ihren amerikanischen Konkurrenten gegenüber im Nachteil. Insbesondere die deutschen Reeder können aufgrund des enormen Geldaufwandes für den Containerverkehr noch nicht mit ausländischen Reedern Schritt halten … !

Entwicklungsländer mit ihren teilweise unzureichenden inneren Verkehrsverbindungen bleiben einstweilen vom Containerverkehr ausgeschlossen. Vielmehr wird das Versuchsfeld des Nordatlantiks, dem wichtigsten Weg zwischen den industrialisierten Blöcken Nordamerikas und Westeuropas, benutzt werden müssen, um diese neue Rationalisierungsmaßnahme auszuprobieren.

Die deutschen Reeder sind aus wirtschaftlichen Erwägungen dem Beispiel der Amerikaner nicht gefolgt. Zwar unterhalten zwei deutsche Reedereien (Anm.: Hapag und Lloyd) einen kombinierten Stückgut/Containerverkehr, jedoch sind die Schiffe hierfür nicht speziell ausgerüstet, vielmehr werden die Großcontainer in den normalen Laderäumen oder an Deck der Schiffe untergebracht. Das letzte Wort ist aber sicherlich noch nicht gesprochen, und es ist zu erwarten, dass hier noch einige Überraschungen bevorstehen.« Darauf musste dann auch nicht mehr lange gewartet werden.

Foto: Archiv HJW

→ Das Küstenmotorschiff Bell Valiant (499 BRT) gehörte zu den ersten in Deutschland gebauten deutschen Vollcontainerschiffen.

Foto: BLG

↓ Das MS Fairland, hier bei der Ankunft in Bremen, lief im Mai 1966 als erstes Vollcontainerschiff nordeuropäische Häfen an.

Es sei in diesem Zusammenhang noch darauf hingewiesen, dass im Jahr 1967, als der Reederverband das doch eher zögerliche Statement abgab, die US-Reederei Matson Navigation bereits den ersten Containerverkehr über den Pazifik aufzog. Und schon vorher, 1966/67, hatten sich in Großbritannien mit der Overseas Container Line (OCL) und der Associated Container Transportation (ACT) zwei Gemeinschaftsunternehmen als Reaktion auf die neue maritime Herausforderung gebildet. Auch in Deutschland konnte es in Anbetracht dieser Vorgänge nicht länger nur bei einer höchstens verbalen Zustimmung bleiben, denn es wurde immer klarer, dass endlich auch hier gehandelt werden müsse, bevor der Zug endgültig abgefahren war. Ein Zug, von dem zwar niemand zu sagen wusste, wo er tatsächlich ankam, der aber dennoch mit immer höherer Geschwindigkeit Fahrt aufnahm.

Noch 1967 gaben deshalb die Hamburg-Amerika Linie und der Norddeutsche Lloyd erstmals Vollcontainerschiffe für den Überseeverkehr in Auftrag, je zwei bei Blohm + Voss und beim Bremer Vulkan. Da vier Schiffe für einen Liniendienst über den Atlantik mit wöchentlichen Abfahrten unbedingt erforderlich waren und die beiden Reedereien einen solchen Dienst jeweils nicht für sich allein aufbauen wollten, es wegen der finanziellen Belastungen wohl auch nicht konnten, schlossen sie ihre Nordatlantik-Dienste zu den »Hapag-Lloyd Containerlinien« unter einer gemeinsamen Geschäftsführung zusammen. Dies war die Vorstufe der späteren Fusion zur Hapag-Lloyd AG. Sie kam letzten Endes vor allem dadurch zustande, weil, wie erwähnt, ein Unternehmen allein die enormen für die weitere Containerisierung benötigten Finanzmittel nicht aufbringen konnte und über den Nordatlantik hinaus weitere Fahrtgebiete auf die Einführung dieser »Superboxen« vorbereitet werden mussten.

Die anders strukturierte, meistens aus kleineren, eignergeführten Unternehmen bestehende Küstenschifffahrt hatte allerdings schon deutlich vorher flexibel reagiert. So gilt die 1966 von der Sietas-Werft in Hamburg gebaute BELL VANGUARD (499 BRT) als das erste deutsche Containerschiff überhaupt. Es hatte eine Stellplatzkapazität von 67 TEU.

Der Bericht des Verbands Deutscher Reeder für das Schifffahrtsjahr 1968 hielt dann endlich fest: »Auch im deutschen Schifffahrtsgeschäft hat der Containerverkehr jetzt seinen festen Platz gefunden. Die speziell für diese Verkehrsart gegründeten Hapag-Lloyd-Containerlinien haben als erste europäische Reederei große Vollcontainerschiffs-Neubauten im Nordatlantikverkehr in Fahrt gebracht. Daneben wurden von deutschen Reedereien erstmalig auch mittlere Einheiten (250 Container zu 20 ft) in Dienst gestellt, während die Zahl der in der Kleinfahrt tätigen Einheiten, die ausschließlich für den Containertransport gebaut wurden oder in langfristiger Zeitcharter Container befördern, auf 43 Schiffe erhöht werden konnte.«

Das klingt doch schon ganz schön stolz. Und wenn man sich die nur ein Jahr zuvor abgegebene, oben in Auszügen zitierte Stellungnahme in Erinnerung ruft, dann wird nicht zuletzt dadurch die Schnelligkeit der Entwicklung nicht nur auf dem Wasser, sondern auch in den Denkprozessen der Beteiligten deutlich. Die Vorteile der Containerschifffahrt waren ja auch tatsächlich nicht zu übersehen. Zum Be- und Entladen von 10 000 Tonnen Stückgut benötigte ein konventioneller Frachter damals acht bis zehn Tage. Containerschiffe schafften diese Menge in zwei bis vier Tagen und konnten deshalb erheblich mehr Rundreisen machen – und Schiffe verdienen nur Geld, wenn sie fahren. Schiffe und Hafenanlagen wurden besser ausgenutzt und damit die Transportkosten gesenkt. Die Transit- und Lagerzeiten verkürzten sich, der schnellere und sicherere Umschlag senkte die Verluste durch Beschädigung und Diebstahl, reduzierte den Aufwand an Verpackung, Dokumentation und Versicherung sowie nicht zuletzt die Lohnkosten, weil für die anfallenden Arbeiten weniger Personal eingesetzt werden musste.

Foto: Archiv HJW

← Küstenmotorschiffe übernahmen wichtige Feederfunktionen, hier beim Umschlag in Göteborg.

↑ So konnte es nicht weitergehen, die Kapazitätsgrenzen waren erreicht.

Fotos (2): Archiv HJW

Foto: HHLA

← Am Abend des 31. Mai 1968 traf das MS American Lancer als erstes Vollcontainerschiff in Hamburg ein und eröffnete damit einen regelmäßigen Container-Liniendienst zwischen der US-Ostküste und der Hansestadt.

# Die Häfen als wichtigste Schnittstellen

Hier bietet sich an, auf die Rolle der Seehäfen als wichtigste Schnittstellen in den interkontinentalen Container-Transportketten einzugehen. Die von ihnen während der Etablierung dieses Transportsystems zu bewältigen Aufgaben waren enorm, und wie sie das taten, ist nicht hoch genug einzuschätzen. Grundsätzlich ist dazu festzuhalten, dass für die neuen teuren Containerschiffe Rentabilität nur mit schnellen Reisen zu gewährleisten ist, und die Häfen haben daran einen großen Anteil. Das gilt bis heute.

Die Seehäfen, zumindest die großen oder ganz großen, hätten ohne diese genormten Boxen die über sie laufenden rapide zunehmenden Güterströme in den internationalen Verkehren nicht mehr angemessen bewältigen können, in welcher Weise auch immer. Das ist inzwischen zu einer Binsenwahrheit geworden. Im Zuge des über wenige Jahrzehnte erlebten gigantischen Wachstums sowohl der Transportmengen als auch der Schiffsgrößen, die so niemand hatte erwarten können, mussten sie nicht nur die damit verbundenen enormen, auch finanziellen Herausforderungen verkraften, sondern sich gleichzeitig auf immer neue Sprünge einstellen, und das, ohne als Dienstleister irgendeinen Einfluss zu haben. Deshalb kommt den Seehäfen eine besondere Bedeutung zu. Gleichzeitig wird dabei die gesamte Komplexität dieses Transportsystems deutlich.

Mit den sehr schnell zunehmenden Containerverkehren in immer mehr Relationen haben sich in gleichem Tempo sowohl die Strukturen als auch die Erscheinungsbilder der Häfen grundlegend geändert. Wo früher die Beobachter noch eine gewisse Romantik spüren konnten, geprägt von fremdartigen Gerüchen, von den typischen Geräuschen der Ladebäume und -winden sowie von den Rufen der mit den Umschlagarbeiten beschäftigten Menschen, so ist davon heute kaum noch etwas zu spüren. Zwar gibt es immer noch Motorenlärm, und auch eine gewisse Hektik gehört unverändert dazu, aber die sind von

Foto: Archiv HJW

↑ Diese Methode war, den Umschlag von Containern betreffend, nicht gerade optimal.

anderer Art, weil Menschen kaum noch zu sehen sind und Beobachter von außerhalb aus Gründen der allgemeinen und eigenen Sicherheit nur eher selten die Gelegenheit haben, einigermaßen dicht an das Geschehen heranzukommen.

Heute wird die Szenerie vor allem geprägt von Containerbrücken, hochgeklappt oder im Betrieb, von emsigen Portalstaplern und anderem Transportgerät, hohen Stapeln von Containern sowie langen Reihen von Lkws und Bahnwaggons – bis die Nacht hindurch eingetaucht in grelles Licht. Die Faszination geht nicht mehr von der sogenannten großen weiten Welt aus, die ist heute bereits Normalität, sondern es ist die geballte Technik, das Zusammenspiel der einzelnen Elemente, die beeindrucken – auch aus der Ferne betrachtet.

Die Seehäfen sind die entscheidende Nahtstelle in den immer stärker gebündelten Überseeverkehren. Von ihnen gehen die fächerförmig weiter in die Fläche gehenden Verteilerverkehre aus sowie gleichermaßen die, mit denen die Boxen aus eben dieser Fläche herangebracht werden. In den Seehäfen werden die Container sowohl für den Import als auch für den Export zunächst massenhaft gesammelt, und dieser Umstand bestimmt alle Anstrengungen, dem jeweiligen und dem zu erwartenden Aufkommen optimal zu entsprechen. Damit waren in der Vergangenheit und sind für die Zukunft Rieseninvestitionen verbunden. Sie müssen sich, je nach Lage, nicht nur in scharfem Wettbewerb amortisieren, sondern vor allem auch dafür sorgen, die Attraktivität des Standortes für die

Foto: PSW

↑ Ein Containerterminal sollte möglichst 24 Stunden am Tag arbeiten, wie hier im marokkanischen Tanger.

Foto: Hongkong Port Authority

→ In Hongkong müssen die Terminals mit sehr begrenztem Platz auskommen.

internationalen zu Verkehre erhalten oder sie sogar möglichst zu steigern.

Auch in den Häfen hatte man sich bereits in den frühen 60er-Jahren darüber Gedanken gemacht, ob und wie der Container die weitere Entwicklung beeinflussen würde. Das galt besonders für die europäische Seite des Nordatlantiks, wo die Verantwortlichen das gegenüber auf der US-Seite rasch wachsende Aufkommen dieser großen Kisten zunächst noch mit gemischten Gefühlen betrachteten. Dennoch wurden bereits 1964/65 Stimmen laut, die da meinten, man müsse schon jetzt die Möglichkeiten eines ständig steigenden Containerverkehrs bei der Projektierung neuer Stückgutanlagen berücksichtigen. Nach einigem Zögern war es am Nordkontinent Bremen, wo der Containerkomplex sehr energisch und durchaus bahnbrechend angegangen wurde.

Das Startsignal für den bald einsetzenden großen Aufschwung in Europa hatte die Reise des Sea-Land-Frachters FAIRLAND gegeben, der im Mai 1966 als erstes Vollcontainerschiff mit 266 35-ft-Boxen an Bord von New York kommend in Rotterdam, Bremen und Grangemouth eingetroffen war. Damit war der Container nicht länger eine inneramerikanische Angelegenheit. Sein Export über den Nordatlantik war für die Amerikaner nur folgerichtig gewesen, und im alten Europa musste man halt zusehen, wie man mit diesen neuen Ideen fertig wurde. Improvisation war deshalb in dieser ersten Phase gefragt.

Sehr bald zeigte sich jedoch, dass es keineswegs so bleiben konnte, denn die Anzahl der Container nahm ebenso rasch zu wie Forderungen, deren Umschlag professionell zu beschleunigen, was letztlich spezielle Technik erforderlich machte. Diese für viele Europäer sicher nicht einfach zu verkraftende Erkenntnis führte dennoch innerhalb kürzester Zeit zum Bau einer ganzen Reihe dafür konzipierter Terminals, von denen manche auf der »grünen Wiese« entstanden, wie z. B. in Bremerhaven und wenig später in Hamburg.

Wie in der Schifffahrt war man sich auch in den Häfen weitgehend darüber im Klaren, dass ein Zögern in der Anfangszeit die Attraktivität des Platzes für die Linienverkehre möglicherweise auf längere Zeit beeinträchtigen würde, und einmal verlorene Verkehre wieder zurückzuholen ist äußerst schwierig, besagt eine damals wie heute gültige Erkenntnis auch der Hafenwirtschaft. Insgesamt ließ sich in den Häfen eine unterschiedliche Investitionspolitik beobachten. Einige errichteten die erforderlichen Spezialanlagen erst dann, wenn eine Reederei in Aussicht stellte, den Platz mit einem Containerdienst anzulaufen, während andere in Erwartung des künftigen Bedarfs und als Angebot an die Reedereien zuerst die notwendigen Anlagen schufen. Letztere gingen dabei zwar ein größeres Risiko ein, zumal die Anlagen nicht gleich rentabel ausgelastet werden konnten, hatten aber auch die Chance, sich damit kurzfristig neue Containerverkehre sichern zu können, was vor allem in der anfänglichen außergewöhnlichen Expansionsphase sehr wertvoll war.

Obwohl gerade zu Beginn des Containerzeitalters besonders häufig die sogenannte Ein-Hafen-Idee vertreten wurde, also die Bedienung nur eines Hafens auf jeder Seite des Fahrtgebiets, gelang es trotzdem allen größeren Linienhäfen, nach und nach mehrere Containerdienste auf sich zu ziehen. Jeder dieser Häfen verfügte über ein eigenes großes Hinterland und konnte mit ständig steigenden Umschlagzahlen aufwarten, wobei das Wachstum selbstverständlich unterschiedlich war. Bald wurden Ranglisten aufgestellt, in denen die Häfen um die besten Plätze konkurrierten. Die »Ein-Hafen-Idee«, obwohl theoretisch die Idealkonstruktion für einen Containerdienst, setzte sich jedoch nicht durch, wurde in Diskussionen aber immer mal wieder ins Gespräch gebracht.

Den Reedereien blieb also somit die Freiheit erhalten, unter mehreren Häfen denjenigen auszusuchen, der ihren Anforderungen am ehesten entsprach, oder innerhalb einer Range festzulegen, in welcher Reihenfolge die betreffenden Häfen bedient werden sollten. Einkommend hat natürlich der erste Löschhafen einen gewissen Vorteil, ausgehend ist es der letzte Ladehafen. Grundsätzlich waren und sind dabei folgende Kriterien wichtig:

- Anlauf- und Abfertigungskosten pro Tonne oder Container
- Marketinggesichtspunkte im Verhältnis zwischen Reeder und verladender Wirtschaft
- Lage des Hafens zur See und seine Verbindungen zum Hinterland
- technische und organisatorische Strukturen des Hafens

Dazu ist anzumerken, dass die Häfen von Beginn an mit ihren Investitionen bzw. Investitionsplanungen den Anforderungen der Schiffe folgten oder bestrebt waren, bei den sich abzeichnenden Anforderungen möglichst der Konkurrenz voraus zu sein. Allein die Schiffe bestimmen den Umfang und die Technik des Umschlags nebst den dazugehörigen sonstigen Anlagen, und das analog zu den wachsenden Schiffsgrößen mit zunehmender Tendenz. Das alles hat zu Anfang stattliche Millionenbeträge verschlungen, und der finanzielle Einsatz, um »am Ball« zu bleiben, hat bis heute nicht nachgelassen, sondern der Druck ist eher noch höher geworden. Die Megacarrier, die Superboxer von heute mit Stellplatzkapazitäten von bis zu 21 000 TEU müssen bedient werden, und wollen die Häfen, die dazu noch in der Lage sind, gegenüber der Konkurrenz nicht ins Hintertreffen geraten, müssen sie die adäquaten Voraussetzungen dafür bieten. Und das kostet, nicht etwa allein für neues, entsprechend den Schiffsgrößen gigantisch dimensioniertes Umschlag- und Flurfördergerät, sondern es geht auch in immer höherem Maße um Wassertiefen und die eingespielten Hinterlandanbindungen sowohl land- als auch wasserseitig.

Die Produktivität der einzelnen Häfen hängt von ihrer Fähigkeit ab, die vorhandenen menschlichen und materiellen Kapazitäten optimal einzusetzen. Reine Umschlagzahlen sind dafür nicht unbedingt aussagekräftig, eher schon technische Kennzahlen wie die zur Verfügung stehende Fläche pro Liegeplatz oder pro Containerbrücke, Kaimeter pro Kran usw. Mit einbezogen werden in eine Bewertung muss auch die personelle Leistungsfähigkeit am Platz, was sich dann in der Anzahl der umgeschlagenen Container pro Stunde, pro Schicht, pro Kaimeter bzw. Quadratmeter Stellfläche, Umschlag pro Brücke und Stunde oder Umschlag pro Schiff und Liegeplatz ausdrückt. Alle diese technischen Kennzahlen können einerseits zwar hohe und höchste Werte erreichen, die jedoch andererseits durch immaterielle Einflüsse rasch wieder relativiert werden können, etwa durch die Streikfreudigkeit bzw. Streikbereitschaft der Hafenmitarbeiter.

↓ Die Reederei Maersk hat sich in Bremerhaven, wie auch in anderen Häfen, durch eine Terminalbeteiligung Vorrechte gesichert. Sie und andere Reedereien sind an zahlreichen Plätzen in der Welt engagiert. Für die Häfen bedeutete das, dass diese und ihre Dienste enger an sie gebunden wurden.

Foto: BLG Logistics

Generell kann davon ausgegangen werden, dass die Produktivität in den Hauptcontainerhäfen der Welt annähernd gleich ist, zumindest was die technische Seite betrifft. Das bedeutet, dass die Häfen fast nur noch auf der Serviceseite eigenes Profil zeigen können, und der Service beweist sich in der Qualität und dem Grad der Dienstleistungstiefe an der Ware sowie bei der Transportleistung. Bei der Transportleistung ist zwischen dem landseitigen sowie dem seeseitigen Vor- und Nachlauf zu unterscheiden.

Es ist in diesem Zusammenhang interessant zu erfahren, wie sich Reedereien den ihrer Ansicht nach idealen Containerterminal vorstellen, wobei gleich einschränkend hinzugefügt werden soll, dass es viele Reedereien gibt mit ebenso vielen individuellen Wünschen. Dies einmal außer Acht gelassen, lassen sich die Terminalnutzer grob in zwei Gruppen unterteilen: Eine, sie beschränkt sich mehr oder weniger auf die ganz großen, ohne alle einzuschließen, wünscht in den Häfen eigene Terminals, sogenannte »dedicated terminals«, die auf ihre Bedürfnisse zugeschnitten sind und die in den meisten Fällen auch von ihnen betrieben oder zumindest mitbetrieben werden. Mehrere große Carrier, darunter Maersk-Line, CMA CGM, MSC, Hanjin, NYK, COSCO, Orient Overseas Container Line (OOCL) und auch Hapag-Lloyd, haben sich so engagiert. Allerdings sind nicht alle Häfen auf diese Wünsche eingegangen.

Die andere Gruppe von Reedereien, es ist die größere, lehnt ein solches Engagement ab. Sie will den Wettbewerb nutzen, um sich dadurch die Möglichkeit zu erhalten, auf der Kostenseite Druck auszuüben. Ihre wesentlichen Vorstellungen gehen in diese Richtung. In entscheidenden Punkten sind beide Gruppen aber deckungsgleich:

- Der Terminal sollte idealerweise dort liegen, wo die Ladung produziert oder benötigt wird. Das kommt auch den Wünschen der Verladerschaft entgegen, die möglichst kurze, effiziente, kostengünstige und sichere Transporte ihrer Export- und/oder Importgüter wünscht.
- Der Terminal muss in ausreichendem Umfang Liegeplatzkapazitäten und die erforderlichen Anlagen für einen effizienten Umschlag vorhalten. Wichtig sind dabei vor allem ausreichende Stellflächen für Container, Wartungs- und Reparatureinrichtungen sowie auch Schwimmkranverfügbarkeit für das Handling von Schwerstücken.
- Aus nautischer Sicht sind Verkehrs-, Liegeplatz- und Tiefgangssicherheit die wichtigsten Forderungen. Aber auch kommerziell sind dies wichtige Aspekte. Eine ausreichende Wassertiefe ist für die Abfertigung der Schiffe ausschlaggebend, um uneingeschränkt den Fahrplananforderungen der Reedereien zu genügen. Deshalb müssen sich die Häfen auch bei den Wassertiefen zeitgerecht den immer größer gewordenen Schiffen anpassen, da ansonsten die »Megacarrier« auf alternative Plätze ausweichen oder einen nicht bedarfsgerechten Hafen sogar ganz aussparen. Kann ein großer Hafen von voll beladenen Schiffen nicht mehr sicher zu jeder Zeit angelaufen werden, entfällt für ihn ohnehin das zugkräftige Argument »erster Löschhafen« für die aus Übersee ankommenden Schiffe oder »letzter Ladehafen« für die ausgehenden.

Wichtig ist die Erfüllung der garantierten Abfertigungsleistung:

- Der Terminal muss möglichst 24 Stunden am Tag und sieben Tage in der Woche mit der erforderlichen Leistung zur Verfügung stehen.
- Durch die Möglichkeit, dass bestimmte Reedereien »dedicated terminals« nutzen können, darf es nicht zu einer »Zwei-Klassen-Gesellschaft« der Terminalnutzer kommen.
- Es werden hohe Anforderungen an ein dichtes Feedernetz gestellt, an die Zubringer- und Verteilerverkehre.

Insgesamt gesehen ist die Lage für die Containerhäfen nicht einfacher geworden, denn das Bestreben, mit immer neuen Erweiterungs- und Rationalisierungsinvestitionen auf der stetigen, jahrelang ungebrochenen Wachstumswelle mithalten zu wollen und zu können, hat Kostenstrukturen geschaffen, für die ein signifikanter Rückgang des Umschlagvolumens katastrophale Folgen haben würde. Ein Vorgeschmack dessen, was passieren kann, wenn eine solche Situation länger andauert, bescherte die Finanz- und Wirtschaftskrise, die 2008 begann.

Foto: BLG Logistics

Wichtig für die Häfen ist ihre gute Erreichbarkeit – d. h. ausreichende Wassertiefe, möglichst tideunabhängig.

Foto: Einar Maschmann

↑ Übersee- und Feederverkehre müssen sich ergänzen.

# Zubringer- und Verteilerverkehre müssen funktionieren

Für den wirtschaftlichen Erfolg großer Häfen ist aber, wie bereits angedeutet, nicht nur die Infrastruktur am Standort selbst entscheidend, sondern von großer Bedeutung sind die Seehafen-Hinterlandverkehre auf Straße und Schiene sowie die Feederdienste, also diejenigen Verbindungen, mit denen auf der Wasserseite in Kurzstreckenseeverkehren und mit Binnenschiffen der Zu- und Ablauf der Boxen zu und von den Haupthäfen organisiert wird. Ein ganz schlichter Spruch lautet dann auch treffend, dass ein Containerhafen nur so attraktiv ist wie seine Hinterlandverbindungen, eben dem Modal Split – Schiene, Straße, Wasserstraße. Für den Kunden ist es schließlich mehr oder weniger uninteressant, wie sein Container transportiert wird oder ob für den Umschlag die modernsten Techniken eingesetzt werden. Der Kunde interessiert sich nur dafür, ob der Transport von Haus zu Haus vor allem kostengerecht und zeitlich exakt planbar erfolgt. Das erfordert bei den immer größeren Mengen, die von den immer größeren Schiffen pro Hafenanlauf umgeschlagen werden, eine immer ausgefeiltere Hinterlandlogistik, die für einen reibungslosen, zuverlässigen Zu- und Ablauf der Boxen sorgt. Das ist auch deshalb notwendig, und daran soll noch einmal erinnert werden, weil die Unternehmen ihre zuvor als Puffer üblichen Lagerbestände weitgehend abgebaut haben und dadurch von einer verlässlich florierenden Zu- und Abfuhr der Güter bzw. Materialien abhängiger geworden sind.

Um eine Vorstellung davon zu bekommen, von welchen Größenordnungen ausgegangen werden muss, nur wenige Zahlen: Bei einem Umschlag von

Foto: DB AG

↑ Rangierbahnhof Hamburg-Waltershof – die Direktanbindung an die Containerterminals.

rund 9 Mio. TEU pro Jahr, wie er in Hamburg vor der Finanz- und Wirtschaftskrise erreicht worden war, mussten täglich mehr als 25 000 TEU einkommend und ausgehend bewegt werden. Das entspricht, hintereinandergereiht, immerhin einer Strecke von über 150 Kilometern, um das einmal auf diese Weise zu verdeutlichen. Bei einem Containerumschlag von 14 Mio. TEU in Rotterdam oder fast 40 Mio. TEU in Shanghai erreicht das alles natürlich noch ganz andere Dimensionen.

Während Lkws die Beförderung der Boxen idealerweise nur über kürzere Strecken durchführen, wobei das insgesamt rapide wachsende Verkehrsaufkommen auf den ohnehin stark belasteten Straßen immer lauter beklagt wird, übernimmt die Bahn den Transport über lange Strecken, meistens mit Container-Ganzzügen. In Hamburg, um beim größten deutschen Seehafen zu bleiben, waren es 2017 mehr als 200 täglich. Sie transportierten 46,4 Mio. Tonnen Güter. Und auch außerhalb des Hamburger Hafens geht es auf der Schiene ins Gigantische. So hat die Deutsche Bahn (DB) bereits Anfang Dezember 2008 gemeinsam mit einem niederländischen Partner zwischen Oberhausen und Rotterdam erstmals Güterzüge von 1000 Meter Länge auf die Strecke geschickt. So sollte die Produktivität gesteigert werden, um auf den prognostizierten weiteren Anstieg des Transportvolumens vorbereitet zu sein. Züge bis 1500 Meter Länge sollen in der Planung sein. Deren Realisierung dürfte aber höchstens auf lange Sicht Realität werden. Insgesamt gesehen sind im engen Europa beim Zu- und Ablauf per Schiene die Steigerungsmöglichkeiten jedoch aus infrastrukturellen Gründen begrenzt, z. B. was Überholgleise und Rangierbahnhöfe betrifft. Aber auch die Tunnelhöhen lassen auf den meisten Strecken keine doppelstöckigen Transporte zu, also auf den Waggons zwei Container übereinander. Dennoch betonen Fachleute, dass längst noch nicht alle Potenziale ausgeschöpft seien. Eine wichtige, vielleicht sogar eine Schlüsselrolle muss dem Schienenverkehr darüber hinaus beigemessen werden, wenn Deutschland und

Gesamteuropa seine ehrgeizigen Klimaziele erreichen will. Gegenwärtig stehen in Deutschland 34 000 Kilometer Schienenwege zur Verfügung, und die gesteckten Klimaziele sind noch weit entfernt.

Selbst wenn sie oft nicht direkt den Hinterlandverkehren der Häfen zuzuordnen sind, kommt bestimmten Container-Ganzzugverbindungen eine wachsende Bedeutung zu, wobei natürlich Anschlussverbindungen zu den Häfen immer möglich oder sogar das Ziel sind. Hier kommt, neben der sibirischen Landbrücke, die 2012 einen Zuwachs von gut 15 Prozent auf 638 240 TEU generieren konnte, besonders der wachsende Wirtschaftsgigant China ins Spiel. Von und nach dort gibt es bereits eine ganze Reihe von Ganzzugsangeboten als Ergänzung zu den Seetransporten und teilweisen Ersatz für die wesentlich teurere Luftfracht. So gibt es z. B. seit Herbst 2012 eine direkte Bahnverbindung von Wuhan in Zentralchina nach dem 60 Kilometer östlich von Prag gelegenen Pardubice, initiiert von der China Railway International Multimodal Transport Co. Ltd. (CRIMT). Der erste Transport bestand aus 50 40-ft-Containern, beladen mit Elektronikprodukten im Wert von fünf Mio. USD. Reisedauer: 23 Tage. Eine andere Containerlinie bedient die 11 800 Kilometer lange Strecke zwischen Suzhou und Polen. Die Reisedauer wird mit 18 Tagen angegeben. Die Deutsche Bahn hatte bereits von November 2011 an den Transport von Fahrzeugkomponenten für den Autohersteller BMW vom Schiff auf die Schiene verlagert, um Zeit zu sparen. Dauerte der Transport per Schiff 46 Tage, so fahre nun jeden Tag ein Güterzug mit 44 Waggons vom BMW-Werk Leipzig zur Fertigungsstätte Shenyang in Nordostchina, hieß es vonseiten der DB AG. Für die 11 000 Kilometer lange Strecke brauche der Zug nur 23 Tage. Diese Zeit könne nochmals verkürzt werden, wenn es einheitliche Transportrechtsregeln, eine schnellere Grenzabfertigung und einen international einheitlichen digitalen Frachtbrief statt 14 einzelne gebe. Als Ergänzung bei dieser Gelegenheit noch: Es gibt selbstverständlich auch Direktverkehre zwischen Häfen. So bietet DB Schenker in Verbindung mit der chinesischen Staatsbahn einen Dienst zwischen der boomenden Industriemetropole Chongqing am Yangtse und Duisburg, einmal wöchentlich via der sibirischen Landbrücke. Laufzeit 17 bis 18 Tage.

↓ Wichtig auf dem Terminal ist das reibungslose Zusammenspiel aller Beteiligten.

Foto: HHLA

Großen Bahnhof, chinesisch bunt, glücksbringende Drachen durften nicht fehlen, gab es 2018 bei der Ankunft eines Containerzugs aus Chongqing im Duisburger Hafen. Zwar bestand diese Eisenbahnverbindung bereits seit gut zwei Jahren, aber der so großartig begrüßte Zug war dieses Mal während seiner ganzen Reise durch mehrere Länder von etlichen chinesischen Fernseh- und Journalistenteams begleitet worden, sodass es sich auch für Duisburg anbot, eine »große Sache« daraus zu machen. Natürlich war selbst der Oberbürgermeister dabei. Eingesetzt werden auf dieser »Yuxinou« genannten Strecke Züge mit einer Transportkapazität zwischen 40 und 50 Vierzig-Fuß-Containern (FEU). Die Reisedauer wird mit 16 Tagen angegeben. Gestartet war die Schienenverbindung mit einer Abfahrt pro Woche, mittlerweile sind es drei. Eine weitere Verdichtung wird angestrebt. Dazu hieß es, dass auf der Schiene die Boxen doppelt so schnell transportiert werden könnten wie auf dem Seeweg und der Transport der Güter nur halb so teuer käme wie die Luftfracht. Dazu noch drei kleine Ergänzungen. Die mit 8000 Meilen längste Zugverbindung wurde Ende 2014 zwischen dem 170 Meilen südwestlich von Ningbo in der ostchinesischen Provinz Zhejiang gelegenen Yiwu und Madrid eingerichtet. Mit dem ersten Zug wurden 40 Boxen über diese Landbrücke transportiert, die durch Kasachstan, Russland, Weißrussland, Polen, Deutschland und Frankreich führt. Dabei sei man immer noch zehn Tage schneller gewesen verglichen mit einem Schiffstransport. Anfang 2017 kam nach einer 18-tägigen Fahrt über 12 000 Kilometer der erste Zug aus Yiwu in London an, und als jüngste Zugverbindung ist im März 2018 eine Verbindung zwischen Yiwu und dem Containerterminal Amsterdam in Betrieb genommen worden – ausdrücklich als Teil der von China mit Milliardenkosten initiierten »Neuen Seidenstraße«. Für die 11 000 Kilometer lange Strecke wurden 16 Tage benötigt. Die Niederlande exportieren auf diesem Wege Maschinen und technische Zubehörteile, Mineralöle, pharmazeutische Produkte und sonstige Chemikalien. Auch aus Russland wird von Containerganzzügen berichtet. Ein solcher hat im März 2018 mit 154 Boxen beladen die 8730 Kilometer lange Strecke von Wladiwostok nach Moskau in neun Tagen zurückgelegt. In den Containern sollen Konsumgüter, Haushaltsgeräte, Industriekomponenten sowie Bau- und Fertigungsmaterialien gewesen sein.

↓ Großer Bahnhof, chinesisch bunt mit glücksbringendem Drachen. Sie durften bei der öffentlichkeitswirksamen Ankunft eines Containerzugs aus Chongqing nicht fehlen.

Foto: Hafen Duisburg

## Feederschiffe

Eine wichtige Funktion im System kommt weltweit nicht zuletzt den Feederschiffen zu, für deren Zahl ebenso nur das Attribut »gigantisch« verwendet werden kann. Gleiches gilt für die Netzwerke, die mit ihnen betrieben bzw. die von ihnen bedient werden. Ohne sie hätte es die rasante Größenentwicklung hin zu den Megaboxern mit deren Konzentration auf immer weniger große Häfen nicht geben können, denn sie stellen die notwendige seeseitige Verteilung eines ganz großen Teils der Boxen über die kleineren Häfen in die Fläche und den Zulauf aus der Fläche sicher. Allein mit Landtransportmitteln wäre dies unmöglich zu schaffen. Es wird geschätzt, dass rein rechnerisch für jedes der großen Schiffe in den Überseeverkehren mindestens etwa vier bis sechs adäquate Feederschiffe notwendig sind.

Der schon jetzt hohe Anteil dieser Zubringerverkehre am Umschlag in den Containerhäfen, er liegt je nach Standort bei etwa einem Viertel, dürfte mit dem Zulauf der großen Zahl neuer Megacarrier noch deutlich zunehmen, was allerdings längst nicht allen Verladern passt. Manche bevorzugen nämlich direkte Dienste von bzw. nach Häfen, die so nah wie möglich beim Versender oder Empfänger liegen, Häfen in unmittelbarer Nähe der Produktionsstätten. Je weniger Umladungen es gibt, desto sicherer und kostengünstiger erscheinen ihnen die Transporte. In Spitzenzeiten kann es nämlich durchaus passieren, dass Container zunächst im großen Umladehafen liegen bleiben, weil die Anschlussabfahrt verpasst wurde oder aber kein Platz an Bord mehr vorhanden ist. Dann muss auf das nächste Schiff gewartet werden, was trotz hoher Abfahrtsdichte immer ärgerlich ist und durchaus Bedarfsplanungen in Schwierigkeiten bringen kann.

Im Bereich der Feederschiffe hat es, wie in den Überseeverkehren, ebenfalls eine rasante Größenentwicklung gegeben. Stellplatzkapazitäten von 2000 TEU oder auch schon bis 5000 TEU sind längst keine Seltenheit mehr. Eine weitere Steigerung ist keinesfalls auszuschließen. Wesentliche Gründe dafür sind, dass die Megacarrier und mehr noch die jetzt zulaufenden noch größeren Generationen bis 18 000 TEU und darüber wegen ihres zu großen Tiefgangs viele Plätze nicht mehr bedienen können, und es werden immer weniger. Auch verringern Reedereien aus wirtschaftlichen Erwägungen für etliche ihrer Dienste die Zahl der von ihnen bedienten Häfen. Es fallen also in den Haupthäfen erheblich größere zu feedernde Containermengen an, die noch dazu in wachsendem Umfang über immer längere Seestrecken zu transportieren sind. Das gilt insbesondere für den im Laufe der vergangenen zehn bis 15 Jahre explosionsartig gewachsenen innerasiatischen Markt.

Aber nicht nur die weltweit stark beachtete Boomregion Fernost/Südostasien spielt beim Bau von »Feedergiganten« eine Rolle, Ähnliches gilt auch für die Ostsee, wo die wachsenden Volkswirtschaften der Anrainerstaaten größere Containerschiffe für eine effizientere Transportabwicklung erwarten. Die Hamburger Sietas-Werft hat unter Berücksichtigung der Grenzen, die der Nord-Ostsee-Kanal setzt, einen »Baltic-Max«-Typ entwickelt, der es bei 168 Meter Länge, 26,80 Meter Breite und voll abgeladen 9,61 Meter Tiefgang auf eine Stellplatzkapazität von 1400 TEU bringt. Als erstes Schiff dieses neuen Typs ist im August 2008 die HEINRICH EHLER abgeliefert worden. In der Ostsee werden übrigens seit einiger Zeit einige Häfen von großen Überseeschiffen, ohne den Nord-Ostsee-Kanal zu nutzen, direkt bedient. Der polnische Hafen Gdynia bei Danzig hat den Anfang gemacht. Die Zahl der Häfen, die dafür infrage kommen, ist jedoch sehr beschränkt, sodass die originären Feederdienste auch in Zukunft dort unverzichtbar bleiben werden. Unverzichtbar gerade für die Ostseehäfen und die dort tätigen Feederschiffe wird auch der Nord-Ostsee-Kanal bleiben, eines der »Nadelöhre« im Weltseeverkehr. Sein Ausbau bzw. seine Anpassung an die immer größer werdenden Schiffe wird seit Jahren angemahnt. Passiert ist in dieser Richtung bisher allerdings nur wenig. Doch davon später mehr.

Eine der wesentlichen Ursachen für die geradezu dramatische Vergrößerung der Schiffe, die in vielen Feederdiensten eingesetzt werden, ist der sogenannte Kaskadeneffekt. Er entsteht dadurch, dass die auf den Hauptrouten in Fahrt gekommenen immer größeren Schiffe die vorher dort verkehrenden, häufig

↓ Hamburg profitiert von seinem dichten Feederschiffsnetz, vor allem dank der Nähe zum Nord-Ostsee-Kanal mit Ostseehäfen.

Foto: HHLA/Maschmann

ebenfalls schon sehr großen Einheiten ersetzen. Für die muss dann auf anderen Routen Beschäftigung gesucht werden – häufig in Feederdiensten eben, wo sie nach und nach traditionelle Feederschiffe ersetzen. Das geht zwar längst nicht überall – siehe Ostsee z. B. – aber es nimmt erkennbar weiter zu. Manche Branchenbeobachter, wie der European Port Tracker von Hackett Associates, meinen sogar, dass die kleinen Feederschiffe irgendwann ganz vom Markt verschwinden würden. Das sei allerdings dahingestellt.

Das Feld der Feederschiffe wird immer noch weitgehend von kleineren Schiffen, die ursprünglich für diese Fahrt gebaut worden sind, und von größeren, die infolge der Kaskadeneffekte in diese Dienste eingefädelt worden sind, geprägt. Aber es gibt auch neue Entwicklungen, die technisch ganz auf die spezifischen Bedürfnisse der typischen Feeder-Fahrtgebiete konzipiert sind.Ein solches Konzept hat z. B. das dänische Ingenieurbüro Knud E. Hansen präsentiert. Dessen Entwicklungsingenieure gingen von der Erkenntnis aus, dass viele Häfen nur über relativ enge Zufahrtswege und Hafenflächen mit begrenzten Wassertiefen verfügen. Sie konstruierten deshalb eine Schiffsfamilie mit unterschiedlichen Größen sowie hoher Manövrierfähigkeit und Umweltfreundlichkeit für die Bedienung kleiner und mittlerer Häfen. Der 2000-TEU-Typ dieser Schiffsfamilie verfügt über einen 5,80 Meter großen Antriebspropeller in Kombination mit einem erheblich kleineren, um 360 Grad drehbaren Azipod. Damit soll eine hohe Manövrierfähigkeit erreicht werden, ohne wesentlich den Vortrieb- mit einer Höchstgeschwindigkeit von 21 Knoten zu beeinträchtigen.

Das Design eines 3800-TEU-Carriers dieser Schiffsfamilie bietet Neuheiten für den Einsatz von verflüssigtem Erdgas (LNG) als Treibstoff. Da gegenwärtig die komplette Ausstattung mit einem LNG-Antrieb wegen unzureichender Infrastruktur noch problematisch ist, wird ein Alternativkonzept mit entweder Dual-Fuel oder aber reinem LNG-Antrieb geboten. Die unter dem vorn angeordneten Deckshaus liegenden Bunker können von einem Tag auf den anderen von Schweröl auf LNG umgestellt werden, sobald die notwendige Infrastruktur vorhanden ist. Neuartig ist auch die Rumpfstruktur. Sie basiert auf der Idee, dem komplexen Zusammenspiel von Beschleunigung, Stabilität und Tiefgang bei unterschiedlicher Containerbeladung gerecht zu werden. Je größer der Tiefgang durch die zunehmende Ladungsaufnahme wird, desto breiter sollte der Rumpf sein. Da eine dauerhafte Verbreiterung aber Nachteile bei der Beförderung von weniger Ladung brächten und ein V-förmiger Rumpf Probleme beim Festmachen an der Kaimauer bereitet, wird als Lösung ein schmalerer Hauptrumpf im klassischen Design, ergänzt durch zwei dreieckige Ausleger, geboten. Diese Ausleger würden erst bei voller Beladung eintauchen, dadurch den Rumpf verbreitern sowie so die Stabilität erhöhen. Folglich habe das Schiff im Wasser weniger Widerstand als ein breiter Feeder, betont der Konstrukteur. Das wiederum bedeute eine höhere Geschwindigkeit bei geringerem Kraftstoffverbrauch. Klingt doch ganz interessant, nicht zuletzt was die Nutzung von umweltfreundlichem LNG betrifft – ein Faktor, der besonders in küstennahen Seegebieten von wachsender Bedeutung wird. International gültige Vorschriften unterstreichen das. Es gibt also auch hier noch viel Luft für neue Ideen.

↓ Feederschiff auf der Elbe heimkehrend aus St. Petersburg.

Foto: HHM

↓ Darstellung des 2000-TEU-Feederschifftyps nach einem Entwurf von Knud E. Hansen. Ein um 360 Grad drehbarer Azipod erhöht die Manövrierfähigkeit und ermöglicht weniger Tiefgang.

Foto: Knud E. Hansen

## Binnenschiffe

Eine weitere wichtige Feederfunktion auf der Wasserseite kommt der Binnenschifffahrt zu, die im Vergleich zu den anderen Verkehrsträgern im Zubringer- und Verteilerbereich jedoch immer noch deutlich unterentwickelt ist. Nach anfänglich zögerlichem Start befördert sie aber heute bereits mit teilweise größeren Spezialschiffen auf den Binnenwasserwegen die Boxen umweltfreundlich bis weit ins Binnenland oder holt sie von dort zu den Seehäfen heran. Nach weitgehend übereinstimmender Meinung von Transportfachleuten ist das hier vorhandene Potenzial trotz Unterstützung seitens der Europäischen Union noch längst nicht ausgeschöpft. Denn um die sich in diesem Bereich bietenden Möglichkeiten zu nutzen, verlangt es von allen Beteiligten in der Logistikbranche mehr Bereitschaft und Mut zum Umdenken. Dann könnte die Binnenschifffahrt im Containersystem eine noch wesentlich größere Rolle spielen.

Aber es geht langsam voran, wie ein Beispiel aus dem Bereich des Hamburger Hafens zeigt. Anfang August 2009 wurden erstmals Container aus Berlin von einem Binnenschiff der damals neuen Elbe-Spree-Linie im Hafen der Hansestadt gelöscht. Der damit eröffnete Liniendienst verkehrte wöchentlich zwischen dem City-GVZ Berlin-Westhafen und den Hamburger Containerterminals. Die Transportkapazität des dort eingesetzten Binnenschiffes MS SHIR KHAN betrug 54 TEU, womit pro Woche in jeder Richtung etwa 50 Lkw-Fahrten ersetzt werden konnten. 2011 wurde diese Linie allerdings wieder eingestellt, nicht jedoch der Containertransport von und nach Berlin.

Ein anderes Beispiel ist der Shuttle zwischen Hamburg und Braunschweig mit dem 100 Meter langen und 11,45 Meter breiten Neubau HANSE mit einer Stellplatzkapazität von 96 TEU. Für die 179

Foto: HHM/Hasenpusch

Kilometer lange Strecke über den Elbe-Seitenkanal benötigt die Hanse knapp 24 Stunden. Mit einer Fahrt können so im Schnitt 60 Lkw-Touren ersetzt werden. Zudem tankt das hochmoderne Binnenschiff GTL Fuel (Gas to Liquids), das besonders rußarm ist und damit die Umwelt deutlich weniger belastet.

Im Rahmen des Verkehrsprojekts Deutsche Einheit 17 wurde die Wasserstraßenanbindung Berlins inzwischen ausgebaut und ermöglicht jetzt einen wirtschaftlichen Transport per Binnenschiff von der Spree über den Havelkanal, den Elbe-Havel-Kanal, den Mittellandkanal und den Elbe-Seitenkanal nach Hamburg. Auch die Mittelelbe kann genutzt werden, wenn es der Wasserstand zulässt. Die jahreszeitlich und witterungsbedingten Unterschiede auf den Binnenwasserwegen sind generell eines der größten Hemmnisse in der Entwicklung verlässlicher und pünktlicher Container-Linienverkehre nicht nur in Deutschland. Auch beispielsweise auf dem Mississippi macht sich diese Problematik häufig deutlich bemerkbar.

Wenn auch noch nicht mit großen Zuwachsraten, so wird der Containerverkehr des Hamburger Hafens im Zu- und Ablauf dennoch immer häufiger umweltfreundlich auch per Binnenschiff abgewickelt. Eine weitere positive Entwicklung in diese Richtung wäre zu begrüßen, denn wie in einer Planco-Studie 2007 festgestellt wurde, schneidet das Binnenschiff in den Punkten Energieverbrauch, Schadstoffemissionen, Verkehrssicherheit und Lärm durchweg besser ab als Bahn und Lkw. Mittlerweile verbindet eine ganze Reihe wöchentlicher Abfahrten von Container-Liniendiensten Hamburg mit Binnenhäfen in Nord- und Ostdeutschland. Selbst innerhalb des Hafengebietes werden zunehmend Container per Binnenschiff zwischen den verschiedenen Terminals transportiert. Nicht zuletzt muss ein funktionierendes Konzept für das Leercontainerhandling unter Einbindung von Binnenschiffen entwickelt werden, auch um weitere Lkw-Fahrten innerhalb des Hafens zu vermeiden. Dies käme gleichzeitig einer weiteren Steigerung der Attraktivität des Platzes zustatten. Die problemlose Möglichkeit, die leeren Stellplätze eines Großcontainerschiffes etwa vor der Fahrt nach Asien ohne Zeitverzug optimal mit Leercontainern aufzufüllen, könnte dazu beitragen, Reedereien an den Standort zu binden. Das gilt nicht nur für Hamburg.

← Das Binnenschiff Hanse ist speziell für den Containertransport konstruiert. Mit seinen 100 Meter Länge und 11,4 Meter Breite kann es 96 Standardcontainer an Bord nehmen und damit ca. 70 Lkw-Transporte ersetzen. So werden Straßen und die Umwelt entlastet.

Foto: HHM/Hasenpusch

↑ Eingesetzt im Liniendienst zwischen Hamburg und Berlin.

Im Hamburger Senat hieß es: »Wir brauchen die Binnenschifffahrt nicht nur als leistungsfähiges Transportmittel, sondern wir machen uns auch aus ökologischen Gründen für das Binnenschiff stark.« Der Ausstoß von Kohlendioxid und Stickoxiden im Hafen müsse signifikant gesenkt werden und jede Verkehrsverlagerung künftig auch ökologischen Zielen dienen. Dafür biete sich das Binnenschiff als Hoffnungsträger geradezu an.

In der Tat. Nach Angaben des Instituts für Energie und Umweltforschung kann ein modernes Binnenschiff mit 2100 Tonnen Tragfähigkeit bis zu 105 Lkw mit jeweils 20 Tonnen Ladefähigkeit ersetzen und erzeugt pro Tonnenkilometer gerade mal 33,4 Gramm $CO_2$. Im Vergleich: Bei einem Eisenbahntransport fallen durchschnittlich 48,1 Gramm $CO_2$ pro Tonnenkilometer an, ein Lkw kommt auf 164 Gramm. Auch aus ökonomischer Sicht spielt das Binnenschiff in der Topliga. Mit einem durchschnittlichen Verbrauch von 1,3 Liter Diesel je 100 Tonnenkilometer ist es sehr kosteneffizient. Die Bahn verzeichnet einen vergleichbaren Verbrauch von 1,7 Liter und der Lkw von 4,1 Liter.

Und natürlich spielt der Umweltgedanke auch in der Binnenschifffahrt direkt eine immer größere Rolle. So wird selbstverständlich in diesem Bereich zunehmend Flüssiggas (LNG) als Antriebsenergie eingesetzt. 2012 kam der Chemikalientanker Argonon als erstes Binnenschiff in Fahrt, das mit seinem Dual-Fuel-Motor auch LNG nutzen konnte – 80 Prozent LNG, 20 Prozent Diesel. Der neue Motor stieß 30 Prozent weniger $CO_2$ und 80 Prozent weniger Stickoxide aus. Werte, mit denen sich neue Abgasvorschriften locker einhalten lassen. Auffälligster Unterschied zu einem herkömmlich betriebenen Binnenschiff ist ein 40 Kubikmeter fassender Gastank an Deck der Argonon.

Erstes rein mit Flüssigerdgas betriebenes Binnenschiff ist das im niederländischen Kampen gebaute und Mitte 2013 in Fahrt gebrachte Doppel-

Foto: HHLA

↑ Einsatz eines Schubverbands für den Containertransport

hüllen-Tankmotorschiff GREENSTREAM. Das 110 Meter lange, 11,40 Meter breite und 3,45 Meter tiefgehende, in Rotterdam beheimatete Schiff kann 2870 Tonnen Ladung in sechs Tanks transportieren. Als Antrieb dienen vier Gasmotoren mit zusammen 1632 PS Leistung. Eine dringend angemahnte Gasversorgungsinfrastruktur befindet sich entlang des Rheins im Aufbau. Eine Versorgung könnte aber auch über Tank-Lkw oder mit dem Einsatz eines Bunkerschiffes erfolgen. Intensiv getestet wird ebenfalls ein hybrid-elektrischer Antrieb für Binnenschiffe. Aber auch dafür, wenn er einmal einführungsreif sein wird, muss parallel dazu noch eine entsprechende Versorgungsinfrastruktur aufgebaut werden.

Eine weitere neue Entwicklung ist das Forschungsprojekt RUHRCARGO, mit dem ein leistungsfähiges und kostengünstiges System zum Transport von Containern mit Binnenschiffen zwischen den Häfen Duisburg und Dortmund entwickelt wurde. Ergebnis: ein neuartiger Schubverband, mit dem die Möglichkeiten der Binnenwasserstraße zwischen den beiden Häfen optimal genutzt werden könnten. Ein solcher Schubverband von bis zu 185 Meter Länge erreicht eine Transportkapazität von bis zu 160 TEU.

Es gilt, das Potenzial, das die Binnenschifffahrt also in vielerlei Hinsicht bietet, in Zukunft wesentlich stärker zu nutzen. Dafür muss jedoch zuvor noch so manches Hemmnis beseitigt werden. Aber auch die Binnenschifffahrt selbst ist gefordert.

↓ Die GREENSTREAM war das erste Binnenschiff mit einem umweltfreundlichen Flüssiggas-(LNG-) Antrieb auf dem Rhein.

Foto: Dünner

Wenn es ihren Unternehmen gelingt, durch den Einsatz von größeren Schiffen und Schubverbänden die Containermengen zu bündeln, sinken die Betriebskosten sowohl auf Reeder- als auch auf Terminalseite. Dadurch könnten letztlich auch attraktivere Preise für die Verlader angeboten, größere Volumen transportiert und die Flotten besser ausgelastet werden. Letztlich werden damit zusätzlich weitere Argumente für die Notwendigkeit von Investitionen in den Infrastrukturausbau für die Binnenschifffahrt geschaffen.

Um das adäquat zu verwirklichen, muss neben der Einsicht in die Notwendigkeit allerdings auch der Wille einhergehen, die erforderlichen Mittel zur Verfügung zu stellen. Sie müssen sowohl in den Ausbau als auch in die Erhaltungsmaßnahmen fließen. In Deutschland geht es um ein Netz von rund 7500 Kilometer Wasserstraßen, das sich zu je einem Drittel in frei fließende und staugeregelte Flüsse sowie Kanäle aufteilt. Von den 7500 Kilometern entfallen 623 Kilometer auf den Rhein. Der Niederrhein wird täglich von etwa 500 Schiffen befahren. In den USA ist, um ein anderes Beispiel zu nennen, der Mississippi die wichtigste Binnenwasserstraße. Nach Angaben des US-Bauernverbands AFBF transportieren auf ihm Binnenschiffe und Schubverbände jährlich Ladungen im Wert von 180 Mrd. USD. 60 Prozent der amerikanischen Mais- und 45 Prozent der Sojabohnenexporte werden auf diesem Binnenwasserweg befördert. Hinzu kommen 20 Prozent des im Land benötigten Gases und der Kohle. Wird der Schiffsverkehr auf dem Mississippi unterbrochen, verursacht das nach der gleichen genannten Quelle volkswirtschaftliche Kosten in Höhe von 300 Mio. USD täglich.

Ein drittes Beispiel bietet China, wo man sich der Bedeutung der Binnenwasserwege als kostengünstige und umweltfreundliche Transportschienen mit großen Kapazitätsreserven sehr wohl bewusst geworden ist und konsequent deren Nutzungsmöglichkeiten fördert. So sind nach einer Information des Transportministeriums im ersten Halbjahr 2012 umgerechnet 86,5 Mrd. USD in den Ausbau der Straßen- und Binnenwasserwege geflossen. Während die Investitionen für den Straßenbau um 7,8 Prozent zurückgingen, sind die für die Binnenwasserwege um 33,1 Prozent und die für dazugehörige Küstenbauten um 4,9 Prozent aufgestockt worden. Diese Entwicklung hat sich fortgesetzt.

Ein wichtiger Faktor in der Gesamtinfrastruktur sind die Binnenhäfen. Auch dort gibt es, zumindest was Deutschland betrifft, noch deutliche Kapazitätsreserven, die durch Vernetzung mit den anderen Verkehrsträgern besser genutzt werden könnten, oder besser gesagt müssten. Der größte Containerumschlagplatz im Binnenland nicht nur in Deutschland, sondern weltweit ist Duisburg. Dort sind die Anlagen in den vergangenen Jahren kräftig ausgebaut worden. Während dort 2008 »erst« 1 006 000 TEU über die Kaikanten gingen, was einer Steigerung um zwölf Prozent gegenüber dem Vorjahr entsprach, waren es wenige Jahre danach bereits über drei Millionen und 2017 3,7 Mio. TEU. Damit nimmt Duisburg Platz 36 unter den größten Containerhäfen der Welt ein – die Seehäfen einbezogen.

Diese beachtliche Zunahme der Umschlagmengen in Duisburg wurde vor allem durch das Wachstum der Seehäfen im Einzugsgebiet der Rheinmündung, Amsterdam, Antwerpen, Rotterdam und Zeebrügge, generiert. Auch Neuss-Düsseldorf und Köln haben davon profitiert und sich durch entsprechenden Ausbau darauf eingestellt. Darüber hinaus ist der Hafen von Bonn zu nennen, der sich durch gezielte Investitionen zu einem der größeren Häfen am Rhein entwickelt hat und seine Umschlagkapazitäten nach Abschluss der Ausbauarbeiten 2012 auf 380 000 TEU p. a. nach zuvor 120 000 TEU steigern konnte. Selbst in Minden, am Wasserstraßenkreuz Weser/Mittellandkanal gelegen, hat vor Jahren das Containerzeitalter begonnen und ist seither kontinuierlich gewachsen. Inzwischen werden mehrfach wöchentlich Ganzzüge und Linienschiffe von und nach den beiden großen deutschen Seehäfen abgefertigt, sodass die Umschlagsmengen wachsen. Das nur beispielhaft, andere Binnenhäfen ziehen nach, nicht nur in Deutschland.

Foto: Dünner

↑ Voll beladen, mehr geht nicht.

Foto: HHM

↑ Binnenschiffstransporte sind bis in die Städte hinein möglich …
↓ kostengünstig und umweltfreundlich.

Foto: Betz

# Rasche Expansion weltweit

Ende der 60er-Jahre war die Umstellung der Verkehre über den Nordatlantik weitgehend abgeschlossen. 1968 wurden in diesem Fahrtgebiet bereits 1,74 Mio. Tonnen Ladung in rund 200 000 Containern (TEU) transportiert. Unterdessen ging es in der Container-Linienfahrt auch über diese erste Relation hinaus rasend schnell voran. Das gilt vor allem für die rasche Einbeziehung immer weiterer Fahrtgebiete, sodass sich innerhalb eines relativ kurzen Zeitraums ein immer enger werdendes Netzwerk von Containerdiensten weltweit bildete. Sie wurden in ebenso rasch zunehmendem Maße zu unverzichtbaren Verbindungslinien für die Volkswirtschaften auf allen Kontinenten. Es zeigte sich in diesen Jahren der Expansion immer wieder, dass der Aufbau eines Containerdienstes für die meisten Reedereien allein zu teuer war. Also schloss sich eine ganze Reihe von ihnen zu Konsortien zusammen, um so gemeinsam Dienste zu betreiben, vor allem solche auf langen Routen, die den Einsatz mehrerer großer Schiffe erforderlich machten. Nur so konnten der nötige Transportraum bereitgestellt und enge Abfahrtsfrequenzen geboten werden.

Dazu einige wenige Eckdaten aus jener Zeit: Bereits 1965 war das britische Reedereikonsortium Overseas Container Limited (OCL) mit der Absicht gegründet worden, einen regelmäßigen Containerdienst zwischen Großbritannien und Australien/Neuseeland zu betreiben. Dafür waren Investitionen in Höhe von 462 Mio. DM für den Bau von fünf Schiffen, die Beschaffung von Containern sowie die Errichtung spezieller Hafenanlagen vorgesehen. Ein anderes britisches Konsortium, Associatad Container Transportation (ACT), folgte. Die erste Abfahrt bot 1969 das OCL-Containerschiff ENCOUNTER BAY.

Diese Aktivitäten standen aber zunächst wegen des hartnäckigen Widerstands der britischen Docker, so wie er zuvor schon an den US-Küsten zu erleben war, unter keinem günstigen Stern. Der Hafen Tilbury wurde 13 Monate lang bestreikt, sodass der dortige neue Terminal erst im Mai 1970 in Betrieb gehen konnte. Bis dahin mussten die Briten ihre Con-

↓ Die ersten beiden Schiffe der ersten Containerschiffsgeneration, ELBE EXPRESS und WESER EXPRESS, am Hamburger Burchardkai, der einen noch sehr überschaubaren Eindruck macht.

Foto: Hapag-Lloyd

↓ Aus der Anfangszeit: Die aus einem Liberty-Schiff umgebaute HAWAIIAN CITIZEN bot Platz für 221 Boxen.

Foto: ABS

tainerschiffe in Häfen des ihnen ansonsten doch so fernen europäischen Kontinents abfertigen lassen.

1969 schlossen sich die beiden britischen Vorreiter mit der Australian National Line (ACL) und vier europäischen Reedereien, darunter Hapag-Lloyd, zum Australian Europe Container Service (AECS) zusammen und boten ab 1970 mit 14 Containerschiffen zehntägige Abfahrten in diesem wegen seines unausgeglichenen Ladungsaufkommens schwierigen Fahrtgebiet. Von Europa ausgehend waren hauptsächlich industrielle Erzeugnisse zu befördern, heimkehrend überwiegend Wolle, Häute, Felle, Konserven und Kühlladung. Im Juni 1971 wurde ein weiterer Containerdienst mit zunächst drei mit bordeigenen Gantry-Kränen ausgestatteten Schiffen zwischen Nordamerika und Australien/Neuseeland eröffnet. Und, wie schon erwähnt, bereits 1967 hatte die amerikanische Matson Navigation den ersten Transpazifik-Containerdienst eingerichtet, und ein Jahr später bot die Orient Overseas Container Line (OOCL) in Hongkong als erste asiatische Reederei einen regelmäßigen Containerdienst über den Pazifik. 1969 erfolgte auf Taiwan die Gründung der Evergreen Marine Corp., die sich in den folgenden Jahren in einem geradezu atemberaubenden Tempo mit an die Spitze der sich weltweit engagierenden Containerreedereien setzte.

Nach längerer Vorbereitung bot im Dezember 1971 die japanische KAMAKURA MARU die erste Abfahrt im Verkehr zwischen Fernost und Europa im sogenannten TRIO-Dienst. TRIO deshalb, weil der Dienst von fünf Reedereien aus drei Nationen – Deutschland (Hapag-Lloyd), Großbritannien und Japan – gebildet wurde. 1971 gründeten drei skandinavische Reedereien für die Bedienung des gleichen Fahrtgebiets den Scanservice, woraus nach der Beteiligung einer niederländischen Reederei Scandutch wurde. 1975 bildete sich schließlich im Fernostverkehr als drittes Konsortium, die ACE-Gruppe mit französischen, belgischen, singapurischen und japanischen Partnern. Alle hatten das Ziel, möglichst dichte Dienste zwischen Europa und Fernost zu bieten, und zwar mit den damals weltgrößten Containerschiffen.

Nach einer Aufstellung des »Fairplay Shipping Journal« waren am 31. Juli 1969 bereits insgesamt 208 Containerschiffe weltweit im Bau oder in Auftrag. In dieser Zahl, die sich gegenüber dem Vorjahr (102) gut verdoppelt hatte, waren allerdings nicht nur die Vollcontainerschiffe erfasst, sondern auch Semicontainerschiffe sowie Trailer- und Kühlcontainerschiffe (part refrigerated).

Obwohl dieser Bauboom einerseits weltweit eine allgemeine, fast euphorisch zu nennende Zustim-

↓ Die AUSTRALIAN ENTERPRISE konnte außer 1005 TEU auch noch rollende Ladung (Ro/Ro) transportieren, eine von etlichen Reedereien erprobte Mischung.

Foto: Australian National Line

Foto: Hapag-Lloyd

↑ Mitte der 70er-Jahre war auch in Hamburg, wie überall, noch alles ganz übersichtlich, was den Containerverkehr betraf. Dabei hatte die OSAKA BAY bereits Platz für rund 2300 Container an Bord.

↓ Auch im Hafen von Durban war es noch ziemlich luftig.

Foto: PSW

mung zu signalisieren schien, mehrten sich andererseits auch die kritischen Stimmen. Manche sprachen immer noch mit Blick auf die Containerflut von einer reinen »Geldverschwendung«, andere mahnten zur Besonnenheit und wollten nichts überstürzen. Und wurde über den idealen Containerverkehr der Zukunft diskutiert, dann gab es häufig auch Warnungen vor drohenden Überkapazitäten – ein von den Reedereien bei vielen Gelegenheiten immer mal wieder gern genutztes Horrorszenario, an dem sie, wenn es von Zeit zu Zeit tatsächlich dazu kam, eigentlich in ihrer Gesamtheit immer selbst schuld daran waren.

Düstere Prognosen drehten sich in erster Linie mit unterschiedlicher Intensität um harte Ratenkämpfe, die auf dem Nordatlantik drohten. Der britische National Ports Council prognostizierte beispielsweise für das Jahr 1980 sogar mehr Container als Ladung in diesem Fahrtgebiet. Vor allem skandinavische Reeder waren weiterhin mehr als skeptisch und bezeichneten die Investitionen in die Containerverkehre als »the key of waste money«, also als den besten Weg, Geld zu verlieren. Trotz allem war sich aber die Mehrzahl der Kritiker darüber einig, dass die klassische Linienschifffahrt ausgedient habe und der Containerverkehr die Zukunft bedeute. Und nicht nur das, er müsse es sein, denn angesichts der inzwischen in dieses System investierten Milliardensummen war der »point of no return« bereits deutlich überschritten.

Für alle einigermaßen potenten Linienreedereien in den Industrieländern gab es in bestimmten Fahrtgebieten für den Container längst keine Alternative mehr – trotz der Risiken, die für die Reedereien damit verbunden waren, und trotz der »roten Zahlen«, in denen sich die Ergebnisse fast aller Reedereien bewegten, die in Containerschiffe und das dazugehörige Equipment investiert hatten. Natürlich gab es darüber hinaus auch noch jede Menge andere Probleme zu lösen, die sich daraus ergaben, dass der Containerverkehr einfach noch zu jung und darüber hinaus viel zu schnell gewachsen war. Feste, verlässliche Strukturen hatten sich in dieser kurzen Zeit noch gar nicht herausbilden können. Damals tauchte u. a. sogar der Gedanke auf, für die Containerschifffahrt eine Art Superkonferenz zu gründen, ähnlich der IATA in der Luftfahrt. Sie hätte im Falle einer Realisierung, um effizient arbeiten zu können, aber über den eigentlichen Schifffahrtsbereich hinausgehend auch die Anschlussverkehre an Land einschließen müssen und sich mit organisatorischen Fragen wie Haftung, Vereinheitlichung der Transportdokumente, Durchfrachtkonnossemente u. a. m. befassen müssen. Trotz durchaus ernst zu nehmender eingehender Diskussionen ist eine solche Organisation jedoch nicht zustande gekommen, ebenso wenig wie ein anderer immer mal wieder vorgetragener Vorschlag, alle in der Welt vorhandenen Container zu einem Pool zusammenzufassen und sie neutral grau angestrichen als »graue Box« für alle Reedereien verfügbar zu halten. So sollten in höchstmöglichem Maße Transporte von Leercontainern vermieden werden, die in unpaarigen Verkehren die Reedereien mit nicht unerheblichen Kosten belasteten. Unpaarige Verkehre sind solche, bei denen es in der einen Richtung mehr Ladung gibt als in der entgegengesetzten.

Anfang der 70er-Jahre war die Containerisierung zumindest in den Planungen bereits über den Nordatlantik und den Transpazifik-Verkehr hinausgewachsen und hatte weitere Fahrtgebiete erfasst. Vorausgegangen waren von den interessierten Reedereien stets umfangreiche Untersuchungen darüber, welches Fahrtgebiet als Nächstes in welcher Form und wie weit containerisiert werden konnte. Ein solches Vorgehen war nicht nur selbstverständlich, sondern ganz besonders in Anbetracht der überaus kapitalintensiven Einrichtung neuer Containerverkehre sogar zwingend erforderlich.

Aber trotz aller Risiken und Unwegsamkeiten sowie noch immer in vielfältiger Art vorhandener Bedenken ging es unaufhaltsam weiter. Das Containerkonzept hatte eine Eigendynamik entwickelt, die sich aus sich selbst heraus nährte und daraus immer mehr Kraft bezog. Es gab eben keine Alternative, und dieser Erkenntnis, für viele vielleicht bitter, hatten sich alle zu beugen. Zu entscheiden war ausschließlich zwischen Mitmachen oder Aufgeben.

Auch die Staaten und ihre Verwaltungsapparate waren in vielen Bereichen vom Containerverkehr erfasst und gefordert.

↓ Die dritte Generation: TS Hongkong Express und Schwesterschiff vor Hongkong.

Foto: Hapag-Lloyd

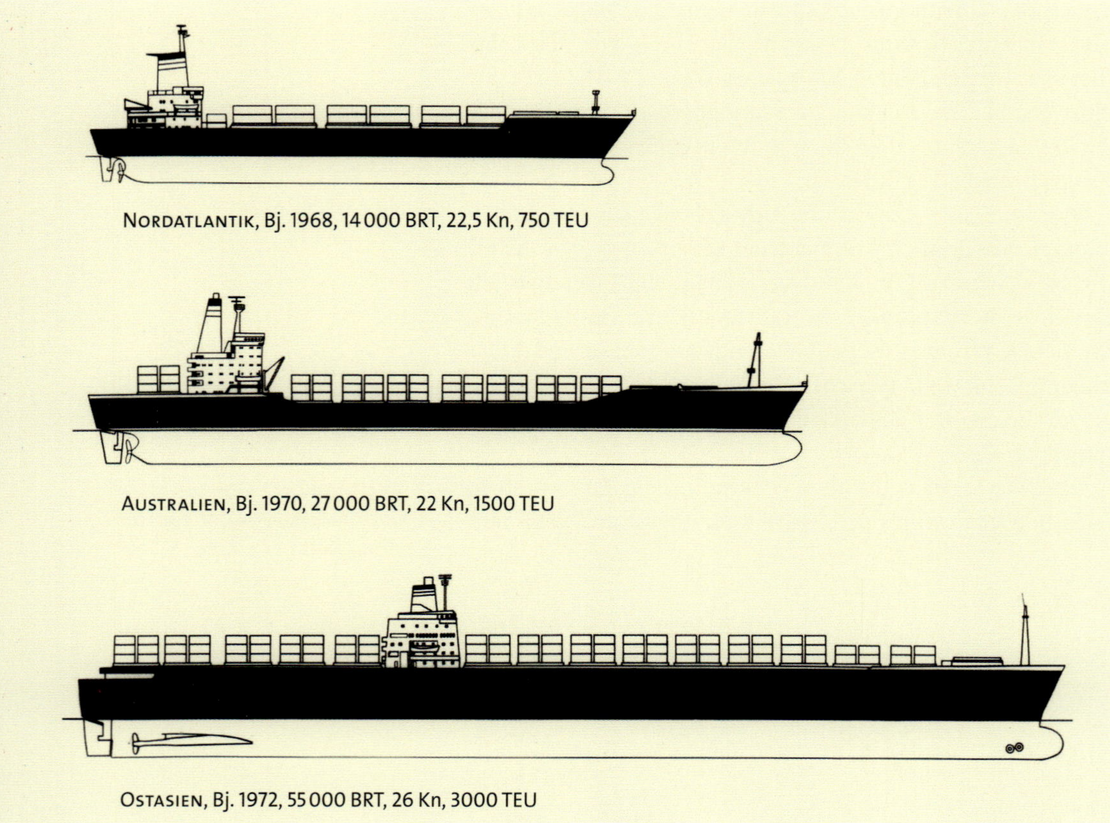


↑ Die Entwicklungssprünge der ersten drei Containerschiffsgenerationen.

Naturgemäß vollzog sich aber dort die Einstellung auf das neue Verkehrssystem wesentlich langsamer als in der sogenannten freien Wirtschaft. Dennoch geschah auch dort einiges. Als Beispiel dafür kann die erste Weltkonferenz über den Containerverkehr gelten, die im November/Dezember 1972 zustande kam. Sie wurde von den Vereinten Nationen und ihrer zwischenstaatlich beratenden Schifffahrtsorganisation IMCO, später IMO (International Maritime Organization), in Genf durchgeführt. Dabei ist bemerkenswert, dass es gelang, innerhalb von nur drei Wochen zu zwei internationalen Übereinkommen und mehreren Resolutionen zu gelangen, die eine wichtige Grundlage für die weitere Entwicklung bildeten. Es handelte sich dabei um, und das zeigt die ganze Komplexität des weltweit »wuchernden« Systems auf:

- das Internationale Abkommen über sichere Container (CSC)
- das Zollübereinkommen über Behälter sowie um Resolutionen u. a. über den Transit von Containern, die für Binnenländer (ohne direkten Zugang zum Meer) bestimmt sind
- die Erleichterung von Gesundheitskontrollen
- die Containernormen für den internationalen kombinierten Verkehr
- die Kodifizierung von Containern
- den internationalen kombinierten Verkehr (Fragen der Containerpolitik, der Haftung und der Dokumente)

Und es ging weiter, es konnte nur weitergehen, denn die Umwälzungen, um nicht wieder den Begriff Revolution zu strapazieren, waren unumkehrbar – weltweit.

Nach dem Fahrtgebiet Nordwesteuropa – Nordamerika 1966-68 folgten, wie aufgezeigt, der Containerverkehr zwischen Europa und Australien/Neuseeland Ende der 60er-, Anfang der 70er-Jahre sowie wenig später der zwischen Nordamerika und dem fünften Kontinent. In diesen Fahrtgebieten mussten sich die Reedereien auf besonders große Mengen von Kühl- und Gefrierladungen einstellen, was ohne den Einsatz speziell entwickelter Kühlcontainer nicht zu bewerkstelligen war. Ende 1971, Anfang 1972 begannen dann die Liniendienste zwischen Europa und Fernost mit zu dieser Zeit ganz großen Schiffen und einer wöchentlichen Abfahrtsfrequenz, die zu bieten eine Reederei allein, auch international gesehen, nicht in der Lage gewesen wäre. Deshalb hatten sich Reedereien aus drei Ländern zu einem TRIO-Dienst zusammengeschlossen, um der Verladerschaft in diesem Fahrtgebiet mit besonders hohem Ladungsaufkommen adäquate Möglichkeiten für den Güteraustausch bieten zu können. Der Transpazifik-Verkehr als das damals wohl ladungsträchtigste Fahrtgebiet mit den allerdings auch weitesten Distanzen zwischen den Häfen ist bereits erwähnt worden.

Auch das Mittelmeer, die Karibik, Mittelamerika, Südamerika an beiden Küsten, Südafrika und später ganz Afrika, Mittelost und das Schwarze Meer wurden nach und nach für Containerdienste erschlossen. Und sogar die zu der Zeit noch mehr oder weniger abgeschottete Sowjetunion mitsamt ihren Satelliten konnte sich dieser verkehrstechnischen »kapitalistischen Machtübernahme« nicht ganz entziehen. Schwer genug war es ja für sie, aber selbst die ansonsten auch in Wirtschaftsfragen weitgehend ignoranten Machthaber waren nicht in der Lage, sie aufzuhalten. Marx und Lenin hatten trotz aller ihnen ansonsten zugeschriebenen Weitsicht seinerzeit wohl nicht daran gedacht, wenigstens in Ansätzen ein entsprechendes sozialistisches Modell zu skizzieren, auf das man sich hätte berufen können.

Foto: Hamburg Süd

↑ Möglichst vieles oder sogar alles soll in Container passen, aber alle Container müssen auch in alle Containerschiffe passen.

# Alles soll in Container – Container für alles

Es ist sicher interessant, sich die fulminanten Fortschritte in den Containerverkehren weltweit in Erinnerung zu rufen, auch angesichts der sprunghaften Zunahme der Schiffsgrößen. Aber die Schiffe als Ladungsträger, als Transportmittel, stellen nur eine Seite der Entwicklung dar, die andere Seite kommt den Boxen als ebenfalls wesentliches Element des Systems selbst zu. Sie gaben schließlich die entscheidenden, die zündenden Anstöße für die Gesamtentwicklung. Beides gehört untrennbar zusammen, wie im echten Leben immer bei Münzen und Medaillen, was deshalb als Binsenwahrheit gelten kann. Unbedingt wichtig ist ein separater Blick auf die Boxen, auf sie selbst sowie auf die bei und mit ihnen erreichten Fortschritte. Sie vollzogen sich jedoch im Gegensatz zu den Rekordmeldungen über immer neue, noch größere Schiffe allerdings ohne besondere Öffentlichkeit. Nicht zuletzt deshalb, weil es dabei stets mehr um Details, um die berühmten kleinen Schritte vorwärtsging, was fast immer unterbewertet wurde und damit überhaupt nicht ihrer Bedeutung entsprach.

Zunächst im Vorgriff einige eher willkürlich herausgegegriffene Zahlen nach Angaben des Consulting-Unternehmens Drewry. Um einen Zeitpunkt festzuhalten, waren Anfang 2011 weltweit 4882 Containerschiffe mit einer Stellplatzkapazität von 14,1 Mio. TEU unterwegs. Bei den vorhandenen Boxen stellte sich die Entwicklung anhand von Zahlen so dar: 40 Jahre vorher, also 1971, waren ca. 520 000 TEU vorhanden, 1984 4 Mio. TEU, Mitte 2006 22,3 Mio. TEU, Mitte 2010 27,33 Mio. TEU und November 2011 bereits 30,6 Mio. TEU. Innerhalb von nur vier Jahrzehnten hat die Anzahl der in der Welt im Umlauf befindlichen Boxen also um rund das Sechsfache zugenommen. Doch was waren die Gründe für diesen enormen Zuwachs?

Eigentlich war es ganz einfach so, dass für die fortschreitende Containerisierung immer neuer Dienste mit immer mehr und immer größeren Containerschiffen natürlich auch immer mehr Container benötigt wurden, um die Schiffe zu füllen, auszulasten. Aber man muss schon weitergehen, um diese gewaltigen jährlichen Zuwächse auch richtig zu verstehen. Es war eine der wichtigsten Voraussetzungen für den Siegeszug des Containers überall in der Welt, dass alles darangesetzt wurde, im Zuge der Expansion möglichst viele Güter »containerisierbar« zu machen oder aber Container zur Verfügung zu halten, die die spezifischen Bedingungen erfüllten, die für den Transport bestimmter Güter erforderlich waren. Über die ersten einfachen Stahlboxen hinaus, die als sogenannte Standardcontainer auch heute noch die »Normalität« verkörpern, wurden immer mehr spezielle Containertypen entwickelt. Wegen ihrer teilweise äußerst komplexen Konstruktion waren dabei vielfach langfristig angelegte wissenschaftliche Hilfen gefragt. Die Palette der eingesetzten Container wurde dadurch immer breiter.

↓ Welche Box steht wo, und wann soll sie wohin?

Foto: HHLA

## Konstruktion

Grundsätzlich ist es so, dass an alle Container, die weltweit von unterschiedlichen Verkehrsträgern verwendet werden, hohe und vielfältige Anforderungen gestellt werden. Diese sind beim Bau der Boxen zu berücksichtigen. Darüber denken Außenstehende normalerweise gar nicht nach, was allerdings auch nicht weiter verwunderlich ist, denn was soll auch schon Besonderes dran sein an einem derartigen viereckigen »Kasten«? Um es jedoch gleich ganz klar auf den Punkt zu bringen: So simpel, wie die Kisten erscheinen, sind sie nicht. Sie bergen jede Menge unerlässliche konstruktive Details in sich und, je nach Typ, auch hochwertige Technik.

Festzuhalten ist zunächst, dass diese »Kästen« bei ihrem Transport auf Schiff, Schiene und/oder Straße den dabei entstehenden teilweise extremen Flieh- und Stoßkräften standhalten müssen. Das gilt auch für ihre Stapelfähigkeit. Heute werden die Boxen auf Mega-Containerschiffen mit Stellplätzen für 20 000 TEU und mehr unter und über Deck jeweils bis zu zwölf Lagen übereinandergestaut. Dabei beträgt das Durchschnittsgewicht eines 20-ft-Containers etwa 14 Tonnen, das eines 40-ft-Containers etwa 25 Tonnen.

Darüber hinaus müssen die in den Containern gestauten Güter selbst gegen Verschiebungen, mechanische Beschädigungen und gegen klimatische Einflüsse geschützt sowie auf dem Transportweg, während der Zwischenlagerung und beim Umschlag bestmöglich gegen Diebstahl gesichert sein. Zugleich darf das statischen und dynamischen Einflüssen ausgesetzte zu transportierende Gut nicht die Sicherheit des Transportträgers gefährden. Deshalb müssen die Boxen bei einem möglichst geringen Eigengewicht sehr robust und konstant stabil sein. Weiter werden einfache Wartung und Pflege, leichte Reparaturfähigkeit sowie eine möglichst lange Nutzungsdauer gefordert – und das alles natürlich zu günstigsten Preisen.

Die Container bestehen in der Regel aus einem Boden- und einem Dachrahmen, die beide durch Eckpfosten miteinander verbunden sind. Boden, Wände, Türen und Dach werden in das Rahmenwerk eingelegt bzw. eingehängt und mit diesem – je nach Werkstoff und Bauweise – verschweißt, verschraubt, vernietet, verbolzt oder verklebt. Für die tragenden Konstruktionsteile der Container, für den Rahmen, werden fast durchweg Stahlprofile verwendet, die an den Verbindungsstellen miteinander verschweißt sind.

In die vier oberen und unteren Ecken der Container sind die bereits erwähnten hochfesten, üblicherweise aus Stahlguss gefertigten Eckbeschläge (Corner Fittings) integriert. Über die unteren Eckbeschläge kann der Container mittels Drehzapfen (Twist Locks) mit seinem Transportfahrzeug oder auf einem Schiff mit dem darunter platzierten Container sicher verbunden werden. Die oberen Eckbeschläge dienen entweder ebenfalls mit dem Einsatz von Twist Locks zur sicheren Verbindung mit dem darüber gestauten Container und als Anschlagpunkte der für den Umschlag eingesetzten Heberahmen (Spreader). Alles ist weltweit genormt, und das war eine der ganz wesentlichen Voraussetzungen für den Siegeszug der Boxen über alle Kontinente hinweg. Ein Basisnetzwerk, das schon für sich allein ganz sicher ebenfalls die Bezeichnung »gigantisch« verdient.

Foto: Archiv HJW

↑ Der Container: weltweit genormt, eine der ganz wesentlichen Voraussetzungen für den Siegeszug der Boxen über alle Kontinente hinweg.

## Bodenplatte

Wichtiges Teilstück eines Containers ist neben vielen anderen deren Bodenplatte. Sie ist naturgemäß immer sehr stabil ausgebildet, damit sie sich unter dem Gewicht der Ladung nicht durchbiegt, weil dadurch ein sicheres Stapeln der Ladungsstücke kaum möglich wäre, und damit auch Gabelstapler direkt im Container arbeiten können. Verwendet werden für die Bodenplatten in der Regel Hölzer, häufig tropisches Hartholz, das inzwischen allerdings durch Raubbau rar geworden ist, Bambus, seit einigen Jahren Stahl oder eine Kombination aus Stahl und Holz.

Im Laufe der Jahre hat, mit Blick auf die Verwendung tropischer Harthölzer und mit dem wachsenden Umweltbewusstsein, ein Umdenken auch bei der Ausbildung dieser Container-Bodenplatten eingesetzt. Manche mögen das eher als marginal empfinden, aber helfen kann das der Umwelt durchaus ganz im Sinne des Martin Luther zugeschriebenen Spruchs »Besser ein kleines Licht anzünden, als immer über die große Dunkelheit zu klagen«. So hat die Reederei Hamburg Süd beispielsweise Anfang 2006 erstmals eine Serie von Containern mit einem umweltfreundlichen »Hybrid-Fußboden« ausstatten lassen. Das Besondere an diesen neuartigen Hybrid-Fußböden ist, wie die Reederei erklärt, dass sie zu 100 Prozent aus schnell nachwachsendem Birken- und Lärchenholz bestehen und keine Tropenholzanteile verwendet werden. Vorausgegangen waren selbstverständlich entsprechende Tests zur Prüfung der Einsatzfähigkeit, um diesen Aus- bzw. Umstieg auch wirtschaftlich verantworten zu können.

Es lohnt sich, noch etwas tiefer in diese ebenso interessanten wie anerkennenswerten Überlegungen zum Schutze der Umwelt einzusteigen. Die Hamburg Süd, um bei dieser Reederei zu bleiben, hatte bereits Jahre zuvor möglichst umweltfreundliche Container mit dem Ziel getestet, für die bei der Herstellung der Container so wichtigen Böden die Verwendung von tropischen Harthölzern zu reduzieren oder, wenn möglich, sogar ganz darauf zu verzichten.

Erste Erfolge konnten bereits 1999 mit der Einführung von Bodenplatten aus Bambus und 2003 mit solchen aus Eukalyptusholz erzielt werden. Bis dahin waren vor allem Tropenhölzer wie Apitong und Keruing verwendet worden. Ihre begrenzten Ressourcen und deren immer dringlicher gewordener Schutz hatte die Suche nach Alternativen stimuliert.

Zur Erklärung: Ein Apitong-Baum kann erst nach etlichen Jahrzehnten Wachstum gefällt und genutzt werden. Ein nachgepflanzter Baum benötigt dann ebenso wieder den entsprechenden Zeitraum zum Heranwachsen bis zur Nutzung. Realität ist jedoch, dass diejenigen, die den Raubbau durch rücksichtslose Abholzung häufig unter Duldung staatlicher Organe betreiben, dies leider überhaupt nicht interessiert.

Bambus hingegen ist bereits nach drei Jahren Wachstum zur Verarbeitung geeignet. Bambus, Eukalyptus, Birke und Lärche sind Hölzer, die eigens zur raschen Nutzung angepflanzt werden können und dadurch in ausreichendem Maße zur Verfügung stehen. Allerdings sind sie nicht ganz so strapazierfähig wie tropisches Hartholz. Bei den neuen umweltfreundlichen »Hybrid-Fußböden« wird u.a. deshalb die Bodenoberfläche mit einer speziellen Kunststofffolie überzogen. Dieser sogenannte Phenolic-Film versiegelt die poröse Holzoberfläche und macht ein nachträgliches Lackieren überflüssig.

Insgesamt ist dies zwar nur ein Detail, aber eines, das durchaus Schule gemacht hat, denn inzwischen haben andere Reedereien, wie z.B. die französische Großreederei CMA CGM, auf diesem Gebiet nachgezogen. Sie hatte beispielsweise in der ersten Jahreshälfte 2012 50000 Bambus-Eco-Boxen bestellt, die leichter als herkömmliche Container waren und bei Verwendung auf einem Großcontainerschiff nach französischen Angaben sogar ein oder zwei Tonnen kostbaren Brennstoffs einsparten, was wiederum auch die $CO_2$-Emissionen reduzierte.

Doch warum überhaupt eigentlich Holz, welcher Art auch immer, oder Plastik für die Containerböden einsetzen, wenn der Großteil der Boxen ansonsten doch aus Stahl besteht? War dessen Verwendung nicht ebenfalls eine naheliegende Alternative? Die Idee, die Boxen also ebenfalls mit Stahlböden auszustatten, war nicht einmal neu, denn dahingehende Überlegungen hat es immer mal wieder gegeben. Was aber fehlte, war, eine gangbare Lösung dafür zu finden. Der Boden wurde nämlich zu schwer, wenn er genauso stabil sein sollte wie Holz oder Bambus, den gebräuchlichen Standardmaterialien.

Fotos (2): Hamburg Süd

↑ Fertigung von Bambusböden
↓ Hapag-Lloyd-Container mit Stahlfußboden

Foto: Hapag-Lloyd

Doch Anfang 2015 gelang Hapag-Lloyd der Durchbruch. Die Lösung war eigentlich, wie in ähnlichen Fällen auch, ganz einfach – oberflächlich betrachtet jedenfalls und wenn die notwendigen Forschungen und Versuche nicht bewertet werden. Durch Riffelungen im Stahl, sogenannte Sicken, wie sie auch in Seitenwänden zu finden sind, wird der Werkstoff formstabiler. Eine Stärke von nur 3,2 Millimeter reicht aus, um die erforderliche Belastbarkeit zu erreichen. Die Profilierung des Stahls optimiere die Lastenverteilung, hieß es vonseiten der Reederei zur Erklärung.

Dass der Stahlboden eine zukunftsweisende Innovation ist, davon gab man sich überzeugt. Zum einen ist er umweltfreundlich: Hartholz ist nur begrenzt verfügbar – im Gegensatz zu Stahl, der zudem noch zu 100 Prozent recycelbar ist. Hinzu kommt, dass er eine deutlich längere Lebensdauer hat und seltener Reparaturen unterzogen werden muss. Zum anderen bietet er laut Reederei eine Menge anderer Vorteile auch für die Kunden: Stahlböden sind im Vergleich zu Holz- oder Bambusböden nicht nur erheblich leichter, sondern gleichzeitig auch stabiler. Dadurch kann die Box mit mehr Gewicht beladen werden. Stahl ist außerdem hygienischer als Holz. Er ist leichter zu reinigen, und es müssen dafür keine Chemikalien verwendet werden, da er anders als Holz weder Feuchtigkeit noch Gerüche aufnimmt. Gleichzeitig sorgen die Riffelungen im Stahl und zusätzliche Vorrichtungen zum Vertäuen der Ladung dafür, dass diese mehr Halt hat.

Als weiterer Vorteil wird die Langlebigkeit des Stahls angeführt. Bisher hatte man für einen Standardcontainer eine durchschnittliche Lebenserwartung von acht, höchstens aber 15 Jahren ermittelt. Die neue »Steel Floor Container« sei aber laut Reederei für eine Verwendung von bis zu 20 Jahren ausgelegt. Hapag-Lloyd war wohl der Vorreiter, andere Reedereien zogen jedoch rasch nach, sodass heute die »normale« Box mit Stahlboden Standard geworden ist.

## Herstellung

Gebaut werden die Container im Fließbandverfahren. Der bei Weitem größte Teil wird mittlerweile in China hergestellt, für Hochlohnländer in Europa und Nordamerika ist lediglich die Produktion weniger Spezialcontainertypen verblieben. Allein der Weltmarktführer, China International Marine Containers (CIMC), hatte beispielsweise schon Ende 2008 mit seinen 22 Produktionsstätten an elf chinesischen Standorten eine Jahreskapazität von 2,5 Mio. TEU erreicht, was gut die Hälfte der Weltproduktion ausmachte. Beteiligungen an Unternehmen im Ausland kamen dazu. Dabei muss man sich vor Augen halten, dass CIMC allein in seinem neuen Werk am Stadtrand von Shanghai bis zu 600 TEU täglich fertigen kann. Auch dies ist für sich ein spezieller Gigantismus. Allerdings wurden bei dieser quasi Monopolstellung vor dem Hintergrund der 2008 ausgebrochenen Krise auch deren Schwächen deutlich. Es waren im Zuge der Containereuphorie nämlich große Produktionskapazitäten geschaffen worden, die nach der 2008 schlagartig einsetzenden Krise nicht mehr auszulasten waren. Seit Herbst 2008 wurden einige Zeit praktisch keine neuen Standardcontainer mehr benötigt und viele der in diesem Industriezweig tätigen Mitarbeiter deshalb entlassen.

Als dann das Pendel zurückschlug und die Weltwirtschaft rascher als erwartet wieder Erholungstendenzen zeigte, konnte die Produktion neuer Container nicht so rasch wieder hochgefahren werden, wie der Bedarf zunahm. Es kam zunächst zu Engpässen, besonders weil in den Fertigungsstätten die notwendigen, zuvor entlassenen Fachkräfte fehlten. Gemessen an der sehr hohen Nachfrage nach neuen Boxen während der einstigen Boomphase blieb der Bedarf allgemein noch etliche Jahre auf einem niedrigeren Niveau.

Der Bau sämtlicher Container wird aus Sicherheitsgründen von Klassifikationsgesellschaften überwacht, die die Einhaltung der entsprechenden Vorschriften mit Zertifikaten sowie mit einem außen am Container anzubringenden Schild bestätigen. Vorgeschaltet sind immer umfangreiche Testreihen mindestens für den ersten Container einer jeweiligen Serie. Grundsätzlich haben die Reedereien zwar einerseits ein verständliches Interesse daran, leichtere Container mit mehr Tragkraft zu entwickeln, andererseits aber müssen die Boxen trotzdem stabil bleiben, damit die höchstmögliche Sicherheit gewährleistet bleibt sowie die Wartungs- und Reparaturkosten nicht steigen. Dazu die Anmerkung, dass die Anschaffungskosten für Container allgemein, also nicht nur die unterschiedlichen Typen betreffend, je nach Marktlage wie andere Produkte auch starken Schwankungen unterliegen, sodass sich verlässliche Durchschnittswerte kaum aufzeigen lassen. Aber, das vielleicht als ein Anhaltspunkt, ein »normaler« 40-ft-Stahlcontainer kann schon deutlich über 3000 USD kosten. 2012 wurden für eine solche in China hergestellte Box sogar 4000 bis 5000 USD genannt, je nach Abnahmemenge und Marktverhältnissen.

Fotos (2): Hamburg Süd

↑ Gebaut werden die Container im Fließbandverfahren. Der bei Weitem größte Teil wird mittlerweile in China hergestellt.

## Spezialisierung

Blickt man zurück, so lässt sich die Entwicklung etwa ab Ende der 70er-Jahre, also nach gut einem Jahrzehnt des Containerverkehrs auch außerhalb der Grenzen der USA, mit dem Satz »Die Spezialcontainer sind im Kommen« charakterisieren. So vielfältig, wie sich das Containergeschehen bis dahin entwickelt hat – diese Vielfältigkeit begründet sich nicht zuletzt auf den angesprochenen vermehrten Einsatz unterschiedlicher Spezialcontainer –, so einleuchtend sind die Ursachen hierfür:

1. Bei der Etablierung des Containerverkehrs stand nahezu ausschließlich eine Containerausführung zur Verfügung, die später als Standardcontainer bezeichnet wurde. Es waren einfache Boxen, in der Mehrzahl aus Stahl. Sie genügten weitgehend den damaligen Ansprüchen, denn in den zuerst containerisierten Fahrtgebieten mit mehr oder weniger paarigen Verkehren wurden sie in der Regel für den Transport von Industriegütern genutzt. Außerdem kam mit dem Einstieg in das Containergeschäft auf alle Reedereien, wie bereits erwähnt, ein gewaltiger Investitionsbedarf zu, sodass zunächst in solches Equipment investiert wurde, bei dem eine schnelle Kapitalrückgewinnung durch eine gute Auslastung möglich war. Schließlich fehlten in den Anfangsjahren darüber hinaus aber auch noch jegliche Erfahrungen für die Entwicklung von Spezialkonstruktionen wie auch für die Einschätzung des künftig möglichen Bedarfs. Allerdings war dessen Notwendigkeit durchaus rasch erkannt worden, und es wurde auch schon intensiv darüber diskutiert.

2. Im Zuge der weiteren Ausfächerung der Containerverkehre über die Routen zwischen den hoch industrialisierten Ländern hinaus, auf denen sich die weitgehend paarige Auslastung wegen der Güterstruktur nahezu allein mit dem Standardcontainer abdecken ließ, ergab sich aus naheliegenden Gründen das Bestreben bzw. sogar die Notwendigkeit, weitere Ladungsarten zu erfassen und Möglichkeiten zu finden, sie zu containerisieren, um die größeren, in anderen Fahrtgebieten eingesetzten Schiffe auch füllen zu können. Das konnte nur mit dem Angebot von speziellem Transportraum, mit Spezialcontainern, erreicht werden. Zu denken ist dabei beispielsweise nur an die Verschiffung von Fleisch und Früchten im Zuge des 1970 aufgenommenen Containerverkehrs mit Australien/Neuseeland. Weitere für andere Fahrtgebiete typische Ladungsarten, etwa Kaffee, Kakao oder Bananen, kamen hinzu und stellten wiederum andere Ansprüche. Die Zahl der »Spezialisten« nahm vor allem ab Anfang der 70er-Jahre des vorigen Jahrhunderts in beeindruckendem Maße rasch zu. Die Entwicklung ist imposant, ohne dass sie allerdings zu einem Abschluss gekommen ist. Es gab und gibt immer mal wieder Überraschungen und Verfeinerungen.

↓ 1966 wird erstmals Bier in einem Standardcontainer verladen.

Foto (2): Hapag-Lloyd

↓ Maschinenteile werden in einem Open-Top-Container verstaut.

## Containertypen

Nachfolgend ein kurzer Überblick über die wichtigsten Containertypen. Er dokumentiert ohne Anspruch auf Vollständigkeit die ganze Vielfalt und Bandbreite der Transportmöglichkeiten und ist Ausdruck des auch in dieser Hinsicht immer weiter perfektionierten Systems.

Der **Standardcontainer,** auch Dry-Cargo-Container genannt, ist der Urvater aller heutigen Container und bis heute der am häufigsten für den Transport vielfältiger Ladungsarten benutzte. Sein auffälligstes Merkmal ist die auf der Stirnseite über die ganze Breite und Höhe gehende Doppeltür, durch die das Be- und Entladen geschieht. Speziell für den Schienenverkehr sind Standardcontainer entwickelt worden, die ihre Tür nicht an der Stirn-, sondern in einer der beiden Seitenwände haben. Seitentüren deshalb, weil sie das Be- und Entladen erleichtern, wenn die Container auf dem Schienenweg zugestellt werden und auf dem Gleis verbleiben müssen, z. B. weil kein ausreichend starkes Hebezeug für das Umsetzen der Boxen zur Verfügung steht. So lassen sich auch die üblichen Laderampen mit Gleisanschluss nutzen.

Eine Besonderheit waren in den ersten Jahren die sogenannten **Plywood-Container,** deren Dach und Außenwände aus starken Sperrholzplatten bestanden. Sie erwiesen sich einerseits als leichter und weniger reparaturanfällig als Stahlboxen, machen aber Probleme bei ihrem Einsatz in der Australfahrt wegen der dortigen Gesundheits- und Quarantänebestimmungen. Für Holz und damit auch für Sperrholz musste eine spezielle Behandlung nachgewiesen werden, um die Einschleppung des Holzschädlings Sirex-Wespe zu verhindern. Durchgesetzt hat sich der Plywood-Container auf längere Sicht nicht.

Ganz spezielle Ladungsgüter, die häufig in Standardcontainern transportiert werden, sind Alkoholika. Wein, auch in Flexibags, oder sonstige »geistige« Getränke sind dabei schon fast normal. Besonders genutzt aber wird der Transport, wenn er durch mehrere Klimazonen geht, um dadurch und auch durch die Schiffsbewegungen den Geschmack zu beeinflussen, ihn möglichst zu verbessern. Den Anfang hat wohl der norwegische Aquavit gemacht, der nach einer Rundreise auf der Australroute mit zweimaligem Überqueren des Äquators (der Linie) zum Linienaquavit wurde. Auch mit schottischem Whisky ist das schon probiert worden und mit Rotwein, wobei Aussagen über Ergebnisse nicht vorliegen.

↓ ↘ Die Beladung eines Standardcontainers mit Gabelstapler zeigt, wie belastbar die Böden sein müssen.

Foto: Still

Foto: Hamburg Süd

**Flat, Platforms und Coiltainer.** Flats bestehen aus einem besonders stabilen Containerboden und Stirnwänden unterschiedlicher Höhe. Sie sind entweder fest oder klappbar. Flats eignen sich besonders für die Beförderung von Ladung, die wegen ihrer Dimensionen oder Gewichte nicht in Standard- oder andere Container passen. Mit eingeklappten Stirnwänden lassen sich Flats als Leercontainer raumsparend stapeln und transportieren.

Eine spezielle Variante der Flats sind Platforms. Es sind besonders stabile Containerböden, im Gegensatz zu Flats allerdings ohne Stirnwände. Auch sie dienen der Beförderung besonders sperriger oder schwerer Ladung. Für Ladungsstücke mit Überlängen, Überbreiten und Überhöhen oder Schwerkolli werden auf den Stellplätzen, meistens an Deck, mehrere Platforms nebeneinander und/oder hintereinander gestaut, sodass man auf diese Weise einen geräumigen Stapel- oder Stellplatz z.B. für Investitionsgüter jeder Art erhält – etwa für Transformatoren, Baumaschinen oder ganze Fabrikteile, aber auch für große Segel- oder Motoryachten, die nicht auf eigenem Kiel an ihren Bestimmungsort gebracht werden sollen. Große Reedereien haben für diese spezielle Ladung, für deren Transport sowie die Organisation von deren Vor- und Nachlauf eigene Abteilungen eingerichtet. In kleineren Unternehmen übernehmen speziell geschulte Mitarbeiter diese Aufgaben. Insgesamt wird der Transport von »Special Cargo« als wachsender Markt betrachtet und entsprechend bedient.

Eine weitere Variante der Flats sind die **Coiltainer.** Das sind Spezialcontainer für den Transport von Coils (Draht- oder Blechrollen), die auf verstellbaren, in den Flatboden eingelassenen Klappen mit dem Coilauge in Fahrtrichtung gestaut werden. Die Transportsicherung erfolgt durch Gurte, die durch das Auge gezogen werden.

Jede Seite kann mit containerhohen Gattern und/oder nylonverstärkten Planen verschlossen werden. Dieser Boxentyp wird u.a. besonders für den Transport von Tieren oder auch leichter verderblichen Lebensmitteln über kürzere Strecken bereitgestellt.

**Open-Top- oder Hardtop-Container** sind oben offen und können deshalb mit Kranhilfe be- oder entladen werden. Sie haben ein festes abnehmbares Dach (Hardtop) oder eine strapazierfähige Plane zum Abdecken (Open-Top). Diese meistens in besonders robuster Bauweise hergestellten Boxen eignen sich vor allem für die Beladung mit sperrigen oder auch schweren Frachtstücken, die nicht durch Türen passen.

**Schüttgut- oder Bulkcontainer, auch Drybulkcontainer** genannt, werden für den Transport von pulverförmigen und granulierten Schüttgütern angeboten. Um das Laden zu erleichtern, befinden sich im Dach mehrere kreisförmige Einfüllluken mit jeweils etwa 50 cm Durchmesser. Für das Entladen befindet sich eine Klappe unten in der Türseite, oder die Türen werden zum Entladen geöffnet. Meistens werden die Container dann für den Entladungsvorgang gekippt. Je nach Beschaffenheit kann die Ladung aber auch durch die Dachöffnungen abgesaugt werden. Typische per Container transportierte Schüttgüter waren anfangs Mais, Zucker, Kieselgur, Getreide, Trockenfarben, Talkum, Ruß, Düngemittel und Granulate. Inzwischen ist diese Palette deutlich erweitert worden, etwa durch die Beförderung

↓ Flat, beladen mit Sackgut.

Foto: OTAL

↓ Manches passt eben auch nicht in einen Container: Verladung von Schwerteilen auf Platforms.

Foto: Sea Container

von Gießereikoks, der so auf schonendere Weise als in herkömmlicher Weise vom Versender zum Empfänger gelangt. Eine besondere Herausforderung war dabei die Entwicklung von Verfahren, mit denen Rohkaffee und andere Ladungen dieser Art in speziellen Schüttgutcontainern transportiert werden können (ventilierte Container). Gebaut sind die Schüttgutcontainer aus einem Stahlrahmen mit Stahlverkleidung. Auch der Boden besteht aus Stahl, was u.a. die Reinigung erleichtert. Außer diesen Spezialcontainern können auch normale Standardboxen für den Schüttguttransport eingesetzt werden. Für derartige Verwendungen werden sie dann mit speziellen Inletts aus flexiblen Kunststoffgeweben ausgestattet, die später wieder herausgenommen werden können. In diesen sogenannten Flexibags kann z.B. auch Wein oder Fruchtsaft verschifft werden.

**Belüftete Container** sind Ganzstahlkonstruktionen, die fast Standardcontainern gleichen, abgesehen von über die ganze Länge gezogenen Gitterstreifen am oberen und unteren Seitenrand. Dadurch wird ein Luftaustausch mit der Umgebung ermöglicht und ein aus der Ladung generiertes Schwitzen verhindert. Es kann also zu keiner schädlichen Schwitzwasserbildung kommen. Die Belüftungsvorrichtung ist so konstruiert, dass ein Eintreten von Wasser von außen nicht möglich ist.

**Isoliercontainer** sind ebenfalls dem Standardtyp ähnlich, haben aber eine wärmedämmende, meistens aus Hartschaum bestehende Innenverkleidung. Sie schützt die Ladung auf kürzeren Strecken vor raschen Temperaturschwankungen und Schwitzwasserbildung. Zur Erhaltung tieferer Temperaturen kann Trockeneis verwendet werden. Diese Container werden hauptsächlich für den Transport von kälte- oder wärmeempfindlichen Gütern benutzt, wie z.B. Bier oder Wein in Flaschen.

**Ventilierte Container** sind Boxen mit Ventilation, die den Transport von Ladungen mit einem gewissen Feuchtigkeitsgrad ermöglichen. Auch leicht verderbliche bzw. empfindliche Güter wie Rohkaffee, Kakaobohnen, Klippfisch, Malz, Salz u.a. können dadurch in Containern befördert werden. Dies wird durch ein Luftfeuchtigkeitsgerät ermöglicht, das ohne Luftzufuhr von außen elektronisch gesteuert und vollautomatisch arbeitet, einerseits Kondenswasserbildung im Container verhindert und andererseits bestimmte Feuchtigkeitswerte im Container konstant halten kann. Dem Einsatz dieser Container waren langwierige Untersuchungen vorangegangen, da jede dafür vorgesehene Ladungsart anders reagiert und so entsprechend behandelt werden muss.

Besondere Beachtung verdient dabei das Transportgut Kaffee, der inzwischen zu ca. 80 Prozent als loses Schüttgut verschifft wird. Allerdings werden heute dazu nur noch wenige »richtige« Bulkcontainer genutzt, da sie zu teuer und unflexibel in der logistischen Steuerung sind. Stattdessen kommen 20- oder 40-ft-Boxen mit Linerbags aus Kunststoffgewebe zum Einsatz, wobei Linerbags nichts anderes als überdimensionierte Säcke sind. Die

↓ Schwergut – ein Transformator – wird auf Platforms im Laderaum platziert.

Foto: Hapag-Lloyd

Fotos (3): Hamburg Süd

↑ Kaffeeverladung in Säcken. Die Container müssen gewisse Standards erfüllen und z.B. lebensmittelrein und geruchsfrei sein.

Container selbst müssen gewisse Standards erfüllen und z.B. lebensmittelrein und geruchsfrei sein. Sämtliche Vorgaben sind in einer EU-Richtlinie zusammengefasst. Alternativ werden jeweils bis zu 360 Säcke à 60 Kilogramm in 20-ft-Containern transportiert. Die Säcke müssen so gestaut werden, dass sie eine gewisse Luftzirkulation zulassen, um Feuchtigkeitsschäden an der Ware zu verhindern. Zuvor werden die Container mit »Kraft Paper«, einem extra dicken Papier ausgeschlagen. Das ist eine Art Löschpapier, das die Feuchtigkeit aufnimmt, wenn das Schiff mehrere Klimazonen durchfährt.

Nehmen wir Gewürze als Beispiel für in ventilierten Containern beförderte Ladung. Ungefähr 50 verschiedene Kräuter und Gewürze sind im globalen Handel von Bedeutung. Viele von ihnen gelangen über Seetransporte zu ihren Abnehmern, den Importeuren und letztlich zu den Verbrauchern. Der Seetransport dieser hochempfindlichen Rohstoffe erfordert große Sorgfalt. Selbstverständlich ist die Ladung vor mechanischen Beschädigungen, Ungezieferbefall und Aromaverlust zu schützen. Aber es gibt noch andere Tücken zu bewältigen. Nelken reagieren z.B. sehr empfindlich auf Feuchtigkeit; sie werden grau, klebrig und weich und sind damit wertlos. Andere Gewürze, wie Pfeffer, geben selbst Feuchtigkeit ab, was sie bei mangelnder Belüftung für Schimmelbildung anfällig macht. Der Transport in ventilierten 20-ft-Containern ist deshalb genau richtig. 50 Jutesäcke à 50 Kilo passen jeweils hinein. Befindet sich Vanille an Bord, muss sie gegen Diebstahl extra gesichert werden – wegen ihres hohen Preises ist sie besonders gefährdet.

**Kühlcontainer, auch Reefer-Container oder nur Reefer** genannt. Ihnen kommt eine immer noch weiter wachsende Bedeutung zu, denn seit ihrer Einführung haben sie nach und nach nicht nur die Kühlräume der konventionellen Linienfrachter ersetzt, sondern inzwischen weitgehend sogar die speziellen Kühlschiffe. Nicht zuletzt verdeutlichen diese Transporte einmal mehr in hohem Maße, in welchem Umfang das Containersystem die weltweiten Warenströme nicht nur beeinflusst, sondern manche sogar erst möglich gemacht hat. Darüber hinaus lassen gerade die Kühlcontainer erkennen, welch ausgefeilte Technik entwickelt werden musste, um die in diesem Segment gestellten außerordentlich hohen Anforderungen erfüllen zu können.

Ein sehr großer Teil der Weltnahrungsmittelproduktion ist leicht verderblich. Um auch für diesen Teil weltweite Lieferungen in größerem Umfang zu ermöglichen, war die Entwicklung der Kühlung und Luftzirkulation in Containern von großer, nicht wenige sprechen sogar von revolutionärer Bedeutung. Ziel war, das Containersystem für den Transport von Fleisch, Fischerei- und Milchprodukten, Frischgemüse und Früchten aller Art sowie Fruchtkonzentraten nutzbar zu machen. Wichtig war dies anfänglich besonders für die Entwicklung der Fahrtgebiete Australien/Neuseeland, etwas später für Südafrika und Mittelamerika/Karibik sowie schließlich für die Fahrtgebiete von Südamerika. Inzwischen hat die Bedeutung des Kühlcontainers auch für weitere Regionen enorm an Bedeutung gewonnen. Immer mehr Containerschiffe verfügen über immer mehr Anschlüsse für Kühlcontainer, je nach Fahrtgebiet bis zu 2000 und mehr. Insgesamt standen 2018 in der Weltcontainerschiffsflotte rund zwei Millionen Slots für 40-ft-Kühlcontainer zu Verfügung.

Foto: BLG

↑ Ein ankommendes Kühlschiff musste früher in einem sehr kurzen Zeitraum beladen und im Zielhafen praktisch »ausgeschüttet« werden.

Foto: HDW

Darüber hinaus gibt es auch einige reine Kühlcontainerschiffe, die von den großen Fruchtgesellschaften eingesetzt werden, und selbst die wenigen noch vorhandenen konventionellen Kühlschiffe bieten an Deck zusätzlich Stellplätze für Kühlcontainer. Reine Kühlschiffsneubauten sind seit Langem nicht mehr geordert worden. Dafür ist die Zahl der zum Abbruch gegebenen Schiffe gestiegen, da sich die Verwendung älterer Tonnage nicht mehr rechnet. Im Februar 2016 hat beispielsweise das 158 Meter lange Kühlschiff, auch als »Bananenjäger« bezeichnet, CHIQUITA BELGIE (13049 GT) letztmalig eine komplette Ladung dieser begehrten Früchte in Bremerhaven gelöscht, einem der größten Umschlagplätze für Bananen in Europa. Seitdem kommen sie nur noch per Container nach dort.

Durch den deutlich vermehrten Einsatz von Kühlcontainern, beispielsweise für den Transport von Bananen, hat sich auch die entsprechende Logistik total verändert. Ein ankommendes Kühlschiff musste früher in einem sehr kurzen Zeitraum beladen und im Zielhafen praktisch »ausgeschüttet« werden. Das heißt, dass die gesamte Menge an Bananenpaletten oder Kartons in einem Rutsch von Bord ging, teils direkt auf Waggon oder Lkw umgeladen oder aber größtenteils temperaturgeführt zwischengelagert. Bei den Kühlcontainern geht es nun mehr darum, sie bedarfsgerecht vom Schiff zum Fruchtterminal zu transportieren, wodurch sich die Gesamtmenge auf mehrere Tage verteilen kann. Mit einer zentralen Koordination ist es möglich, die für die Zwischenlagerung bestimmten Mengen zu minimieren und dadurch Kostenvorteile zu generieren. Voraussetzung dafür ist eine enge Abstimmung und Verzahnung mit dem Terminaloperator, dem Containertrucker und dem Warenempfänger.

Das Ladungsaufkommen in den weltweiten Fruchtverkehren ist immer noch rasch wachsend, und der Transport in Kühlcontainern ist für die meisten der sehr unterschiedlichen Güter die wirtschaftlichste und umweltfreundlichste Methode, um auch weite Entfernungen vom Produzenten zum Verbraucher zu überbrücken – zu erschwinglichen Preisen, versteht sich.

← Die DOLE CHILE ist eines der wenigen Containerschiffe, die ausschließlich für den Transport von Kühlcontainern eingesetzt werden.

Foto: Archiv HJW

↑ Die Kühlcontainer zählen zu den teuersten
↓ Containertypen überhaupt. Ihr Bau ist wesentlich anspruchsvoller als etwa der von Standard- oder ähnlichen Containern.

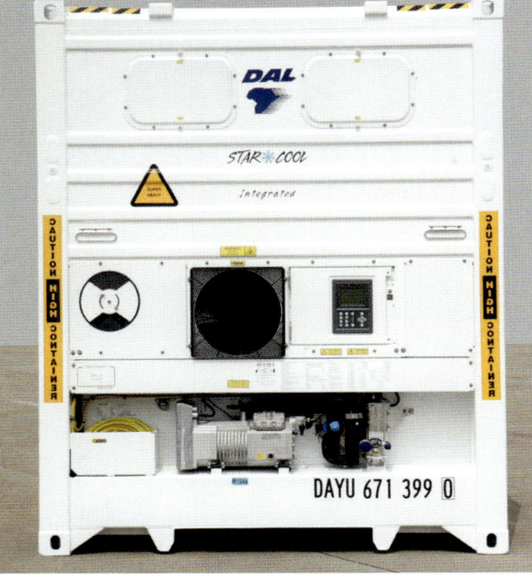


Foto: DAL

Eine Besonderheit soll nicht unerwähnt bleiben, das sind hochpreisige Weine, die sorgfältig verpackt nicht nur in Standardcontainern, sondern in Einzelfällen auch in Kühlcontainern auf die Reise geschickt werden, um ihre Qualität noch zu steigern. So hat z. B. die CMA CGM AZURE im Juli 2018 in Le Havre 420 Flaschen Burgunderwein geladen, sie nach Australien transportiert und im September wieder zurück nach Le Havre gebracht. Damit sollte für den Wein Jules Vernes »Reise in 80 Tagen um die Welt« nachempfunden werden, wie es hieß. Auch hier liegt kein Nachweis vor, ob das Ziel der Qualitätssteigerung erreicht worden ist. Interessant ist der Versuch aber allemal.

Die Kühlcontainer zählen zu den teuersten Containertypen überhaupt. Ihr Bau ist wesentlich anspruchsvoller als etwa der von Standard- oder ähnlichen Containern. Es werden hochwertige Materialien verarbeitet, wobei absolute Präzision gefragt ist. Das tragende Skelett eines Kühlcontainers besteht, wie üblich, aus Stahlprofilen. Wände und Dach sind jeweils als Einheit gefertigte Sandwich-Konstruktionen, die als Mittellage Hartschaum enthalten und unter Vermeidung von Wärmebrücken in das Skelett eingesetzt werden. Es wird viel Edelstahl und Aluminium verwendet, und wegen der im Inneren der Container notwendigen absoluten Hygiene sind sie voll verschweißt. Für einen 40-ft-Kühlcontainer müssen nach deutlichen Preissteigerungen in den vergangenen Jahren schon rund 20000 USD auf den Tisch des Herstellers geblättert werden oder auch mehr. 2009 waren es erst durchschnittlich 16500 USD. Derzeit sind von diesen teuren Boxen etwa zwei Mio. TEU weltweit unterwegs. Etwa ein Viertel davon gehören Leasinggesellschaften. Der Bedarf steigt, die Produktion wächst dementsprechend. Nach 250000 TEU in 2010 wurden 2011 bereits 300000 TEU neu ausgeliefert. Demgegenüber standen 115000 TEU, die 2010 aus dem Verkehr gezogen wurden, 2011 waren es 160 000 TEU. Der bei Weitem größte Teil der Kühlcontainerneubauten wird in vier chinesischen Werken produziert. Ausnahme ist auch auf diesem Feld der dänische Maersk-Konzern, der nicht nur die mit Abstand größte Containerschiffsflotte der Welt betreibt, sondern in Chile auch eine eigene Anlage für den Bau von Kühlcontainern. So hat die Reederei wegen der umfangreichen Fruchttransporte von der südamerikanischen Ostküste diese Spezialcontainer direkt vor Ort, was in der Regel zumindest einen Leertransport erspart. Inzwischen gehören auch andere Reedereien zu den Kunden dieses Unternehmens.

Die über See zu transportierenden Kühlgüter teilen sich auf in solche, die entweder mit Minus- oder mit Plustemperaturen zu fahren sind. Erstere sind Fleisch, Fisch und daraus verarbeitete Produkte. Sie werden tiefgefroren bei Temperaturen von −18 °C bis −30 °C auf die Reise gebracht.

Bei Temperaturen über dem Gefrierpunkt werden Obst, Gemüse und Blumen transportiert. Bei den Kühlcontainern konkurrieren zwei unterschiedliche Systeme, die Conair- oder Porthole-Container und die Integrated oder Integralcontainer. Die erstgenannten Kühlboxen sind wärmeisoliert und verfügen über zwei verschließbare Öffnungen an der Stirnseite, über die die Zu- und Abluft kontrolliert wird. Im Gegensatz zu den Integralcontainern besitzen sie kein eigenes Kühlaggregat und sind dementsprechend immer auf Kühlung von außen angewiesen – sei es vom Schiff oder an Land in den Häfen meistens über Kühlstäbe auf den Terminals und beim Weitertransport durch sogenannte Clip-on-Units. Das sind Kühlaggregate, die an einzelne Container angehängt werden.

Seit einigen Jahren haben sich jedoch Integralcontainer mit integriertem eigenem Kühlaggregat immer mehr durchgesetzt, sodass ihr Weltmarktanteil inzwischen etwa 90 Prozent beträgt. Ebenso durchgesetzt hat sich die 40-ft-Größe. Allerdings müssen die Vorteile, die der Integralcontainer bietet, durch einen erhöhten Energiebedarf und eine aufwendige Überwachungstechnik erkauft werden.

Bei der Hamburg Süd, die eine große Zahl von Reefer-Containern einsetzt, hieß es unlängst dazu: »Die Conair-Technologie hat sich zwar über mehr als 25 Jahre bewährt, ist aber heute nicht mehr zeitgemäß. Mit Integral-Containern ist eine ununterbrochene Kühlkette gewährleistet – zum Beispiel direkt von der Farm in Südamerika bis in die Läger der Supermärkte in Europa. Außerdem können die Kunden jede erdenkliche Temperatur zwischen minus 35 Grad Celsius bzw. minus 30 Grad Celsius, je nach Containertyp, und plus 29 Grad Celsius auswählen, was beim Conair-Container nicht möglich war. Hinzu kommt, dass die Conair-Container nur acht Fuß hoch waren, während die 40-Fuß-Integral-Container mit einer Höhe von 9,6 Fuß aufwarten können. Dadurch kann der Kunde auf ein größeres Volumen zurückgreifen, um seine Ladung unterzubringen.« Generell ist dazu noch zu sagen, dass der Energieverbrauch der Reefer-Container beachtlich ist und die Reedereien hier Ansätze gefunden haben, mit geeigneten technischen Maßnahmen in den Kühlaggregaten den Energieverbrauch zu reduzieren. Das spart nicht nur Kosten, sondern kommt auch der Umwelt zugute.

Foto: Hamburg Süd

↑ Kontrolle von Reefer-Containern beim Hersteller vor der Ablieferung.

Neben der »normalen« Kühltechnik gibt es zwei weitere aufwendige Systeme, die auf die Entwicklung des Kühlcontainereinsatzes wesentlichen Einfluss genommen haben. Mit ihnen konnte nicht nur die Palette der zu befördernden Güter noch einmal erweitert, sondern auch ein ganz wichtiger Einfluss auf die Qualität der zu transportierenden Kühlgüter gewonnen werden. Es handelt sich um die bereits vorher an Land für die Langzeitlagerung von Früchten eingesetzte Technologie der »kontrollierten Atmosphäre« (MA/CA). Dabei wird nicht nur die Temperatur, sondern zusätzlich auch der Sauerstoffgehalt der Transportbehälter auf niedrige Werte zwischen zwei und fünf Prozent abgesenkt. Auf diese Weise wird der Stoffwechsel von Früchten reduziert, was besonders beim Transport klimaempfindlicher Früchte, wie z. B. Bananen, von großem Vorteil ist.

Diese Technologie kann in engerem Rahmen durchaus ebenfalls als revolutionär bezeichnet werden, denn sie hat den Kühltransportsektor in ebenso hohem Maße beeinflusst wie seinerzeit die Einführung des Kühlcontainers die Container- bzw. Kühlschifffahrt insgesamt. Mit ihr lassen sich auch Güter, die vorher nur mit dem Flugzeug und dementsprechend teuer verfrachtet werden konnten, wie Äpfel, Birnen, Kiwis und andere empfindliche Früchte sowie Gemüse und selbst Schnittblumen, nun mit dem Schiff befördern, und zwar in wesentlich größeren Mengen und dadurch zu wesentlich günstigeren Preisen für die Verbraucher.

Erwähnt werden soll hier aber noch ein ganz besonders wertvolles Transportgut: Medikamente. Sie gehörten zu den Ladungsarten, die lange Zeit nicht »containerisiert« waren, zunehmend aber nun doch in Reefern verschickt werden und nicht mehr zu hohen Kosten per Luftfracht. Möglich gemacht wird die Schiffsreise durch die immer zuverlässiger gewordene Technologie hochmoderner Kühlcontainer. Als Beispiel soll der Transport von Insulin angeführt werden. Es wird vor allem in Europa und in den USA produziert und vor dort in die Welt verschifft. Zu den größten Abnehmern zählen insbesondere die entwickelten Industrieländer, in denen Diabetes aufgrund der fett- und zuckerhaltigen Nahrung häufiger vorkommt. Das sind in erster Linie die USA und Nordeuropa, aber zunehmend auch China und Südamerika. Da Insulin sehr teuer ist, erreicht ein damit gefüllter Container schnell einen Wert von fünf Millionen Dollar – das ist das 500-Fache einer Reefer-Ladung Bananen. Er wird deshalb mithilfe genau definierter Sicherheitsprozesse besonders geschützt. Ein Container mit beschädigter und in ihrer Wirksamkeit eingeschränkter Medizin würde nämlich nicht nur einen teuren Verlust bedeuten, sondern kann auch Patienten am Bestimmungsort in Gefahr bringen – beispielsweise dann, wenn der Nachschub nicht rechtzeitig in den Apotheken und Krankenhäusern ankommt.

Von außerordentlicher Bedeutung sind gerade für dieses Ladungssegment die immer weiter verbesserten Technologien für die satellitengestützte Überwachung der Ladung während des Seetransports. Eine breite Palette von Messgeräten kann beispielsweise Veränderungen des Feuchtigkeitsgehalts im Container während des Transports anzeigen, Schwankungen der Temperatur, des Kohlendioxidgehalts oder anderes. Auf diese Weise können Ladungen, die auf Veränderungen bestimmter Parameter empfindlich reagieren, überall in der Welt entsprechend »abgetastet« werden. Vor allem in der Lebensmittelindustrie ist für diese Entwicklungen bzw. Möglichkeiten naturgemäß ein großes Interesse vorhanden. Nicht zuletzt für hochempfindliche in Kühlcontainern beförderte Transportgüter, wie z. B. Früchte, Gemüse oder Fleisch, sind umfangreiche Anwendungen dieser Art von Nutzen. Diese sensiblen Ladungen durchlaufen während des Transits häufig einen gewollten, zu steuernden Reifeprozess. Zum Teil wird auch Kunden die Möglichkeit geboten, auf elektronischem Weg den Zustand ihrer Güter zu verfolgen.

Anfang 2018 hat die französische Reederei CMA CGM, mit ihren 369 000 TEU Bestand an Reefer-Containern die Nummer zwei nach Maersk in diesem Segment, ein eigenes System für den temperaturgeführten Transport von Fruchtsäften und anderen Flüssigprodukten vorgestellt, die »Reeflex«-Lösung. Ein Flexitank für Flüssig-Bulktransporte in Kühlcontainern. Der lange schlauchartige Sack mit fünf verschiedenen Kammern hat ein Fassungsvermögen von bis zu 24 000 Litern. Seine Installation in einen 40-ft-Container soll nach Angaben der Reederei nur wenige Minuten dauern, das Beladen nur 35 Minuten. Vorerst soll »Reeflex« hauptsächlich für Fruchttransporte aus Brasilien eingesetzt werden.

↓ Die Cap Doukato hat am Terminal in Valparaiso festgemacht.

Foto: Hamburg Süd

↑ Im Angebot ist ein stark ausdifferenziertes Spektrum von Tankcontainertypen

7,7 cbm Wasser-Tankcontainer – Inhalt 7700 Liter, Werkstoff Edelstahl, Temperaturbereich −32/+50 °C.

Tankcontainer für Chemikalien – Inhalt 20 000 Liter, Werkstoff P355 NL1 (Druckbehälterstahl), Temperaturbereich −40/+80 °C

Tankcontainer für schwach radioaktive Substanzen – Inhalt 6000 Liter, Werkstoff Edelstahl, Temperaturbereich −40/+60 °C

**Tankcontainer.** Ihre Verwendung ist vergleichsweise noch relativ jung. 1973 waren erst rund 1500 Behälter dieses Typs im Einsatz, fünf Jahre später war die Anzahl jedoch bereits auf ca. 7500 angewachsen und 2014 auf 444 220 Einheiten. Die weitere Entwicklung war gekennzeichnet durch eine immer breitere Ausfächerung, um den Anforderungen der verschiedenen zu transportierenden Güter gerecht zu werden. Im Wesentlichen sind dies:

- Getränke/Nahrungsmittel
- petrochemische Produkte
- anorganische Chemikalien

Tankcontainer für den Transport flüssiger oder gasförmiger Güter bestehen aus einer stabilen Rahmenkonstruktion nach ISO-Norm mit eingebautem Flüssigbehälter. Es gibt sie in den verschiedensten Ausführungen. Der oder die Tanks sind wegen des hydrostatischen Drucks aus gewölbten Blechen hergestellt. Gewöhnlich ist ein liegender Tankbehälter in einem Containergestell untergebracht. Bei anderen Typen sind mehrere zylindrische Behälter aufrecht nebeneinander in den Rahmen eingesetzt. Damit lässt sich das Volumen besser ausnutzen. Material und Wanddicke sind unterschiedlich. Eine Isolierung ist ebenso möglich wie die Installation von Heizvorrichtungen für Flüssigkeiten, die nicht stocken oder gefrieren sollen. Hergestellt sind die Tanks in der Regel aus rostfreiem Edelstahl, gelegentlich aus Aluminium. Für den Gastransport kommen auch tieftemperaturbeständige Stähle zum Einsatz. Alle Tankcontainer müssen überaus komplexen internationalen Regeln entsprechen.

Besondere Beachtung verdient sicher auch der erstmalig auf der Schiffbaumesse SMM 2012 präsentierte 40-ft-LNG-Tankcontainer für die Eigenversorgung von Schiffen, wobei LNG für Liquefied Natural Gas (verflüssigtes Erdgas) steht. Im Format eines mobilen 40-ft-Containers stellt er eine ökonomisch sinnvolle Zwischenlösung für Schiffe mit Flüssiggasantrieb dar, um sie zu bebunkern, so lange, bis ein ausreichend dichtes Netz von LNG-Bunkerstationen in den Häfen zur Verfügung steht. Der LNG-Tankcontainer kann wie jeder normale Frachtcontainer per Lkw, Bahn oder Feederschiff transportiert und an Deck gelagert werden. Der Anschluss an das Brennstoffsystem auf dem Schiff erfolgt mittels Schnell-Trockenkupplungen, die ein Höchstmaß an Sicherheit bieten. Die Container können an jeder beliebigen »LNG-Tankstelle« befüllt oder wieder befüllt und per Lkw vom und zum Schiff gebracht werden. Entwickelt worden ist dafür u.a. ein 900-TEU-Feederschiff, das 18 LNG-Container in sechs Lagen hoch und drei nebeneinander an Bord nehmen kann. Dieser Vorrat reicht bei einer Geschwindigkeit von 19 Knoten für eine Reichweite von 3480 Seemeilen. Dazu als Vergleich: Bei einer Rundreise Rotterdam→St. Petersburg→Rotterdam durchläuft das Schiff ca. 2850 Seemeilen. Mit dem Einsatz von LNG können alle ab 2015 besonders emissionsgeschützten Gewässer problemlos befahren werden. Auch ältere Schiffe können mit dem LNG-Container nachgerüstet werden.

**Und noch mehr Typen.** Außer den genannten Containertypen, deren Einsatz letztlich dafür sorgt, dass der Spruch »Alles passt in Container« oder, vielleicht nicht ganz so anspruchsvoll ausgedrückt, »Fast alles passt in Container« auch seine Berechtigung hat, sollen abschließend nur summarisch und keineswegs vollständig weitere »Spezialisten« genannt werden. Bürocontainer und solche für den Autotransport, für besonders umweltschädliche Stoffe, für den Transport von Stammholz und der »Vario«-Container als »Mädchen für alles« z. B. Und, um das noch hinzuzufügen, es gibt sogar Boxen für den Transport von lebenden Fischen und Hummern.

Generell festzuhalten ist, dass immer neue Möglichkeiten erschlossen werden, auch zur Verbesserung bereits vorhandener Typen. Und selbst für ausgemusterte Container gibt es vielfache Verwen-

Foto: Westerwälder Eisenwerke (WEW)

ichttank – Inhalt
000 Liter, Werkstoff
elstahl, Temperatur-
reich −40/+120 °C

Gas-Tankcontainer 24,5 cbm – Inhalt 24 500 Liter, Werkstoff P460 NL1 (Druckbehälterstahl), Temperaturbereich −40/+55 °C

dung in allen möglichen Bereichen. Unlängst spendierte beispielsweise die südafrikanische Reederei Safmarine einer in der Provinz Limpopo gelegenen Highschool einige davon. Sie dienen dort nun als zusätzliche Klassenräume. Andere Boxen, ebenfalls von Safmarine, wurden in der Stadt Piketberg zu einem Zentrum einer Sportanlage hergerichtet. Ob es sich in Neuseeland in einem besonders speziellen Fall ebenfalls um ausgemusterte Container handelt, war nicht so schnell herauszufinden. Auf jeden Fall berichtete die New Zealand's Press Association Ende August 2009, dass für die Erweiterung des nördlich von Wellington gelegenen Rimutaka-Gefängnisses um 60 Plätze ebenfalls Container verwendet worden sind. Das sei nach Angaben des Justizministeriums wesentlich günstiger gewesen als ein Anbau in herkömmlicher Bauweise. In Detroit soll sogar nach jüngsten Informationen ein Hotel aus gebrauchten Containern entstehen oder entstanden sein. Mit Containern geht das ja relativ schnell.

Auf die einzelnen Typen ist vor allem deshalb ausführlicher eingegangen worden, um dem Eindruck entgegenzuwirken, dass es sich bei den Containern lediglich um irgendwie gleichartige Einheiten mit einheitlichen Maßen handelt, mehr aber auch nicht. Gäbe es aber diese vielfältigen Typen nicht, hätte die Containerrevolution, so wie wir sie erlebt haben, gar nicht stattfinden können. Wenn man also die teilweise riesigen Stapel auf den Großcontainerschiffen betrachtet, dann machen die zwar meistens einen schönen bunten Eindruck, aber die Homogenität, die man gleichzeitig zu erkennen glaubt, täuscht. An Bord befinden sich die unterschiedlichsten Containertypen mit Ladungen aller Art. Anders wären die immer größer gewordenen Schiffe mit Sicherheit auch gar nicht auszulasten. Auf diese Weise leistet das breit gefächerte Angebot von Spezialboxen einen wichtigen Beitrag zu dem Gigantismus, der das Containersystem in seiner Gesamtheit bestimmt.

Auch mit Blick auf diese Vielfalt ist noch einmal festzuhalten, dass der Siegeszug des Containers keinesfalls abgeschlossen ist. Nicht nur sind augenfällig die Containerschiffe immer größer geworden, sondern es werden auch immer mehr Waren und sonstige Güter/Gegenstände containerisiert, in die genormten Boxen verlagert bzw. auf deren Abmessungen abgestimmt. Neben den bereits genannten lassen sich leicht noch weitere Beispiele aufzeigen, die heutzutage ebenfalls einfach schon »normal« geworden sind. Man kann dabei an in Containern untergebrachte Module denken, die sich der jeweils nächsten Reise von Forschungsschiffen flexibel anpassen lassen, man kann dabei an die containerisierten Lazaretteinrichtungen an Bord der Einsatzgruppenversorger (EGV) der Deutschen Marine denken, die bis auf die Fähigkeiten eines Kreiskrankenhauses aufgerüstet, zusammengesetzt und bei Bedarf problemlos installiert und erweitert werden können, oder auch, um auf diesem Gebiet zu verweilen, an die in den jeweiligen Einsatzgebieten für die Soldaten zu errichtenden Feldlager, die ein Signal dafür geben, wie schnell so etwas mit entsprechend vorbereiteten Containern zu schaffen ist. Es gibt vieles mehr, was sich in dieser Hinsicht noch anführen ließe. Sogar Sand wird inzwischen in Containern transportiert.

Aber zurück zur Seeschifffahrt. Dort hat sich inzwischen das Tempo mit diesen neuen Zielsetzungen zwar verlangsamt, eben weil vieles bereits erreicht wurde. Aber die Ladungsspezialisten werden sich bestimmt auch in Zukunft noch einiges einfallen lassen, um selbst die letzten Dinge dieser Welt für die Boxen passgerecht zu machen oder, umgekehrt, genau die Boxen zu entwickeln, die für den Transport dieser Ladungen benötigt werden. Dennoch muss man heutzutage schon lange suchen, bis etwas zu finden ist, was sich gegen die Beförderung in den bereits schon zur Verfügung stehenden Containern sperrt und für das es womöglich auch künftig keine Chancen gibt. Für Giraffen? Vielleicht? Aber sicher sollte man da keineswegs sein.

↓ Forschungsgeräte gehen »containerisiert« an Bord der Schiffe.

Foto: Archiv HJW

# Mensch und Containerschiff

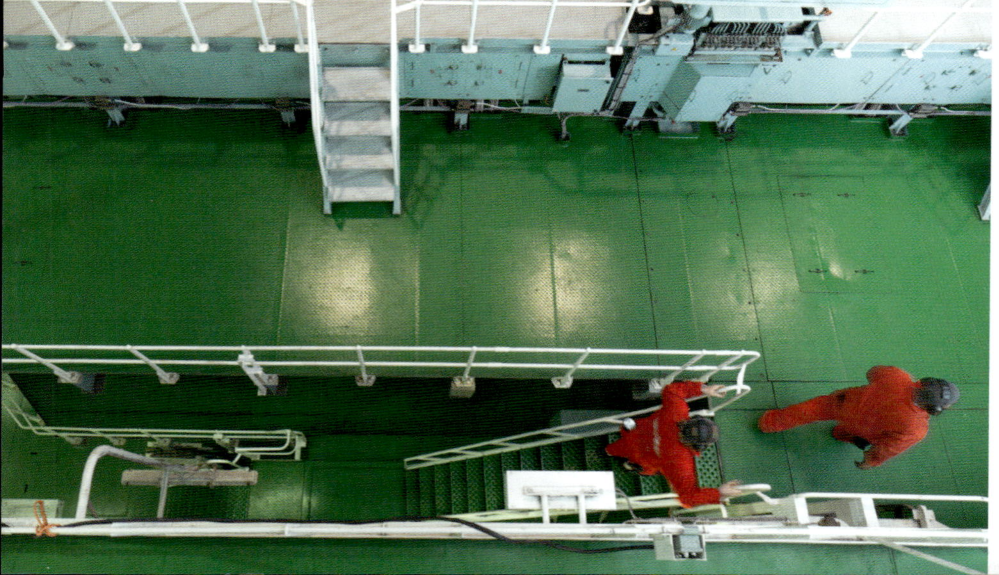

MAERS

# Identifizierung und Steuerung

Zu jeder Zeit sind weltweit viele Millionen Container über See und in den Zubringer- und Verteilerverkehren unterwegs. Das ist eine nicht nur für die damit Beschäftigten, sondern auch für Außenstehende enorme Zahl, wenn sie sich diese einmal verinnerlichen. Wichtig dabei ist, dass diese Boxen nicht nur heil und sicher bewegt werden, sondern dass auch die Möglichkeit besteht, jeden dieser Millionen Container, die weltweit unterwegs sind, zu jeder Zeit unverwechselbar identifizieren, zuordnen und lokalisieren zu können. Deshalb ist jeder Container, wie bereits an anderer Stelle erwähnt, mit einer gut sichtbaren Buchstaben-/Zahlengruppe versehen, die sich nach international gültigen Vorgaben zusammensetzt. Nicht nur die Rückverfolgung auf den Eigentümer ist dadurch möglich, sondern das Kennzeichen vermittelt gleichermaßen Angaben über Abmessungen und Verwendungsbestimmungen. Die Nummern vergibt das Bureau International des Containers in Paris, und dort werden sie auch registriert.

Besondere Bedeutung hat diese Buchstaben-/Zahlengruppe, mit der jeder einzelne Container praktisch einen Namen erhält, für die Verfolgung der jeweiligen Box auf ihrem Lauf in der Welt. Die Reederei muss jederzeit wissen, wo sie sich befindet

↓ Welcher Container soll wohin?

Foto: HHM

und welches ihr Bestimmungsort ist. Nur so lässt sich ihr weiterer Einsatz optimal steuern, und nur so kann gewährleistet werden, dass möglichst wenige Leertransporte entstehen. Diese Leertransporte sind nämlich ein großes Ärgernis für die Container-Linienreedereien, denn sie bringen kein Geld, sondern kosten nur. Es gilt also, nach jeder Station, in der der Container entladen worden ist, möglichst direkt dort für seinen Rück- oder Weitertransport neue Ladung zu finden oder ihn unverzüglich auf kürzestem Weg dorthin zu expedieren, wo Ladung für ihn gebucht worden ist. Dazu muss man eben wissen, wo er sich befindet oder wo sein nächster Zielort ist.

Als Beispiel dafür, wie so etwas optimal ablaufen kann oder soll, dienen beispielhaft die Angaben über den Rundlauf des Hapag-Lloyd-Containers HLXU 436083. Er wurde am 25. Oktober 2007 in Bremerhaven mit Autoersatzteilen beladen mit Bestimmung Veracruz/Mexiko auf das MS Bonn Express gesetzt. Von Vera Cruz aus wurde er leer mit dem MS Heidelberg Express nach New Orleans/USA verschifft, dort mit Holz gefüllt und mit dem MS Madrid Express nach Alexandria/Ägypten auf den Weg gebracht. Leer ging es weiter mit der Marjesco nach Genua/Italien, wo die Box mit Wein beladen und auf dem MS Power nach Montreal/Kanada gebracht wurde. Mit Autoersatzteilen ging es auf der Ottawa Express weiter nach Antwerpen/Belgien sowie von dort mit einer Ladung Senf und Essig auf der OOCL Montreal zurück nach Montreal. Das nächste Schiff war die OOCL Kuala Lumpur, die nächste Ladung waren Wasserfiltersysteme und der nächste Hafen Hongkong. Voll gepackt mit Spielzeug führte die Anschlussreise für HLXU 436083 an Bord der Savannah Express zurück nach Hamburg. Ankunft dort am 5. Dezember 2008.

Für die Containersteuerung stehen den Reedereien ausgefeilte IT-Systeme zur Verfügung, die den Einsatzplanern alle Bewegungen der Container sichtbar machen. Sie liefern außerdem Statistiken, mit denen analysiert werden kann, wo sich in den weltweiten Containerströmen Unpaarigkeiten entwickelt haben oder wo sich solche ergeben könnten. Zwar hat sich in den zurückliegenden Krisenjahren auf diesem Feld einiges verschoben, aber generell gesehen ist es nach wie vor so, dass in Asien und ganz besonders in China wegen der speziellen Ladungsstruktur, oft als Kaufhausware bezeichnet, fast immer ein Mangel an leeren Standardcontainern herrscht, vor allem während des Weihnachtsgeschäfts. Hapag-Lloyd beispielsweise exportierte vor der Krise nach eigenen Angaben pro Tag durchschnittlich 1100 Container aus dem Reich der Mitte, eine für Normalbürger schier unglaubliche Menge. Importiert wurden dort aber nur 450. Täglich mussten also nach dieser Rechnung rund 650 Leercontainer allein für den Bedarf von Hapag-Lloyd in das fernöstliche Boomland gebracht werden, um für den dortigen Transportbedarf bereitzustehen. Demgegenüber sind die USA ein klassisches Importland.

↓ Wichtig ist die genaue Verfolgung der Containerbewegungen in allen Teilen der Welt, beim Straßentransport oder in den Häfen.

Foto: HHM

Dort baut sich stets ein Überschuss an leeren Standardcontainern auf. Das Ziel der Einsatzplaner muss also sein, diese Boxen, möglichst mit neuer Ladung, auf schnellstem Wege nach Asien zu schaffen, wo sie dringend benötigt werden. Eine logistische Herausforderung der besonderen Art.

Die Situation in Europa stellt sich wiederum ganz anders dar. Hier werden neben den üblichen Standardcontainern vor allem in größeren Stückzahlen Spezialcontainer, wie Hardtops, Flats oder Open Tops, nachgefragt, weil in größerem Umfang etwa Stahlpartien, Maschinen oder sogar schon Windkraftanlagen exportiert werden. Auch die dafür benötigten Typen müssen bedarfsgerecht, just in time, wie man zu sagen pflegt, zur Verfügung stehen.

In diesen wenigen beispielhaft genannten Containerströmungen, die sich auch in Zeiten der Krise zwar vom Volumen her gesehen, aber ansonsten kaum veränderten, spiegeln sich die unterschiedlichen Wirtschaftsstrukturen der erwähnten Regionen wider, die zu diesen Unpaarigkeiten führen. Daran können die Reedereien bzw. ihre Container-Einsatzplaner zwar nichts ändern, aber sie müssen versuchen, das Beste daraus zu machen. Wie heißt es doch im übertragenden Sinne so treffend: »Wir können zwar nicht die Windrichtung bestimmen, aber wir können die Segel richtig setzen.«

Zu der Problematik der Leercontainer hat sich neben anderen auch Sven Mathes von der Nielsen+Partner Unternehmensberater GmbH in Hamburg Ende 2011 in Hamburg geäußert. Er wies darauf hin, dass im Jahr davor über 13 Mio. Container auf den wichtigsten Handelsrouten der Welt leer transportiert worden seien. Das entspreche rund 30 Prozent der vollen Im- und Exportcontainer auf diesen Routen. Für Reedereien und andere Logistikunternehmen würde dies durch die unpaarigen Verkehre verursachte Ärgernis jährlich Kosten in Milliardenhöhe verursachen. Auf den ersten Blick böten Leerfahrten dieser Art für die Reedereien häufig die einfachste Lösung. Beispiel: Stehe in Hamburg ein leerer Container, der in acht Wochen neue Ware von Shanghai nach Europa transportieren solle, werde der Container einfach unbeladen, also leer, auf das nächste die chinesische Wirtschaftsmetropole anlaufende Schiff gesetzt, um dort für den avisierten Transport zur Verfügung zu stehen. Über 4,5 Mio. Boxen würden auf dieser Route jährlich leer transportiert, wobei nach Schätzung von Experten noch ein weiterer Anstieg zu erwarten sei. Diese Art der Repositionierung, wie derartige Leertransporte in der Fachsprache genannt würden, sei allerdings die teuerste Lösung. Komplizierter, dafür aber günstiger wäre es, den Container auf dem Weg nach China wenigstens für eine Teilstrecke mit Waren beladen auf die Reise zu schicken, etwa solche für Dschidda in Saudi Arabien oder Mumbai in Indien. So würde er wenigstens auf einem Teil der Strecke Gewinn einfahren. Das zu arrangieren sei jedoch leichter gesagt als getan. »Das Bewegungsmanagement für Container ist äußerst komplex, denn zum einen muss man wissen, wann welcher Container sich in welchem Zustand befindet. Zum anderen ist eine Fülle interner und externer Daten zu berücksichtigen.« Neben dem Buchungssystem der Reeder zählten dazu beispielsweise Bewegungsdaten von Terminals und Umschlagdepots, Freigaben der Zollbehörden, Adressen, Containerkennungen sowie Transportmöglichkeiten von Subunternehmern wie Speditionen, Bahngesellschaften, Küsten- und Binnenschiffen. »Die Daten zu sammeln ist dabei nur der erste Schritt. Die Informationen müssen aber anschließend so aufbereitet werden, dass man damit auch etwas anfangen kann«, hieß es. Es müsse also vorab geplant werden, wo und womit der Container auf seiner Reise nach Shanghai beladen und wo er entladen werden könne, um so Leertransporte zu minimieren. Keine einfache Aufgabe für die Planer also. Generell besteht das Problem der Leertransporte nach wie vor, wenn auch dank immer ausgefeilterer Logistiksysteme wohl nicht mehr in dem dramatischen Maße wie noch vor Jahren.

Um den Einsatz der wertvollen Container weiter zu optimieren, das heißt, durch Vermeidung von Leertransporten sowie durch Straffung ihrer Rundläufe das eingesetzte Kapital effizient zu nutzen, wird seit Jahren u. a. an der Entwicklung einer »intelligenten Box« gearbeitet, an einer Box, die sich selbst steuert. Das könnte etwa so aussehen, dass ein Container, der irgendwo in der Welt auf die Reise geschickt worden ist, durch seine Programmierung selbst entscheidet, wie er zu seinem Empfänger gelangt. Die Box meldet sich selbst beim Terminal an, benachrichtigt die Nachlaufspediteure und bucht einen eigenen Stellplatz auf einem Containerblockzug. Wird der Nachlauf im Straßentransport erledigt, schlägt sie dem Fahrer die günstigste Route vor. Das ist natürlich gegenwärtig noch Zukunftsmusik, aber erste Forschungsergebnisse, die in diese Richtung zielen, liegen bereits vor, und angesichts der stürmischen Entwicklung im IT-Bereich könnte es auch hier rasch weiter vorangehen und zeigen, dass längst noch nicht alle Möglichkeiten ausgeschöpft sind.

Dabei muss man nur daran denken, dass Technologien für eine Selbstüberwachung, soweit sie die Ladung direkt betreffen, inzwischen weit fortgeschritten sind. Darauf ist bereits im vorangegangenen Kapitel, speziell Kühlcontainer betreffend, eingegangen worden. Wenn nun aber, insgesamt gesehen, eine Reihe von Sensoren über Satellit laufend relevante Daten über den Zustand der Ladung übermitteln, lässt sich z. B. ein Transport bei Bedarf oder wenn sich die Notwendigkeit ergibt, noch während der Seereise umdisponieren. Etwa wenn Bananen aus Mittelamerika einen schon höheren Reifegrad als vorgesehen erreicht haben, kann unter Umständen entschieden werden, sie direkt an den Großmarkt auszuliefern und nicht erst in einer Reifekammer zwischenzulagern. Oder Papierrollen, die während der Seereise durch irgendeinen Umstand feucht geworden sind und in einer Zeitungsdruckerei nicht mehr verwendet werden können, landen nicht erst dort, sondern ohne Umwege gleich auf einem Recyclinghof. Auf diese Weise lassen sich viele Transportabläufe effizienter gestalten.

Einen Lösungsansatz bietet, um das noch beispielhaft zu erwähnen, die sogenannte Smartbox, offiziell Container Monitoring Device (CMD), die von der Kirsen Global Security GmbH in Zusammenarbeit mit DB Schenker entwickelt worden ist. Sie kann in jeden Standard- oder Kühlcontainer montiert werden. In das Gerät eingebaut sind mehrere Sensoren. Sie erfassen z. B. den Standort (mittels GPS), Temperatur und Luftfeuchtigkeit im Innenraum, etwaige Stoßbelastungen oder auch Versuche, den Container zu öffnen. Die Übermittlung der gesammelten Sensordaten an den Nutzer kann auf mehreren Wegen erfolgen. Der Empfänger hat dann die Wahl, die Informationen mittels Mobilfunk oder über eine internetbasierte Software-Anwendung abzurufen. Nach Gebrauch wird die Smartbox wieder einer neuen Verwendung zugeführt. Dafür sorgt ein »Reverse Logistics«-Netz, das den Kunden nach Unternehmensangaben rund um die Uhr zur Verfügung steht. So lassen sich, wenn erforderlich, auch problemlos überwachte Einwegtransporte durchführen.

Der Leercontainerproblematik widmete sich auch der belgische Logistikdienstleister Avantida, nach dessen Angaben jeder fünfte Container, der per Lkw, Bahn oder Binnenschiff transportiert wird, leer ist. Mit seiner Cloud-basierten Anwendung »reUse« bot das Unternehmen ab 2012 seinen Nutzern eine Lösungsmöglichkeit für die schnelle Wiederverwendung von Leercontainern. Vier Jahre nach der Gründung, 2016, setzen, wiederum nach Unternehmensangaben, bereits 13 Reedereien und 2800 Transport- und Speditionsfirmen das System für 120 000 Container ein.

Nach einer anderen Meldung war 2015 etwa ein Viertel aller weltweit eingesetzten Container durchschnittlich 14 Tage leer unterwegs. Genauer ausgedrückt waren es 81,5 Millionen TEU. Damit wären 150 Schiffe vom Typ 21 000 TEU ein Jahr lang ausgelastet.

↓ Den Lauf der Boxen weltweit zu verfolgen und optimiert zu steuern ist eine besondere Herausforderung an das Logistikpersonal.

Foto: BLG

# Dem Höhepunkt entgegen

Nachdem die Container auf den Hauptrouten des Weltseeverkehrs festen Fuß gefasst und dort immer mehr Ladungsanteile auf sich gezogen hatten und auch die Binnenverkehrsträger mehr und mehr ganz selbstverständlich Teil dieses Transportsystem geworden waren, ging dessen Ausbreitung weiter zügig voran. Nach der international viel beachteten und kommentierten Containerisierung der seinerzeit traditionell wichtigsten Handelsrouten über den Nordatlantik sowie der Austral/Neuseeland- und Fernostdienste gab es weitere spektakuläre Meldungen in dieser Hinsicht allerdings nur noch bestenfalls regional oder lokal. Es war schon gar keine Frage mehr, ob die Boxen von den an den Verkehren Beteiligten akzeptiert wurden oder nicht. Sie waren zu einem Muss geworden mit erheblichen Auswirkungen auf Versender und Empfänger hinsichtlich der Planungen für Produktion, Einkauf und Lagerhaltung. Wenn auch das Umdenken nicht immer einfach und allen Beteiligten klar war, dass es echte Alternativen nicht gab, um das an dieser Stelle noch einmal zu wiederholen.

Wichtig bei diesem Prozess oder in vielerlei Beziehung sogar die Voraussetzung dafür war die oben beschriebene Entwicklung von Spezialcontainern. Ohne sie hätte manches Fahrtgebiet nicht adäquat bedient, hätten die dort eingesetzten Containerschiffe nicht ausgelastet werden können. Mehr noch war es aber von großer Bedeutung, dass sich in der verladenden und vor allem in der produzierenden Wirtschaft die Erkenntnis durchsetzte, dass die Transportkosten, zumindest die Transportkosten über See, im Zuge der allgemeinen Akzeptanz der Containerverkehre in den Kostenkalkulationen der Unternehmen mittlerweile zu einer nahezu vernachlässigbaren Größe geworden waren. Es gibt in dieser Hinsicht den oft herangezogenen Vergleich, dass der Transport eines Kühlschranks von Hongkong über See nach Hamburg wesentlich kostengünstiger sei, als dessen Weitertransport von Hamburg etwa nach Bielefeld. Noch detaillierter beschrieb es der damalige Hamburg-Süd-Chef Dr. Ottmar Gast beim Deutschen Logistik-Kongress in Berlin. Danach kostete der Transport eines 20-ft-Trockencontainers (Stand: Ende September 2012) auf der Strecke Shanghai – Hamburg ca. 1200 USD. »Organisieren wir dagegen einen Landtransport Hamburg – München, liegt der Preis bei 1500 USD. So kommt es, dass z. B. bei Textilien die Seetransportkosten nur einen Anteil von 0,1 bis 0,3 Prozent am Verkaufspreis ausmachen. Bei der Gesamtkalkulation eines Verkaufspreises spielten die Verschiffungskosten eines jeden Produkts, auch der von geringerwertigen Gütern mit kleinen Gewinnspannen, also kaum noch eine Rolle.«

Das hat relativ rasch zu signifikanten Auswirkungen auf die Arbeitsmärkte weltweit geführt, was ja letztlich gleichfalls eines der Grundmerkmale der globalisierten Wirtschaft ist. Da die Seetransportkosten für Zwischen- oder Endmontagen sowie für den Vertrieb in der betriebswirtschaftlichen Bilanz immer weniger ins Gewicht fielen, hat das schritt-

↓ Auf zu neuen Horizonten.

Foto: DNV GL

weise dazu geführt, dass fast alles, außer möglicherweise Rüstungsgüter oder sonstige Sicherheitstechnik, dort produziert wird, wo eine vorgegebene Qualität für die Unternehmen zu dem geringsten Preis zu bekommen ist. Dieser mit den Containerverkehren in Gang gesetzte Marktmechanismus, der vorher zwar auch bereits funktioniert hat, aber eben nicht global, ist einer der wesentlichen Gründe dafür, dass die deutsche Industrie und die in anderen Hochlohnländern in den vergangenen Jahrzehnten Hunderttausende Arbeitsplätze in Länder mit niedrigerem Lohnniveau verlagert haben. Etwa auf die deutsche Autoindustrie übertragen, eine der Schlüsselindustrien im Lande, bedeutet das, dass kaum noch ein Drittel der benötigten Komponenten bei den Unternehmen selbst gefertigt werden. Alles andere wird weltweit zugeliefert. Inzwischen scheint hier aber eine gewisse Umkehrbewegung in Gang gekommen zu sein, die jedoch nichts mit den Leistungen der Containerschifffahrt zu tun hat, sondern deren Ursachen bei Erkenntnissen der Industrieunternehmen selbst zu finden sind. Einer der Gründe dafür ist, dass sich einige der sonst überseeisch genutzten Produktionsstätten nach Auflösung des Ost-West-Konflikts nach Osteuropa verlagert haben, wobei der notwendige Güteraustausch dann per Schiene, Straße oder Binnenschiff stattfindet.

Anfang der 80er-Jahre sorgte die Vorbereitung sogenannter Round-the-world-(RTW-)Dienste für Aufsehen in der Containerwelt. Diese Pläne wurden als neue interessante Möglichkeit zur weiteren Optimierung und Kostenreduzierung in den Containerverkehren gewertet. Vorreiter waren die United States Lines (USL), die für einen solchen Dienst bei der koreanischen Daewoo-Werft 14 4148-TEU-Schiffe bestellte. Später wurde die Anzahl auf zwölf reduziert. In ähnlicher Größenordnung bewegten sich die Planungen der taiwanesischen Evergreen Line, die 16 2728-TEU-Einheiten für diesen Einsatz vorsah. Evergreen konnte schließlich ihren Round-the-world-Dienst im Juli 1984 noch drei Monate vor USL starten. Später folgte noch die deutsche Senator Line, Bremen, womit die drei prominentesten Protagonisten für die Umsetzung dieser Variante genannt sind.

Am 1. September 1984 wurde in Hamburg mit dem MS Ever Genius (36 500 BRT) der Evergreen Line das erste Schiff im ersten Round-the-World-Service abgefertigt. Das Schiff hatte mit westlichen Kursen den Erdball umrundet und war aus Singapur kommend via Suezkanal und Valencia in Hamburg als erstem nordeuropäischem Lade- und Löschhafen eingetroffen. Es verließ am 2. September den Elbehafen wieder, um über Felixstowe, Rotterdam, Antwerpen und Le Havre nach New York zu versegeln. Es folgten die Häfen Norfolk und Charleston an der US-Ostküste, und über Kingston/Jamaika erreichte das Schiff via Panamakanal nach rund 80 Tagen Fahrtzeit am 15. Oktober wieder Tokio, wo es am 25. Juli abgefahren war. Mit der Bedienung der Fernosthäfen Osaka, Pusan, Keelung, Kaohsiung, Hongkong und Singapur trat das Schiff anschließend seine zweite Rundreise an.

Am Hamburger Containerterminal war unterdessen am 5. September das MS Ever Garden gefolgt, das den neuen Dienst seiner Reederei am 19. Juni auf östlichem Kurs eröffnet hatte und über Kaohsiung, Keelung, Pusan, Osaka, Tokio, Kingston, Charleston, New York und Baltimore in Hamburg als ersten europäischen Lade- und Löschhafen eingetroffen war. Ever Garden lief einen Tag später wieder aus, und zwar in Richtung Fernost über Felixstowe, Rotterdam, Antwerpen, Le Havre und Valencia, wobei auf der anderen Seite Keelung und Singapur vor Hongkong als erste Häfen angelaufen wurden. Nach Abschluss der Aufbauphase bot Evergreen mit ihren 16 Schiffen alle zehn Tage eine Abfahrt in jeder Richtung.

Überzeugend durchgesetzt hat sich das Round-the-world-Konzept jedoch nicht. Die United States Lines scheiterten bereits Ende 1986, und zwar nicht nur mit ihrem Dienst, sondern wegen dieses Dienstes als gesamtes Unternehmen durch Konkurs. Die Reederei hatte sich mit den in Korea bestellten, konstruktiv misslungenen Schiffen übernommen. Die Senator Line, später dann DSR-Senator Line und seit 1997 im Mehrheitsbesitz der koreanischen Hanjin Reederei, hat mehrfach ihr Konzept geändert und den RTW-Dienst 1998 wieder aufgegeben. Die Wirtschafts- und Finanzkrise brachte schließlich Anfang 2009 auch für diese Reederei als Ganzes das endgültige Aus. Lediglich die Evergreen Line hat offenbar keine gravierenden Probleme gehabt oder diese, wann und wo sie auftauchten, bewältigt. Sie hat ihren RTW-Dienst seit seiner Etablierung ständig ausgebaut und in der Linienführung verfeinert.

Foto: Archiv HJW

↑ MS Ever Garden in Vancouver.

Fotos: CP Offen Archiv

↑ Schweres Wetter muss stets einkalkuliert werden.

↑ In Colombo gekentertes Containerschiff. Fehler bei den Umschlagarbeiten?

# Sicherheit der Container an Bord

In Anbetracht der großen Zahl der Boxen, zuerst Hunderte, dann Tausende, die verschlossen an Bord verstaut werden, nahmen der Sicherheitsgedanke und die entsprechenden Vorkehrungen zunehmend Raum bei den Planungen ein. Es ging dabei um Menschen und Ladung sowie letztlich natürlich auch um das Schiff selbst. Alles ging ineinander über, das eine hing von dem anderen ab. Zunächst soll aber noch einmal grundsätzlich festgehalten werden, dass ein Container der Transportraum des zu benutzenden Verkehrsmittels ist. Bei der Beförderung über See oder mit Binnenschiffen ist er ein Sektionsteil des Schiffes, ein parzelliertes Teil des Laderaums. Die Einzelteile dieses »zerlegten« Schiffsladeraums entsprechen wiederum weitgehend dem gesamten Laderaum bzw. der Ladefläche eines Schienen- oder Straßentransportmittels.

Die Verkehrsträger übernehmen den beladenen Container nur in verschlossenem Zustand. Umfangreiche Arbeitsvorgänge, wie das Stauen, Laschen, Seefestzurren der Ladung usw., entfallen also für die Schiffsbesatzungen und Hafenbetriebe. Eine Ausnahme sind die sogenannten LCL-Container, wobei LCL, als Gegenteil von FCL (Full Container Load) für «Less than full container load» steht. Das heißt, dass diese Container in den Packstationen der Häfen mit Sammelladungen gefüllt werden. Ihre Anzahl ist, verglichen mit den Anfangsjahren, jedoch stark zurückgegangen. Die Stau- und Verpackungsarbeiten haben sich weit überwiegend direkt zum Versender bis weit ins Binnenland hinein verlagert, von wo aus die vollen Boxen per Bahn, Lkw oder auch Binnenschiff zum Hafen transportiert werden. Dabei ist, je nach Güterart, eine ganze Reihe von Vorschriften und Empfehlungen zu beachten, um die Sicherheit der Ladung im Container während der verschiedenen Transportvorgänge zu gewährleisten und um Ladungsverluste durch unsachgemäßes Stauen zu vermeiden. Die Kräfte, die während dieser Phasen auf den Container und die in ihm beförderten Güter einwirken oder einwirken können, sind bereits oben angesprochen worden.

Aber nicht nur die Ladung im Container muss richtig verstaut sein, auch die Boxen selber müssen auf ihrem jeweiligen Transportmittel sicher untergebracht sein. Auf Straßen und Schienenfahrzeugen sowie auch auf Binnenschiffen ist das relativ einfach zu bewerkstelligen, sehr viel komplexer ist dies jedoch auf Seeschiffen zu erreichen. Auf ihnen müssen jeweils größere und größte Mengen unterschiedlicher Containertypen mit unterschiedlichen Ladungen und unterschiedlichen Gewichten verstaut werden, um sie vollständig und unbeschädigt teilweise über Tausende Seemeilen zu ihrem Bestimmungshafen zu bringen, wobei Schiff und Container, wie bereits erwähnt, außerordentlichen Belastungen ausgesetzt sind. Hinzu kommt noch

↑ Feuer an Bord ist immer gefährlich, besonders auf Containerschiffen.

↑ Schweres Wetter oder nicht sachgerecht gestaut?

Fotos (3): ISU

der hohe Stapeldruck, der auf den Containern lastet, besonders natürlich in den unteren Lagen.

Besonders während des Seetransports wirken somit vielfältige Kräfte auf die gestapelten Boxen ein. Abhängig von Witterung und Seegang mit unterschiedlicher Intensität je nach Jahreszeit und auch Seegebiet. Hier sollen 2012 geschaffene Regularien zwar keine Abhilfe, aber Unterstützung bieten. Nachdem sich Schiffbau- und Ladungsregeln stets an den stürmischen Verhältnissen im Nordatlantik orientiert haben, zeigte letztlich die Realität, dass Containerschiffe auch andere Seewege befahren, und zwar solche, die oft wesentlich ruhiger sind. Die Belastungen und Beschleunigungen für Schiff und Ladung sind dort geringer. Deshalb hat der Germanische Lloyd (GL – heute DNV GL) auf der Basis von Langzeitstudien für spezifische Routen neue Sicherheitstoleranzen für die auf Deckscontainer und Zurrsysteme einwirkenden Wellen- und Windlasten definiert und einen Klassezusatz für routenabhängige Containerstauung eingeführt. Danach können Reedereien auf geeigneten Routen schwerere Container in den oberen Deckslagen, mehr Container auf den äußeren Stapeln und sogar eine zusätzliche Lage Leercontainer – unbehinderte Sicht vorausgesetzt – laden.

Alles in allem müssen die Boxen an Bord der Schiffe immer sorgfältig und mit hohem Aufwand gestaut und gesichert werden. Dafür gibt es entsprechende Ausrüstungssysteme, für die, wie für die Container selbst, Abnahmeprüfungen gefordert sind. Zum Teil sind international gültige Vorschriften und Empfehlungen zu beachten. Schließlich muss das Ganze auch bei schwerem Wetter halten, und selbstverständlich darf die Sicherheit des Schiffes und seiner Besatzung in keiner Weise gefährdet werden. Unter diesem Aspekt muss gerade wegen der hohen und auf den Megacarriern immer höher gewordenen Decksladungen auf die ausreichende Stabilität des Schiffes geachtet werden. Hierfür ist es nicht zuletzt erforderlich, dass die Verlader den Inhalt und das Gewicht der Container in den entsprechenden Dokumenten exakt angeben. Leider wird dies aber häufig nicht beachtet, was zu gefährlichen Situationen führen kann. Ein Beispiel dafür bietet, was den Containerinhalt betrifft, das am 5. Oktober 2011 nur 22 Kilometer vor Tauranga im Norden Neuseelands auf ein Riff gelaufene Containerschiff Rena, das aufgegeben werden musste. Zuerst war von elf an Bord befindlichen Containern mit gefährlichen Gütern berichtet worden, dann aber stellte sich, während die Bergungsarbeiten bereits begonnen hatten, nach Recherchen der Versicherer heraus, dass in insgesamt 21 Boxen die gefährliche Substanz Eisstein enthalten war. Die Rettungsleute mussten nun bei den ohnehin schwierigen Bergungsarbeiten besonders vorsichtig vorgehen, um nicht mit der für Menschen giftigen Substanz in Berührung zu kommen. Laut »Containerisation International« sind über 20 Prozent der lebensbedrohenden Unfälle an Bord auf falsch deklarierte Container zurückzuführen.

# Transport und Deklaration von Gefahrgütern

↓ Die Güter in den Containern und vor allem die Deckscontainer mitsamt ihrer Ladung »on top« müssen gut gestaut und gelascht sein.

Foto: Nordcapital

Besondere Aufmerksamkeit muss also den mit gefährlichen Gütern beladenen Containern gelten, und vor allem müssen diese richtig deklariert werden. Die Mengen insgesamt nehmen zu und damit die von ihnen ausgehenden Gefahren. Durchschnittlich rund zehn Prozent der Container an Bord enthalten Gefahrgüter. Dazu zählen auch so alltägliche Produkte wie Farben, Lacke, Feuerzeuge und Parfüms. Für die Transporte gelten strenge Vorschriften. Spezielle Software kann dabei helfen, falsch deklarierte Ladung zu entdecken.

In den Reedereien kümmern sich Gefahrgutbeauftragte um dieses besondere Segment des Ladungsaufkommens. Darüber hinaus gibt es externe Beratungsfirmen und -einrichtungen, mit denen im Notfall Kontakt aufgenommen werden kann. Eine davon ist das National Chemical Emergency Centre (NCEC) im britischen Oxfordshire. In seiner Datenbank sind die Eigenschaften von mehr als 42 500 Substanzen und 134 000 Chemikalien gespeichert. Sie kann innerhalb kürzester Zeit fundierte Angaben über die Transportgüter zur Verfügung stellen, sodass entsprechende Reaktionsvorschläge an das betroffene Schiff weitergegeben werden können. Über 4000 Anrufe beantworten die Chemiker des NCEC nach eigenen Angaben jedes Jahr. Im Zweifel recherchieren sie sogar in den Stauabteilungen der Reederei, welche Container mit welchen Waren von welchen Kunden sind. Die NCEC-Experten verfügen sowohl über chemische als auch über nautische und medizinische Kenntnisse und können so der Schiffsleitung in kurzer Zeit Anweisungen geben, wie im Notfall zu handeln ist.

Die Reedereien können sich aber bei ersten Notfallmaßnahmen auch auf die Anweisungen der Emergency Schedules (EMS) verlassen, die im Supplement zum IMDG-Code (International Maritime Dangerous Goods) niedergelegt sind. Sie schreiben Notfallmaßnahmen für den Fall eines Schadensfeuers oder einer Leckage vor. Auch die Medical First Aid Guides (MFAG) dienen der Schiffsführung als »Wegweiser« zur medizinischen Erstversorgung von verunglückten Personen an Bord. Schwere Gefahrgutunfälle sind trotz der großen Mengen verschiffter gefährlicher Güter glücklicherweise eher selten vorgekommen. Wichtig aber ist, dass man in den Reedereien und an Bord auf die schlimmsten anzunehmenden Unfälle vorbereitet ist.

Wie notwendig das ist, zeigt allein ein Beispiel aus dem Hause Hapag-Lloyd. Dort wurden nach eigenen Angaben im Jahr 2016 insgesamt 263 922 Verdachtsfälle überprüft. Als falsch deklarierte Gefahrgutcontainer wurden 4231 Fälle bestätigt. Sie wurden ausnahmslos bereits während des Buchungsprozesses und vor der Verladung entdeckt. Das seien zwar nur ungefähr 0,06 Prozent aller verschifften Container, hieß es, aber diese Zahl

Foto: Hegemann

↑ Gefahrgut-Container sind vorn an Deck zu stauen.

sei trotzdem hoch, denn bereits ein falsch deklarierter Gefahrgutcontainer kann für das Ganze gefährlich werden. Obwohl nicht jeder falsch deklarierte und daher häufig an einem ungeeigneten Platz gestaute Container zu schrecklichen Ereignissen führt, wurden laut dem Netzwerk Cargo Incident Notification System (CINS) im Zeitraum 2013/14 immerhin 27 Prozent aller Zwischenfälle durch falsch deklarierte Ladung verursacht. Bei Hapag-Lloyd hat man Ende 2011 damit begonnen, ein eigenes Programm zu entwickeln, um nicht oder falsch deklarierte Container identifizieren zu können. Seit 2014 unterstützt »Cargo Patrol« (zuvor »Watchdog«) die Hamburger Reederei. Die Software durchsucht dazu anhand von etwa 6000 Suchbegriffen und 15 000 Regeln kontinuierlich die Ladungsdaten aller weltweiten Transporte nach bestimmten Begriffen und Wortkombinationen. Bei etwa 1250 Buchungen pro Tag habe man Auffälligkeiten, berichtet die Reederei.

## Korrektes Stauen und Sichern

Falsche Angaben über die Gewichte der Container können ebenfalls die Sicherheit von Schiffen erheblich gefährden. Neben Risiken für Besatzung und Hafenarbeiter bei der Verladung kann durch fehlerhafte Stauung der Boxen die gesamte Stabilität des Schiffes beeinträchtigt werden. Dadurch ist es bereits zu Zwischenfällen gekommen. Container wurden beschädigt oder gingen bei schwierigen Wetterlagen über Bord. Auch bei Havarien spielten inkorrekt angegebene Containergewichte und die daraus resultierende falsche Stauung an Bord eine nicht zu vernachlässigende Rolle.

Um die Sicherheit im Containertransport zu erhöhen, hat die International Maritime Organization (IMO) das SOLAS-Abkommen (Safety of Life at Sea) dahingehend ergänzt, dass ab 1. Juli 2016 die Verlader verpflichtet sind, das verifizierte Gesamtgewicht eines Container zu ermitteln und rechtzeitig vor der Anlieferung an die Reederei zu melden, damit diese die Informationen für ihre Stauplanung nutzen kann. Die Richtlinie gilt für alle gepackten Container, die im internationalen Seeverkehr verladen werden. Für die Ermittlung des Gewichts sind laut SOLAS zwei Methoden zulässig: Verwiegen (Methode 1) und Addition der Einzelgewichte (Methode 2). Eine Schätzung des Gewichts ist nicht erlaubt.

Diese und andere Angaben, wie übrigens auch die Identifikationszeichen der einzelnen Boxen, sind Ausgangspunkte für die Stauplaner an Land, deren Arbeit in den Abläufen der Containerverkehre eine enorme Bedeutung zukommt. Sie sorgen mithilfe spezieller IT-Systeme nicht nur dafür, dass die Carrier entsprechend den besonderen Anforderungen für Containerschiffe richtig beladen werden, also etwa grob betrachtet schwere Container nach unten, leichtere und Leercontainer nach oben, Container mit gefährlicher Ladung auf die für sie vorgesehenen geschützten Stellplätze an Deck usw., sondern auch dafür, dass die Boxen unter Berücksichtigung der Hafenrotation einen optimalen Platz an Bord bekommen. Diejenigen, die im nächsten Hafen gelöscht werden sollen, müssen dort möglichst auch sofort greifbar sein. Ein Umstauen der Container, wie es bei der Ladung auf konventionellen Linienschiffen oft vorkam, ist in der Containerschifffahrt nicht oder nur mit größeren Schwierigkeiten verbunden.

Außerdem ist angesichts der engen Fahrpläne dafür die Zeit gar nicht vorhanden. Wenn man sich dann dazu noch vorstellt, dass in den einzelnen Häfen nicht nur gelöscht, sondern auch geladen wird, dann lässt sich erahnen, mit welchen Herausforderungen es die Stauplaner zu tun haben. In vielfacher Hinsicht liegen Sicherheit und Effizienz mit in ihrer Hand. Das klappt natürlich nicht immer. Beispiel: Auf dem unter Zypernflagge fahrenden Feeder-Containerschiff Hanse Vision entdeckte die Hamburger Wasserschutzpolizei im August 2012 mehrere falsch gestaute Container, für die ein Umstauen angeordnet wurde. Dafür waren 32 Containerbewegungen (moves) nötig. Das Auslaufen des Schiffes verzögerte sich dadurch um zwölf Stunden.

## Sicherheitsrisiken, Havarien und Versicherungen

Trotz aller in der Regel eingehaltenen Sorgfalt bei der Stauung der Ladungen in den Containern und bei deren Stauung an Bord kommt es doch immer wieder aus vielfältigen Ursachen zu Unfällen und damit verbundenen Schäden, wenn auch, im Verhältnis zu der Ausbreitung der Containerverkehre weltweit, schwere oder sehr schwere Unfälle bisher vergleichsweise selten geblieben sind. Aber wenn sie passieren, dann sind die Versicherungen gefragt, die in solchen Fällen teilweise vor gigantischen Herausforderungen stehen können. Die steigenden Schadensrisiken in Folge des rasanten Größenwachstums von Containerschiffen sind in Versicherungskreisen längst zu einem Dauerthema geworden.

Da diese Branche mit großen Problemstellungen fertig werden muss und vor noch zunehmenden Herausforderungen steht, etwas mehr zu dem Komplex Versicherungen. Ein ganz dicker Brocken ist die geradezu extrem hohe Wertekonzentration auf den Containerschiffen, ganz besonders auf den Großcontainerschiffen. Allgemeingültige Angaben darüber gibt es bei der Vielzahl der unterschiedlichen Ladungen verständlicherweise nicht, aber wenn man den durchschnittlichen Wert der Ladung nur eines Containers zwischen 30 000 USD und 50 000 USD ansetze, liege man nicht unbedingt verkehrt, hieß es in Fachkreisen dazu. Natürlich gibt es auch Spitzen, und zwar durchaus nicht selten. Der Versicherungsgesellschaft Münchner Rück zufolge kann der Wert eines etwa mit Parfümflakons oder optischen Geräten beladenen Containers leicht auf 1,5 Mio. USD kommen. Befänden sich Pharmazeutika,

→ Sicherheit für Mensch und Ladung sind unabdingbar – immer und nicht zuletzt bei den Lascharbeiten.

Foto: Hamburg Süd



Präzisionsmaschinen oder gar Kunstwerke darin, falle der Betrag sogar zwei- bis dreimal höher aus – geschätzt und ohne Grenze nach oben. Ein zwischen Europa und Asien eingesetztes 6800-TEU-Schiff käme also nach Berechnungen der Versicherer – unter Einbeziehung des Schiffswertes – so auf einen Gesamtwert von deutlich über eine Milliarde USD. Bei den heute auf dieser Route am häufigsten verkehrenden Megacarriern mit 12000 und mehr TEU an Bord nimmt der Wert entsprechend zu. Bei einem Totalschaden eines 10000-TEU-Schiffes könnten sich die Kosten bis auf um die zwei Mrd. USD belaufen. Bei diesen Schiffen der neuen Generation sind häufig mehrere Versicherer involviert, sodass bei Unfällen oder Havarien die zu regulierenden Schäden verteilt sind. Ein noch größeres Risiko tragen die Rückversicherer, denn die Ladungsversicherer werden im Schadensfall versuchen, Ansprüche an diese weiterzuleiten. Zu berücksichtigen ist allgemein noch, wer für die eventuell verursachten Umweltschäden aufkommt, wer für die Bergungskosten und wer für die Wrackbeseitigung. Da können noch einmal enorme Summen hinzukommen. Angesichts der wachsenden Zahl von Megaschiffen muss sich die maritime Branche auf derartige Großschäden einstellen bzw. sich darauf vorbereiten.

Noch einige weitere Probleme bzw. Risiken sind zumindest summarisch zu erwähnen, mit denen sich Versicherer und Rückversicherer beschäftigen müssen, besonders was die Megacarrier betrifft. Zunächst sind es die Länge dieser Schiffe bis zu 400 Metern sowie ihr Tiefgang bis zu 16 Metern. Sie können nur noch wenige Häfen in der Welt anlaufen, und es gibt noch weniger ausreichend groß dimensionierte Docks, in denen sie nach einem Schadensfall trockengestellt werden können. Auch dies haben die Versicherer bei ihrer Risikoabschätzung und Preisfindung zu berücksichtigen.

Bergungskosten, Wrackbeseitigung und eventuelle Umweltschäden sind bereits oben kurz erwähnt. Allein für den Fall, dass von einem havarierten 13000-TEU-Schiff die Container abgeborgen werden müssten, erhebt sich die Frage, wo oder vielmehr ob überhaupt Krankapazitäten zur Verfügung stehen, mit denen die Boxen aus den hohen Deckscontainerlagen angefasst werden könnten. Gleiches gilt für die Brandbekämpfung. Hinzu kommt, dass die Megaschiffe auch wesentlich mehr Schweröl gebunkert haben als die kleineren Frachter. 5000 bis 6000 t können es sein, bei der bereits genannten Rena waren es »nur« 1700 t. Die Umweltrisiken die in dieser Hinsicht zu decken sind, falls Schweröl ausläuft, sind also noch wesentlich größer und auch so einzuschätzen.

Exemplarisch für einen solchen Fall kann der Unfall der CSCL Indian Ocean (18 980 TEU) stehen, die im Februar 2016 auf dem Weg nach Hamburg nach Ausfall der Ruderanlage am Rand des Elbfahrwassers festgekommen war. Dabei war es nur dem professionellen und umsichtigen Agieren der Lotsen und der Revierzentrale zu verdanken, dass der Havarist auf ebenem und weichem Grund relativ sicher festkam und auch den Verkehr auf der Elbe nicht empfindlich behinderte. 6500 Tonnen Bunkeröl mussten abgepumpt werden, bevor der Havarist nach fünf Tagen und zwei vergeblichen Freischleppversuchen mit dem Einsatz von 13 Schleppern mit einem Pfahlzug von insgesamt 1000 Tonnen wieder in die Fahrwassermitte bugsiert werden konnte. Als Ursache für das Festkommen stellte die Bundesstelle für Seeunfalluntersuchung (BSU) fest, dass ein zusätzlich an Bord eingebautes Sicherungssystem falsch verkabelt war. Bei der Aktivierung des Systems sei die Ruderanlage blockiert worden. Die BSU muss aber nicht nur Unfälle untersuchen, sondern ist auch dazu angehalten, Empfehlungen auszusprechen. So wurde nach diesem Fall u. a. das Bundesverkehrsministerium gemahnt, die bestehenden Vorsorgekonzepte für die Havarien von Großschiffen weiterzuentwickeln. Ob und was inzwischen in dieser Hinsicht auf den Weg gebracht worden ist, ist nicht bekannt.

Die Elbe-Region hatte bei dieser Havarie sehr viel Glück. Sie ging ohne Schäden für Personen und Umwelt zu Ende. Aber ein derartiges Unglück kann sich jeden Tag an anderen Orten wieder ereignen. Bereits im Herbst 2017 lief das Fast-Schwesterschiff der CSCL Indian Ocean, die 2011 gebaute, 366 Meter lange und 51 Meter breite CSCL Jupiter (10 500 TEU) auf der Schelde bei Antwerpen aus dem Ruder und fiel für längere Zeit trocken. Ebenfalls auf weichem, ebenem Grund und auch hier half das Glück. Zehn Schleppern gelang es, den Havaristen wieder in freies Wasser zu ziehen.

Nicht zu vernachlässigen sind die Risiken, die sich aus dem relativ oft falsch angegebenen Containergewichten ergeben. So können die Boxen nicht den Stabilitätsvorschriften entsprechend gestaut werden und dadurch die Struktur der Schiffe unzulässig belasten. Diese Belastungen summieren sich bei zunehmender Zahl der Seereisen und fördern die Gefahr von Rissbildungen in den Schiffsrümpfen, mit allen dadurch möglichen Konsequenzen. Das Problem ist bereits angesprochen worden.

Als weitere Faktoren sind die gerade bei dem Einsatz von Großcontainerschiffen vermehrt notwendigen Umladungen auf Feederschiffe zu berücksichtigen, mit denen die Boxen auf kleinere Häfen verteilt werden, sowie schließlich der Umstand, und das gilt für alle Containerschiffe gegenüber den früheren konventionellen Frachtschiffen, dass wegen der sehr viel kürzeren Hafenliegezeiten weitaus mehr Reisetage absolviert und die Schiffe und ihre Besatzungen damit auch vermehrt den natürlichen Seegefahren ausgesetzt sind.

Problematisch ist es für die Versicherer auch, bei den immer schneller ablaufenden Logistikprozessen den Überblick über eine mögliche Gefährdung der versicherten Güter zu behalten. Da wird es zur Wissenschaft herauszufinden, welche Waren über

→ Die CSCL Indian Ocean (18 980 TEU) war am Fahrwasserrand der Elbe festgekommen und konnte erst nach Durchführung tagelanger aufwendiger Maßnahmen wieder freigeschleppt werden

welche Entfernungen im Einzelnen versichert sind, heißt es dazu. Noch schwieriger wird es bei größeren Havarien und besonders für den Fall einer »Havarie-grosse«, also etwa bei einer Strandung oder bei einem Brand an Bord, bei dem alle Ladungseigner zur Schadensregulierung herangezogen werden müssen. Bei den heutigen Containerriesen sind dies entsprechend der Vielzahl der Güter und der Länge des Ladungsmanifestes keinesfalls nur Hunderte, sondern tausende, zu denen noch einmal alle Versender kommen, die ihre Güter in kleineren Partien in Sammelladungscontainern (LCL) auf den Weg gebracht haben. Sie überhaupt ausfindig zu machen ist kaum noch zu bewältigen, sodass seit Längerem neue Regeln angemahnt werden.

Neben vielfältigen Initiativen zur Verbesserung der Ladungssicherheit haben Linienreedereien nach einer rund einjährigen Pilotphase bei fünf Großreedereien im Herbst 2011 das Cargo Incident Notification System (CINS) eingeführt. Es soll Informationen zu Unfällen und Beinaheunfällen mit beladenen Containern an Bord der Schiffe bündeln, um sie dann untereinander auszutauschen und um Lehren daraus ziehen zu können. Für die Administration ist die Container Owners Association (COA) in London zuständig. Bereits im Laufe der Pilotphase hatte sich gezeigt, dass derartige Unfälle häufiger sind als zuvor allgemein vermutet. So wurden 88 Leckagen gemeldet und damit als häufigste Schadensquelle festgehalten. Schwerwiegend waren fünf Fälle, in denen Brände gelöscht werden mussten. In 21 Fällen wurde erkannt, dass die Ladung falsch deklariert worden war. Nach einer Schätzung der IMO von Mitte 2011 werden jährlich 10 000 Boxen während des Seetransports beschädigt, bis zu 4000 gehen über Bord. Zu Letzterem ist anzumerken, dass es inzwischen intensive Untersuchungen darüber gibt, wie dieses Problem in den Griff zu bekommen ist. Die Wichtigkeit nimmt in gleichem Maße zu, wie die Höhe der an Deck gestapelten Container wächst.

Foto: Havariekommando

Kasko- und Warenversicherer haben die Einführung dieses Systems grundsätzlich begrüßt, wobei manche aber auch kein Hehl daraus machten, dass es an der Zeit war, dass sich die Linienreeder verstärkt dieses Themas annehmen. Denn Schäden an der Ladung, die durch unsachgemäße Stauung oder falsch deklarierter Containergewichte aufträten, seien nur eine Seite der Medaille. Diese würden durch Warentransportversicherer ersetzt. In manchen Fällen führten jedoch Probleme mit einzelnen Containern bei der Abfertigung oder dem Transport auch zu größeren Folgeschäden am Schiff – bis hin zum Totalschaden. Dann müssten die Kaskoversicherer einspringen. So sei es 2002 geschehen, als das Containerschiff HANJIN PENNSYLVANIA infolge falsch deklarierter Gefahrgutladung nach mehreren Explosionen an Bord in Flammen aufging. Zwei Tote waren zu beklagen. Fast die Hälfte der Ladung war verloren. Schaden ca. 120 Mio. USD. Das Schiff musste 2003 verschrottet werden. Totalschaden. Besonders bitter, die Detonationen hatten sich dort ereignet, wo eigentlich keine Container mit Gefahrgut hätten gestaut werden dürfen. Das allerdings wussten weder der Stauplaner noch die Besatzung, denn ein Teil der Ladung mit Feuerwerkskörpern war falsch deklariert. Auch beim Brand auf dem 13 800-TEU-Containerschiff MSC DANIELA im April 2017 gilt eine Falschdeklarierung von Boxen als wahrscheinlicher Grund für den Ausbruch des Feuers an Bord.

## Spektakuläre Havarien

Ergänzend dazu, oder als Bestätigung, drei große Containerschiffsunfälle der jüngsten Zeit. Sie zeigen auf, welchen Umfang die Havarie eines großen Containerschiffes erreichen kann. Zunächst der Fall MSC FLAMINIA. Er hat Schlagzeilen nicht nur in Fachpublikationen gemacht.

Zur Vorgeschichte: Auf der unter deutscher Flagge in Charter der Mediterranean Shipping Company (MSC) fahrenden MSC FLAMINIA (6750 TEU), war auf der Reise von Amerika nach Europa Mitte Juli 2012 auf dem Atlantik in Luke 4 ein Brand ausgebrochen. Auf dem 300 Meter langen Schiff befanden sich zu diesem Zeitpunkt 2800 Container, darunter etliche Sammelgutcontainer und 150 mit Gefahrgut beladene. Während der durch die Besatzung eingeleiteten Löschversuche ereignete sich eine Explosion, bei der vier Besatzungsmitglieder verletzt wurden. Die Schiffsleitung gab einen Notruf ab und anschließend den Befehl zum Verlassen des Schiffes. Die Besatzung wurde nach kurzer Zeit aus einem Rettungsboot und einer Rettungsinsel von dem Tanker DS CROWN übernommen. An Bord des Tankers erlag der Erste Offizier des MSC FLAMINIA seinen schweren Verletzungen, die er sich bei den Löscharbeiten nach der Explosion zugezogen hatte. Für den Havaristen begann nun, nach Eintreffen der Bergungsschlepper, eine wochenlange Irrfahrt, weil mehrere Länder – darunter Großbritannien, Frankreich und Spanien – keinen Nothafen für den Havaristen anbieten wollten.

Dazu noch ein Wort zu der Nothafenfrage bzw. zum europäischen Notfallmanagement, die nach dem Fall MSC FLAMINIA zu teilweise heftigen Diskussionen darüber geführt haben, ob die internationalen und europäischen Regelungen zur maritimen Notfallvorsorge ausreichen. Auch der Verband Deutscher Reeder forderte die Politik zu Nachbesserungen auf. »Wer an Bord alles tut, um einen sicheren Schiffsbetrieb zu gewährleisten, darf im Notfall von der Landseite nicht im Stich gelassen werden«, hieß es. »Die Umwelt darf im Fall einer Schiffshavarie nicht in Gefahr geraten, nur weil das europäische Notfallkonzept nicht greift.« Eine IMO-Resolution und europäische Richtlinien sehen vor, dass der Staat, zu dessen Notliegeplatz Zugang erbeten wird, eine Abwägung zwischen den Gefahren der Meeresumwelt und der Gefährdung der Küstengewässer bzw. des betroffenen Hafens trifft. Der Zugang zu einem Notliegeplatz darf aber nur verwehrt werden, wenn die Gefahren durch das Einlaufen des Schiffes größer sind als beim Verbleib des Schiffes auf See. Grundsätzlich dürfen Umweltrisiken nicht durch Abweisung eines Schiffes in ein anderes Gebiet verlagert werden. Nicht zwingend geregelt im europäischen Notfallkonzept sind Fälle, in denen sich die Havarie außerhalb von Hoheitsgewässern der EU-Mitgliedstaaten ereignet, so wie bei der MSC FLAMINIA. Da das Schiff die deutsche Flagge führt, trug Deutschland die flaggenstaatliche Verantwortung. Deshalb hatte das deutsche Havariekommando die Leitung für die Bergung übernommen.

Anfang September 2012 traf der Havarist dann endlich nach langwierigen Streitigkeiten und Verhandlungen in dem neuen Tiefwasserhafen Wilhelmshaven ein und wurde von der Bergungsfirma wieder an seine Reederei übergeben. Nach einer Inspektion des Fact Finding Teams des Havariekommandos hatten die Gutachter der TUIS (Trans-

↓ Schwere Schäden an Bord der MSC FLAMINIA – ein Unglücksfall, der weltweit Beachtung gefunden hat.

Fotos: Havariekommando

port-Unfall-Informations- und Hilfeleistungssystem der chemischen Industrie) Entwarnung gegeben. Von der MSC FLAMINIA dringe keine Gefahr nach außen. Die von der Reederei und dem Charterer beauftragten Brandsachverständigen begannen mit ihren Ermittlungen. Beschädigte, zerstörte und mit dem Schiff verschmolzene Container erschwerten die Arbeiten. Noch verwertbare Ladungsreste waren inzwischen abgeborgen. Die Reederei erklärte, dass die Ladung vorschriftsgemäß gelagert worden sei. Nun begann das Kapitel Versicherung, wobei klar war, dass auch die Ladungseigner und ihre Versicherer für die Bergung aufkommen müssen.

Nachdem die Reederei Anfang August Havarie-grosse erklärt hatte, wurden drei Dispatchbüros in Deutschland und Großbritannien mit der Ermittlung der Güterwerte und der Schadensregulierung beschäftigt. Bei einem solchen Verfahren geht es darum, die gesamten Aufwendungen für die Rettung von Schiff und Ladung aus einer gemeinsamen Gefahr zu ermitteln. Dazu gehören im Rahmen einer Rettungsaktion vorsätzlich herbeigeführte oder in Kauf genommene Schäden, wie etwa Seewurf von Decksladung oder Löschwasserschäden sowie Aufwendungen für Schlepp- und Bergelohn. Sie werden dann auf die Eigentümer von Schiff und Ladung proportional zu den geretteten Werten aufgeteilt. Ein schwieriges Unterfangen. Sogenannte Zufalls- oder Partikularschäden, die durch einen Unfall wie den Brand auf der MSC FLAMINIA entstanden sind, fallen nicht unter Havarie-grosse. Die dabei angefallenen Kosten tragen Schiffs- und Ladungseigentümer bzw. ihre Versicherer individuell. Im beschriebenen Fall ging es um Zigmillionen Dollar. Den größten Brocken wird dabei der Bergungslohn ausmachen, der üblicherweise durch ein Schiedsgericht in London festgesetzt wird. Das dauert erfahrungsgemäß einige Jahre, wie überhaupt der ganze Fall. Er ist für alle Beteiligten noch längst nicht abgeschlossen. Es würde den hier vorgegebenen Rahmen sprengen, auch noch auf die vielfältigen folgenden rechtlichen Schritte einzugehen. Ein solcher Fall zieht sich gewöhnlich über Jahre hin.

Die Bundesstelle für Seeunfalluntersuchung (BSU) war zu dem Schluss gekommen, dass die Brandursache nicht mehr zu ermitteln sei – ausgetretenes Gas aus Tankcontainern, so eine Gutachterhypothese, könnte sich entzündet haben. Neben Bier, Katzenstreu, Tonfliesen, Schneeräummaschinen und Chilischoten hatte das Schiff auch Haarspray, Autopflegemittel und jede Menge feuergefährliche Chemikalien geladen. Die MSC FLAMINIA wurde im Anschluss an den Aufenthalt in Wilhelmshaven weiter nach Rumänien verbracht, von dort ging es aber wegen fehlender Möglichkeiten für die Entsorgung der mit Giftstoffen hochbelasteten Ladungsreste wieder mit eigener Kraft zunächst nach Dänemark, wo in Aarhus eine Spezialfirma noch mehr Schrott und verbrannte Ladung aus dem Schiff kratzte. Dann ging es zurück zur rumänischen Mangalia-Werft, die den Havaristen auseinanderschnitt und das schwer beschädigte, teilweise kontaminierte Mittelschiff durch ein neues ersetzte. Anschließend ging die MSC FLAMINIA unter Malta-Flagge wieder in Fahrt.

Nur ein Jahr nach der Havarie der MSC FLAMINIA wurde die internationale Containerschifffahrt von einem neuen Großschadensereignis heimgesucht. Die MOL COMFORT (8110 TEU) geriet, mit 4382 Boxen (7041 TEU) beladen auf ihrer Reise von

↓↘ Der Untergang der MOL COMFORT war auf schiffbauliche Mängel zurückzuführen.

Fotos: Indian Coast Guard

Singapur nach Dschidda im Arabischen Meer etwa 430 Seemeilen südöstlich von Salala, Mitte Juni 2013 in ein Schlechtwettergebiet, als sich im Mittschiffsbereich zunächst starke Einbeulungen zeigten. Bald darauf knickte das erst fünf Jahre alte Schiff etwa in der Mitte und zerbrach am 17. Juni schließlich in zwei Teile. Die 26-köpfige Besatzung, die aus 14 Philippinern, elf Russen und einem Ukrainer bestand, konnte sich in zwei Rettungsinseln und einem Rettungsboot retten und wurde von dem über Funk herangeführten Hapag-Lloyd-Containerschiff Yantian Express aufgenommen.

Eine koordinierte Bergungsaktion mit Beteiligung mehrerer Schlepper und einem Feuerlöschschiff blieb erfolglos. Das Achterschiff mit etwa 1500 Tonnen Schweröl in den Bunkern sank am 27. Juni bei einer Wassertiefe von 4000 Metern. Mit ihm gingen etwa 1700 Container verloren. Am 6. Juli brach während der Verschleppung nach Suhar am hinteren Teil des Vorschiffes ein Feuer aus, das nicht unter Kontrolle gebracht werden konnte. Dieser Schiffsteil versank am 10. Juli im an dieser Stelle etwa 3000 Meter tiefen Indischen Ozean. Mit ihm gingen die verbliebenen rund 2400 Container und weitere ca. 1600 Tonnen Schweröl unter. Einige Container wurden später an der indischen Westküste und auf den Lakkadiven angespült. Die Kosten für die Versicherungen beliefen sich nach ersten Schätzungen auf 300 bis 400 Mio. USD.

Reederei und Bauwerft begannen zusammen mit der Klassifikationsgesellschaft umgehend mit Untersuchungen, um die Verlustursache zu klären. Als erste Folgemaßname wurde für die sechs Schwesterschiffe der MOL Comfort ein vorläufiger Plan zur Minderung der Rumpfbelastungen aufgestellt. Anschließend wurden deren Rümpfe nach und nach verstärkt. Die Klassifikationsgesellschaft NKK erklärte nach Abschluss der Untersuchungen, es sei davon auszugehen, dass die Rumpfbelastungen während des Unfalls entweder höher lagen als angenommen oder die Vorbeschädigung durch Bodeneinbeulungen höher war als angenommen oder eine Kombination beider vorgenannten Effekte zutraf. Ursache des Mittschiffsschadens, also des

Fotos (3): Indian Coast Guard

↑ Die Havarie der Maersk Honam, ausgelöst durch in Brand geratene Gefahrgutcontainer, kostete auch Menschenleben.

Auseinanderbrechens, lag demnach in der Bauausführung. Die Reederei MOL verklagte daraufhin den Schiffbaukonzern Mitsubishi Heavy Industries (MHI) auf Schadenersatz für die nachträgliche Verstärkung der Schwesterschiffe der gesunkenen MOL Comfort.

Ebenfalls im Indischen Ozean ist am 6. März 2018 auf dem auf der Reise von Singapur zum Suezkanal befindlichen Containerschiff Maersk Honam (Baujahr 2017/15 262 TEU) im vorderen Bereich des Schiffes ein schwerer Brand ausgebrochen, der letztlich zum Totalverlust führte. Die Besatzung hatte zunächst versucht, das Feuer mit bordeigenen Mitteln zu löschen und war dann in die Boote gegangen oder über Bord gesprungen. 23 Seeleute konnte das zur Hilfe herankommende Containerschiff ALS Ceres aufgenommen, vier Männer blieben vermisst. Einer der zuvor an Bord wohl giftigen Dämpfen ausgesetzten Geretteten verstarb, drei weitere wurden zur medizinischen Betreuung nach Indien geflogen. Die anderen brachte die ALS Ceres nach Cochin/Südindien in Sicherheit. Die Maersk Honam hatte insgesamt 7850 Container geladen. Die Situation an Bord war schnell eskaliert. Die indische Küstenwache, die mit ihrem Schiff Shoor die Brandbekämpfung aufgenommen hatte, später kamen zwei weitere dazu, berichtete von bis zu 25 Meter hohen Flammen und einer Explosion an Bord. Das Feuer hat sich nach diesen Berichten über eine Fläche von 100 mal 60 Meter rund um die Brücke ausgebreitet. Es konnte erst nach fünf Tagen gelöscht werden. Als Ursache des Brandes, die erst noch abschließend zu untersuchen ist, wird vermutet, dass es in einem mit brennbaren Flüssigkeiten und Feststoffen beladenen Container ausgebrochen ist. Die Maersk Line hat für ihr Schiff eine Havarie-grosse erklärt, zum konstruierten Totalverlust. Danach werden die zu erwartenden hohen Kosten für Sicherung und Bergung gemeinsam von »Schiff, Ladung und Fracht« beglichen. Die Kosten werden so auf alle an der Seereise Beteiligten, also auch auf die Verlader, nach einem bestimmten Schlüssel aufgeteilt. Vor allem die Brandbekämpfung dürfte zu Buche schlagen. Die Maersk Honam bzw. das, was von ihr noch übrig war, wurde zunächst nach Dschabal Ali in Dubai geschleppt, um dort von der Ladung noch zu retten, was zu retten war. Die Reederei Maersk hat als erste Reaktion auf diese Katastrophe neue Vorschriften für die Verstauung von gefährlicher Ladung erlassen. Danach dürfen keine Container mit gefährlichen Stoffen mehr in der Nähe der Wohnräume und der Antriebsanlage gestaut werden.

Foto: Hamburg Süd

← Der Arbeitsplatz an Bord wird in seiner Technik immer anspruchsvoller. Die Frage ist, ob es dafür genügend entsprechend ausgebildete Fachkräfte gibt. Die immer ausgefeiltere Elektronik bietet auch Gelegenheiten für Cyberangriffe.

## Sicherheitsanforderungen sind heute weiter gefasst

Bei der Problematik Sicherheit an Bord geht es nicht nur um die Container und ihre Ladung, sondern auch der Faktor Mensch als schwächstes Glied hat in der Kette aller in diese Richtung zielenden Schritte und Vorschriften einen sehr hohen Stellenwert. Zwar gibt es einen »Internationalen Code für Maßnahmen zur Organisation eines sicheren Schiffsbetriebs«, aber vor allem geringe Besatzungsstärken, häufig an der Grenze des Zulässigen, unzureichende Ausbildung und Sprachunsicherheit beeinträchtigen in vielen Fällen die allgemeine Sicherheit auf Schiffen. Trotz internationaler Bemühungen durch die International Maritime Organization (IMO) sind die Berufsausbildung der Seeleute und die entsprechenden Befähigungszeugnisse auch des Führungspersonals noch nicht hinreichend standardisiert. Dies macht sich besonders bemerkbar, wenn, um für die Reedereien oder Charterer Kosten zu sparen, Besatzungen aus sogenannten Billiglohnländern beschäftigt werden. Das ist zwar nicht allgemeingültig, ist aber dennoch oft so. Daraus ergeben sich häufig durch die Abhängigkeit vom Englischen als »Sprache der Seefahrt« Sprachbarrieren als potenzielle Gefahr. In einem Notfall könnten mangelhafte Sprachkenntnisse die Kommunikation behindern und zu folgenschweren Missverständnissen führen. Eine zusätzliche Belastung bilden vor allem für die Offiziere die zunehmende Bürokratie und Vorschriftendichte. Ihre Erfüllung lenkt von anderen Aufgaben ab und generiert so ein spezielles Sicherheitsrisiko. Übermüdung, besonders bei Schlechtwetter (Nebel) oder beim Befahren verkehrsreicher Routenabschnitte, etwa beim Passieren von Kanälen oder Meerengen, tut ein Übriges.

Inzwischen ist der Begriff Sicherheit im Zusammenhang mit dem Container jedoch über die bisherigen Inhalte hinaus noch entscheidend weiter zu fassen. Dabei geht es vorrangig um die mögliche Nutzung der Boxen für terroristische Zwecke. Fragen der Sicherheit haben in diesem Zusammenhang seit den Terroranschlägen auf das World Trade Center und das Pentagon in den USA am 11. September 2001 eine noch viel höhere, ganz anders geartete Bedeutung bekommen. Sie geht weit über das eigentliche Transportwesen hinaus. Zwar hat der weitgehend religiös geprägte Terror, der sich seit etwa zwei Jahrzehnten entwickelt hat, mit den oben genannten Verbrechen bis jetzt einen gewissen Höhepunkt erreicht, wenn man überhaupt von einem solchen sprechen kann, aber weitere, wie auch immer geartete Terroranschläge können und dürfen nicht ausgeschlossen werden. Diese Bedrohung besteht latent weiter, wird durchgängig auch so eingeschätzt und ist Grund für entsprechende Maßnahmen.

So untersuchten Sicherheitsbehörden beispielsweise im Juni 2017 die im Hafen von Charleston/South Carolina liegende MAERSK MEMPHIS (6200 TEU) auf eine mögliche Terrorgefahr. Nach US-Medienberichten hatte es Warnungen vor einer sogenannten schmutzigen Bombe gegeben. Gemeint ist damit ein herkömmlicher Sprengsatz gemischt mit radioaktivem Material, das durch eine Explosion verteilt wird. Die Küstenwache evakuierte daraufhin Teile des Hafens im Umkreis von einer Seemeile, während die MAERSK MEMPHIS vor dem Wando Terminal in Charleston auf Reede lag. Ein Lokalsender berichtete unter Berufung auf Einsatzkräfte, dass keine Strahlung festgestellt worden sei, und ein anderer Sender zitierte einen Angehörigen der Küstenwache, dass ein Verschwörungstheoretiker auf YouTube vor einer schmutzigen Bombe auf dem Schiff gewarnt hatte. Man sei sehr vorsichtig, deshalb wurde die Behauptung untersucht. Auch die Bundespolizei FBI ermittelte. Im Nachhinein stellte sich zwar alles als Fehlalarm heraus, aber man hatte wohl angesichts der anhaltenden Bedrohung richtig reagiert. Die Aufwendungen und Mittel, die eingesetzt werden, um auf Informationen schon im Vorfeld zu reagieren, sind erheblich, werden nicht immer verstanden und sind doch absolut notwendig.

Mehr als 30 Mio. Container sind derzeit täglich rund um die Welt unterwegs. Jeder einzelne von ihnen könnte dazu benutzt werden, Waffen oder Kampfstoffe zu transportieren. Mehrere Hundert Millionen Boxen werden jährlich in den Häfen umgeschlagen, der bei Weitem größte Teil davon geht mit den Zu- und Ablaufverkehren, mit Feederschiffen über See und auf Binnenwasserstraßen sowie auf Straßen und Schienen weiter ins Hinterland. Dies alles zu überwachen, zu prüfen, ob die Boxen »sauber« sind oder aber in irgendeiner Weise von Terroristen gesteuert möglicherweise Dinge enthalten, die diese einsetzen könnten, um Angst und Schrecken mit möglichst vielen Opfern zu verbreiten, ist mehr als schwierig, wenn nicht gar unmöglich. Es muss aber alles getan werden, um die bestehenden Risiken zu minimieren und erkannte Bedrohungen bereits im Vorfeld auszuschalten.

Mit dem Ziel, auch unter diesem Aspekt die Sicherheit in den Containerverkehren zu erhöhen, sind in den vergangenen Jahren zahlreiche Initiativen gestartet und Vorschriften erlassen worden. Es kann nicht verwundern, wenn die meisten von ihnen von den USA ausgingen, die nach wie vor unter dem grauenhaften Schock des 11. September stehen und alles versuchen, jegliche Angriffe dieser Art, welcher Qualität auch immer, schon von vornherein zu erkennen.

Alle diese Initiativen und Vorschriften haben aber, jede für sich, nur eine begrenzte Reichweite. Zusammen ergänzen sie sich jedoch und erhöhen ihre Wirksamkeit mit weiteren in Vorbereitung befindlichen. Ob aber die von den USA erhobene Forderung, bis Mitte 2012 die Voraussetzungen dafür zu schaffen, dass alle für die USA bestimmten Container in deren Abgangshäfen vor ihrer Verschiffung zu durchleuchten, zu scannen seien, eine Heilsbringung gewesen wäre? Sie sorgte von Anfang an für Widerstand und Unmut, stieß auf energischen Protest nicht nur seitens der Europäischen Union, sondern war und ist selbst in den USA umstritten. Der sowohl technische als auch administrative Aufwand, wenn er überhaupt zu schaffen wäre, würde gewaltig sein, jedes Maß sprengen und zu erheblichen Behinderungen im Güteraustausch führen. Nach Recherchen des US-Rechnungshofes würde jedes Scanning zwischen 300 und 400 USD kosten und etwa 20 Minuten in Anspruch nehmen. Die EU-Kommission ging sogar von Kosten in Höhe von 500 USD pro Box aus. Ein Unding, das den Handel erheblich gestört hätte. Hinzu kommt, dass biologische oder chemische Bedrohungen von den Röntgengeräten gar nicht erkannt werden. Auch bleibt die Gefahr bestehen, dass nach dem Scannen manipuliert wird oder andere Transportlösungen für diese »Güter« gesucht werden.

Mitte 2011 gab es zu diesem heftig umstrittenen Problemfeld schließlich eine gemeinsame Erklärung von Europäischer Union und den USA. Danach sollen alle Anstrengungen unternommen werden, für die Lieferketten ein möglichst hohes Sicherheitsniveau zu erreichen, bei gleichzeitigem Bemühen, den Güterverkehr zu erleichtern und kosteneffektive Regelungen zu schaffen. Am 25. Januar 2012 hat die Regierung der Vereinigten Staaten dann ihre lang angekündigte »Nationale Strategie zur globalen Lieferkettensicherheit« veröffentlicht. Die unmittelbar nach ihrer Veröffentlichung in Kraft getretene Strategie beschreibt nicht nur einen Weg zu einer gesteigerten Sicherheit für den internationalen Gütertransport, sondern fordert auch von der eigenen amerikanischen Verwaltung eine verstärkte internationale Abstimmung und Koordinierung mit den Interessen von Handelspartnerstaaten und den Beteiligten der Lieferkette. Im Kern legt die Strategie fest, dass Güter mit einem geringen Risiko möglichst ungehindert und schnell im Rahmen der Lieferkette transportiert werden sollen. Nur Güter, von denen ein erhöhtes Gefahrenpotenzial ausgehen könnte, sollen stärker kontrolliert werden. In Europa wurde dieser risikobasierte Ansatz nach Auskunft des Zentralverbands der Deutschen Seehafenbetriebe (ZDS) zur Steigerung der Lieferkettensicherheit bereits erfolgreich angewendet.

Das Streben nach möglichst hoher Sicherheit – eine hundertprozentige wird sich nie erreichen lassen – ist ohne die Bereiche IT und Detektorenelektronik sowie deren weitere Entwicklung nicht vorstellbar. Erfassungsgeräte an den Transporteinheiten sowie eine möglichst weltweit integrierte oder zumindest kompatible IT-Architektur im »Hintergrund« sind unabdingbare Voraussetzungen für eine effektive Überwachung der Transportketten. Daran wird mit Hochdruck gearbeitet. Teilerfolge gibt es bereits. So sind z. B. elektronische Systeme entwickelt worden, mit denen die Container während ihres Transports auf unbefugten Zugriff sowie auf Anzeichen eines Einbruchs kontrolliert werden können. Das hilft den Sicherheitsbehörden und auch dem Zoll, die damit die Möglichkeit haben, mit den vom System gelieferten Daten zu prüfen, ob und, wenn ja, wann und wo der Container nach seiner Versiegelung am Abgangsort geöffnet wurde. Der Importeur kann bei der Ankunft der Box also sofort erkennen, ob diese zwischenzeitlich unbefugt geöffnet worden ist. Auch ein Hochsicherheits-Containersiegel hilft. Dafür ist von der ISO sogar eine neue Norm entwickelt worden. Außerdem werden alle an der Lieferkette Beteiligten verpflichtet, eine lückenlose, für sieben Jahre nachvollziehbare Dokumentation der Siegelnummern, Siegelfarben und Markierungen sicherzustellen. Die Plomben selbst sind an einem gesicherten Ort zu lagern. Aber über eines müssen sich alle Beteiligten und auch die Endverbraucher im Klaren sein – mehr Sicherheit wird es zwar wahrscheinlich oder hoffentlich durch alle diese notwendigen Bemühungen geben, kostengünstiger werden die Containertransporte dadurch aber auf keinen Fall, vorsichtig ausgedrückt. Sicherheit hat eben ihren Preis, den alle zahlen müssen, und alle sollten dazu bereit sein.

Dazu gekommen sind in jüngster Zeit Befürchtungen wegen möglicher Cyberangriffe – eine Bedrohung, die lange unterschätzt oder gar nicht wahrgenommen worden ist. Bisher zielten die meisten Angreifer zwar mehr auf Daten und Systeme von Reedereien ab, als ein Schiff unter ihre Kontrolle zu bringen, aber auszuschließen ist ein solches Szenario keinesfalls. »Da die Schifffahrt bisher von großangelegten Cyberattacken weitgehend verschont geblieben ist, wird die Gefahr noch unterschätzt«, warnte 2016 Kapitän Rahul Khanna, Global Head of Marine Risk Consulting bei der Allianz Global Corporate & Speciality SE/AGCS. Die IT-Sicherheit sollte jedoch in keiner Weise vernachlässigt werden. Würde es Hackern gelingen, ein großes Containerschiff auf einer strategisch wichtigen Route unter ihre Kontrolle zu bringen, könnten sie die Durchfahrt über längere Zeit blockieren und so erheblichen wirtschaftlichen Schaden verursachen, von anderen möglichen Folgen ganz zu schweigen.

Die AGCS-Fachleute zeigten sich auch in der Langfristanalyse besorgt: »Möglicherweise bleiben der Branche nur noch wenige Jahre, um sich gegen das Risiko eines Schiffsverlusts durch eine Cyberattacke zu wappnen.« Piraten würden bereits heute Sicherheitslücken ausnutzen, um den Diebstahl bestimmter Ladungen in die Wege zu leiten. Auf die Frage, wie denn im digitalen Zeitalter noch eine ungehinderte sichere Navigation erfolgen könne, lautete die Antwort lapidar: »Einzig den Sextanten an Bord kann man nicht hacken!«

Hapag-Lloyds COO Anthony J. Firmin bestätigte im Mai 2018 im Verlauf einer Veranstaltung zur Vorbereitung der Schiffbaumesse SMM 2018, dass allein sein Unternehmen „mehreren Tausend" Cyberattacken ausgesetzt sei – und zwar pro Woche. 95 Prozent der Angriffe würden der Landorganisation gelten, an Standorten in der ganzen Welt. Mittlerweile habe man auf diese Entwicklung reagiert. »Wie viele andere beschäftigen wir eigene Hacker, die immer wieder versuchen, unsere Systeme zu überwinden.« Doch Schutzmaßnahmen seien nicht billig, es habe sich eine ganze Industrie zu dieser Thematik gebildet, inklusive Cyberversicherungen. Ein wichtiges Hilfsmittel seien Plattformen und Arbeitsgruppen von Sicherheitsexperten von Unternehmen, die sich über Angriffe und ihre speziellen Charakteristika austauschen. Die Zeiten, in denen Unternehmen solch sensible Daten unter keinen Umständen preisgeben wollten, seien vorüber, die Sicherheit gehe vor.

Was den Bordbetrieb betrifft, so ergänzte Firmin, dass Hacker nicht selten in die Netzwerke gelangten, wenn Schiffe ihre elektronischen Seekarten aktualisierten. Es gebe Berichte von Seeleuten, die eine E-Mail von einem vermeintlichen Absender der eigenen Reederei öffneten, in der nach Passwörtern gefragt wurde.

Doch noch einmal zurück zur allgemeinen Sicherheit an Bord. Wie sehr das bis ins Einzelne geht, zeigt etwa die Reaktion der Bundesstelle für Seeunfalluntersuchung (BSU) auf die Brände von Holzkohlenladungen auf den Containerschiffen MSC KATRINA und LUDWIGSHAFEN EXPRESS. Ursächlich war in beiden Fällen die Selbstentzündung der Holzkohle, die als Schüttgut in den Containern befördert worden war. Um ähnlich Unfälle zu vermeiden, empfahl die Bundesstelle dem Bundesverkehrsministerium, sich in den Gremien der Internationalen Seeschifffahrtsorganisation IMO für eine Anpassung der Vorschriften des IMDG-Codes einzusetzen, um zu verhindern, dass sich Holzkohle, die nach den aktuellen Vorschriften nicht als Gefahrgut der Klasse 4.2 zu klassifizieren ist, während der Seereise entzündet.

Und selbst die Ernährung der Seeleute wurde von Experten unter Sicherheitsaspekten untersucht und vor einer Verharmlosung dieser Problematik gewarnt. Empfohlen wurde der Verzicht auf Fertigprodukte zugunsten frisch zubereiteter Mahlzeiten an Bord. »Schlechte Ernährung kann sich sehr negativ auf die Gesundheit der Seeleute auswirken, was zu ernährungsspezifischen Erkrankungen führen kann«, hieß es. Die könnten nicht zuletzt den sicheren Bordbetrieb beeinträchtigen. Als Beispiele wurden Schlaflosigkeit, ein hohes Maß an Müdigkeit sowie Mangel an Energie und Motivation genannt.

↓ Eine bisher unbeantwortete Frage der Sicherheit: Wie soll der Inhalt aller Container verlässlich überprüft werden? Ist dies überhaupt machbar?

# Gigantisches Wachstum der Containerschiffsflotten mit vielen Höhen und Tiefen

Die Nachfrage nach Containertransporten wuchs weiter in raschem Tempo. 2002 betrug die Zunahme 10,4 Prozent, 2003 waren es 10,6 Prozent und für 2004 gingen Analysten sogar von 12,3 Prozent aus. Als Grund für diese Entwicklung wurde immer wieder der geradezu explodierende chinesische Außenhandel angeführt. Allein im ersten Halbjahr 2004 nahm das Ladungsaufkommen von dort nach Europa noch einmal um 20 Prozent zu. Weitere positive Impulse kamen auch aus anderen Regionen, wie z. B. aus Brasilien. Von dort stieg das Exportvolumen im ersten Halbjahr um 15,6 Prozent. Dieses außerordentliche Wachstum stimulierte natürlich eine entsprechende Expansion der Nachfrage und damit der Containerflotten. Die Zahl der in Fahrt befindlichen Containerschiffe werde in den nächsten Jahren weiter stark zunehmen, da die Reeder angesichts des hohen Verkehrswachstums kräftig investieren, prognostizierte das Londoner Schiffsmaklerunternehmen Braemar im Herbst 2004. Gegen Ende des Jahres komme es sogar zu einer »Phase hoher Neubauablieferungen«. Wie es weiter hieß, würden bis Ende 2007 pro Quartal mehr als 60 neue Containerschiffe mit Stellplatzkapazitäten von zusammen mehr als 200 000 TEU in Dienst gestellt. Ihren Höhepunkt werde die Tonnageflut im dritten Quartal 2006 erreichen, wenn Frachter von zusammen rund 400 000 TEU neu in Fahrt kämen.

Die Reedereien, die allerdings mit zwischenzeitlich stark gestiegenen Kosten zu kämpfen hatten, etwa bei den Brennstoffen und auch beim Personal, das weltweit immer knapper wurde, nutzten das stark steigende Ladungsaufkommen zu kräftigen Ratenerhöhungen, die sich auch durchsetzen ließen. Ein Anfang November 2004 publizierter Situationsbericht kündigte an, dass die Far Eastern Freight

Foto: Kalmar

Conference (FEFC) die Raten für Transporte von Asien nach Europa um 400 USD pro TEU erhöhen wolle. Für Ladung aus Japan werde bis zu 300 USD pro TEU mehr verlangt. Aufgrund der hohen Chinaexporte sei das Verkehrsaufkommen in Richtung Europa seit Jahresanfang um 18 Prozent gewachsen. »Für 2005 erwarten wir ähnliche Zuwächse«, ließ die FEFC verlauten. Aber die Linienreeder schränkten die günstigen Aussagen in gewohnter Weise ein: Die Kapazitäten der Carrier würden schon jetzt kaum ausreichen, um die Ladungsflut zu bewältigen. Freie Charterschiffe seien absolute Mangelware, und wegen der Tonnageknappheit seien die Charterraten für diese binnen Jahresfrist um 50 Prozent gestiegen. Dazu kämen steigende Ausgaben für neue Container, deren Produktion sich in Folge der galoppierenden Stahlpreise ebenfalls massiv verteuert habe. Die Einkaufspreise für die Boxen lägen doppelt so hoch wie vor neun bis zwölf Monaten, und auch die Leasinggesellschaften hätten ihre Raten hochgeschraubt. So wurde geklagt. Im Grunde wie immer, nur die Argumente änderten sich gelegentlich.

Um es aber auf den Punkt zu bringen, an dem enorm gewachsenen Ladungsaufkommen verdienten alle glänzend, auch die Linienreeder. Hinter vorgehaltener Hand hieß es gar: »Wer jetzt kein Geld verdient, hat seinen Beruf verfehlt.« Aber es gab auch echte Probleme, vor allem weil das Aufkommen nicht in allen Richtungen gleichmäßig zugenommen hatte. Das galt vor allem für den Güteraustausch mit China. Von dort wurden immer umfangreichere Mengen nach Europa und in die USA exportiert, ohne dass gleich viel Ladung für die Gegenrichtung zur Verfügung stand. Das Ergebnis war, dass die in diesen Verkehren eingesetzten immer größeren Schiffe auf ihren Reisen nach Europa zwar immer mehr oder weniger voll abgeladen waren, während sie in Richtung Fernost dagegen große Mühe hatten, ihre Kapazitäten wenigstens einigermaßen auszulasten. Die vielen freien Stellplätze wurden folglich zunehmend mit Leercontainern belegt, die dann auf der anderen Seite wieder zur Verfügung standen. »Aber derartige Rücktransporte kosten die Reedereien im Durchschnitt etwa 40 USD pro Box«, errechnete das Londoner Consulting-Unternehmen Drewry 2004. Die Unpaarigkeit der Verkehre zeige zudem einen deutlichen Trend nach oben, hieß es weiter. Mitte der 90er-Jahre habe der Anteil der Leercontainer bei gut 18 Prozent gelegen, heute schon bei fast 23 Prozent.

← Analog zum Größenwachstum der Containerschiffe müssen auch die Terminals wachsen und ihre Leistung steigern, wie hier in Los Angeles.

Foto: Hapag-Lloyd

↑ Eine wichtige Funktion in manchen Fahrtgebieten erfüllen nach wie vor die mit bordeigenem Ladegeschirr ausgestatteten Mehrzweckfrachter.

Und noch etwas anderes begann den Akteuren im Containergeschehen zunehmend Sorgen zu bereiten. Es zeigte sich, dass bei der Bewältigung der Importflut vor allem aus China die Umschlagkapazitäten in den Häfen, zumindest in den Haupthäfen, allmählich an ihre Grenzen stießen oder diese sogar bereits überschritten hatten. Einige Reedereien mussten ihre Schiffe inzwischen immer häufiger an Umschlagplätzen wie beispielsweise Le Havre oder Southampton vorbeifahren lassen, weil dort in der fahrplanmäßig gebuchten Zeit für sie kein Platz zur Verfügung stand. So blieben Importcontainer an Bord, die anschließend von einem anderen Hafen zu ihrem eigentlichen Bestimmungsort umgefahren werden mussten, während Exportcontainer entweder auf die gleiche Weise doch noch zur Verschiffung kamen oder erst bei der nächsten Bedienung des Hafens an Bord genommen werden konnten. Noch angespannter sei die Lage an der US-Westküste, berichteten Reedereien. Dort seien nicht nur die Terminals überlastet, sondern gleichermaßen die Straßen- und Güterbahnnetze. Eine Situation, die sich in der Folgezeit noch weiter zu verschärfen drohte, denn nach damaliger Einschätzung würde sich der weltweite Containerumschlag bis 2015 auf rund 650 Mio. TEU jährlich erhöhen, allein in Nordeuropa von knapp 40 Mio. TEU auf 73 Mio. TEU. Es mehrten sich warnende Stimmen, dass eine Verstopfung der Häfen die weitere Entwicklung bremsen könnte.

Das unterstrich im April 2005 einmal mehr Dirk Visser, Schifffahrtsexperte der niederländischen Dynamar BV, anlässlich eines Seminars über Post-Panamax-Terminals in Hamburg. Mit der rasanten

Entwicklung der Containerverkehre könne der Ausbau der Infrastruktur der Terminals, die sie abfertigen müssten, nicht mehr Schritt halten, warnte er. Vor dem Hintergrund eines bisher nicht gekannten Wachstums im weltweiten Containertransport sowohl bei den Ladungsmengen als auch bei den Schiffsgrößen und dazu noch bei der Anzahl der Schiffe entstehe auf der Landseite ein Problem bei der Abfertigung, das »allmählich zum Hemmschuh der Globalisierung wird«, betonte Visser. Schon die Tatsache, dass nach dem Auftragsbestand bis zum 1. Januar 2009 nicht weniger als 4530 Containerschiffe aller Größen mit einer Kapazität von über 11,5 Mio. TEU in Fahrt sein würden, unterstellt, dass keine Verschrottungen stattfänden, verdeutliche das bevorstehende Problem.

Allein deutsche Reeder, die in der Containerschifffahrt weltweit mit Abstand führend seien, hätten bislang 62 Post-Panamax-Schiffe mit einer Gesamtkapazität von knapp 500 000 TEU bestellt. Insgesamt seien 137 Schiffe mit jeweils 17 Containerreihen nebeneinander an Deck in Auftrag gegeben worden sowie weitere 41 mit jeweils 18 Reihen und bis 9600 TEU Stellplatzkapazität. Damit sei ein bisher nie da gewesener Kapazitätsschub zu erwarten, für den es zwar keine Probleme geben werde, ausreichend Beschäftigung zu finden, der aber die Gefahr von Ladungsstaus in den Häfen weltweit mit sich bringe, und zwar nicht nur kurzfristig, sondern auf Jahre hinaus.

↓ Trotz optimaler Erreichbarkeit hat es der neue Terminal in Wilhelmshaven immer noch schwer, seine Kapazität auszulasten. Mit der MAJESTIC MAERSK und der EUGEN MAERSK hatten Ende 2013 erstmals zwei Großcontainerschiffe im Terminal JadeWeserPort festgemacht.

Foto: JadeWeserPort/Adebahr

Die Ladungsschwemme habe die Terminals mehr oder weniger unvorbereitet getroffen, so Visser. Niemand habe den China-Faktor, der wesentlich ursächlich für die sich plötzlich entwickelnde Containerflut sei, voraussehen können, sonst hätte man sich besser darauf eingestellt. Zwar gebe es, so hieß es später, eine ganze Reihe von großen Terminalneubauten, so beispielsweise Maasvlakte II (7 Mio. TEU p. a.) und Euromax (2,8) in Rotterdam, das Erweiterungsgebiet Freihafen-Mitte in Hamburg (4,7) und der JadeWeserPort (2,7) in Wilhelmshaven, das Problem dabei aber sei, dass sich die Realisierung dieser wichtigen Infrastrukturprojekte vor allem wegen meistens gerichtlich zu klärender Vorbehalte vonseiten der Umweltschützer oder von solchen, die sich dafür hielten, immer wieder auf Jahre hinaus verzögere. So läge das Projekt Maasvlakte II bereits drei bis vier Jahre hinter den Planungen zurück, Euromax etwa zwei Jahre und der Baubeginn in Wilhelmshaven sei noch gar nicht abzusehen.

Noch ein Wort zu der von Dirk Visser gemachten Bemerkung, dass die deutschen Reedereien in der Containerschifffahrt mit Abstand weltweit führend seien. Das entsprach absolut den Tatsachen, denn Deutschland hatte sich dank einer großzügigen Steuer- und Finanzpolitik zu einem Zentrum der Containerschifffahrt entwickelt und in diesem Segment tatsächlich in wenigen Jahren die Weltspitze sowie dadurch ebenfalls, um das hier noch hinzuzufügen, den Platz drei im Ranking der Handelsflotten international erreicht. Die Rede dabei ist allerdings immer von einer wirtschaftlich deutschen Reedereien zuzuordnenden Flotte. Einer Flotte, die zwar deutschen Unternehmen gehört und von ihnen betrieben wurde, die aber nur zu einem kleineren Teil auch die deutsche Flagge führte. Die Schifffahrt war zwar schon immer ein internationales Geschäft, aber sie hatte sich in den vorangegangenen fünf, sechs Jahrzehnten in noch weitaus höherem Maße als zuvor in diese Richtung bewegt. In Deutschland waren es vor allem Trampreedereien in Zusammenarbeit mit Emissionshäusern, die diese Entwicklung vorangetrieben haben.

Im Bericht des Verbands Deutscher Reeder (VDR) für das Jahr 2005 heißt es dann auch: »Führend blieben die deutschen Reedereien bei Containerschiffen. Hier belegen sie mit großem

Vorsprung mit 33 Prozent der Stellplatzkapazität weltweit den ersten Platz.« Bezogen auf die Welthandelsflotte wurde vermerkt, dass die Containerschiffstonnage 24,1 Prozent des gesamten Auftragsbestands im Schiffbau weltweit ausmache. »Mitte des Jahres 2005 befanden sich 1101 Containerschiffe (Vorjahr: 724) mit einer Kapazität von insgesamt 4 287 000 TEU in Bau und Auftrag (Vorjahr: 3 016 000 TEU).« Ein erneutes Indiz für das sprunghafte Wachstum in diesem Segment der Welthandelsflotte.

Eine gewisse Delle hatten die unverändert stark expandierenden Containerreedereien etwa 2006 trotz der ununterbrochen weiter wachsenden Ladungsmengen zu verschmerzen. Wesentliche Gründe dafür waren ein deutlich spürbarer Druck auf die Frachtraten sowie exorbitant gestiegene Treib- und Schmierstoffpreise.

Die Sache mit den sinkenden Frachtraten hatten die Reedereien oder zumindest etliche von ihnen selbst verursacht. Sie hatten nämlich angesichts der ihrer Meinung nach zu erwartenden selbst aufgebauten Überkapazitäten ihre Raten zurückgeschraubt, um für die befürchteten schlechteren Zeiten möglichst viele Kunden fester an sich zu binden.

Die Treibstoffpreise hatten mehr weltpolitische Ursachen, wobei Lieferländer und Ölgesellschaften noch niemals um irgendwelche Argumente verlegen waren, mit denen sie Preissteigerungen begründeten. Die jetzt zu verkraftenden Preissteigerungen waren aber tatsächlich außergewöhnlich, und sie gingen ungebremst weiter kräftig nach oben. Hatte man 2005 noch eine Tonne Bunkeröl für unter 200 USD übernehmen können, waren es 2006 im Jahresdurchschnitt bereits 280 USD/t, 2007 350 USD/t, und im November 2007 wurde erstmals die 500-USD/t-Marke überschritten, um 2008 zeitweise bis auf einen Spitzenwert von 800 USD/t zu klettern. Erst dann setzte wieder eine allmähliche Beruhigung ein, wobei die Preise aber weiterhin auf einem relativ hohen Niveau verblieben. Das war schon ein dicker Brocken, der da verkraftet werden musste. Allein wenn man bedenkt, dass z. B. die Reederei Hamburg Süd 2007 nach eigenen Angaben einen Jahresverbrauch an Bunkeröl von rund zwei Mio. Tonnen hatte.

Die Personalkosten schließlich gingen aus dem einfachen Grund in die Höhe, weil seemännisches Personal für die rasant wachsende Welthandelsflotte zunehmend knapper geworden war, denn die Reedereien überall in der Welt hatten es versäumt, rechtzeitig und in ausreichendem Maße für den nötigen Nachwuchs zu sorgen. Wollte man nun gutes Personal finden, dann musste wegen des Wettbewerbs darum eben deutlich tiefer in die Tasche gegriffen werden. Allerdings kam in Folge dieser Verhältnisse nicht selten auch unzureichend ausgebildetes Personal an Bord.

Um den Bunkerverbrauch ihrer Schiffe zu senken, begannen etliche Reedereien, das sogenannte »Slow Steaming« zu testen, also ihre Schiffe langsamer fahren zu lassen. Hatten sie bisher auf möglichst schnelle Transitzeiten gesetzt, so gingen sie jetzt dazu über, in ihren Diensten lieber ein Schiff mehr einzusetzen, um trotz geringerer Geschwindigkeit die gleiche Ladungsmenge abfahren zu können. So kündigte die Grand Alliance – Hapag-Lloyd, MISC, Nippon Yusen Kaisha (NYK) und Orient Overseas Container Line (OOCL) – an, mit Beginn 2007 auf einem ihrer Fernostdienste neun statt bisher acht Schiffe einzusetzen. Durch die Drosselung der Geschwindigkeit würde sich die Rundreisedauer von 56 auf 63 Tage erhöhen. Falls sich diese Umstellung bewähre und sich positiv auf das wirtschaftliche Ergebnis auswirke, sollten weitere Liniendienste in gleicher Weise umgestellt werden.

↓ Die taiwanesische Evergreen Line hatte sich entschlossen, bei dem Größenwettlauf der Schiffe zunächst nicht mitzumachen. Erst im Juli 2018 ist der erste Neubau einer Serie von elf 20 000-TEU-Einheiten in Fahrt gekommen.

Foto: Evergreen

# Der Brennstoff muss reduziert werden

Im Zuge der 2008/09 einsetzenden Schifffahrtskrise, auf die im Folgenden noch näher eingegangen wird, setzte in mancherlei Hinsicht ein Umdenken ein. Nicht etwa, dass weniger Neubauten bestellt wurden, um nicht die Falle »Überkapazitäten« zu verkleinern und vielleicht sogar zu verhindern, sondern es ging in erster Linie darum, mit einer ganzen Reihe von Maßnahmen und Initiativen den Betrieb der Schiffe zu optimieren und den Brennstoffverbrauch zu verringern. Das galt für die in Fahrt befindliche Flotte und besonders für die erst noch geplanten Neubauten. Darum hatten sich auch schon zuvor in einem permanenten Prozess alle Beteiligten, Reedereien, Werften, Klassifikationsgesellschaften, Zulieferer und viele andere bemüht. Unter dem Druck des internationalen Wettbewerbs und besonders der anhaltenden Krisensituation wurden diese Bemühungen noch deutlich intensiviert. Dazu beigetragen haben neben den dramatisch gestiegenen Brennstoffkosten auch verschärfte internationalen Vorschriften hinsichtlich Sicherheit und Umweltschutz. Das zwang Reedereien und Werften dazu, sich ständig um neue Erkenntnisse und technische Neuerungen zu bemühen. Während die Möglichkeiten bei den in Fahrt befindlichen Schiffen eher begrenzt waren, gab es hingegen bei den Entwürfen neuer Schiffe ein breites, teilweise überraschendes Spektrum von Ansatzpunkten. Dazu nur einige:

Für die fahrende Flotte bot sich in erster Linie das oben erwähnte **Slow Steaming** an. Das heißt, die Schiffe fuhren langsamer, um dadurch den Brennstoffverbrauch zu reduzieren. Wie wichtig dies für die Gesamtkostenrechnung einer Reederei war, lässt sich an einem Beispiel darstellen. Danach musste nach einer damals einigermaßen aktuellen Rechnung für den Brennstoffverbrauch eines Großcontainerschiffes in dessen auf 25 Jahre angelegten Leben bei durchschnittlichen Brennstoffkosten in Höhe von 600 USD per Tonne rund eine Milliarde USD veranschlagt werden. Eine erkleckliche Summe, von der man verständlicherweise gern etwas einsparen würde. Deshalb wurde gerade auf diesem Gebiet besonders viel getan. Und noch

← Ein Wulstbug soll Wasser möglichst so verdrängen, dass die Bugwelle und damit der Wasserwiderstand minimiert und so der Brennstoffverbrauch verringert wird. Die für das jeweilige Schiff passende »Nase« wird durch eingehende Analysen gefunden.

ein Beispiel, das zeigen soll, um welche Größenordnungen es hier ging. Mehr als eine Million Tonnen Schweröl verbrauchte die Welthandelsflotte – jeden Tag. Bei diesem Schweröl handelt es sich um die letzten Rückstände in den Raffinerien, für deren Verbrennung bzw. Nutzung den Reedereien eigentlich Entsorgungskosten hätten erstattet werden müssen. Aber für die Reedereien war es einfach eine billige, kostengünstige Lösung für den Antrieb ihrer Schiffe, selbst wenn eine ganze Reihe technischer Anlagen an Bord zusätzlich installiert werden musste, um dieses teerähnliche Zeug überhaupt zum Einsatz bringen zu können (Vorwärmtanks z. B., damit der Stoff erst einmal flüssig wurde). Das war Stand der Technik und des Wissens.

Um nun noch einmal kurz auf den Preis für diesen Brennstoff zurückzukommen. Frühere Prognosen zur Ölpreisentwicklung waren schon lange von der Realität überholt worden. So hieß es beispielsweise – auch keine Ausnahme – in der Vorhersage des Hamburgischen Weltwirtschaftsinstituts (HWWI) aus dem Jahr 2005, dass der Preis für ein Barrel Rohöl 2030 bis auf rund 120 USD gestiegen sein werde. Ein Schreckensszenario, das leider bereits viele Jahre früher erreicht worden ist. Aber selbst wenn als Preis für eine Tonne Schweröl »nur« 350 USD angenommen wurden, könnten es bei einem 8000-TEU-Containerschiff nach einer Rechnung des Germanischen Lloyd zwölf Mio. USD jährlich sein. Um rund 30 Mio. USD könnte die Kalkulation für einen wöchentlichen Fernostdienst entlastet werden, wenn die Schiffe mit 22 Knoten statt der bisherigen 26 Knoten liefen, hieß es weiter. Das waren doch ganz eingängige Zahlen.

Allerdings tat das langsamere Fahren den für höhere Leistungen ausgelegten Motoren auf Dauer nicht gut. Die Maschinen liefen ineffizient und verschlissen schneller. Es kam zu stärkeren Ablagerungen im Brennraum und damit zu höheren Wartungskosten, was den Spareffekt zumindest teilweise wieder aufhob. Als Lösung wurde von den Motorenherstellern ein sogenanntes »De-Rating« angeboten, wobei es darum ging, den »großen Motor« mit dem Einsatz einiger technischer Änderungen »kleiner« zu machen. Das war jedoch nur eine Zwischenlösung. Die Motorenhersteller arbeiteten intensiv und mit Erfolg daran, Motoren zu entwickeln, die von vornherein für die nun sich allgemein durchsetzenden geringeren Geschwindigkeiten konzipiert waren. Im Gegensatz zu den Jahren vor der Krise war nun die Geschwindigkeit nicht mehr das Maß aller Dinge.

Nach dem Slow Steaming, das sich bei etwa 18 Knoten einpendelte, kamen im Zuge der sich weiter verschärfenden Krise später als Steigerung das **Extra Slow Steaming** und dann auch noch das **Super Slow Steaming.** Dabei fuhren die Containerschiffe zum Teil mit weniger als 14 Knoten. Allgemeingültige Angaben, wie sich diese Maßnahmen auf die Rundreisezeiten auswirkten, gibt es nicht, hing auch von der Zahl der Hafenanläufe ab, aber als Beispiel lässt sich anführen, dass sich die Rundreisen auf den Nordeuropa-Fernost-Routen um drei auf elf Wochen ausdehnten, bei den Mittelmeer-Fernost-Diensten von sieben auf rund zehn Wochen.

Als weitere Maßnahme wurde ein **Austausch des Wulstbugs** bei bereits im Einsatz befindlichen Schiffen für Reedereien und Werften schnell zur Routine. Häufig wurden im Zuge einer regulär geplanten Dockzeit die vorgefertigten tonnenschweren Teile in wenigen Tagen ausgetauscht. Ein Wulstbug, die »Nase« eines Schiffes, soll Wasser möglichst so verdrängen, dass die Bugwelle minimiert oder sogar möglichst ganz vermieden wird, denn je geringer der Wasserwiderstand am Rumpf ist, desto weniger Brennstoff verbraucht ein Schiff für die gleiche Geschwindigkeit. Die für das jeweilige Schiff oder seine Klasse passende »Nase« wird durch eingehende Analysen etwa in Schiffbau-Versuchsanstalten gefunden. Die südkoreanische Reederei Hyundai Merchant Marine (HMM) etwa hat bei einem solchen Projekt in Zusammenarbeit mit der Klassifikationsgesellschaft Det Norske Veritas (DNV) eine Kraftstoffersparnis von 1000 Tonnen jährlich erreicht. Diesen Einsparungen standen (2013) Umbaukosten in Höhe von 680 000 USD gegenüber. Das gute Ergebnis ist leicht auszurechnen. Die Maersk Line hat noch Ende 2012 einer Werft im chinesischen Qingdao (vormals Tsingtau) den Auftrag erteilt, bei zunächst zehn ihrer Schiffe der 4000-TEU-Klasse den Bugwulst zu verkleinern, um ihn besser den geringeren Geschwindigkeiten anzupassen. Bei Neubauten ist die Form des Wulstbugs selbstverständlich von vornherein integraler Teil der Gesamtkonstruktion.

Die Chemieindustrie, und hier im Besonderen die Hersteller von Farben und Lacken, aber auch Klassifikationsgesellschaften, Universitäten und Umweltorganisationen haben sich intensiv damit beschäftigt, optimale Lösungen für spezielle **Antifoulinganstriche/-beschichtungen** zu entwickeln, um den fahrthemmenden Bewuchs des Schiffsrumpfes mit Muscheln, Algen oder Seepocken zu verhindern, was sich auf dessen Reibungswiderstand im Wasser auswirkt. Dabei sind achtbare Fortschritte erzielt worden. Es wurde u. a. mit Beschichtungen des Rumpfes auf Silikonbasis oder mit einer Beimischung von Glasflocken experimentiert, um ihn noch gleitfähiger zu machen. Damit kann die Kraft für den Vortrieb und in diesem Zuge der Brennstoffverbrauch verringert werden.

Relativ neu ist in diesem Zusammenhang der Versuch, auf den Unterwasserbereich der Schiffe eine dem Original nachempfundene **»künstlichen Haihaut«** aufzutragen, um ihn auf diese Weise vor Bewuchs mit Algen und Muscheln zu schützen. Die dabei eingesetzte giftfreie Farbe, die sich bereits im Sportbootbereich bewährt hat, wird vom Bionik-Innovations-Centrum der Hochschule Bremen optimiert und den Anforderungen der maritimen Wirtschaft angepasst. Das ist jedenfalls das Ziel. Die Deutsche Bundesstiftung Umwelt unterstützt das Vorhaben, um mit ihm einen möglichen Weg zu finden, die bisher verwendeten gifthaltigen und daher umweltschädigenden Schutzanstriche zu ersetzen.

Bei Änderung des Betriebsprofils in Fahrt befindlicher Schiffe zeigte sich häufig, dass das **Propellerdesign** nicht mehr optimal war, weil auch dieses Teil für höhere Geschwindigkeiten ausgelegt war. In vielen Fällen sind daher die alten Propeller gegen neue, nach den veränderten Anforderungen optimierte ausgetauscht worden. Die dadurch erzielten Brennstoffeinsparungen waren bemerkenswert, wobei sich die Investitionen in Grenzen hielten, da der Materialwert des alten Propellers einen guten Teil der Kosten für den neuen aufwog. Bei Neubauten wird gesteigert Wert auf den durch ein entsprechendes Propellerdesign zu erzielenden optimalen Wirkungsgrad der Antriebsanlage gelegt. Die Antriebsleistung kann zusätzlich noch gesteigert werden durch das von dem Hamburger Unternehmen Becker Marine Systems entwickelte Produkt »Becker Twisted Fin«. Es wird strömungsoptimiert vor dem Propeller installiert und erzeugt zusätzlichen Vordrall.

Selbst mit einem optimalen Trimm des Schiffes lässt sich nachhaltig Treibstoff sparen. Hierfür ist eine spezielle Trimmoptimierungssoftware entwickelt worden. Sie greift auf eigens ermittelte schiffsspezifische Widerstands- und Leistungsbedarfsdaten wie Geschwindigkeit, Ladezustand, Wassertiefe und Ballast zu, um den optimalen Trimmwinkel darzustellen.

Und auch das **Weather Routing** kann beim Brennstoffsparen helfen. Diese Navigationsunterstützung beim Betrieb von Schiffen wirkt durch Einbeziehung von Wetter- und Seegebietsvorhersagen, wobei Schiffs- und Ladungscharakteristika einbezogen werden. Das kommt auch der Sicherheit von Besatzung und Ladung zugute.

Ein umfangreicherer Komplex ist die **Abwärmenutzung.** Das ist zwar kein neues, aber ein immer wichtigeres Thema geworden, denn die Nutzung der Schiffsabgase zur Stromerzeugung bietet nennenswerte Möglichkeiten. Hier greift beispielsweise das »Waste Heat Recovery System« von Siemens, bei dessen Einsatz in der Praxis nach Unternehmensangaben mit der Senkung des Brennstoffverbrauchs um rund zehn Prozent sehr gute Ergebnisse erreicht werden konnten. »Aus den Schiffsabgasen werden bis zu neun Megawatt Strom erzeugt, die für die Versorgung des Bordnetzes und/oder für den Booster-Antrieb – einem auf der Antriebswelle aufgesetzten Elektromotor zur weiteren Steigerung der Antriebsleistung – genutzt werden können, und das zuverlässig«, hieß es. Dabei ist daran zu denken, dass auch Beleuchtung und Klimaanlage an Bord zu den großen Verbrauchern zählen.

Überhaupt verbrauchen Containerschiffe immer mehr Strom – nicht zuletzt, weil sie immer größer werden. Je mehr Container an Bord stehen, desto effizienter ist zwar der Transport – aber gleichzeitig nimmt auch der Bedarf an elektrischer Energie zu. Vor allem die immer zahlreicheren Kühlcontainer sind hungrig nach Strom. Auch die zum Manövrieren im Hafen nötigen Strahlruder brauchen eine große Menge an elektrischer Energie. Hinzu kommen leistungsstärkere Pumpen, Antriebe,

↓ Die Antriebsleistung kann zusätzlich noch gesteigert werden durch das von dem Hamburger Unternehmen Becker Marine Systems entwickelte Produkt »Becker Twisted Fin«.

Foto: Becker Marine Systems

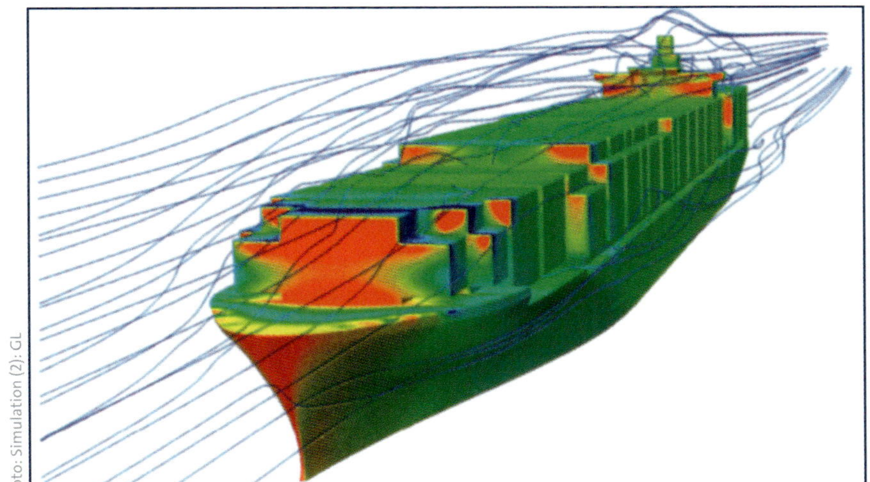

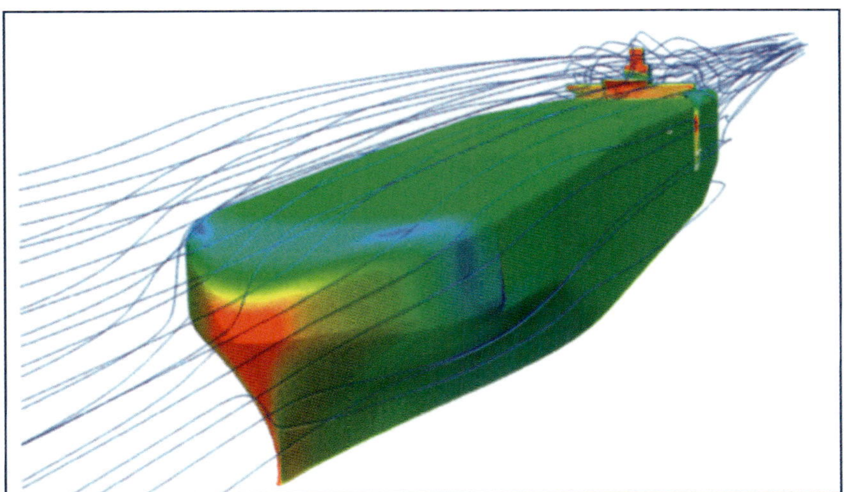

Foto: Simulation (2): GL

↑ Die Verringerung des Luftwiderstands kann bei der Brennstoffeinsparung hilfreich sein. Hier dargestellt die Luftströmung um ein Panamax-Containerschiff ohne (Abbildung links) und mit Plane.

Belüftungssysteme, Kraftstoffaufbereitungsanlagen und weitere Verbraucher. Kurzum: Ohne ausreichenden Strom geht auf einem Containerschiff gar nichts.

Elektrizität wird an Bord in der Regel mit mehreren Hilfsaggregaten erzeugt. Auf einem 14 000-TEU-Containerschiff sind das gewöhnlich vier einzelne Dieselmotoren, die je einen Hauptgenerator antreiben. Ergänzend können durch die Hauptmaschine versorgte Wellengeneratoren oder Generatoren, die durch eine Abgasnutzturbine oder mittels Abwärmerückgewinnung angetrieben werden, zur Bordnetzversorgung beitragen. Gemeinsam können diese Generatoren im Parallellauf eine Spitzenleistung von rund 23 Megawatt (MW) bereitstellen. Diese Leistung genügt, um eine kleine Stadt mit rund 25 000 Einwohnern zu versorgen.

Foto: Hamburg Süd

← Ein umfangreicher Komplex ist die Abwärmenutzung. Das ist zwar kein neues, aber ein immer wichtigeres Thema geworden, denn die Nutzung der Schiffsabgase zur Stromerzeugung bietet nennenswerte Möglichkeiten.

Selbst die **Verringerung des Luftwiderstands** ist als Faktor für eine mögliche Brennstoffeinsparung entdeckt worden. Die Idee dabei war, alle Container an Deck in ihrer Gesamtheit mit einer durchgehenden Plane abzudecken. Hintergrund: Für den Luftwiderstand ist die Form des Überwasserschiffes einschließlich Aufbauten und Decksladung maßgeblich – also die Fläche, auf die der Wind einwirken kann. Außerdem können Lücken im Stau der Container den Widerstand erheblich vergrößern. Vom Germanischen Lloyd in Zusammenarbeit mit der Technischen Universität Hamburg-Harburg (TUHH) mit dem Modell eines 4409-TEU-Panamax-Containerschiffes durchgeführte Tests haben ergeben, dass durch den Einsatz einer solchen Abdeckplane der Luftwiderstand, abhängig von Windrichtung und Containerstauung, um bis zu 66 Prozent gesenkt werden kann. Von diesem Projekt ist allerdings seit einiger Zeit nichts mehr zu hören. Es muss ja auch nicht alles realisiert werden, Hauptsache es wird zunächst versucht.

Um noch etwas beim Wind zu bleiben, ein Hinweis auf das von der Hamburger Firma SkySails entwickelte gleichnamige **Zugdrachensystem,** das auf dem Vorschiff von Handelsschiffen

→ Das Projekt »Skysails« – mithilfe eines Zugdrachens soll der Vortrieb unterstützt und dadurch Brennstoff gespart werden.

Fotos: SkySail

montiert bei günstigem Wind den Vortrieb unterstützt. Je nach Windstärke kann damit die Hauptmaschine teilweise heruntergefahren werden, wodurch weniger Brennstoff verbraucht wird. Nach eingehenden Erprobungen ist im Januar 2008 mit dem Neubau BELUGA SKYSAILS der einstigen Bremer Beluga-Reederei erstmals ein Seeschiff mit einem solchen System auf die Reise gegangen. Die Ergebnisse sollen durchaus ermutigend gewesen sein. Ob sich SkySails auch für den Einsatz auf Containerschiffen eignet, wird allerdings bezweifelt, da für diese sehr viel von der möglichst genauen Einhaltung des Fahrplans abhängt. Für Großcontainerschiffe kommt es ohnehin nicht infrage, denn so großflächige Drachen, die auf ihnen Wirkung zeigen könnten, wird es wohl auch in Zukunft kaum geben. Inzwischen ist es aber auch um SkySails sehr ruhig geworden.

Substanzielle Ersparnisse an Brennstoff lassen sich mit einem **optimierten Schiffsrumpf** erzielen. Zudem fallen dabei

↓ In der Hamburgischen Schiffbau-Versuchsanstalt (HSVA) wird intensiv getestet, um eine

↓ für die jeweiligen Neubauten optimale Rumpfform zu finden.

↓ Einbau des Modells eines großen Containerschiffes in den Kavitationstunnel (HYCAT).

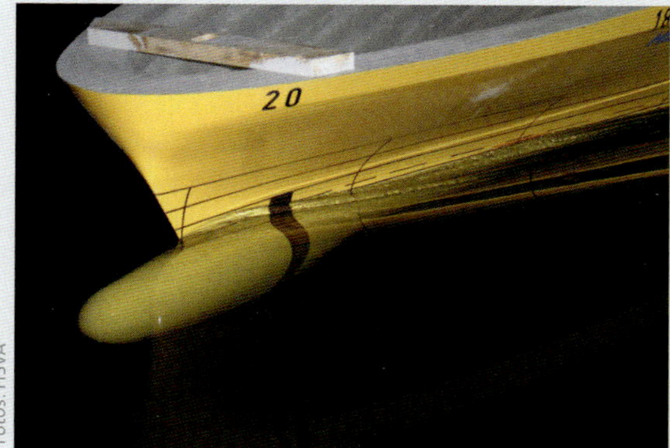

↑ Großer Schleppwagen, Bugkonfiguration im Detail

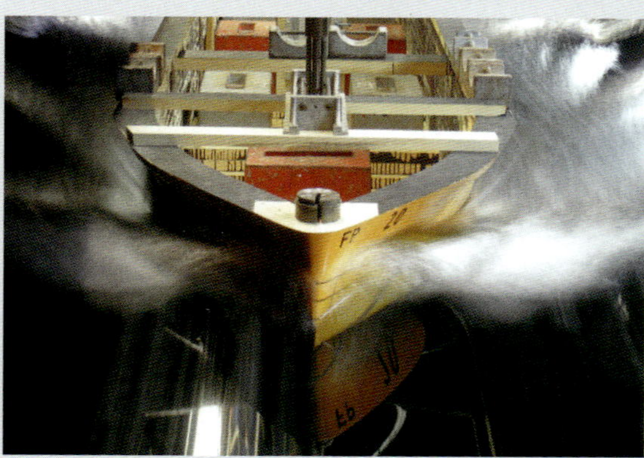

↑ Propulsionsversuche

↑ Kavitation (Hohlraumbildung) am Propeller eines großen Containerschiffes im HYCAT

Fotos: HSVA

niedrigere Investitionskosten für den Hauptantrieb an, da deren Leistung geringer bemessen werden kann, ohne dass dies zwangsläufig die benötigte Zeit für eine Rundreise verlängert. Allgemein soll die Rumpfform eines Neubaus möglichst auf die spätere Schiffsgeschwindigkeit abgestimmt sein, bei gleichzeitiger Verbesserung der Propelleranströmung. Im Hinblick auf die verbesserte Propelleranströmung, mit der der Wirkungsgrad der Schiffsschraube erhöht wird, waren auch bei bereits in Fahrt befindlichen Schiffen deren hydrodynamische Eigenschaften noch zu optimieren. In die Diskussion gerieten sogar der Einsatz von Luftpolstern unter dem Rumpf ebenso wie die Verwendung von insgesamt leichteren Baumaterialien.

Und um noch einmal auf die Geschwindigkeit auch im Zusammenhang mit dem Slow Steaming zurückzukommen, ist es grundsätzlich so, dass bei der Einrichtung bzw. bei dem Betrieb von Containerdiensten wie erwähnt eine hohe Geschwindigkeit der Schiffe keine große Rolle mehr spielt. Wichtiger sind die Pünktlichkeit der Lieferungen und die Einhaltung der Fahrpläne. Damit aber sah es nach einer Anfang 2018 für das abgelaufene Jahr 2017 von SeaIntel Maritime Analysis vorgelegten Studie gar nicht so gut aus. Nur 74,5 Prozent der Ankünfte und Abfahrten waren pünktlich erfolgt. Mit wenigen Prozentpunkten darüber lagen nur die Reedereien Wan Hai, Hamburg Süd und Evergreen. Beispielsweise im Verkehr zwischen Asien und Nordamerika Westküste lag die Pünktlichkeit bei 72,1 Prozent. In den meisten der anderen Fahrtgebiete sah es ähnlich aus. Die Verspätungen waren allerdings nicht allein den Reedereien anzulasten. In vielen Fällen waren dafür Faktoren ausschlaggebend, auf die sie keinen Einfluss hatten. Dazu gehörten Abfertigungsprobleme in den Häfen und Wartezeiten etwa vor dem Panamakanal ebenso wie ungünstige Wetterverhältnisse. Dennoch sollte es möglich sein, dass die Reedereien dies in gewisser Weise einplanen können, etwa durch entsprechende Pufferzeiten in ihrer Fahrplangestaltung. Nach einer Meldung vom Frühjahr 2018 tat sich in dieser Richtung sogar schon etwas. Es hieß, dass die Maersk Line plane, ihr Liniennetz neu zu strukturieren, und es bei den Fahrplänen größere Zeitfenster und weniger Anläufe geben solle, um damit die Zuverlässigkeit zu erhöhen.

Foto: Hansa Treuhand

→ Sorgfalt und Präzision zeichnen den modernen Schiffbau mehr denn je aus. Hier werden Achterschiff, Propeller und Ruder mit einem letzten Schliff versehen, denn jede Unebenheit beeinträchtigt die Geschwindigkeit und kostet Brennstoff.

# Hoffnungssignale

Wie bereits weiter oben angedeutet, zeigten die immer wieder zu vernehmenden Warnungen vor Überkapazitäten keinerlei Wirkung auf das Orderverhalten der Reedereien. Beflügelt von einigen Prognosen, die bestätigten, dass wegen des weiteren Wachstums im Welthandel die Märkte die auf den Werften der Welt entstehenden bzw. georderten Stellplatzkapazitäten allemal verkraften könnten, ja, sie sogar benötigten, hielt der Orderboom unvermindert an und erreichte immer neue Höhen. Grundsätzlich war es so, dass dieser Zustand zwar allgemein beklagt wurde, aber bei neuen Orders zurückhalten sollten sich immer die anderen. Die weltweit vorhandenen

### Dynamisches Größenwachstum

Immer länger, immer breiter, immer höher: Die Kapazität der Containerfrachter hat sich in den vergangene 50 Jahren verzwanzigfacht. Mittlerweile sind Werften mit dem Bau von 18 000-TEU-Schiffen beauftragt

**1. Generation 1956–1970**
Umgeb. Frachter u. Tanker
Länge: 135 – 200 m
Tiefgang: 9 m
TEU: 500 – 800

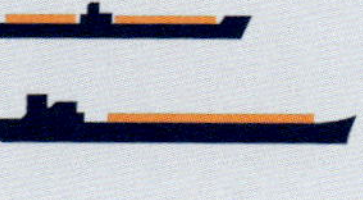

**2. Generation 1970–1980**
Cellular Containership
Länge: 215 m
Tiefgang: 10 m
TEU: 1000 – 2500

**3. Generation 1980–1988**
Panamax-Klasse
Länge: 250 – 290 m
Tiefgang: 11 – 12 m
TEU: 3000 – 4000

**4. Generation 1988–2000**
Post-Panamax
Länge: 250 – 290 m
Tiefgang: 11 – 12 m
TEU: 3000 – 4000

**5. Generation 2000–2005**
Post-Panamax-Plus
Länge: 335 m
Tiefgang: 13 – 14 m
TEU: 5000 – 8000

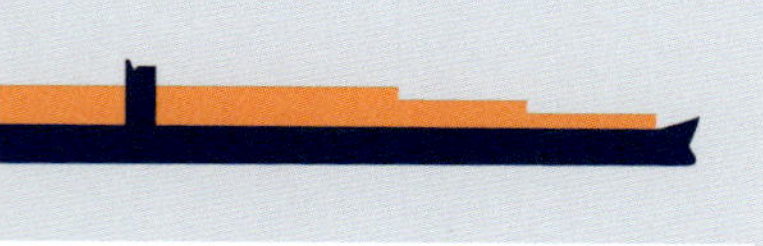

**6. Generation 2006**
New-Panamax
Länge: 397 m
Tiefgang: 15,5 m
TEU: 11 000 – 14 500

Quelle: GL

Foto: BLG

Schiffbauplätze wurden knapp, und Ablieferungstermine etliche Jahre nach Auftragserteilung wurden zur Normalität. Die Anzahl der neu bestellten Schiffe wuchs dabei ebenso rasch wie deren Größe.

So kam es nicht von ungefähr, dass Dr. Burkhard Lemper, wissenschaftlicher Mitarbeiter am Institut für Seeverkehrswirtschaft und Logistik (ISL) in Bremen und ausgewiesener Kenner der Szene, in einem Zeitungsbeitrag das Jahr 2007 als solches bezeichnete, das in die Geschichte der Containerschifffahrt als das der 12 000er eingehen werde, womit er die Megacarrier mit Stellplatzkapazitäten um 12 000 TEU meinte. Er wusste natürlich, wovon er sprach, denn wenn auch zu Beginn des Jahres außer der schon immer voranpreschenden dänischen Maersk Line noch keine andere Reederei ein derart großes Schiff bestellt hatte, so konnten die koreanischen Werften, andere hatten ja kaum die Möglichkeit dazu, bereits im Herbst des genannten Jahres 115 Aufträge über Neubauten dieser neuen Generation in ihren Büchern verzeichnen.

Wenn wir nun Dr. Lemper in seinen Ausführungen noch weiter folgen, dann hatte nicht zuletzt durch diese Bestellungen der Auftragsbestand einen Rekordumfang erreicht, der für die nächsten Jahre weitere erhebliche Kapazitätszuwächse erwarten ließ. Trotzdem, entgegen seit geraumer Zeit immer wieder zu hörenden Warnungen vor einer Ratenkrise wegen drohender Überkapazitäten, seien derartige Befürchtungen, so auch Dr. Lemper, aber nach wie vor als gering einzustufen. »Die Containerschifffahrt wächst weiter überdurchschnittlich dynamisch. Mit Zuwachsraten von durchschnittlich rund 11 Prozent 2005 und 2006 lag das Wachstum über dem langjährigen Durchschnitt. Und auch 2007 und 2008 waren auf Basis der bis dahin bekannten Zahlen und aktuellen Wirtschaftsprognosen zweistellige Zuwachsraten für den Containerumschlag weltweit zu erwarten.

Längerfristige Prognosen avisieren für 2020 inzwischen einen Umschlag von einer Mrd. TEU, und dies selbst unter der sehr vorsichtigen Annahme von nur 6,5 Prozent jährlichem Wachstum. Vonseiten der Nachfrage gibt es somit kaum einen Zweifel an der positiven Entwicklung. Ein über Gebühr wachsendes Kapazitätsangebot könnte allerdings selbst bei einer positiven Nachfrageentwicklung das Gleichgewicht der Märkte

← Ansteuerung Containerterminal Bremerhaven

gefährden. Angesichts eines Auftragsbestands von rund 67 Prozent der aktuellen Kapazität lässt sich durchaus zwar die Gefahr eines erheblichen Überangebots erkennen, aber hierzu sind mehrere Punkte zu beachten.

Zu Beginn des Oktobers 2007 befanden sich in den Orderbüchern der Werften insgesamt 1484 Vollcontainerschiffe mit zusammen 6,7 Mio. TEU. Dies ergibt auf Basis der geplanten Ablieferungsdaten nach knapp 16 Prozent im laufenden Jahr Steigerungen von 14 Prozent 2008 und jeweils 13 Prozent 2009 und 2010. Viele der großen Schiffe kamen aber erst ab 2011 in Fahrt. Damit verteilen sich die Ablieferungen mittlerweile über den Zeitraum der kommenden vier Jahre, und die jährlichen Zuwachsraten relativieren sich bereits in einer Größenordnung, die deutlich weniger beeindruckend erscheint als die genannten 67 Prozent.«

Hinzu kämen, so Dr. Lemper, weitere Faktoren, die den Druck von Überkapazitäten verringern würden. Als ersten nannte er die zu erwartenden Verschrottungen, denn da in den vergangenen Jahren so gut wie kein Containerschiff ausgesondert worden sei, belaufe sich inzwischen der Anteil der über 25 Jahre alten Einheiten in der Containerschiffsflotte, die aufgrund ihres Alters normalerweise zur Verschrottung anstünden, auf gut vier Prozent. Einen Anreiz dazu böte auch das Rekordniveau der Schrottpreise. Hinzu käme die Veränderung in der Flottenstruktur. Rund 50 Prozent der Kapazität, die in den kommenden Jahren in Fahrt gesetzt werde, entfiele auf Schiffe mit Stellplatzangeboten von 8000 TEU und mehr. Die kämen aber fast ausschließlich auf den Routen zwischen Europa und Asien oder Nordamerika und Asien zum Einsatz, also im Verkehr zwischen Märkten, die besonders rasch wüchsen, mit Zuwachsraten von schätzungsweise 20 Prozent jährlich. Die zunehmenden Kapazitäten könnten also durchaus aufgenommen werden. Hinzu käme der Faktor Geschwindigkeit. Da viele Reedereien aufgrund der hohen Bunkerpreise langsamer fahren ließen, würden in den einzelnen Diensten mehr Schiffe benötigt, um das Transportangebot zu halten. Insgesamt sei damit zwar zu rechnen, dass die Raten von ihrem derzeit hohen Niveau etwas abgeben müssten, die Gefahr einer allgemeinen Ratenkrise sei aber eher gering einzuschätzen. Soweit Dr. Lemper.

Die weltweite Containerschifffahrt hatte in dieser Zeit also nicht nur einen starken Flottenzuwachs zu verzeichnen und einen weiteren, noch stärkeren zu erwarten, sondern bei den Reedereien selbst war seit Längerem ein dynamischer Konzentrationsprozess zu beobachten, der damit einherging. Trend war, dass die Großen immer größer wurden. Besonders spektakulär waren die Übernahmen von P&O Nedlloyd durch die dänische Großreederei Maersk und die der kanadischen CP Ships durch Hapag-Lloyd. Dazu noch eine Anmerkung zu den bereits vollzogenen oder noch bevorstehenden Übernahmen. Es gilt dem Sinne nach gleichermaßen für die Bildung von Gemeinschaftsdiensten und Konsortien. Bei allem geht es um Marktanteile, Routen, Kostenreduzierung und um Macht – Marktmacht. Nach härtestem Wettbewerb suchten immer mehr Containerreedereien ihr Heil in Zusammenschlüssen, um ihre Marktposition zu stärken und sich in größeren Einheiten den Widrigkeiten des Marktes und der Branche zu stellen. Es lässt sich auch einfacher ausdrücken, wie etwa »Gemeinsam spart es sich leichter« oder »Size matters«, »Die Größe macht's«.

Nach einer im Oktober 2007 veröffentlichten Marktanalyse des niederländischen Beratungshauses Dynamar hatten die 25 größten Containerreedereien der Welt 2006 gut 80 Prozent aller Container befördert, verfügten über 85 Prozent der Stellplatzkapazität und hatten die Bau- oder Charterverträge für 88 Prozent der in Auftrag gegebenen Neubauten gezeichnet. 2006 beförderten die 25 Großen zusammen knapp 95,5 Mio. TEU. Das waren 18,65 Prozent mehr als 2004. Ein weiteres Indiz für die Konzentrationsbewegung war, dass die zehn führenden Containerlinien zu Beginn des neuen Jahrtausends erst über 49,3 Prozent der Stellplatzkapazität verfügt hatten, jedoch Anfang 2007 bereits über 60 Prozent oder genau 6,28 Mio. TEU. In diesem Zeitraum hatte sich das gesamte Angebot an Container-Transportraum mehr als verdoppelt,

Foto: GL

und zwar über 100 Prozent von 5,15 Mio. TEU auf 10,47 Mio. TEU.

Mit deutlichem Abstand größte Containerreederei der Welt war unverändert die dänische Maersk Line mit einem Anteil von 16,8 Prozent (1,87 Mio. TEU) an der Weltcontainerflotte. Es folgten die in Genf ansässige, aber italienische Mediterranean Shipping Co. (MSC) mit 9,8 Prozent Stellplatzanteil und auf Platz drei die französische CMA CGM mit 6,5 Prozent. Die beiden letztgenannten Reedereien hatten ihre Kapazitäten in kürzester Zeit besonders stark ausgebaut. So hatte die MSC innerhalb von zwei Jahren die Zahl ihrer Stellplätze um 61 Prozent auf 1,184 Mio. TEU gesteigert, CMA CGM sogar um 75,6 Prozent auf 852 000 TEU.

Die umfangreichen Neubaubestellungen zeugten davon, dass die Carrier von einem weiter anhaltenden starken Wachstum der Nachfrage ausgingen. Bei den Werften der Welt waren mit Stichtag 1. Oktober 2007 von den »Top 25« 754 Containerschiffe mit 4,58 Mio. TEU bestellt. Das entsprach 72 Prozent des damals aktuell verfügbaren Transportraums. Allein die israelische Reederei ZIM Integrated Logistics hatte Neubauaufträge vor allem nach Korea vergeben, mit denen sie die Stellplatzkapazität ihrer seinerzeit fahrenden Flotte mehr als verdoppeln wollte. Insgesamt ein gigantisches Volumen also, das die Weltschifffahrt in den nächsten Jahren zu erwarten hatte.

Allerdings begann sich das so fantastische Bild des immerwährenden goldenen Zuwachses bereits gegen Ende 2007 einzutrüben. Wenn man doch nur etwas genauer hingeschaut hätte! Das Umschlagwachstum in den Häfen ging zurück. Zwar erst noch eher leicht, aber immerhin, und an manchen Plätzen doch auch schon spürbarer. Dennoch hatte es den Anschein, dass sich die seit Längerem schwelende Finanzkrise wohl nur eher geringfügig auf das Wachstum der weltweiten Containertransporte auswirken würde. So gingen denn auch die Neubaubestellungen der Reedereien, vornehmlich der deutschen, selbst jetzt noch in unvermindertem Tempo weiter.

← Auf den koreanischen Großwerften entstehen Containerschiffe in Serien nebeneinander in einem Baudock.

# Auch die Krise wird gigantisch

Im Herbst 2008 mehrten sich dann die Anzeichen einer bevorstehenden echten Krise, die zunächst von dem Finanzdesaster in den USA ausging und sich dann zu einer Wirtschaftskrise entwickelte, von der die gesamte »globalisierte« Welt erfasst wurde. Das Welthandelsvolumen kollabierte. Nicht zuletzt hatte das Nachlassen des »China-Effekts«, der in den vorangegangenen Jahren für einen Großteil der enormen Ladungszuwächse »verantwortlich« gewesen war, einen erhebliche Einfluss auf die weitere Entwicklung. Auf Einzelheiten muss hier sicher nicht eingegangen werden, denn die Horrormeldungen in den Medien überschlugen sich, häufig in unverantwortlicher Weise, und die Containerschifffahrt traf es brutal, wie manche andere Branchen auch. Zwar gab es immer noch Stimmen, die vor einer Panikmache warnten, aber die Realität stellte sich inzwischen doch anders dar.

Mit einem Mal, und das war zumindest eine erste Reaktion der Reedereien, ging die Flut der Aufträge für Containerschiffe

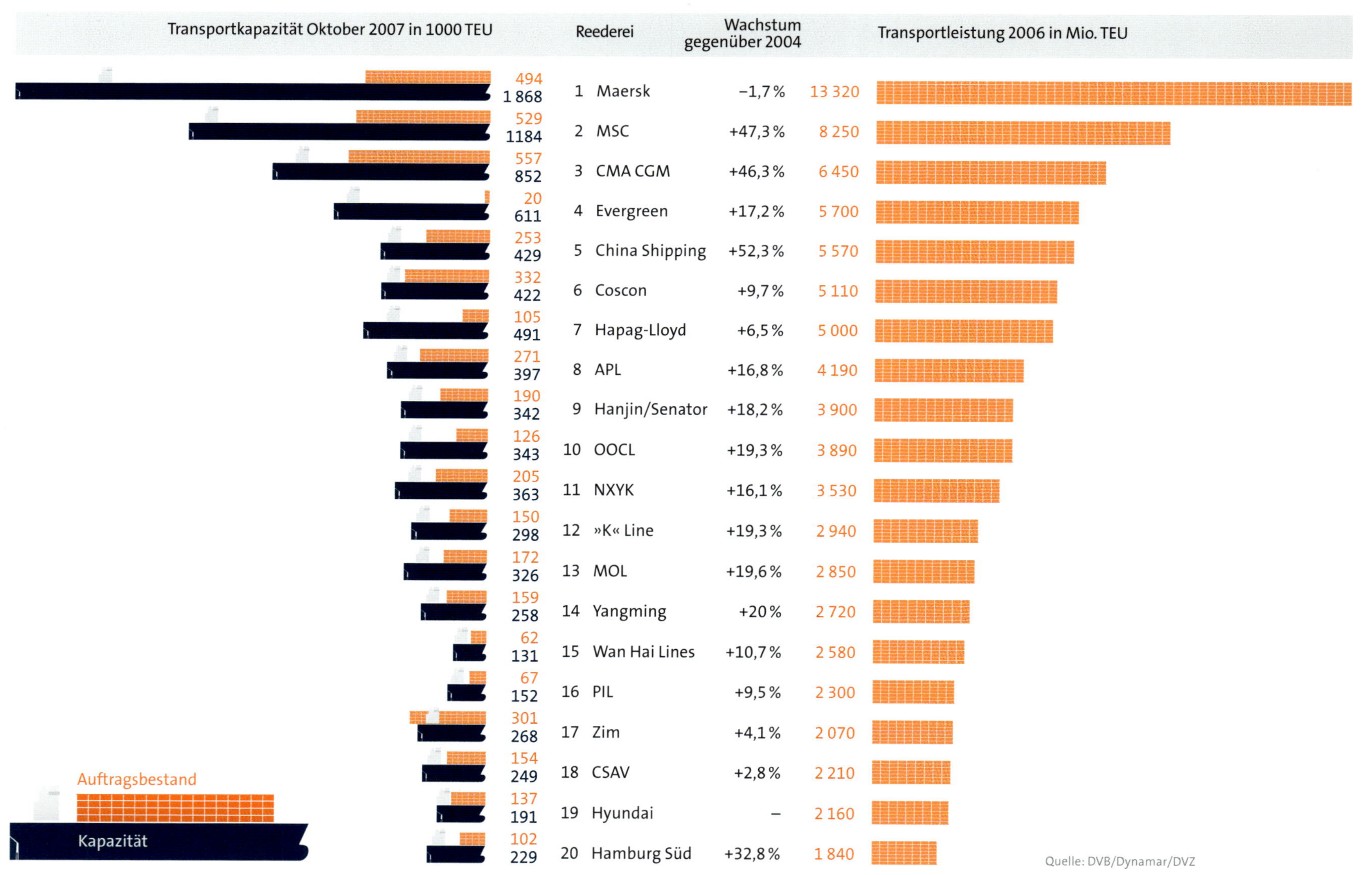

spürbar zurück. Es muss ein Schock gewesen sein, denn nach einer Analyse der Nord/LB war in den fünf Wochen vor Mitte September 2008 kein einziges Containerschiff mehr bestellt worden. Schon im zweiten Quartal des Jahres hätte sich diese Zurückhaltung der Reedereien bemerkbar gemacht. Mit 104 Neubauten (zusammen 605 000 TEU) seien 40 Prozent weniger Tonnage geordert worden als im Vergleichszeitraum 2007. Urplötzlich begann eine gewisse Panikstimmung die Oberhand zu gewinnen.

## Kommentare zur Lage Ende 2008

Zu dieser Entwicklung passt ein Ende 2008 publizierter Kommentar mit der Fragestellung »Ist die internationale Containerschifffahrt in der Krise oder doch nicht?« Er spiegelt ein Stimmungsbild der damaligen Situation. Etwas gekürzt hieß es: »Das außergewöhnliche, explosionsartige Wachstum der Welt-Containerschiffsflotte bietet natürlich ein weites Feld für viele speziell engagierte Consulting-Unternehmen und sonstige mehr oder weniger ausgewiesene Experten. Entsprechend ausgefächert ist seit Jahren die Bandbreite ihrer Vorhersagen die weitere Entwicklung betreffend. Sie reichen beispielsweise vor dem Hintergrund des bis vor kurzem nahezu ungebrochenen Bestellbooms für neue, immer größere Containerschiffe von der Warnung vor Überkapazitäten bis hin zur Bestätigung, dass das Potenzial der Containerschifffahrt immer noch nicht ausgeschöpft sei und der Markt die neuen Kapazitäten aufnehmen könne und werde. Natürlich wird dieser immer wieder zitierte ›Markt‹, wie auch schon in der Vergangenheit auch dieses Mal selbstverständlich für jede Art von Entwicklung entscheidend sein oder, je nach eigenem Standort dafür verantwortlich gemacht, so oder so. Eine keinesfalls neue Erkenntnis.

Aber nach einem langen, geradezu beispiellosen Boom wurden die Reedereien bei ihren gewohnheitsmäßigen Klagen wieder lauter. Die Trampreedereien klagten darüber, dass die Charterraten für Containerschiffe deutlich nachgegeben hätten und die Linienreedereien stöhnen über das sinkende Frachtratenniveau. Beides war zwar nicht von der Hand zu weisen, denn tatsächlich gab es Einbrüche auf breiter Front, aber bei der Bewertung der Klagen sollte nicht in Vergessenheit geraten, dass sie von einem sehr hohen Niveau ausgingen. Hinzu kam, dass bei einer Betrachtung der Gesamtsituation auch die von den Unternehmen in den vergangenen Jahren eingefahrenen satten Gewinne nicht außer Acht gelassen werden sollten. Ratenschwankungen und die schon fast ritualhaften Klagen darüber hat es in dem zyklischen Schifffahrtsgeschäft immer gegeben. Sie sind von gesunden Unternehmen auch immer verkraftet worden, und es bestand kein Grund zu der Annahme, dass es dieses Mal anders laufen würde.«

Sehen wir uns aber einige der häufig in der Öffentlichkeit zitierten Prognosen an. Nicht selten stammen sie von großen Bankhäusern, die, wie sich gezeigt hat, mit Milliardenverlusten in den Strudel der US-Finanzkrise gerutscht sind, weil sie diese und damit ihre eigene Geschäftspolitik nicht richtig eingeschätzt hatten. So erhebt sich allgemein die Frage, wie denn deren Vorhersagen für die Containerschifffahrt zu bewerten waren. Das sei nur, zugegebenermaßen etwas provokant, vorausgeschickt. Außerdem, und das ist allgemein gültig, wird sich kaum noch jemand darum scheren, welche Prognosen vor zwei oder drei Jahren abgegeben worden sind. Dennoch haben sie ihre Berechtigung, und die Beteiligten verinnerlichen sie stets, wenn überhaupt, gemäß ihren eigenen Ansprüchen und Zielen.

So rechnete die Schweizer UBS Bank, um auf den Kern zurückzukommen, Mitte September 2008 in ihrem »Global Shipping Outlook« angesichts der zu verzeichnenden Ratenrückgänge und der damit verbundenen Gewinnreduzierungen für die Containerschiffsreedereien mit einer längeren Schwächephase, in der die Carrier in den folgenden eineinhalb Jahren sogar in die Verlustzone gelangen könnten.

Wenn aber zu hören war, dass die großen Containerreedereien selbst ihr erkennbar schlechteres Abschneiden gegenüber den Vorjahresergebnissen weitgehend mit den rasant gestiegenen Brennstoffkosten und einer nachlassenden Nachfrage

↓ Post-Panamax-Carrier, wie die 2010 gebaute Vienna Express (8749 TEU) von Hapag-Lloyd, waren einige Zeit Standard auf den Fernostrouten.

Foto: CPO

begründeten, dann griff das den UBS-Analysten zu kurz. Sie vertraten die Ansicht, dass zwar eine Mischung aus den beiden genannten Gründen zweifellos schon von Bedeutung war, jedoch ein Tonnageüberangebot verbunden mit einem aggressiven Preiswettbewerb erschwerend hinzukomme. Damit schreiben sie den Reedereien zumindest eine Teilschuld an der aktuell nicht so erfreulichen Situation zu. Auch für das kommende Jahr 2009 bewertete UBS die Aussichten als nicht günstiger. Nach ihren Recherchen werde der Kapazitätsbedarf nur noch um fünf Prozent, das Tonnageangebot wegen der zahlreichen zulaufenden Neubauten dagegen um 10,7 Prozent zulegen. Und auch das Volumenwachstum des Ladungsaufkommens werde sich von 5,6 Prozent im laufenden Jahr 2008 auf vier Prozent 2009 deutlich abschwächen.

Mit Sorge bewertete die Bank vor allem den Europa-Fernost-Verkehr. Gerade der dort herrschende Preiswettbewerb habe die Frachtraten in letzter Zeit erheblich unter Druck gebracht und könnte schon jetzt die Rentabilität der in diesem Fahrtgebiet tätigen Reedereien nachhaltig bedrohen, hieß es. Besondere Gefahren gingen in dieser Hinsicht von der bevorstehenden Infahrtsetzung zahlreicher Mega-Containercarrier mit Stellplatzkapazitäten von über 10 000 TEU aus. Ihr Betrieb führe in dem derzeitig schwachen Umfeld nicht etwa zu fallenden Kosten infolge von Skaleneffekten, sondern ganz im Gegenteil würden die Stückkosten wegen der in der nächsten Zeit zu erwartenden schwachen Auslastung dieser Großschiffe sogar steigen.

Allerdings werde sich der Einsatz dieser inzwischen auch so genannten Megacarrier auf den Fernostrouten gar nicht mehr aufhalten lassen. Zu viele von ihnen seien bereits geordert und würden jetzt nach und nach in die Dienste eingefädelt. Sie seien für diese Verkehre konzipiert und auch irgendwo anders kaum einsetzbar.

Das Pariser Consulting-Unternehmen Alphaliner ging in diesem Zusammenhang davon aus, dass bei der Annahme eines Gesamtvolumens von 11,5 Mio. TEU p.a. spätestens bis 2012 nur noch rund 130 Schiffe mit Stellplatzkapazitäten für 12 500 TEU und darüber die Verkehre zwischen Nordwesteuropa/Mittelmeer und Fernost abwickeln würden. Für Schiffe mit Kapazitäten darunter, gemeint waren die bis dato gängigen Größen um die 8000 TEU, müsste dann Beschäftigung in anderen Relationen gefunden werden.

Auch nach Einschätzung der britischen Beratungsfirma Ocean Shipping Consultants (OSC) würden der Containerschifffahrt bei den Fracht- und Charterraten harte Jahre bevor-

↓ Dass der Sichtstrahl von der Brücke über die Containerlagen hinweg nach vorn gewährleistet bleibt, ist mit international verbindlichen Vorschriften festgelegt.

Fotos: PSW

stehen. Der Abschwung dürfte nach ihrer Ansicht wahrscheinlich noch bis 2011 anhalten. Ein großer Teil der Unsicherheiten ergebe sich auch nach ihrer Einschätzung dabei aus der Frage, was mit den Schiffen der gerade in Fahrt gekommenen 8000-TEU- bis 10 000-TEU-Generation passieren werde, wenn sie von den noch größeren Schiffen aus ihrem angestammten Fahrtgebiet Fernost verdrängt würden. Angesichts des gegenwärtig geringer gewordenen Ladungsaufkommens und der unzureichenden Infrastruktur in vielen Seehäfen könnten diese Schiffe nicht einfach in andere Transatlantik-, Transpazifik- oder Nord-Süd-Verkehre umgelenkt werden.

Wesentlich gelassener beurteilte dagegen in etwa zum gleichen Zeitpunkt Dr. Burkhard Lemper vom Bremer Institut für Seeverkehrswirtschaft und Logistik (ISL) auf einem Schifffahrtssymposium der Hansa Treuhand Schiffsbeteiligungs GmbH in Hamburg die Lage: »Es handelt sich um eine Delle, von Krise kann nicht die Rede sein«, stellte er fest. Nach seiner Einschätzung würden die Charterraten zwar noch länger unter Druck stehen, aber bereits Ende 2009 sei eine Wende zu erwarten. Er begründete dies mit dem anhaltend hohen Wachstum der Weltwirtschaft. Das Tempo habe zwar nachgelassen, liege mit 3,9 Prozent aber dennoch deutlich über dem langfristigen Durchschnitt. Das Gleiche gelte für den Anstieg der Containerverkehre, den das ISL für das noch laufende Jahr mit weltweit neun Prozent veranschlagt.

Dennoch sollten sich die Reedereien auf niedrigere Steigerungsraten einstellen, empfahl Lemper. Denn zum einen zeigten sich inzwischen Grenzen im internationalen Outsourcing: »Auch in China steigen die Lohnkosten und es werden bereits Produktionen zurückverlagert, beispielsweise nach Osteuropa.« Außerdem gelte es zu berücksichtigen, dass die Containerisierung der Stückgüter in den vergangenen Jahren mit über 70 Prozent weitgehend ausgereizt sei. Trotz allem erwartete das ISL aber in den Containerverkehren insgesamt eine langfristige Wachstumsrate von immerhin noch 6,5 Prozent.

Einig waren sich die Experten auf dem Symposium darüber, dass künftig die Reduzierung des Brennstoffverbrauchs und der Schadstoffemissionen eine der ganz großen Herausforderungen für die Containerreedereien sein werde. Dabei würde die Optimierung der Schiffe im Hinblick auf die Energieeffizienz zusätzlichen Schub bekommen, nicht zuletzt dann, wenn die Branche in den Emissionshandel einbezogen werde und der Brennstoff sich noch weiter verteuere, wovon ausgegangen werden könne.

Noch günstiger als das Bremer Institut beurteilte die Norddeutsche Landesbank in einer damaligen Studie die Lage und die Aussichten der internationalen Containerschifffahrt. Diese werde nach den Ergebnissen ihrer Untersuchungen bis 2012 mit voraussichtlichen Wachstumsraten zwischen neun und zwölf Prozent weiterhin stärker als der Welthandel expandieren.

↓ Die 2006 gebaute CMA CGM Rigoletto hat eine Stellplatzkapazität von 9415 TEU.

↓ Struktur des Orderbuches für »Mega«-Boxer (VLCS)

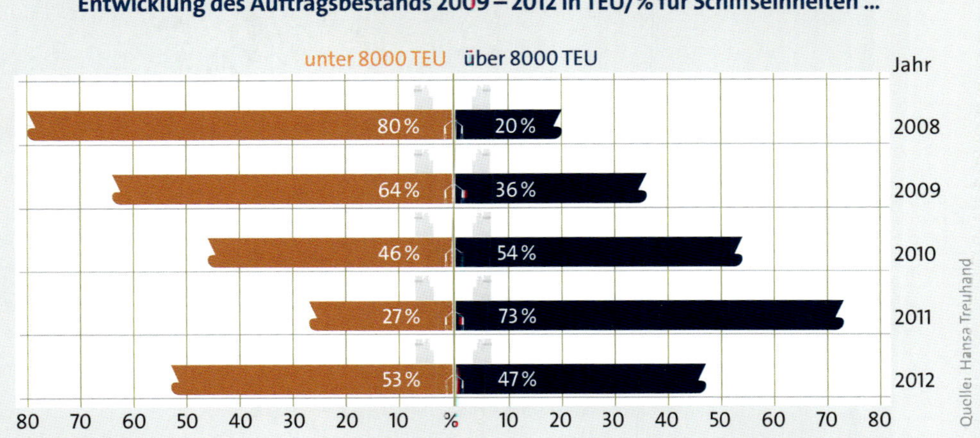

Vor allem werde die aus ihrer Sicht noch weiter zunehmende Containerisierung von Stückguttransporten und die ebenso weiter wachsende Globalisierung der Produktionsketten zu steigender Nachfrage führen. Temporäre Angebotsüberhänge seien dabei jedoch keineswegs auszuschließen, was im Schifffahrtsgeschäft aber völlig normal sei, heißt es in der Studie. Die aktuelle Abschwächung des Marktes stufte die Bank dagegen nur als vorübergehend ein. Gegenwärtig sei bei den Charterraten zwar eine rückläufige Tendenz zu verzeichnen, ein so starkes Absinken wie in den letzten Monaten werde jedoch nicht mehr weiter zu beobachten sein, denn deutliche Wachstumsimpulse kämen auch in Zeiten zyklischer Abschwächung aus Asien. Ab Mitte/Ende 2009 erwartete die Bank wieder eine verstärkte Nachfrage nach Tonnage und damit eine Erholung in allen Segmenten der Containerschifffahrt, die sich im folgenden Jahr beschleunigt fortsetzen und über dem heutigen Niveau liegen werde. Die Wahrscheinlichkeit einer schweren, nachhaltigen Krise wurde auch in dieser Studie als gering eingeschätzt.

Diesen Trend bestätigte ebenfalls das Londoner Consulting-Unternehmen Clarkson. Nach seinen Angaben waren in den ersten Monaten des laufenden Jahres weltweit nur 179 Containerschiffe geordert worden. Ein Rückgang um 50 Prozent gegenüber dem Vorjahreszeitraum, der sich noch deutlicher zeigt im Vergleich mit 566 Bestellungen im Jahr 2005, 479 im Jahr 2006 und 530 im Jahr 2007. Ende September 2008 verzeichneten die Orderbücher der Werften in der Welt Containerschiffe mit einer Gesamtstellplatzkapazität von 6,5 Mio. TEU, das waren 55 Prozent des Bestands der zu diesem Zeitpunkt bereits fahrenden Flotte. Ein großer Teil dieser Neubauten, nach Angaben des Germanischen Lloyd waren es 158, haben jeweils Stellplätze für 10 500 TEU und darüber. Studien gebe es bereits für Schiffe mit bis zu 22 000 TEU, wobei deren technische Machbarkeit keinem Zweifel unterliege. Ob sie allerdings noch

↓ Wachstum der Containerkapazität in TEU ohne Verschrottungen

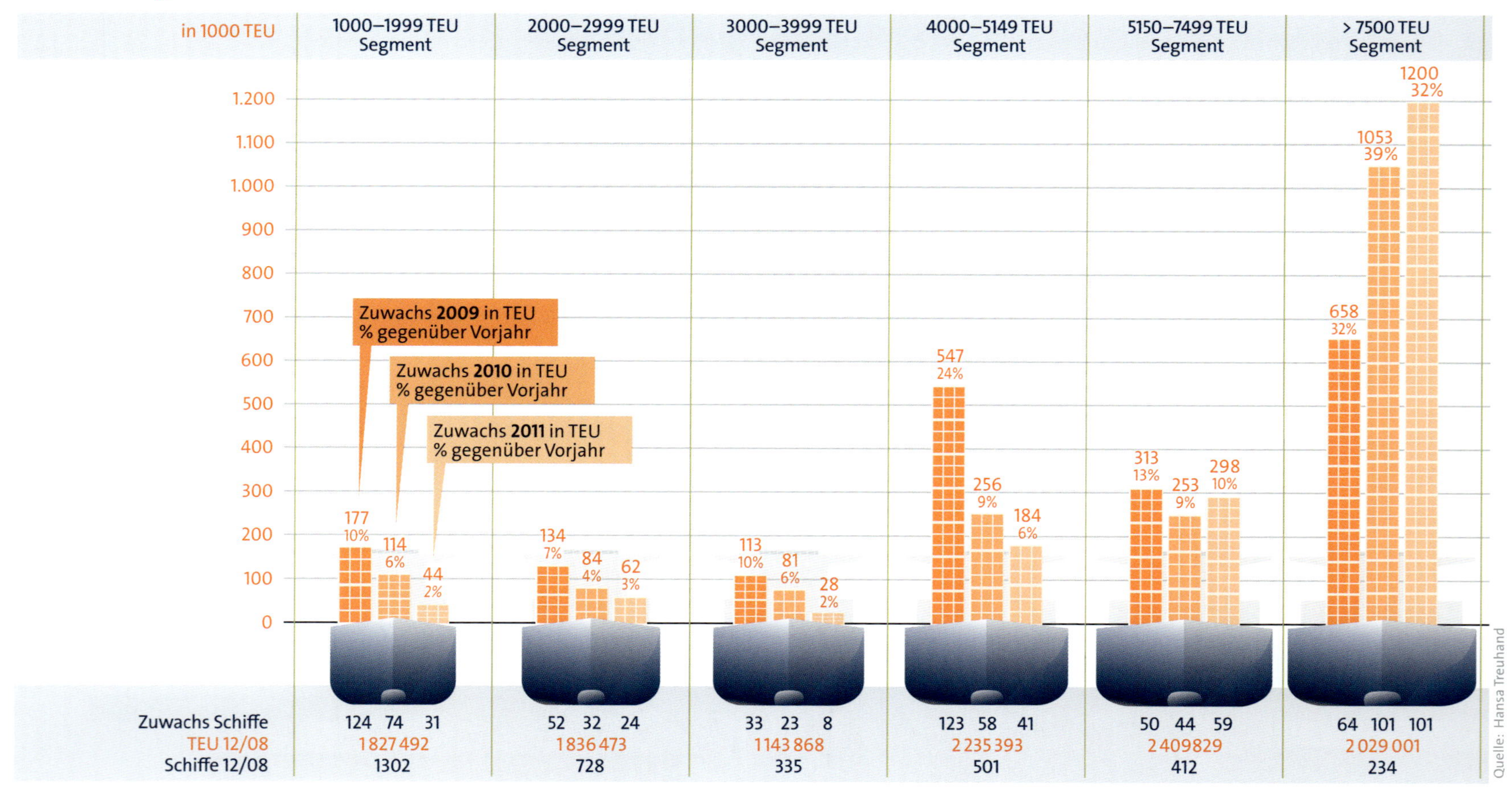

wirtschaftlich einsetzbar seien, werde mehrheitlich bezweifelt. Sie wären äußerst unflexibel, weil sie ausschließlich im Fahrtgebiet Fernost einsetzbar seien und auf beiden Seiten nur eine an einer Hand abzählbare Anzahl von Häfen anlaufen könnten. Wie diese aber, sollten derartige Schiffe tatsächlich kommen, die dann bei jedem Anlauf anfallenden riesigen Containermengen im Zu- und Ablauf bewältigen würden, stehe noch ganz fern in den Sternen. Dieses Nadelöhr aufzuknacken, also die erforderlichen adäquaten Hinterlandverbindungen zu schaffen und damit ein sich immer weiter verschärfendes Problem in der Containerlogistik zu beseitigen, wurde als wesentliche Aufgabe der Verkehrspolitik aller Ländern angesehen. Das galt selbstverständlich auch für die zu diesem Zeitpunkt erwarteten Schiffe unterhalb der 22 000-TEU-Grenze. Was komme, sei einerseits fraglich, andererseits wäre jedoch der Containerverkehr bisher schon immer für Überraschungen gut gewesen.

Eine der Überraschungen war, wenn auch nur beispielhaft, die Bestellung von sieben weiteren inzwischen Megaboxer genannten Großcontainerschiffen von jeweils 13 100 TEU durch die deutsche Reederei MPC Capital bei der koreanischen Werft Hyundai Heavy Industries in Ulsan mit Ablieferung des letzten Schiffes Mitte 2012. Und dies trotz des nicht berauschenden Ratenniveaus, trotz der nach wie vor durchaus noch verbreiteten Skepsis gegenüber diesen Großcarriern und trotz der ansonsten allgemeinen Zurückhaltung bei Neubestellungen. Risikobereit und optimistisch gegen den Strom schwimmen? Krise?

Vielfach wurde als Grund für die weitgehende Zurückhaltung bei den Neubestellungen die gewaltige Zahl der ohnehin in den nächsten zwei, drei Jahren neu zulaufenden Schiffe angeführt. Und damit verbunden waren die immer noch bestehenden Sorgen wegen latent drohender Überkapazitäten. Das hatte sicher seine Berechtigung, aber ebenso sicher gab es auch noch andere Gründe. Einerseits gab es für Ablieferungen vor 2012 kaum noch Bauplätze auf den Werften weltweit, und andererseits tat man sich schwer mit der Einschätzung, wie die Märkte in und nach dieser Zeit aussehen würden. So ist es verständlich, dass Neubestellungen nicht unbedingt auf der Tagesordnung der Reedereien standen. Außerdem gab es wohl kaum eine Werft, die trotz möglicher Gleitklauseln angesichts der rapide steigenden Material- und Arbeitskosten seriös kalkulierte Neubaupreise für 2012 und danach anbieten konnte. Aber, wie der MPC-Auftrag zeigte, war die Luft keineswegs gänzlich raus. Auch andere Reedereien sahen das so, wenn auch zunächst sehr viel verhaltener als in den vorangegangenen Jahren. Mut zum Risiko war eben schon immer ein Teil des Geschäfts gewesen. Immerhin sind 2012 trotz aller Befürchtungen doch (oder nur noch) insgesamt 70 Containerschiffe bestellt worden – mit einer Durchschnittsgröße von 8000 TEU.

Noch ein Wort zu den drohenden oder bereits seit Jahren bestehenden Überkapazitäten. Derartige Befürchtungen waren zwar keineswegs neu, haben die Reedereien aber auch in der Vergangenheit keinesfalls davon abgehalten, neue Schiffe zu bestellen und die Werften gerade in den Jahren zuvor mit einer bis dahin kaum erlebten Orderflut zu beglücken. Ohne den Begriff Überkapazitäten kleinreden zu wollen, es ist ein seit Beginn der modernen Handelsschifffahrt aus mancherlei Gründen immer wieder gern an die Wand gemaltes Schreckensszenario. Es gab jedoch durchaus auch Aspekte, die sie aktuell nicht ganz so schlimm erscheinen ließen. Das waren in erster Linie die in vielen Prognosen angeführten mehr oder weniger großen zu erwartenden Zuwachsraten der Weltwirtschaft. Wie weit denen zu vertrauen war, musste jeder für sich selbst oder für sein Unternehmen entscheiden. Weiter wurde wegen des von den meisten Reedereien zur Brennstoffeinsparung inzwischen eingeführten Slow Steaming der Schiffe zusätzliche Tonnage in den Diensten benötigt. Und schließlich lag es im Bereich des Wahrscheinlichen, dass etliche ältere Einheiten endlich ihre letzte Reise zu einer der Abwrackwerften antreten würden, denn wegen der in den guten Jahren gezahlten sehr hohen Raten war viel Alttonnage in Fahrt gehalten worden, da auch mit diesen Schiffen immer noch gutes Geld verdient worden war. Angesichts der zu dieser

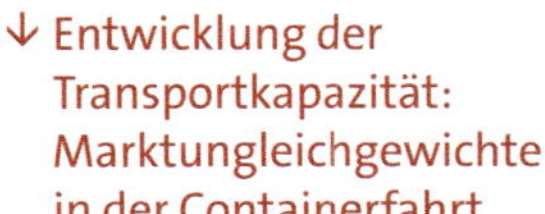
↓ Entwicklung der Transportkapazität: Marktungleichgewichte in der Containerfahrt

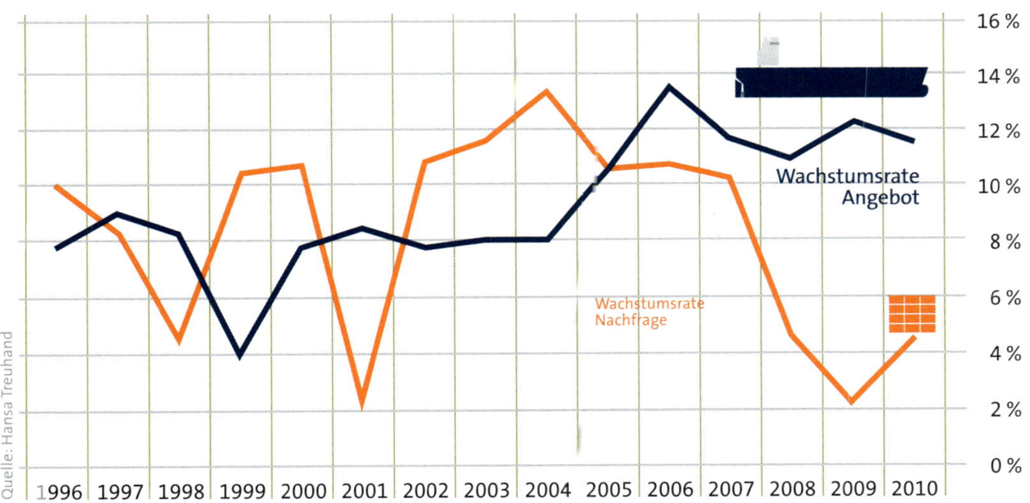

↓ Die Zahl der zum Abbruch gegebenen Containerschiffe, um damit das Flottenwachstum wenigstens etwas abzubremsen, blieb immer mehr oder weniger hinter der eigentlich erkannten Notwendigkeit zurück. Ältere Tonnage zu den Abbruchwerften schicken – hier Aufnahmen von den berüchtigten Abbruchständen in Südostasien – sollten immer nur die anderen.

Zeit hohen Schrottpreise wäre für die Eigner das Abwracken immer noch ein einigermaßen gutes Geschäft.

Zusätzlichen Einfluss auf eine Verringerung des Zulaufs neuer Tonnage ließ die aktuelle und sicher auch in der überschaubaren nächsten Zeit nicht abflauende Finanzkrise erwarten. Viele Schiffsfinanzierer und ebenso viele große, meist asiatische Werften hatten erhebliche Schwierigkeiten, die Zwischenfinanzierung der bestellten Neubauten zu bewerkstelligen. Zum einen agierten die ins Trudeln geratenen Banken sehr restriktiv, zum anderen waren die Kreditkosten kräftig gestiegen. Auch aus diesem Grund lagen bereits etliche der platzierten Orders auf Eis, weil sie sich mit den neuen Zinssätzen nicht rechneten.

Soweit das Stimmungsbild aus dem Jahr 2008. Es betraf zwar wesentlich die Schifffahrt, wäre aber ohne einen Blick auf die Häfen unvollständig. Dazu hieß es: »Ganz entscheidenden Einfluss auf die weitere Entwicklung der Containerverkehre vor allem auf den ladungsträchtigen Überseerouten wird der weiteren Anpassung, das heißt dem zügigen Ausbau der Häfen und ihrer Hinterland-Infrastruktur zukommen.« Das galt keineswegs nur für die großen, sondern auch für die zahlreichen mittleren und kleineren Häfen, die wichtige Funktionen für die Zubringer- und Verteilerdienste zu erfüllen haben. Allerdings bräuchten sich die großen Häfen nach Meinung von Ocean Shipping Consultants (OSC) vor den bisher lediglich nur projektierten noch größeren Containerschiffen überhaupt nicht fürchten. Bei Schiffen bis zu einer Kapazität von 15 000 TEU und einer Geschwindigkeit von 24,5 Knoten sei nämlich das Ende der Fahnenstange erreicht, hieß es. OSC verglich diesen Typ, für dessen Start die Emma Maersk 2006 das Signal gegeben hatte, in seiner Einschätzung mit dem Tankergeschäft in den 70er-Jahren. Auch damals habe es Höhenflüge in der Größenentwicklung bis hin zu Tragfähigkeiten von 500 000 tdw (ULCC) gegeben, die sich dann aber wieder sehr schnell auf deutlich kleinere Einheiten bis höchstens 300 000 tdw (VLCC) eingependelt hätten. Einer der Gründe dafür war, dass diese Schiffe wegen ihrer Größe nur sehr wenige Plätze anlaufen konnten.

Zwar bot die südkoreanische Werft Samsung bereits ein 16 000-TEU-Containerschiff an und STX, der Konkurrent im selben Land, sogar eines mit Stellplätzen für 22 000 TEU. Nach Erkenntnissen von OSC könnten Reedereien derartig große Schiffe jedoch nicht wirtschaftlich betreiben, selbst wenn sie im Idealfall nur zwischen zwei Häfen in Europa und Fernost hin- und herfahren würden. Bei einem Schiffsanlauf müssten dann mehrere Tausend Container geladen und gelöscht werden. Das würde eine Woche Zeit in Anspruch nehmen und die auf der Seestrecke durch den Einsatz eines großen Schiffes er-

Fotos (2): GL

reichten Transportkostenvorteile wieder aufheben. Dies zeigt einmal mehr auch die Hafen- und Hinterlandproblematik auf.

Auch die britischen Drewry Consultants sahen in den Häfen und deren Umfeld, sprich wiederum in der Bewältigung des Zu- und Ablaufs der Boxen, den entscheidenden Punkt. Bereits vorhergesagte Engpässe auf den Terminals hätten im vergangenen Jahr wegen des etwas rückläufigen Ladungsaufkommens zwar noch relativ gut bewältigt werden können, dennoch seien hohe Investitionen notwendig, um dem weiter zunehmenden Bedarf an Umschlagkapazitäten nachkommen zu können. Großen Bedarf gebe es vor allem in den Häfen in Mittelost, Südasien und Osteuropa, wobei die größte Lücke bis 2013 in Osteuropa klaffen werde. Weitere Problemzonen seien Ostseehäfen sowie Häfen in Südamerika und am Schwarzen Meer. Kapazitätsprobleme drückten jedoch auch in Nordwesteuropa und den USA. Sie ließen sich nur bewältigen, wenn das Investitionsvolumen auf dem bisherigen Niveau gehalten werden könne.

Was Deutschland betrifft, das sei dazwischengeschoben, könnte der Staat sich entschiedener um den nachhaltigen Ausbau der Hinterlandverbindungen kümmern. Die Privatindustrie war jedenfalls in jeder Beziehung investitionsbereit, forderte aber entsprechende Rahmenbedingungen, was nachvollziehbar war. Als negatives Beispiel kann Hamburg dienen und in ähnlicher Weise auch Bremerhaven. Dabei ging es schon damals, und das geht bis in die Gegenwart hinein, um die seit Jahren von der Hafenwirtschaft angemahnte Vertiefung des Fahrwassers der Elbe bis Hamburg und der Außenweser bis Bremerhaven. Beide Städte waren und sind in unterschiedlichem Maße abhängig von ihrer Hafenwirtschaft, und zwar mit allen ihren Funktionen, die sie nicht nur für die deutsche Wirtschaft, sondern auch als Transitplätze für die Nachbarländer in Mittel- und Osteuropa erfüllen. Um diese Positionen nicht nur sichern, sondern möglichst auch noch ausbauen zu können, bedarf es nun einmal des Ausbaus der Fahrwasser, denn allein damit kann mit der aufgezeigten Entwicklung der Schiffsgrößen Schritt gehalten werden. Bis sich das allerdings, bei aller Bereitschaft vonseiten des Staates und der Wirtschaft, hierzulande realisieren lässt, sind hohe politisch-administrativ aufgebaute Barrieren zu überwinden. Sie gibt es in dieser Form woanders auf der Welt wahrscheinlich nicht, zumindest nicht in dieser Dichte und aufschiebenden Wirksamkeit.

Dennoch ist trotz alledem zu hoffen, dass die deutschen Häfen als Tore für eine der wichtigsten Exportnationen der Welt weiter geöffnet sowie in ihren Möglichkeiten nicht im Dschungel von Behördenkompetenzen und Privatinteressen stecken bleiben und dadurch in die zweite Reihe abfallen. Soweit zur Lage der Häfen 2008.

↓ UASC Jazan (6919 TEU) gebaut 2008. Eines von acht gleichen Schiffen, die im koreanischen Ulsan für die United Arab Shipping Company entstanden sind.

Foto: UASC/Hapag-Lloyd

# Es wird eng

Für etliche Häfen in der Welt wird es wegen der unzureichenden Fahrwassertiefe und damit der Erreichbarkeit inzwischen eng. Das gilt etwa für den Hamburger Hafen. Er ist zwar nicht mehr der zweitgrößte, sondern »nur« noch auf Platz drei in Europa, aber für die deutsche Volkswirtschaft immer noch der bedeutendste. Wie prekär die Lage für ihn inzwischen geworden ist, verdeutlicht beispielhaft der Anlauf der MARIT MAERSK der dänischen Reederei Maersk Line. Sie war wenige Monate nach dem vorstehenden Situationsbericht Anfang 2009 als bisher längstes Containerschiff im Elbehafen abgefertigt worden. Der auf der konzerneigenen Werft in Odense entstandene Neubau war 367 Meter lang und damit 15 Meter länger als alle anderen Containerschiffe, die zuvor den Hafen angelaufen hatten. Die MARIT MAERSK hatte bei 42,80 Meter Breite nach Angaben der in dieser Hinsicht immer zu Untertreibungen neigenden Reederei eine Stellplatzkapazität von 7000 TEU. Externe Fachleute gingen jedoch von ungefähr 10 000 TEU aus, was sich später auch als zutreffend erwies.

Bei diesem damals Aufsehen erregenden Anlauf des Elbehafens, der auch entsprechend publiziert wurde, handelte es sich allerdings nicht um eine planmäßige Bedienung im Rahmen eines Liniendienstes, sondern lediglich um die Überführungsfahrt des Schiffes, die anschließend von der Elbe aus durch den Suezkanal weiter nach Südostasien ging. Von dort aus wurde der Neubau dann in den Transpazifikdienst der Reederei eingefädelt.

Und es ging mit derartigen »spektakulären« Anläufen weiter. Als nächstes größtes Schiff folgte, gleichermaßen publikumsträchtig als solches begrüßt, im April desselben Jahres die CMA CGM ANDROMEDA der in Marseille ansässigen Reederei CMA CGM, die bei 343 Meter Länge und einer Tragfähigkeit von 135 000 Tonnen eine Stellplatzkapazität von 11 356 TEU aufwies. Auch dieses in einem der Fernostdienste der Reederei verkehrende Schiff erreichte zwar noch ohne größere Schwierigkeiten den Hafen, allerdings gelang das nur, weil es, wie die MARIT MAERSK, lediglich teilabgeladen war, und das ist das bei derartigen Gelegenheiten immer lieber im Hintergrund gehaltene Problem. So war es auch bei den Anläufen der HYUNDAI TOGETHER (13 000 TEU) im April 2012 und der ebenso großen HANJIN SOHO im darauf folgenden Monat. Und so ist es bis heute geblieben.

Schiffe mit Stellplatzkapazitäten von 10 000 Boxen und mehr waren in zunehmendem Maße in die großen Verkehre zwischen Europa und Fernost sowie zwischen Fernost und Nordamerika-Westküste eingefädelt worden. Eine große Zahl weiterer sehr großer Neubauten kam sukzessive dazu. Sie kamen zwar auch nach Hamburg, wobei die Betonung auf »auch« liegt, konnten aber, wie bereits erwähnt, den Hafen wegen der mangelnden Fahrwassertiefe aber nicht voll beladen anlaufen und wieder verlassen. Eine Vorzugsposition als erster Anlauf-

↓ Für die Megacarrier wird es in vielen Häfen immer enger, wie hier in Hamburg. Rechts im Bild der Turm, in dem auch der Schiffsmeldedienst seinen Sitz hat, und …

Foto: HHM

und letzter Abgangshafen ist also nicht mehr gegeben – ein nicht zu unterschätzendes Argument in der Fahrplangestaltung der Reedereien.

Um die offenkundig für den Welthafen Hamburg zutage getretenen Hemmnisse zu beseitigen, wird seit mehr als zehn Jahren die Vertiefung des Elbfahrwassers um einen Meter angestrebt, wobei es richtigerweise gar nicht um eine Vertiefung geht, sondern um das Abglätten von Spitzen im Verlauf des Fahrwassers. Das aber konnte wegen zahlreicher Einsprüche vonseiten von Umweltschutzverbänden und anderer Kläger bisher nicht realisiert werden. Ziel ist es, Schiffen mit einem Tiefgang von bis zu 13,50 Metern die Einfahrt tideunabhängig zu ermöglichen. Schiffe mit einem Tiefgang bis zu 14,50 Meter sollen den Hafen künftig tideabhängig anlaufen können. Bislang liegen die Grenzwerte bei 12,50 Meter und 13,50 Meter.

Ursprünglich war der Beginn der dafür notwendigen Baggerarbeiten einmal für das Jahr 2007 vorgesehen. Mitte 2009 informierte dann das »Projektbüro Fahrrinnenanpassung« darüber, dass damit wegen vieler Einsprüche nicht vor Mitte 2010 begonnen werden könne, wahrscheinlicher sei aber noch 2011. Bis dahin müsse die Planfeststellungsbehörde nämlich zunächst die noch immer anstehenden 7200 gegen das Vorhaben gerichteten Einwendungen sorgfältig und aktenkundig abarbeiten, und erst im Anschluss daran könne der Entwurf des Planfeststellungsbeschlusses formuliert werden, hieß es weiter. Nicht zuletzt hat das alles zu immer weiter steigenden Kosten geführt. Sie waren einmal mit 350 Mio. Euro angegeben, Mitte 2009 hatte sich dieser Ansatz durch die fortwährenden Verzögerungen bereits um rund 100 Mio. Euro erhöht. Und so ging es weiter. Hinzu kommen die immensen Verwaltungskosten, die meistens in solchen Rechnungen nicht genannt werden. Und noch ist keineswegs Schluss. Nach weitergehenden Klagen der Natur- und Umweltschutzvereinigungen NABU und BUND erließ das Bundesverwaltungsgericht in Leipzig nach deren Eilantrag im Oktober 2012 einen Stopp für die geplanten Ausbaumaßnahmen. Nach Ansicht der Kläger verstoße die Elbvertiefung gegen die Vorschriften des Gewässer-, Gebiets- und Artenschutzes. Eventuell übergeordnete gesamtwirtschaftliche Erwägungen wurden nicht berücksichtigt. Allerdings hatte damit das Gericht mit ihrer juristisch unanfechtbaren Entscheidung noch keinen Entschluss in der Sache gefasst. Das musste der Hauptverhandlung vorbehalten bleiben, auf die nicht nur Monate, sondern auch Jahre zu warten war. Politik und Wirtschaft zeigten sich geschockt. 2018 ließ die endgültige Klärung und Entscheidung immer noch auf sich warten. Das Ganze ist ein weiteres Beispiel dafür, wie die überlangen Planungsabläufe in Deutschland gerade besonders wichtige Verkehrsinfrastrukturvorhaben über Jahre hinaus verzögern und in diesem Fall die Containerverkehre beeinträchtigen.

↓ ... die nautische Zentrale, von der aus der Schiffsverkehr gelenkt wird.

Foto: SMD/HPA

↓ Ein Schiff wie die CMA CGM ANDROMEDA kann mit 363 Meter Länge und voll abgeladen 15,5 Meter Tiefgang Häfen wie Hamburg nur noch eingeschränkt bedienen.

Foto: HHM

# Kein Ende der Krise absehbar – Die Flotten wachsen trotzdem

Insgesamt hatten die in der zweiten Hälfte 2008, Anfang 2009 mit voller Wucht und nahezu schlagartig ausgebrochene internationale Finanzkrise und in deren Folge die Weltwirtschaftskrise ganz erhebliche und vielfältige Auswirkungen gerade auch auf die weltweite Containerschifffahrt, die mit ihrem engmaschigen Netz die Basis für den Warenaustausch der Volkswirtschaften untereinander geworden war. Das galt selbst für die vielen Unternehmen, die man, von außen gesehen, eher Randbereichen zuordnen würde, die aber voll in die Verkehrsabläufe integriert und für diese unverzichtbar sind. So z. B. die größtenteils im Reich der Mitte arbeitenden Containerproduzenten, die wegen kaum noch vorhandener Nachfrage ihren Betrieb zurückfuhren oder ganz einstellten, ebenso die Container-Leasingfirmen, die zahlreiche Boxen von den Reedereien vorzeitig zurückgeliefert bekamen oder die Straßen- und Bahntransporteure, die mangels Aufträgen beträchtliche Teile ihrer Kapazitäten zeitweise stilllegen mussten. Mit allen Auswirkungen für die Beschäftigten – meistens hoch qualifiziertes, spezialisiertes Personal. Hier sollen zunächst in einer etwas erweiterten Momentaufnahme Auslöser, Auswirkungen, Gedanken und Prognosen aus dem ersten vollen Krisenjahr 2009 eingefangen werden, um dann das Geschehen in den Folgejahren zu betrachten.

Vor allem traf die Krise vor allem die drei größten Segmente des Containersystems, wenn auch die anderen kleineren im Verhältnis gesehen ebenso zu leiden hatten. Zwar griff alles ineinander über, war voneinander abhängig, aber Werften, Häfen und Reedereien hatten nun einmal volkswirtschaftlich eine ungleich höhere, zentrale Bedeutung.

Die Werften, die zuvor mit Aufträgen geradezu überschwemmt und verwöhnt worden waren und die, vor allem in Asien, ihre Kapazitäten großenteils mit kräftiger staatlicher Unterstützung exzessiv ausgebaut hatten, erlebten urplötzlich eine Flaute, die darin gipfelte, dass vorerst kein oder kaum noch ein Containerschiff bestellt wurde. Für viele Betriebe waren Schiffe dieses Typs das »tägliche Schwarzbrot« gewesen. Am 1. Februar 2009 standen weltweit zwar immer noch 1147 Containerschiffe mit zusammen 6,1 Mio. TEU in den Auftragsbüchern der Werften, aber es war der niedrigste Stand seit 16 Monaten und, es kam zunächst vor allem kaum etwas Neues dazu. Seit dem vierten Quartal 2008 war weltweit zunächst kein neues Containerschiff mehr bestellt worden. Zwar reichte der Auftragsbestand mancher Werft nach dem vorangegangenen Auftragsboom noch bis in das Jahr 2012 hinein, aber für die meisten sah es schlechter aus, zumal für solche, die, ohne in die Zukunft zu investieren, allein auf den Containerschiffsboom gesetzt hatten. Vor allem aber belastete die Frage, was denn danach kommen würde, die Beteiligten von Monat zu Monat immer stärker.

In den Häfen, die sich zuvor und zu Recht noch stets selbst als »Jobmaschinen« bezeichnet hatten und gar nicht genug qualifiziertes Personal bekommen konnten, gingen die Containerumschlagzahlen deutlich zurück, wenn auch an den verschiedenen Plätzen in unterschiedlichem Maße. Oder es verringerten sich, nicht zuletzt von China ausgehend, ebenso deutlich die vorher gewohnten hohen Zuwachsraten. Davon war in Europa vor allem der Hafen Hamburg betroffen, der zuvor immer von seinen hervorragenden China-Verbindungen profitiert hatte. Aber das alles verursachte bei den Häfen keineswegs generelle Zukunftsängste, da sie die hereingebrochene Krise nicht als strukturelle,

↓ MOL MATRIX, 6724 TEU, gebaut 2010 in Kobe.

Foto: Archiv HJW

sondern eher als eine konjunkturelle bewerteten. Sie gaben sich überzeugt und waren durchgängig der Meinung, dass es sich um eine vorübergehende Schwächephase handele, die sie nutzen wollten, um auf den nächsten Aufschwung besser vorbereitet zu sein. In diesem Zusammenhang warnten sie nachdrücklich davor, bestehende Ausbauvorhaben und geplante Infrastrukturmaßnahmen zu verschieben oder gar ganz aufzugeben. Viele von ihnen, wie z. B. Hamburg, waren bereits seit geraumer Zeit an der Grenze ihrer Kapazität angelangt und hätten weiteres Wachstum in dem zuvor erlebten Umfang so ohne Weiteres gar nicht mehr verkraften können. Die Krise als Chance? Ein damals als Mut machender Aspekt empfunden!

Ungleich stärker, selbst im Vergleich mit den Werften, waren die Folgen für die Containerreedereien und dort vor allem für die deutschen Trampreedereien. Sie hatten ihre Neubauten, vor allem initiiert durch Emissionshäuser, in teilweise nur als ausufernd zu bezeichnender Weise geordert. Nicht wenige Marktteilnehmer sprachen gerade ihnen eine Mitschuld an der Krise zu, zumindest was die Containerschifffahrt betraf. Keineswegs alle, aber viele von ihnen seien vor dem Hintergrund anhaltend großer Wachstumsraten im Weltseeverkehr und eines exorbitant hohen Ratenniveaus einfach zu gierig gewesen, hätten in zunehmend unverständlichem Maße neue Tonnage geordert und damit die enormen Überkapazitäten geschaffen, mit denen nun alle fertig werden müssten.

Aber wie auch immer, die Reedereien mussten reagieren, und sie taten es, neben ihren üblichen Klagen auch in vielfältiger Weise. Als eine der ersten Maßnahmen begannen sie, wie stets in solchen Situationen, wenn Ladung für die zu umfangreich vorhandenen Kapazitäten fehlte, Schiffe aufzulegen. Das war sicherlich zunächst einmal der nachhaltigste, wenn auch wohl ein schmerzhafter Schritt. Nach einer Information der französischen Consulting-Firma AXS-Alphaliner lagen Ende Februar/Anfang März 2009 bereits 453 Containerschiffe mit einer Stellplatzkapazität von 1,35 Mio. TEU auf, was damals mehr als zehn Prozent der zur Verfügung stehenden Kapazität entsprach. Tendenz weiter deutlich steigend, wobei weltweit die vorhandenen Aufliegerplätze bereits knapp geworden waren. Unter den Aufliegern waren zu diesem Zeitpunkt 23 Einheiten mit Stellplätzen zwischen 7500 und 10 000 TEU sowie 58 mit solchen zwischen 5000 und 7500 TEU. Ende April dümpelten nach derselben Quelle bereits allein 42 Schiffe mit Stellplätzen von jeweils über 6000 TEU beschäftigungslos vor sich hin. Mitte Oktober waren es insgesamt 568 Schiffe mit 1,35 Mio. TEU – die bis dahin traurige Höchstzahl. Zum Ende des Jahres 2009 erwarteten Marktbeobachter eine weitere Zunahme der aufgelegten Schiffe.

Da man sich nach allgemeiner Einschätzung auf eine längere Dauer dieses Zustands einstellen musste, wurden nicht nur neue Plätze gesucht, sondern es wurden darüber hinaus spezielle Programme für die Instandhaltung der in unterschiedlichen Zuständen außer Betrieb genommenen Schiffe entwickelt. Als ein vielleicht marginaler, aber dennoch positiver Nebeneffekt ist im Zusammenhang mit

↓ Vier Containerschiffe der Hamburger Reederei Claus-Peter Offen als Auflieger im Kieler Ostuferhafen. Ende Februar, Anfang März 2009 lagen bereits 453 Containerschiffe mit 1,35 Mio TEU auf, etwas mehr als 10 Prozent der damals vorhandenen Kapazität.

den Aufliegern zu vermerken, dass nach Beobachtungen von AXS Alphaliner Reedereien zunehmend die wachsende Zahl der aufliegenden Containerschiffe wenigstens zeitweise als Zwischenlager für leere Container nutzen. Das sei kostengünstiger, als die derzeit nicht benötigten Boxen auf den Terminals im Hafen oder in Inlanddepots zu stauen, hieß es. Laut Alphaliner waren besonders viele dieser »Zwischenlagerschiffe« in Singapur, Hongkong und der chinesischen Hangzhou Bay ausgemacht worden. In Singapur sollen »wild« auf Reede ankernde Schiffe, allerdings nicht nur Containerschiffe, sogar zu einem nautischen Problem geworden sein. Das wurde zwar von der Singapore Maritime and Port Authority (MPA) bestritten, da sie alles »im Griff« habe, so wie alle Behörden des streng regierten Stadtstaates Singapur stets alles »im Griff« hatten und haben.

Auch die Schiffsversicherer stellten sich auf die Situation ihrer Kunden ein und gewährten Prämienreduzierungen bzw. Rückerstattungen, deren Höhe vom Grad der Stilllegung (»warm« oder »kalt«) sowie von äußeren Faktoren (Liegeplatz, Hafen) abhängig gemacht wurde.

Leere Container, es gab inzwischen Hunderttausende, waren neben den aufgelegten Schiffen zu einem weiteren großen Problem geworden. Sie bis zur Wiederverwendung in Depots oder auf den Terminals zu lagern kostete ihren Eigentümern, wie erwähnt, Geld, und zwar nicht zu knapp. Deshalb wurden nicht nur aufgelegte Schiffe als Zwischenlager genutzt, sondern auch fahrende Einheiten in die entsprechenden Überlegungen einbezogen. Freie Stellplätze an Deck, die gab es damals reichlich, wurden mit Leercontainern belegt und so über die Meere kutschiert. Selbst wenn dabei in den Häfen Umschlagkosten für das Umsetzen der Boxen anfielen, um den Weg für den Umschlag voller Container frei zu machen, sei das immer noch günstiger, als die leeren Container über längere Zeiten an Land zu lagern, hatten einige Reedereien errechnet. Teilweise wurden nicht gebuchte Stellplätze an Deck auch genutzt, um Leercontainer gezielt nach China zu bringen, in der Hoffnung, dass sich dort irgendwann am ehesten Ladung für sie finden würde. Als ein Extremfall kann die EUGEN MAERSK gelten. Das mit 13500 TEU Stellplatzkapazität eines der seinerzeit größten und jüngsten Containerschiffe der Welt wurde im Mai 2009 fast ausschließlich mit leeren Containern beladen nach Fernost auf die Reise geschickt.

Mehr als 400000 leere Container sollen sich allein in den ostasiatischen Boomhäfen Shenzhen und Hongkong getürmt haben, berichteten zur gleichen Zeit die »AXS Alphaliner News«. In anderen chinesischen Häfen sehe es nicht besser aus. In diesem Zusammenhang drang auch ein Kuriosum an die interessierte Öffentlichkeit, nämlich dass einige Häfen im Reich der Mitte ihren großen Kunden seit Längerem kostenfreie Lagerplätze für Leercontainer anbieten würden. Damit wollten sie, so wurde gemutmaßt, auf und von den Terminals den Eindruck erwecken, dass sie nach wie vor trotz Krise gut beschäftigt seien. Wenn's stimmt, ist auch gut.

Noch drastischer als das Auflegen von Schiffen war deren Verschrottung, wobei es in diesem Segment nur um Alttonnage ging, die in den vorangegangenen Boomjahren, solange es ging, in Fahrt gehalten worden war, weil auch mit ihr noch erklecklich Geld verdient werden konnte. Seit Beginn der Krise sind dann auch sofort vermehrt ältere Schiffe zum Abbruch verkauft worden. Zu diesem Zeitpunkt befanden sich allerdings die vorher sehr

Foto: BLG

← Die MAERSK SEMARANG hat eine Stellplatzkapazität von 8400 TEU – sieht zwar voll bepackt aus, der Megacarrier, aber wie viele der Boxen sind leer?

hohen Schrottpreise ebenfalls bereits in freiem Fall. Auch eine Folge der deprimierenden wirtschaftlichen Lage in der Welt. Zwar nahm in der Folgezeit die Abbruchtätigkeit weiter zu, aber eine spürbare Entlastung der Märkte dadurch werde sich jedoch in Grenzen halten, da die weltweite Containerschiffsflotte im Durchschnitt noch ziemlich jung sei, schätzte Mitte 2009 Lloyd's Register-Fairplay die Lage ein. Nach deren Recherchen würden in den kommenden Jahren lediglich 900 000 TEU verschrottet werden. Im ersten Halbjahr 2009 gingen 94 Containerschiffe mit insgesamt 184 000 TEU diesen Weg allen alten Eisens. Nach Mitte August 2009 veröffentlichten Angaben von Alphaliner sollen bis dahin im Laufe des Jahres 148 Containerschiffe mit 275 000 TEU an Abbrecher verkauft worden sein. 85 davon gehörten Linienreedereien, 63 Trampreedereien, also solchen, die ihre Schiffe verchartern.

Trotz der zwischenzeitlich deutlich wieder zurückgegangenen Brennstoffpreisen gehörte auch das Slow Steaming wieder oder weiter zu den Sparprogrammen der Reedereien. Nicht nur dadurch wurden die Rundreisezeiten länger, sondern auch durch das Anlaufen zusätzlicher Häfen, um auf diese Weise mehr Ladung, sprich Boxen, einsammeln zu können.

Um die hohen Kosten für eine Suezkanal-Passage zu sparen, die in der Endabrechnung der Reedereien immer mit stolzen Summen zu Buche schlug, nahm eine ganze Reihe von ihnen zumindest für Teildienste die längere Reise von Europa nach Fernost und zurück die Route um das Kap der Guten Hoffnung herum in Kauf. Ein zusätzlicher Effekt dabei war, dass dadurch auch der Versicherungszuschlag für die ansonsten notwendige Querung der gefährlichen, von Piraten verseuchten Gewässer im Bereich des Horns von Afrika vermieden werden konnte. Sie ist bei Nutzung des Suezkanals unumgänglich. Nach einer Auskunft der französischen Reederei CMA CGM belief sich die Gesamtersparnis damals auf dieser mehrere zusätzliche Tage dauernden längeren Route trotz des höheren Treibstoffverbrauchs auf immerhin noch rund 300 000 USD pro Schiff und Rundreise.

Die Möglichkeiten, Treibstoff zu sparen, erwiesen sich als vielfältig, soweit man sie erst einmal im Blick hatte und zu verfolgen begann. Das ging insgesamt weit über das Slow Steaming hinaus bis hin zu immer weiter optimierten Rumpfformen und speziellen Antifouling-Beschichtungen des Rumpfes. Darauf ist bereits ausführlicher eingegangen worden. Unter dem Eindruck des Geschehens war man in der Branche sogar bereit, völlig neue, unkonventionelle Wege in Betracht zu ziehen. Das war in der überwiegend sehr konservativ eingestellten Reedereibranche allerdings schon immer der Fall gewesen, und zwar immer dann, wenn sich aus unterschiedlichen Gründen Sparzwänge drängten. Wie weit das gehen konnte und welche Möglichkeiten einbezogen wurden, zeigt beispielhaft ganz deutlich ein zu dieser Zeit eingeleitetes Vorhaben der Gesellschaft für angewandten Umweltschutz und Sicherheit im Seeverkehr GAUSS mbH, Bremen, das gleichzeitig auch dem Umweltschutz dienen sollte.

Unterstützt vom Deutschen Zentrum für Luft- und Raumfahrt (DLR) wollte GAUSS untersuchen, wie sich aus Informationen wetterunabhängiger Radarsatelliten Hinweise auf Meeresströmungen ableiten ließen. Diese sollten zusammen mit meteorologischen und Seegangsmodellen genaue Informationssysteme und Vorhersagedienste ermöglichen. Bei GAUSS war man davon überzeugt, dass mit derartigen Meeresströmungs-Vorhersagediensten

Foto: Liebherr

← Die 2000 in China gebaute E.R. BERLIN in Montevideo. Der Umschlag der Boxen erfolgt per Mobilkran. Auch das gibt es noch.

für die Schifffahrt mit einer darauf abgestimmten Routenführung während der Reise der Gegenstrom reduziert bzw. der Mitstrom optimal genutzt werden könne und sich so der Treibstoffverbrauch der Schiffe senken ließe. Damit könnten, so das Ziel, nicht nur Einsparungen erreicht, sondern zusätzlich der Ausstoß schädlicher Emissionen verringert werden. Die Meeresströmungen erreichen in manchen Gebieten bis zu fünf Knoten Geschwindigkeit. Vier Bremer Reedereien stellten Schiffe für dieses Vorhaben zur Verfügung, das von der Europäischen Union und vom Bundesland Bremen finanziell gefördert wurde.

Die Krise zwang letztlich alle Reedereien dazu, nach allen möglich erscheinenden Ansätzen zu suchen, wie und wo gespart werden konnte, und sie, soweit angebracht, zu nutzen. Das galt sowohl für die operativen Abläufe wie für den strukturellen Bereich. Das sei eine absolute Notwendigkeit, denn keine Containerreederei in der Welt könne von sich sagen, dass sie heute noch Geld verdiene, formulierte es Dr. Ottmar Gast als Chef der Hamburg Süd im April 2009 sehr deutlich. Alle Reedereien hätten daher durchgreifende Sparprogramme aufgelegt. Bei der Hamburg Süd sollten beispielsweise bis zu 300 Mio. Euro im Jahr eingespart werden, bei der französischen CMA CGM, der Nummer drei unter den großen Containerreedereien, wurden 500 Mio. Euro angepeilt. Bei der arg ins Schlingern geratenen Hapag-Lloyd AG sollte das Einsparungsziel sogar noch höher liegen. Dennoch haben die beiden erstgenannten Reedereien erklärt, dass sie trotz allem an ihren bestehenden Neubauprogrammen festhalten würden. Bei der Hamburg Süd waren es mit Stand April 2009 noch 15 bestellte Schiffe, bei CMA CGM sogar 52, vor allem sehr große Einheiten, die bis 2012 in Fahrt kommen sollten. Das kann durchaus als Vertrauensbeweis für eine in absehbarer Zeit erwartete Erholung des Marktes gewertet werden. Auch bereits geschlossene Charterverträge für noch kommende Neubauten wollten beide Reedereien einhalten.

Gründlich bewertet wurden jedoch natürlich von allen Linienreedereien die Charterverträge, die zur Erneuerung anstanden. Hier ließen vor dem Hintergrund des allgemein reduzierten Bedarfs und des Überangebots weitaus bessere Raten aushandeln als in den vorangegangenen Jahren, in denen sie zeitweise wegen Tonnageknappheit schwindelerregende Höhen erreicht hatten. Bei CMA CGM standen im Laufe des Jahres 2009 immerhin 180 derartige Kontrakte an, die überprüft werden mussten. Allein hier könnten Einsparungen in dreistelliger Millionenhöhe erreicht werden, hieß es. Kein kleiner Brocken also. Mit der Übernahme der CMA CGM Vancouver (5744 TEU) Ende Juni 2009 überschritt CMA CGM übrigens nach Maersk und MSC mit der von ihr eingesetzten Flotte als dritte Reederei die Eine-Million-TEU-Marke. Ob das in Anbetracht der damaligen Situation jedoch ein Grund zum Feiern war, sei dahingestellt.

↓ Die Krise zwang letztlich alle Reedereien dazu, nach Ansätzen zu suchen, wie und wo gespart werden konnte. Bei der Hamburg Süd sollten beispielsweise 300 Mio. Euro im Jahr eingespart werden. Die Rio de la Plata (5905 TEU) gehört zu einer in Südkorea gebauten Sechserserie.

Foto: Hamburg Süd

## Einige Reedereien als Beispiele

CMA-CGM-Chef Jacques Saadé ging im September 2009 angesichts der Krise sogar so weit in die Offensive, dass er an die Europäische Union, die nationalen Regierungen und die Banken appellierte, »die drei großen europäischen Reedereien Maersk Line, MSC und CMA CGM zu erhalten und damit den Fortbestand der Seeschifffahrt in Europa zu sichern«. Dieser Vorschlag wurde allerdings vom dänischen Reederverband umgehend strikt abgelehnt. Hierbei könnte durchaus Maersk die Musik bestimmt haben, denn diese Reederei ist nur Teil eines riesigen, breit aufgestellten Konzerns und konnte somit zeitweise auftretende Verluste besser verkraften als solche, die einseitig konzentriert nur auf das Containergeschäft gesetzt hatten. Ersteres traf übrigens auch auf die in den Oetker-Konzern eingebundene Hamburg Süd zu. Für sie galt immer noch die Aussage eines ehemaligen Konzernchefs, der sich sinngemäß dahin geäußert haben soll, dass es unter seiner Führung keine einseitige Konzentration auf eine Sparte geben werde. Es sei so, dass, wenn einmal der eine Teilbereich kein Geld verdiene, dies konzernintern mit den Gewinnen anderer ausgeglichen werde. Wichtig sei, was unter dem Strich übrig bleibe. Das habe sich bewährt.

Die Nummer zwei in der Welt der Containerschifffahrt, MSC, wollte dagegen, so wie es Ende Juli 2009 nach Aussagen von deren Chef Gianluigi Aponte in der Londoner »Financial Times« zu lesen war, zunächst nicht weiter wachsen und die gegenwärtige Kapazität halten. Dazu sollen ältere Schiffe zum Abbruch gegeben und, wo es möglich war, Charterverträge nicht weiter verlängert werden. Das werde dazu führen, so Aponte, dass weniger Schiffe mit insgesamt gleicher Kapazität eingesetzt würden. Wie sich das mit den bis 2011 zulaufenden sehr großen Neubauten, die elf Prozent der gegenwärtigen Flotte darstellten, machen lassen würde, blieb trotz der eher bescheidenen Abwrackquote erst einmal das Geheimnis des Herrn Aponte, der in der Branche stets als verschlossen bezeichnet wurde. Ende Mai 2009 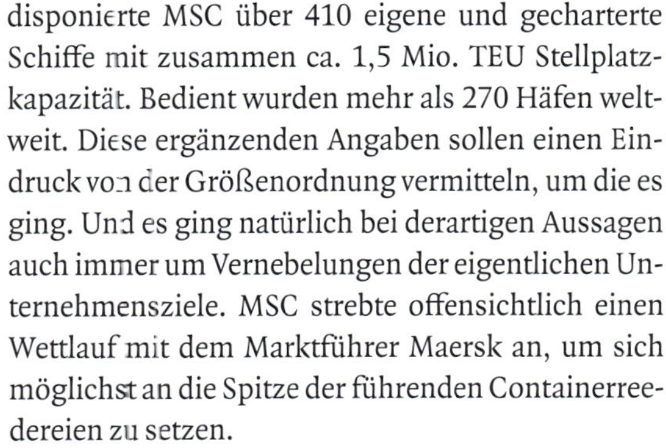disponierte MSC über 410 eigene und gecharterte Schiffe mit zusammen ca. 1,5 Mio. TEU Stellplatzkapazität. Bedient wurden mehr als 270 Häfen weltweit. Diese ergänzenden Angaben sollen einen Eindruck von der Größenordnung vermitteln, um die es ging. Und es ging natürlich bei derartigen Aussagen auch immer um Vernebelungen der eigentlichen Unternehmensziele. MSC strebte offensichtlich einen Wettlauf mit dem Marktführer Maersk an, um sich möglichst an die Spitze der führenden Containerreedereien zu setzen.

↓ Die 2009 in Fahrt gebrachte CMA CGM ANDROMEDA hat eine Stellplatzkapazität von 11400 TEU.

In ernste Turbulenzen geraten ist neben anderen auch Deutschlands einstige Renommierreederei Hapag-Lloyd. Nachdem erst 2008 eine Übernahme durch die singapurische Neptune Orient Lines (NOL) mit dem Engagement eines Hamburger Konsortiums »Albert Ballin« verhindert worden war, schlugen 2009 die Auswirkungen der weltweiten Finanz- und Wirtschaftskrise voll durch. Hinzu kamen interne Probleme und unterschiedliche Auffassungen der Gesellschafter, wie die Krise zu überwinden sei. Fazit war, dass die Reederei 1,75 Mrd. Euro frisches Kapital benötigte, um längerfristig die Krise durchstehen zu können. Davon sollten 750 Mio. Euro von den Eigentümern kommen. Eine Milliarde Euro waren als Bankkredite geplant, für die der Bund eine Bürgschaft übernehmen sollte. Um das Unternehmen aktuell liquide zu halten, war dessen 25,1-prozentiger Anteil am Hamburger Containerterminal Altenwerder für 315 Mio. Euro an drei Partner des Eignerkonsortiums verkauft worden. Gleichzeitig hatte Hapag-Lloyd einen rigiden Sparkurs angekündigt, der unter dem Strich 560 Mio. Euro einbringen sollte. Dieses Konzept ist im September 2009 nach Genehmigung der Bundesbürgschaft auf den Weg gebracht worden.

Einen anderen Weg stellte sich die tief in den roten Zahlen steckende chilenische CSAV-Gruppe vor. Sie verhandelte (Stand: Ende April 2009) intensiv über eine Rekapitalisierung, wobei es nicht nur um frisches Geld für das laufende Geschäft ging, sondern auch um die Finanzierung der bei mehreren Werften für insgesamt rund 817 Mio. USD bestellten Neubauten. Als einen Teil der Refinanzierung

Foto: Global Terminals/Hapag-Lloyd

↑ Hapag-Lloyds ANTWERPEN EXPRESS (13 169 TEU), einlaufend Vancouver.

wollte CSAV die noch ausstehenden Ratenbeträge für die von ihr gecharterten Containerschiffe, etwa 90 von 21 Reedereien, darunter stark beteiligt deutsche, mit Forderungen von etwa 400 Mio. USD in Beteiligungen von zusammen 15 bis 17 Prozent am Gesamtkapital umwandeln. Auch mit neuen Beteiligungen und Allianzen wurden also die Karten neu gemischt, um die Krise zu überstehen – vielleicht. Die Hoffnung stirbt zuletzt, heißt es ja in einem gängigen Spruch.

Im ersten Halbjahr 2009 hat das Unternehmen nach einem Bericht des »Journal of Commerce« 412,6 Mio. USD Verlust eingefahren, nach einem Gewinn von 18,3 Mio. USD im gleichen Zeitraum des Vorjahres. So schnell konnte das gehen. Nach anderen Berichten schien das Sanierungskonzept jedoch aufzugehen, vorerst jedenfalls. Wie das Unternehmen Mitte Juli 2009 berichtete, seien die Vorbereitungen für eine Kapitalerhöhung erfolgreich abgeschlossen worden. Die bisherigen Aktionäre hätten in einem ersten Schritt mehr als das erwartete neue Kapital bereitgestellt, weiteres solle in einem zweiten Schritt folgen, und schließlich würde dann die Beteiligung von den Reedereien erwartet, die Schiffe an die CSAV verchartert hätten. Aus deren Kreisen war zu erfahren, vertraulich natürlich, dass man wohl bei dem Konzept mitmachen wolle oder müsse. So bleibe zumindest die Erwartung, irgendwann von dort einmal wieder Geld zu sehen – vielleicht.

Einen Erfolg hatte die Reederei zwischenzeitlich auch bei der Anpassung ihres Neubauprogramms verzeichnen können. Wie Ende August 2009 bekannt geworden war, sei es ihr gelungen, vier bei Koreas Samsung Heavy Industries georderte 12 500-TEU-Schiffe in fünf 8000-TEU-Schiffe umzuwandeln und deren Ablieferung bis auf 2012, also etwa ein Jahr nach hinten, zu verschieben. Sogar auf der Preisseite konnte ein Vorteil erreicht werden. Während die 12 500-TEU-Neubauten 161 Mio. USD pro Stück gekostet hätten, lag der ausgehandelte Preis bei den 8000-TEU-Schiffen bei jeweils 125 Mio. USD. Insgesamt konnten so nicht nur »handlichere« Schiffe erwartet, sondern unterm Strich sogar noch 19 Mio. USD gespart werden.

Das Modell CSAV wollte sich auch die israelische Linienreederei ZIM Navigation zu eigen machen. Neben den Gesellschaftern sollten auch dort die Eigner der eingecharterten Schiffe einen Beitrag leisten. Die Reederei erwartete bis einschließlich 2013 einen negativen Cashflow in Höhe von 1 Mrd. USD. Um das Unternehmen über Wasser zu halten, hatte die ZIM-Muttergesellschaft Israel Corp. Anfang August 2009 einen Restrukturierungsplan vorgelegt. Der sah eine Kapitalerhöhung um 350 Mio. USD und die Umwandlung eines Gesellschafterdarlehens über 100 Mio. USD vor. Darüber hinaus sollten die Eigner der 59 von ZIM eingecharterten Containerschiffe der Umwandlung von Forderungen aus den laufenden Verträgen in Aktien zustimmen. Nach Mitteilung der Israel Corp. ging es dabei um rund 150 Mio. USD. Auch hier waren, wie bei CSAV, deutsche Vercharterer betroffen. Von der griechischen Danaos Group, die sechs Containerschiffe an ZIM verchartert hatte, hieß es dazu, dass die Charterraten einseitig um 35 Prozent gekürzt worden seien. Weiterhin hatte ZIM zu diesem Zeitpunkt bereits einen Neubauauftrag über sechs Containerschiffe unter Verzicht auf deren Anzahlung storniert. Für weitere 14 Schiffe wurde mit den Werften eine Verschiebung der Aufträge ausgehandelt, so beispielsweise sollten nun vier 10 000-TEU-Schiffe von der koreanischen Hyundai Samho Shipyard nicht, wie ursprünglich geplant, 2010 abgeliefert werden, sondern erst 2014/15. Bei Verhandlungen mit einer anderen koreanischen Werft ging es (September 2009) um die Verschiebung der Ablieferung von neun 12 600-TEU-Schiffen, die ebenfalls 2010 in Fahrt kommen sollten. Das war ein Verfahren, das viele Reedereien häufig versuchten zu praktizieren, wobei klar war, dass sie damit die Probleme nur vor sich herschoben.

Einsparmöglichkeiten gab es über diese großen Posten hinaus noch viele, wobei auch kleinere Beträge zählten, getreu noch dem Motto »Kleinvieh macht auch Mist«. Letztlich ging es darum, was unter dem Strich zusammenkam. Manches mutete dann aber doch schon etwas kurios an, so, wenn beispielsweise die Maersk Line ihren Schiffsbesatzungen bei deren Mahlzeiten an Bord keine herkömmlichen Servietten mehr zur Verfügung stellte, sondern nur noch Papiertücher. Erhoffte Ersparnis: 60 000 USD im Jahr. Allerdings auch keine kleine Summe, aber schließlich betrieb Maersk die mit Abstand größte Containerschiffsflotte der Welt, mit vielen Schiffen und vielen Mitarbeitern an Bord. Eine weitere als schwerer wiegend empfundene Maßnahme war die Entscheidung, dänisches Schiffsführungspersonal, 170 Mitarbeiter insgesamt, gegen billigeres ausländisches auszutauschen.

↓ Übersee-Containerschiff und Feederschiff mit gleichem Ziel: Hamburg.

Foto: HHM

## Krisenmodelle

Und auch das gehört dazu: Mehr als 30 deutsche Reedereien hatten, um die Auswirkungen der Containerschifffahrtskrise abzufedern und die Risiken zu verteilen, das bereits seit 2002 bestehende, aber bisher nie wirksam gewordenes Solidaritätsmodell »Containership Association« aktiviert. Danach zahlten die Mitglieder für jedes ihrer in diese Gemeinschaft eingebrachte Schiff einen Beitrag in einen Solidarfonds ein. Der sollte dann dazu verwendet werden, für solche Schiffe eine Unterstützung zu zahlen, die keine Beschäftigung hatten und vorübergehend stillgelegt werden mussten oder sich in Warteposition befanden. Derartige Poolbildungen, immer mehr oder weniger auf Zeit angelegt, haben nicht nur in der deutschen, sondern in der gesamten internationalen Schifffahrtswelt eine lange und bewährte Tradition.

Außerdem hatten Schiffsmakler in Hamburg gemeinsam mit Banken und Wirtschaftsprüfern einen neuen Ansatz für die Schiffsbewertung entwickelt. Der sollte verhindern, dass niedrige Marktwerte der Schiffe auf die Kreditvergabe an die Reedereien durchschlugen. Dieser neue Schiffsbewertungsstandard orientierte sich nach Aussage der Initiatoren nicht nur, wie bei Banken üblich, am aktuellen Zeitwert, sondern an einem mittelfristigen Maßstab unter Berücksichtigung der (eventuell) zu erwartenden Ertragssituation.

Auch die Banken waren in hohem Maße betroffen, von der allgemeinen Krise ohnehin, zumal sie diese durch weitverbreitetes, teilweise skandalös unverantwortliches Handeln sogar mit ausgelöst hatten. Hier ging es speziell um die Kreditvergabe für Containerschiffsneubauten, die in der Rückschau nicht zuletzt eine der Voraussetzungen dafür war, die weltweit in diesem Segment führende deutsche Flotte aufzubauen. So saßen also auch die Geldhäuser tief mit im »schwarzen Loch«. Denn wenn ein Containerschiff, das sie mit- oder sogar ganz finanziert hatten, aufgelegt wurde oder es auch sonst die erwarteten auskömmlichen Raten nicht verdiente und deswegen Zinsen und Tilgung gar nicht oder nur teilweise gezahlt werden konnten, dann sah es auch für die jeweilige Bank nicht gut aus. Sie hätte zwar theoretisch auf ihre Sicherheit – das Schiff – zurückgreifen und es – theoretisch – versteigern lassen können, aber das Schiff war wegen der Krise schlicht kaum noch etwas wert. Es war nicht unterzubringen, weil es einfach zu viele Containerschiffe gab. Die Secondhand-Preise waren nämlich genau so schnell gefallen wie die Fracht- und Charterraten. Die Bank müsste also mit

Verlust aussteigen, was ja eigentlich nicht Sinn der Sache sein sollte. Was also war zu tun? Was konnte getan werden? Schlüssige Antworten auf diese Fragen zu finden hatte viele der vorher so großartigen Bankmanager inzwischen recht kleinlaut gemacht.

Generell hatten die Banken angesichts der tief greifenden Misere ein großes eigenes Interesse daran, ihren Schifffahrtskunden dabei behilflich zu sein, die Krise durchzustehen, indem sie beispielsweise Kredite prolongierten. Das fiel ihnen jedoch schwerer als zuvor, denn diese Krise war ja nicht nur auch, sondern vor allem ihre Krise. Was sie allerdings trotz aller Kundenbindung und schätzenswertem Kundenverständnis versuchten, war, wo es möglich erschien, sich aus schon gegebenen Kreditzusagen zurückzuziehen. Das war durchaus verständlich und nahe liegend, denn wer will schon ein noch nicht gebautes Schiff finanzieren, für das es nach seiner Ablieferung auf absehbare Zeit keine Beschäftigung gab und das also somit auch kein Geld für die Kreditabtragung verdienen konnte.

Eine andere Qualität hatte das Verhalten der koreanischen Eximbank, die in großem Umfang bei den auf den Werften des Landes platzierten Neubauten eingeschaltet war und nun zunehmend, so wurde berichtet, europäische Containerschiffsreedereien verstimmte. Sie verlangte nämlich für bereits finanzierte und zur Ablieferung bereite Neubauten plötzlich eine höhere Beteiligung der Eigner. Auch das zeigt einmal mehr die große Misere, in die die gesamte Branche geraten war. Darüber informierte ein Beitrag in der August-Ausgabe 2009 der Fachzeitschrift »HANSA«, wonach die Bank damit argumentiere, »dass der ursprüngliche Wert dieser im Höchstmarkt bestellten Schiffe erheblich gesunken sei. Bisher betraf es die Containerreedereien CMA CGM und MSC, andere Reedereien könnten jedoch bald folgen. So verweigert CMA CGM als einer der führenden Kunden für Containerschiffsneubauten die Abnahme ihrer Tonnage, solange die Bank auf der Einhaltung der ›Loan-to-Value-Clause‹ besteht. Diese beinhaltet, dass der Kreditnehmer seinen Anteil erhöhen muss, wenn das Loan-to-Value-Verhältnis sich verschlechtern sollte.

Nach Ansicht der Reedereien handelt es sich hier jedoch um ein Problem zwischen der Bank und der Bauwerft. Eximbank wiederum beharrt darauf, sie habe keine vertraglichen Vereinbarungen mit der Werft und verfolge lediglich die gleiche Politik wie die anderen betroffenen Banken. Das wird von den Reedereien bestritten. So sollen der israelischen Reederei ZIM mittlerweile neue Finanzhilfen in Korea eingeräumt worden

Foto: Samsung

sein, um im letzten Monat zwei Neubauten übernehmen zu können. Das könnte, so hofft man bei CMA CGM, den Weg zu einer Lösung dieser Frage auch bei anderen Reedereien eröffnen. Dabei müssen mehrere Hürden genommen werden. Zudem bleibt es schwierig, die aktuellen Schiffswerte zu ermitteln, da es praktisch keine vergleichbaren zeitnahen Schiffsverkäufe auf dem Secondhand-Markt gibt. Ein 12 000-TEU-Schiff, das im Jahre 2007 noch 160 Mio. USD gekostet hat, würde heute unter der Hand mit einem Abschlag von 30 Mio. USD bis 40 Mio. USD gehandelt, erklärten eingeweihte Kreise. Über tatsächliche Verkäufe wurde bisher jedoch nichts berichtet.

Wir kennen den Vertragstext nicht. Selbstverständlich sind aber derartige Gleitklauseln üblich. Erstaunlich aber, dass die Bank zusammen mit der Werft und den Reedern keine Lösung zu finden scheint, die das Problem fair auf alle Schultern verlagert. Dies wäre nach Ansicht der deutschen schiffsfinanzierenden Banken der richtige Weg in der gegenwärtigen Krise. Dieser Weg setzt allerdings voraus, dass alle beteiligten Parteien eine dem ursprünglichen Vertragstext entsprechende Lösung tatsächlich wollen.« Soweit die »HANSA«.

»Die Finanzierung der Neubauprogramme in vollem Umfang wird bei der augenblicklichen Zurückhaltung der Banken sicherlich problematisch«, unterstrich hanseatisch zurückhaltend der Hamburger Reeder Claus-Peter Offen in einem Zeitungsinterview. Allerdings komme es da sehr auf den Einzelfall an. »Kritisch wird es bei der Finanzierung von Schiffen, die über keine Charter bei einer Reederei mit guter Bonität und auch über kein Eigenkapital verfügen. Geschätzt wird, dass es sich dabei um etwa 150 Schiffe handelt.«

Auch bei den Schiffsfinanzierern, den Kapitalsammelstellen, die mit dem Geld meistens schifffahrtsferner Anleger einen großen Teil der deutschen Containerschiffsflotte finanziert hatten, lief es längst nicht mehr so leicht wie in den Jahren zuvor. Bei vielen der rasch auf dem vormals florierenden Markt aufgetauchten »Newcomern« ging meistens schon gar nichts mehr. Sie alle bekamen ohnehin eine Gänsehaut, wenn sie sich vergegenwärtigten, wie viele Neubauten insgesamt geordert waren und welche riesige Neubauwelle noch auf den zur Zeit immer weiter schrumpfenden Markt zukommen würde.

← Die Samsung-Werft ist eine der drei großen Werften in Südkorea und eine der größten in der Welt. Sie baut u. a. Containerschiffe in Serie.

# Gewaltige Probleme

Der Auftragsbestand Mitte 2008 belief sich auf gigantische 60 Prozent der bereits vorhandenen Stellplatzkapazität. Die deutschen Reedereien waren mit 523 Containerschiffen und zusammen 2,3 Mio. TEU dabei. Darunter allein 64 Super-Postpanamax-Schiffe mit jeweils 10 000 TEU und mehr Stellplatzkapazität. Der größte Teil davon sollte bis Ende 2010 abgeliefert werden, wobei es so gut wie sicher war, dass die Mehrzahl dieser Neubauten nicht gebraucht werde bzw. nicht angemessen einzusetzen sei. Vorerst jedenfalls nicht, das war die Hoffnung. Für diese Neubauten bzw. deren Eigner zeichnete sich kein positiver Erwartungshorizont ab, sondern eher besonders schwere Zeiten, denn die weltweite Containerschiffsflotte würde nach aktuellen Prognosen im Laufe des Jahres 2009 bedingt durch den hohen Neubauzulauf um weitere 13 Prozent wachsen, die Nachfrage nach Tonnage dagegen nur um ein Prozent. Das zumindest schien Anfang 2009 noch wenigstens einigermaßen gesichert, wobei dennoch Skepsis überall latent überwog.

»Jedes dieser Schiffe, das nicht gebaut wird beziehungsweise nicht zur Ablieferung gelangt, ist eine Entlastung für den Markt«, hieß es bei einer großen Reederei in Hamburg. »Es werden einige sein, die derzeit noch in den Statistiken geführt werden. Bei etlichen fehlt die Finanzierung, die sie jetzt wohl nur noch in den seltensten Fällen bekommen werden. Andere sind bei Werften, vor allem in China, geordert worden, die zu dem Zeitpunkt der Bestellung gerade erst auf der ›grünen Wiese‹ noch im Entstehen begriffen waren. Ob die noch tatsächlich in Betrieb gehen werden, sei dahingestellt. Wieder andere sind von Betreibern geordert worden, die es zu dem Zeitpunkt der geplanten Ablieferung wahrscheinlich gar nicht mehr geben wird. Man muss diese Entwicklung abwarten und sehen, wie viel der zurzeit nicht benötigten Tonnage dadurch wegfällt.«

Das große Problem, oder eines der größten, würden in den nächsten Jahren vor allem die vielen, viel zu vielen »Giganten« bleiben, die nicht mehr flexibel einsetzbar wären, sondern nur in den Fernostverkehren wirtschaftlich beschäftigt werden könnten. In diesen Fernostverkehren fehlten jedoch die seit Jahren wie selbstverständlich gewordenen in China generierten zweistelligen Zuwachsraten. Sicher würde es irgendwann eine Erholung geben, das war Ausgangspunkt etlicher Prognosen, aber in welchem Umfang das sein könnte, blieb in derartigen Untersuchungen ebenso fraglich wie der Zeitpunkt, wann das sein würde. Potenzial sollte eigentlich genügend vorhanden sein. Dabei muss man nicht nur an das chinesische Riesenreich mit allen seinen Möglichkeiten, wenn auch mit tief greifenden inneren Problemen belastet, denken, sondern auch an Indien mit seiner Milliardenbevölkerung. Vietnam, Südkorea und andere gehörten ebenfalls dazu.

»Vor Ende 2010 wird sich der Markt sicherlich nicht erholen«, schätzte Nils Andersen, Chef der Maersk Line, die Lage in einem Gespräch mit der »Deutschen Verkehrs-Zeitung« ein. Die Frage aber, wie lange es tatsächlich dauern werde, bis sich die Schere zwischen Nachfrage und Tonnageangebot wieder schließt, konnte auch er nicht annähernd verlässlich beantworten. Sicher war jedoch, dass sich die Reedereien mit dem von ihnen aufgebauten Tonnageüberangebot ihre Märkte selbst kaputt gemacht haben. Reeder Claus-Peter Offen meinte dazu, dass sich der Markt sogar erst in drei bis vier Jahren stabilisiert haben könnte. Eine lange Zeit, eine lange Durststrecke und, wie es sich erwies, allzu optimistisch gedacht.

Offen und etliche weitere Reederkollegen bemühten sich zwischenzeitlich in Gesprächen mit den Werften, die vereinbarten Ablieferungstermine für ihre Neubauten möglichst weit nach hinten zu verschieben. Die koreanischen Werften sollen sich bei derartigen Verhandlungen dem Vernehmen nach weniger flexibel gezeigt haben als die chinesischen. Beide waren Hauptauftragnehmer nicht nur der deutschen Reedereien. Es wurde jedoch davon ausgegangen, dass sich Reedereien, Banken und Schiffbauer schon irgendwie einigen. Alle säßen in einem Boot, und keine der beteiligten Parteien

Foto: GL

könne daran gelegen sein, mögliche Kunden von morgen zu verprellen. Wie aus dem Hause Hansa Treuhand in Hamburg zu hören war, sollen koreanische Werften bereit gewesen sein, Ablieferungstermine um fünf bis sechs Monate nach hinten zu verschieben, die chinesischen auch schon mal über ein Jahr. Alles werde jedoch hoch vertraulich behandelt, und noch vertraulicher gehe es bei Stornierungen zu, um möglichst keine Präzedenzfälle bekannt werden zu lassen. Allerdings sei der Markt sehr transparent. So wurde u. a. berichtet, dass es Reedereien gebe, die sogar auf bereits geleistete Anzahlungen für ihre Neubauten verzichteten, nur um diese nicht abnehmen zu müssen. Das könnten dann wiederum andererseits »Schnäppchen« für risikobereite Käufer sein. Für solche, die bei Mitnahme der von anderer Seite bereits geleisteten Anzahlungen und in Anbetracht des auf der Werft lastenden Drucks den Neubau doch irgendwie noch loszuwerden, bereit seien, sich sicher mit sensationellen Preisen und im Vertrauen auf eine bessere Zukunft als Abnehmer zu engagieren. Derartige Transaktionen soll es nicht wenige gegeben haben, allerdings, wie gewöhnlich, alles vertraulich.

Die Deutsche Schiffsbank äußerte in diesem Zusammenhang Ende Mai 2009, dass weitaus mehr Schiffsneubauaufträge als bisher bekannt storniert oder verschoben seien. Nach Einschätzung dieses Instituts könnten es im laufenden Jahr weitaus mehr als zehn Prozent der weltweit bestellten Schiffe und 25 bis 30 Prozent der für 2009 geplanten Ablieferungen sein. Wie weit und wie lange die Märkte dadurch tatsächlich entlastet würden, bleibe abzuwarten.

Ein Beispiel: Mitte Juli 2009 wurde bekannt, dass die China Shipbuilding Corporation (CSBC), Taiwans größter Schiffbauer, sich bereit erklärt habe, 14 von der zur Yang-Ming-Gruppe gehörenden All Oceans Transportation georderte Containerschiffe zeitverzögert abzuliefern. Darunter waren fünf 8240-TEU-Schiffe, die 15 Monate später als vorgesehen kommen sollten, vier 6600-TEU-Schiffe sechs Monate und ein 4500-TEU-Schiff 13 Monate später. Insgesamt würden nach dieser Meldung die Neubauten also nicht wie geplant 2010/11 in Fahrt kommen, sondern erst 2011/12. Bereits einen Monat zuvor hatte CSBC mit der taiwanesischen Wan Hai Lines und der deutschen Peter Döhle Schiffahrts-KG vereinbart, die Lieferung von 24 von ihnen bestellten Containerschiffen zwischen vier und 16 Monate nach hinten zu verschieben. Wie weit das alles tatsächlich und in welcher Form eingehalten wurde, blieb weitgehend das Geschäftsgeheimnis der Beteiligten – selbstverständlich.

Alphaliner schätzte Mitte 2009 in seinem Newsletter die Gesamtkapazität der Schiffe, für die verzögerte Ablieferungen akzeptiert worden waren, auf 1,8 Mio. TEU, was in etwa einem Drittel des damals aktuellen Auftragsbestands entsprach. Der bei Weitem größte Anteil entfalle auf Schiffe über 5000 TEU, 168 insgesamt. Im Durchschnitt würden die Schiffe acht Monate später als vorgesehen abgeliefert. Das Forschungszentrum der China Association of the National Shipbuilding Industry (CANSI) meinte zum gleichen Zeitpunkt, dass in der Zeit zwischen Dezember 2008 und Anfang Mai 2009 allein auf koreanischen Werften Neubauaufträge für 220 Schiffe, darunter etwa ein Drittel Containerschiffe, storniert worden seien. Leider blieben Zahlen und die Situation im eigenen Land ungenannt.

Nicht übersehen sollte man allerdings bei dem Komplex Ablieferungsverschiebungen, dass sich dabei durchaus auch Vorteile für die Werften selbst ergeben haben, zumindest in etlichen Fällen. Die Preise für Material und Zulieferteile waren günstiger geworden, sodass es für sie mehr »Luft« in den vereinbarten Neubaupreisen gab. Da sie außerdem in den nächsten Jahren mit dramatisch weniger Aufträgen rechnen mussten, konnte es auch in ihrem Interesse sein, zur Beschäftigungswahrung vorhandene Aufträge zu strecken. So konnten sie, wenn auch auf einem abgesenkten Preisniveau, ihre Kapazitäten auslasten und die absehbar längere Durststrecke besser durchhalten.

← Die 2002 in Japan gebaute Cosco Rotterdam gehört mit ihren 5618 Stellplätzen mittlerweile zu den eher kleinen Boxcarriern.

# Alle hatten zu leiden

So weit, so gut oder auch nicht gut. Die Krise hatte alle Beteiligten in der »Containerkette« erfasst. Das war hart, aber musste in einem globalen Zusammenspiel, auf das man ja ansonsten immer gern verwiesen hat, verkraftet werden. Jedoch bot die Krise auch die Chance, das jeweils eigene Unternehmen auf mögliche Schwachstellen abzuklopfen und diese, wo es passte, in Zusammenarbeit mit anderen Partnern abzustellen. Zu sehr waren alle Beteiligten bis in den vorangegangenen Boomjahren damit beschäftigt, allein das damals über einige Jahre hinaus aufzufangende Wachstum nicht nur zu bewältigen, sondern es mehr noch für sich selbst in jeder Hinsicht zu nutzen. Der sich in vielerlei Hinsicht dramatisch auftuende Einbruch, manche nannten es Pause, sollte nun dazu genutzt werden, die Abläufe in der Logistikkette zu optimieren.

Folgen wir noch einmal Claus-Peter Offen, der im Verlauf eines Schiffsfinanzierungsforums Anfang 2009 eine klare und schonungslose Analyse der aktuellen Situation bot. Er bekannte, dass es viel zu viel Optimismus gegeben habe. Das habe zu einer viel zu hohen Orderzahl geführt, und ebenso seien die Werften viel zu optimistisch auf den Trend aufgesprungen. Der einzige Weg, den Tonnageüberschuss der kommenden zwei Jahre abzubauen, sei es, massiv Schiffe aufzulegen. Offen sagte voraus, dass seiner Meinung nach bis Ende 2010 rund ein Viertel der weltweiten Containerschiffsflotte aufgelegt werden müsse. In drei Jahren würden dann die Charterraten wieder steigen, und in fünf Jahren sei der Ausgleich zwischen Angebot und Nachfrage erreicht.

Es gab aber auch Ausnahmen unter den Reedereien, solche nämlich, die zwar ebenfalls die Krise abwettern mussten, diese jedoch nutzen wollten, um trotz allem weiter zu wachsen. Das reichte vom Ankauf gebrauchter Tonnage, die so billig wie nie zuvor zu haben war, bis hin zu vorausschauenden neuen Charterabschlüssen zu niedrigsten Raten, wie es sie ebenfalls seit Jahren nicht gegeben hatte. Ein Beispiel dafür ist die MSC Mediterranean Shipping Company. Das belegen von ihr getätigte Charterabschlüsse, die im April 2009 bekannt geworden sind. Danach hat sich die Reederei eine ganze Reihe von bis zu 8400 TEU tragenden Schiffen zu sehr niedrigen Raten gesichert und gleichzeitig einige mehr als 30 Jahre alte Frachter an Abbrecher verkauft. MSC habe derzeit lediglich ein Prozent ihrer Tonnage aufgelegt, berichteten die Marktforscher von Alphaliner. Im Branchendurchschnitt liege die Quote bei neun Prozent. Zudem habe die Reederei ihren Marktanteil seit Anfang des Jahres 2008 von 10,4 auf 11,5 Prozent gesteigert.

Weniger optimistisch zeigte sich dagegen, um etwas von den unterschiedlichen Prognosen und Stimmungen wiederzugeben, die Hamburg Süd. Nach Einschätzung ihres Sprechers der Geschäftsleitung, Dr. Ottmar Gast, würden der Wettbewerb um Ladung und der damit einhergehende Ratenverfall für einige der Containerreedereien wahrscheinlich das wirtschaftliche Aus bedeuten. Vor allem die immer noch schnell wachsende Flotte verschlimmere das Problem weiter. Bis 2013 werde die weltweite Containertonnage jährlich um etwa 20 Prozent zunehmen. Die

↓ Maersk Laguna (Baujahr 2012, 7450 TEU) war der erste Kunde am neuen Terminal in Wilhelmshaven.

Foto: Eurogate

wenigen Verschiebungen (Anm.: der Ablieferungen) und Stornierungen bei den Werften reichten nicht aus, um die Überkapazität der Tonnage kurzfristig auszugleichen. Auch die von einem sehr niedrigen Niveau aus gestiegenen Abwrackungen könnten kaum Entlastung bringen, da ohnehin erst neun Prozent der gegenwärtigen Containerschiffsflotte älter als 20 Jahre sei und damit in das »normale Abwrackalter« komme. Laut Gast gab es schlicht zu viele Konkurrenten auf dem Markt, weshalb es momentan unmöglich sei, das Ratenniveau auf ein vernünftiges Maß anzuheben. Gast deutete an, dass es Eigner gebe, wie die United Arab Shipping Company (UASC) oder die israelische ZIM-Reederei, deren Flotten nach dem aktuellen Orderbuch in den nächsten Jahren um über 90 Prozent wachsen würden. Für das Ratenniveau wäre das fatal. Andere hätten in der Vergangenheit wohl in die Glaskugel geschaut. Evergreen z. B. erwarte überhaupt keine Neubauten. Für die Hamburg Süd sah Gast keine Gefahr, da die eigene Flotte »nur« um 40 Prozent zunehmen werde. Zwar seien künftig noch weitere Verschiebungen und Stornierungen zu erwarten, dennoch blieb seine Prognose skeptisch: »Auch unter Berücksichtigung solcher Veränderungen weiß keiner, wie es weitergehen wird. Ich gehe davon aus, dass die Schifffahrt bis 2010 ein negatives Wachstum von zehn bis 15 Prozent haben wird. Falls dies eintritt, wird die Liste der größten Containerreedereien in wenigen Jahren sicherlich nicht mehr so aussehen wie jetzt.«

Insgesamt gesehen herrschte aber die Meinung vor, dass auch diese Krise vorübergehen werde, selbst wenn sie sich bis jetzt als besonders tief greifend erwiesen habe. Zwar überboten sich Ökonomen und Analysten sowie solche, die sich dafür hielten, mit Negativprognosen. Das lag wohl im Trend, vor allem in der veröffentlichten Meinung. Es lässt sich aber auch vermuten, dass diese Experten dadurch ihre in den vorangegangenen Jahren meistens geradezu euphorischen Vorhersagen wieder ausgleichen wollen. Darüber kann sich jeder selbst seine Gedanken machen. Aber, wie auch immer, gesunde Unternehmen würden dieses wirtschaftliche Tief überstehen. Andere, die mehr spekulativ tätig gewesen waren, wahrscheinlich eher nicht. Das muss als normale Marktbereinigung angesehen werden, die es nicht nur in der Schifffahrt schon immer gegeben hat.

Hoffnung verbreitete eine Anfang Juni 2009 vorgelegte Studie von Lloyd's Register-Fairplay, nach der die weltweite Containerschifffahrt bald wieder auf Wachstumskurs gehen werde. Allerdings würden die Wachstumsraten geringer ausfallen als vor der Krise prognostiziert. Natürlich sei die gegenwärtige Lage aufgrund des krassen Ungleichgewichts zwischen Tonnageangebot und Nachfrage äußerst unbefriedigend. So werde von Spotraten von nur 250 USD für die Verschiffung eines Containers von Hongkong nach Rotterdam berichtet. Ein Jahr zuvor hätte man dafür noch 1400 USD bekommen bzw. zahlen müssen. Aber noch im laufenden Jahr könne wieder mit auskömmlichen Raten gerechnet werden, prognostizierten die britischen Experten von Lloyd's Register-Fairplay. Andere britische Experten, nämlich die Drewry Shipping Consultants, meinten dagegen nur einen Monat später: »The bad news for container shipping is that there is no good news.« Positive Aussagen aus einigen Industriekreisen seien lediglich Wunschdenken. Die weltweite Containerschiffsflotte stand zu diesem Zeitpunkt, etwa Mitte 2009, bei 4671 Schiffen mit einer Gesamtstellplatzkapazität von 12,4 Mio. TEU und einem im selben Jahr zu erwartenden weiteren Wachstum um 13 Prozent.

Etwas differenzierter fiel dann Mitte September die Schätzung des Londoner Maklerhauses Clarkson aus. Danach würde die Wachstumsrate der Containerschiffsflotte 2009 nur 7,3 Prozent betragen. Anfang des Jahres hätten die Prognosen noch bei 13,4 Prozent gelegen. Ähnlich sehe es bei der Gesamtflotte aus. Sie werde bei Jahresende einen Gesamtumfang von 13,26 Mio. TEU erreichen, bei Jahresanfang waren noch 14,02 Mio. TEU erwartet worden. Grund für diese Verringerung seien Bauzeitverschiebungen und eine, relativ gesehen, unerwartet hohe Abbruchrate. Bis Ende August waren im Laufe des Jahres 2009 190 Containerschiffe mit 784 000 TEU abgeliefert und 145 Schiffe mit 275 000 TEU zum Abbruch gegeben worden. Alphaliner erwartete zum gleichen Zeitpunkt 2009 einen Zugang von 1,25 Mio. TEU bei Abbrüchen von rund 350 000 TEU – für die Flotte also ein Nettozugang von 900 000 TEU.

↓ Die chinesische Cosco-Gruppe hat sich innerhalb weniger Jahre zu einer der ganz großen Reedereien in der Containerschifffahrt entwickelt – hier die 2012 gebaute Cosco Faith mit einer Stellplatzkapazität von 13 092 TEU.

Foto: HHM/Hasenpusch

# Die Krise hält an

Soweit die Bestandsaufnahme für das erste Krisenjahr 2009. Es war ohne Zweifel ein ganz entscheidendes Jahr für die Containerschifffahrt mit einem ganz tiefen Fall, der, im Nachhinein gesehen, aber auch die Basis für eine völlig veränderte erneute Anfangssituation schuf. Festzuhalten bleibt, dass es trotz der vielfältigen, eher düsteren Prognosen eine feste Grundhaltung gab, die nicht zuletzt genährt wurde von den Erwartungen, dass mit dem anhaltenden Wachstum der Weltbevölkerung ein irgendwann wieder einsetzender ebenso konstanter Anstieg des globalen Handelsvolumens einhergehen würde. Neue Märkte würden hinzukommen. Auch die internationale Arbeitsteilung werde weiter voranschreiten, und deshalb werde auch die Menge der Containertransporte weiter wachsen. Die Schifffahrt stehe also unvermindert und wie schon immer vor großen Aufgaben.

Dieses Vertrauen in die Zukunft, sicher wohl mehr oder weniger basierend auf der noch vor kurzer Zeit scheinbar so stabil gewesenen Entwicklung, war auch erforderlich, denn die Krise war noch längst nicht vorbei. Sie dauerte länger als von vielen Marktteilnehmern erwartet und erforderte von allen viel Durchhaltewillen. Der war gekennzeichnet von einem ständigen, teilweise aber auch nicht mehr nachvollziehbaren Auf und Ab sowie von den sich daraus ergebenden Forderungen und Risiken sowohl in wirtschaftlicher als auch technischer Hinsicht, auf die reagiert werden musste. Auf die wesentlich aus der Krise heraus resultierenden technischen Bemühungen und Fortschritte wird in einem Kapitel weiter unten eingegangen. Nachfolgend bleibt es bei den wirtschaftlichen Entwicklungen, soweit sie erkennbar geworden sind. Das alles jedoch nur gerafft und beispielhaft.

Ein geflügeltes Wort besagt, dass Prognosen immer schwierig seien, vor allem wenn sie die Zukunft beträfen. Die überwiegend negativen Tendenzen, über die in vielfältiger Weise orakelt worden war, schienen von der aktuellen Entwicklung 2010, also dem ersten Jahr nach der Megakrise, ad absurdum geführt zu werden. Diejenigen, die positive Bewertungen für die Branche abgegeben hatten, sahen sich bestätigt. Die Containerschifffahrt erholte sich sogar schneller und stärker, als erwartet worden war. Euphorisch wurde sogar mancherorts schon von einem neuen Boomjahr gesprochen. Die beeindruckende Dynamik, die die Weltwirtschaft entfaltete, veranlasste beispielsweise den Internationalen Währungsfonds, seine kurzfristigen Erwartungen an die Entwicklung von Weltwirtschaft und -handel mehrfach nach oben zu korrigieren. Die Auswirkungen auf die Containerschifffahrt, auf die Frachtraten und Chartermärkte waren so beträchtlich, dass es zeitweilig sogar zu Engpässen in der Tonnageverfügbarkeit kam, obwohl die Zahl der Auflieger deutlich zurückging. Am Jahresanfang waren es noch Schiffe mit Stellplatzkapazitäten von zusammen 1,5 Mio. TEU gewesen, die keine Beschäftigung hatten. Mitte Oktober wurden dagegen lediglich nur noch rund 240 000 TEU erfasst. Allein im Laufe des Januars waren 30 Schiffe mit zusammen 70 000 TEU wieder in Fahrt gebracht worden. Außerdem hatten die Märkte daneben auch noch ebenso deutliche Zugänge an neuer Tonnage aufzunehmen.

An diesem positiven Gesamtgeschehen, das für die allermeisten Beteiligten Anlass zu einem befreienden Durchatmen gab, hatten, soweit es die Schifffahrt selbst betraf, selbstverständlich die Reedereien mit einer ganzen Reihe von ihnen getroffener Maßnahmen wichtigen Anteil. Vor allem dadurch, dass sie bereits seit geraumer Zeit damit begonnen hatten, ihre riesigen Auftragsbestände zu verringern, und zwar durch Stornierungen, Verschiebung der Ablieferungstermine und Umwandlungen von Aufträgen für Containerschiffe in solche von Bulkcarriern und Tankern. Nach einer Analyse des Branchendienstes Alphaliner vom Februar 2010 waren seit September 2008 vor allem von deutschen Reedern Bestellungen für 140 Containerschiffe mit einer Gesamtstellplatzkapazität von 436 000 TEU zurückgezogen worden. Das waren 6,7 Prozent des damals 6,51 Mio. TEU umfassenden Orderbuches. Am stärksten von den Stornos betroffen waren Schiffe mit Stellplatzkapazitäten von 1000 bis 1800 TEU, also die, die man hauptsächlich als Feederschiffe benötigte.

Das wichtigste Instrument zur Stabilisierung des Geschäfts war jedoch die weiter konsequente Praktizierung des Slow Steaming, also des Langsamfahrens mit Geschwindigkeiten unter 20 Knoten. Ihm ist es wesentlich zu verdanken, dass die Liniendienste von den im Laufe des Jahres neu in Fahrt kommenden Kapazitäten nicht erdrückt wurden, sondern darüber hinaus sogar vermehrt Aufliegertonnage reaktiviert werden konnte. Wie Slow Steaming wirkt und was es bewirkt, lässt sich gut am Beispiel eines Liniendienstes zwischen Europa und Asien veranschaulichen. Dieses Fahrtgebiet

Foto: Maschmann

ist mit seinen sehr langen Seestrecken wie kein anderes geeignet, die Vorteile des Slow Steaming zu nutzen. Hier ist das Ladungsaufkommen, abgesehen von saisonalen Schwankungen, unter normal günstigen Wirtschaftsbedingungen in der Regel groß genug, um auch die ganz großen, in diesem Verkehr eingesetzten Schiffe zu füllen, wenigstens einigermaßen. Wurde früher ein solcher Dienst wöchentlich mit acht Schiffen und einer Geschwindigkeit von über 20 Knoten betrieben, für die diese technisch ausgelegt waren, wurden im Zuge des Slow-Steaming-Konzepts je nach Linienführung ein bis zwei weitere Carrier in den Dienst eingefädelt. Dadurch ließ sich die wöchentliche Abfahrtsfrequenz halten.

Mit dem Langsamfahren ließen sich, um das noch einmal zu wiederholen, zwei wesentliche Ziele erreichen: Es wurde Tonnage gebunden, die wegen des herrschenden Überangebots sonst wahrscheinlich hätte aufgelegt werden oder bleiben müssen, und vor allem konnten so erhebliche Mengen des immer teurer einzukaufenden Treibstoffs eingespart werden. Dadurch ließen sich vermehrte Kosten, die durch den Einsatz von einem oder zwei zusätzlichen Schiffen anfielen, kompensieren oder sogar überkompensieren. Ein Beispiel: Die 2006 gebaute MSC Benedetta mit einer Stellplatzkapazität von 13 102 TEU verbrauchte bei 24 Knoten Geschwindigkeit 250 t Brennstoff täglich, bei 21 Knoten ca. 180 t und bei 17 Knoten nur noch 130 t. Die Brennstoffkosten lagen gegen Ende 2010 bei über 600 USD per Tonne, sodass sich das Einsparpotenzial leicht ausrechnen ließ.

Anzumerken ist, dass sich Slow Steaming gerade mit Blick auf die Treibstoffersparnis nur bei den großen Einheiten richtig lohnte, die auf den langen Seestrecken eingesetzt wurden. Kleinere Schiffe mit Verwendung auf kürzeren Routen waren ohnehin für geringere Geschwindigkeiten ausgelegt, sodass in diesem Bereich der reduzierte Treibstoffverbrauch nicht so sehr ins Gewicht fiel. Dennoch wurde auch in diesen Diensten langsamer gefahren. Was nun das Einfädeln zusätzlicher Tonnage in die Liniendienste betraf, so war deren Aufnahmefähigkeit in dieser Hinsicht natürlich auch nicht unbegrenzt. Als Fakt festzuhalten ist, dass die relativ stabile Marktentwicklung Mitte 2010 ohne Slow Steaming wahrscheinlich so nicht zustande gekommen wäre. Zwar hatte die Nachfrage erstmals wieder das Niveau erreicht, das in etwa dem vor der Krise entsprach, aber die Stellplatzkapazität war in dieser Zeit immerhin um 2,1 Mio. TEU gewachsen.

Hapag-Lloyd-Chef Michael Behrendt erklärte zu einem späteren Zeitpunkt in einem Gespräch Slow Steaming aus seiner Sicht so: »Sicherlich ist es für unsere Kunden zunächst etwas irritierend, wenn eine Reederei zu Slow Steaming übergeht, während andere weiter sogenannte Expressdienste anbieten und ihre Schiffe mit 26 Knoten fahren lassen. Aber unter wirtschaftlichen Aspekten war dies auch für unsere Kunden die richtige Entscheidung. Alternative wäre ein Bunkeraufschlag für die hohe Geschwindigkeit gewesen – und das haben die Kunden auch verstanden. Im Übrigen wird der Service durch Slow Steaming ja nicht schlechter: Man muss sich zeitlich anders organisieren, dafür ist aber meistens ein Schiff mehr im Loop.«

← Die Dockung der neuen XXL-Megaboxer, zu der auch diese in regelmäßigen Abständen verpflichtet sind, wird möglicherweise in den nächsten Jahren noch ein Problem bleiben, weil es zu wenig geeignete Großdocks gibt. Eine Lösung dafür wird es aber mit Sicherheit geben.

# Ein Aufschwung in Sicht und wieder die gleichen Fehler

Die deutlichen Erholungstendenzen auf den Containerschiffsmärkten veranlassten eine zunehmende Zahl von Reedereien trotz des weltweit noch immer sehr hohen Auftragsbestands auf den Werften, dessen Abarbeitung die Kapazitäten der fahrenden Flotte weiter signifikant aufstocken würde, nicht nur wieder über Neubestellungen nachzudenken, sondern sie auch zu tätigen. Laut Clarkson Research wurden allein im Juli 2010 34 Containerschiffe mit annähernd 220 000 TEU neu geordert. Für den Zeitraum vom 5. Juli bis 20. August 2010 meldete Fearnleys Weekly 26 neu bestellte Containerschiffe mit einer Gesamtkapazität von 191 000 TEU. Sogar die taiwanesische Reederei Evergreen, die sich jahrelang beim Neubau komplett herausgehalten hatte, meldete sich mit einem Auftrag über zehn Schiffe mit je 8400 TEU zurück. Im November 2010 übertrafen die Kapazitäten der neu platzierten Orders mit 131 000 TEU erstmals seit zwei Jahren wieder die der Ablieferungen des Vormonats, in dem 92 000 TEU an die Reedereien übergeben wurden. Niedrige Neubaupreise der Werften boten sicherlich einen zusätzlichen Anreiz für die wieder ausbrechende Orderwut. Ein gewisser Höhepunkt war es, als gegen Ende November durchsickerte, dass die Maersk Line dabei war, zehn 18 000-TEU-Schiffe zu bestellen, was diese, ihrem bis dahin üblichen Geschäftsgebaren entsprechend, natürlich sofort dementierte. Es entsprach dennoch den Tatsachen.

Die Tabelle »Die Top-Containerreedereien der Welt« zeigt, dass die dänische Maersk Line zwar nach wie vor mit einigem Abstand die Spitzenposition beibehalten hatte, die beiden Verfolger CMA CGM und MSC allerdings dabei waren, deutlich aufzuholen,

↓ Die 2009 in Dienst gestellte HANJIN SEATTLE hat Platz für 8586 TEU.

Foto: Hanjin

wobei vor allem MSC in den folgenden Monaten noch kräftig weiter zulegte. Im Mittelfeld war der rasante Aufstieg der chilenischen CSAV bemerkenswert. Allerdings war die Reederei infolge ihres ambitionierten Neubauprogramms zwischenzeitlich auch an den Rand der Pleite geraten und nur mithilfe ihrer Banken und Gläubiger vor dem Untergang bewahrt worden. Kräftig aufgestockt hatten ihre Kapazitäten auch APL (American President Line), die Containertochter der Neptune Orient Lines (NOL) aus Singapur, und die koreanische Hanjin Shipping. Auffällig ist auf der anderen Seite der Abstieg der taiwanesischen Evergreen-Gruppe sowie der japanischen Reederei NYK im internationalen Ranking der Flotten gegen den Trend.

Ein Blick auf die noch ausstehenden Neubauablieferungen bzw. Auftragsbestände deutete darauf hin, dass in der Rangliste weitere Veränderungen zu erwarten waren, denn einige der Linien hatten noch vor der Krise massiv Aufträge vergeben, die jetzt zur Ablieferung anstanden. So hatten die Aufträge der Reederei China Shipping Container Line (CSCL) ein Volumen von fast 50 Prozent ihrer zu der Zeit in Fahrt befindlichen Kapazität, bei der israelischen ZIM waren es knapp 57 Prozent und bei Hanjin 50 Prozent. Gegen Ende 2010 lag der Gesamtauftragsbestand bei 3,8 Mio. TEU, was 27 Prozent der fahrenden Containerschiffsflotte entsprach.

Die rege Ordertätigkeit der Reedereien führte einerseits zu teilweise heftiger Kritik, wurde aber andererseits, wie es immer so ist, auch als berechtigt angesehen, je nach Standpunkt. Bedenken gab es, weil als Ergebnis der vorher den Werften abgerungenen Ablieferungsverschiebungen, die sich nun nicht länger hinauszögern ließen, in erheblichem Umfang zusätzliche neue Tonnage auf den Markt drängte, der eigentlich schon seit Langem überbesetzt war und der zur Jahreswende 2010/11 sogar wieder rückläufige Tendenzen erkennen ließ. Allein in der zweiten Hälfte 2010 liefen mehr als 200 neue Einheiten mit fast 900 000 TEU zu – rund die Hälfte dieser neuen Kapazitäten entfiel auf Großcontainerschiffe.

Die Hoffnung, dass sich der positive Trend des Vorjahres fortsetzen würde, erfüllte sich also nicht. Das Gegenteil war der Fall. Viele Dienste konnten nur mit mäßiger Auslastung betrieben werden, vor allem blieb aber der sonst hohe Zuwachs bei der Fernostladung eher mager. Die Brennstoffpreise kletterten weiter, sodass etliche Dienste wieder oder immer noch Verluste einfuhren. Erste Dienste wurden eingestellt und die Einrichtung fest eingeplanter neuer besonders mit dem asiatisch-pazifischen Raum nicht weiter verfolgt. Entsprechend der Zunahme der in den Markt drängenden neuen Kapazitäten bauten sich, wie zu befürchten war, wieder einmal erhebliche Überkapazitäten mit den üblichen Auswirkungen bei den Fracht- und Charterraten auf. Die Zahl der aufgelegten Schiffe nahm entsprechend erneut rasch zu. Das Zwischenhoch von 2010 war eindeutig schon wieder zu Ende.

Dennoch ist in diesem Zusammenhang noch ein Kuriosum erwähnenswert. Etwa Mitte 2010, als das Ladungsaufkommen wieder neue Spitzen erreichte, wurde publik, dass zwar Schiffe in ausreichendem Maße zur Verfügung stünden, nun aber Container fehlten. Es herrschte ein ausgesprochener Mangel an Leercontainern, besonders an 20-ft-Boxen, die den Verladern auf den Hof gestellt werden konnten. Vor allem im Hinterland machte sich dieses Fehlen empfindlich bemerkbar. Gründe dafür waren, dass die Reedereien während der Krise keine neuen Boxen gekauft und schadhafte nicht repariert, sondern ausgemustert hatten. Außerdem wurden die vorhandenen Container durch das Slow Steaming länger an Bord gebunden. Die Containerproduzenten, die, wie berichtet, ihre Kapazitäten während der Krise stark reduziert oder sogar stillgelegt hatten, mussten diese erst einmal wieder hochfahren, um den aktuell

## Die Top-Containerreedereien der Welt und ihre Marktanteile 2010 gegenüber 2008 in Prozent

Quelle: DVZ/AXS Alphaliner

| Rang 2010 | Rang 2008 | Reederei | Stellplatzkapazität in 1000 TEU Juli 2010 | Stellplatzkapazität in 1000 TEU Juli 2008 | Veränderung in Prozent |
|---|---|---|---|---|---|
| 1 | 1 | Maersk | 2 104 | 2035 | +3,4 |
| 2 | 2 | MSC | 1 710 | 1307 | +30,8 |
| 3 | 3 | CMA CGM | 1 119 | 936 | +19,6 |
| 4 | 5 | Hapag-Lloyd | 595 | 506 | +17,6 |
| 5 | 7 | APL | 594 | 443 | +34,1 |
| 6 | 4 | Evergreen | 566 | 633 | –10,6 |
| 7 | 6 | Cosco | 529 | 457 | +15,8 |
| 8 | 17 | CSAV | 517 | 283 | +82,7 |
| 9 | 8 | CSCL | 467 | 425 | +9,9 |
| 10 | 10 | Hanjin | 465 | 379 | +22,7 |
| 11 | 11 | MOL | 371 | 367 | +1,1 |
| 12 | 9 | NYK | 368 | 414 | –11,1 |
| 13 | 12 | OOCL | 351 | 358 | –2,0 |
| 14 | 14 | Hamburg Süd | 336 | 298 | +12,8 |
| 15 | 16 | ZIM | 323 | 291 | +11,0 |
| | | Marktkapazität | 13 820 | 12 000 | +15,2 |

## Die größten Containerschiffs-Nationen der Welt

Quelle: VDR-Jahresbericht 2010

| Rang | Land | Flottengröße | | | |
|---|---|---|---|---|---|
| | | Schiffe | 1 000 TEU | Mio. TDW | TEU-Anteil |
| 1 | Deutschland | 1 761 | 4 703 | 61,0 | 15,0 % |
| 2 | Japan | 321 | 1 186 | 14,9 | 8,8 % |
| 3 | Dänemark | 240 | 1 079 | 15,0 | 8,0 % |
| 4 | China | 332 | 753 | 10,2 | 6,6 % |
| 5 | Griechenland | 195 | 664 | 8,8 | 4,9 % |
| 6 | Taiwan | 197 | 634 | 8,0 | 4,7 % |
| 7 | Frankreich | 98 | 424 | 5,2 | 3,1 % |
| 8 | Singapur | 170 | 407 | 5,5 | 3,0 % |
| 9 | Südkorea | 130 | 353 | 4,6 | 2,6 % |
| 10 | Hongkong | 65 | 268 | 3,3 | 2,0 % |
| | Sonstige | 1 263 | 2 985 | 39,8 | 8,8 % |
| | Insgesamt | 4 772 | 13 454 | 176,5 | 100,0 % |

größeren Bedarf decken zu können. Ganz einfach war das nicht. Vor allem Fachkräfte fehlten.

Mit Kampfpreisen versuchten die Carrier sich gegenseitig Ladung abzujagen, um zumindest irgendwie die Deckungsbeiträge für den Schiffsbetrieb zu verbessern. An Gewinne mochte schon keiner mehr denken. Mitentscheidend für den erneuten Ratenverfall war aber nicht zuletzt der gnadenlose Kampf um Marktanteile zwischen den beiden weltgrößten Containerschiffsreedereien Maersk und MSC. Auf einigen der von ihnen bedienten Routen ergab sich deshalb die paradoxe Situation, dass die Raten ungebremst in den Abgrund rutschten, obwohl das große Ladungsaufkommen kaum zu bewältigen war.

Unterdessen nahmen die Klagen über Verspätungen in den Containerdiensten besonders auf den großen Ost-West-Routen wieder zu. Die Tendenz sei steigend, hieß es, und es wurde dabei ein wenig spekuliert, dass möglicherweise das Slow Steaming zumindest mit ein Grund dafür sei. Es habe den Anschein, dass die sinkenden Raten den Anreiz zu überdurchschnittlicher Pünktlichkeit wohl schmälern würden, mutmaßten Branchenbeobachter. Zusätzlich würden wohl auch die hohen Brennstoffpreise verhindern, dass bei Verspätungen die Reisegeschwindigkeit erhöht werde. Der Grad der Unpünktlichkeit bzw. Pünktlichkeit war in den einzelnen Fahrtgebieten und bei den Reedereien unterschiedlich. Nach einer Drewry-Studie war der Grad der Zuverlässigkeit mit nur 55 Prozent auf den Transpazifikrouten am höchsten, unter den Reedereien glänzte allein die chilenische CSAV mit 69,1 Prozent bei der Einhaltung ihrer Fahrpläne.

Das eigentliche Problem war jedoch keineswegs das sich häufende Nichteinhalten der Fahrpläne, sondern die von vielen nicht mehr zu verstehende anhaltende Bestellwut von Reedereien vor allem für Großschiffe – trotz bereits vorhandener Überkapazitäten, Ratenverfall, Finanzkrise und unsicherer Wirtschaftslage im Euroraum. Günstige Neubaupreise hin oder her, die Schiffe mussten ja gefüllt werden und das zu möglichst auskömmlichen Raten. Ob dafür die Möglichkeiten in Zukunft, also zur Zeit der Ablieferung der Neubauten, tatsächlich gegeben waren, blieb mehr als fraglich, zeigte aber auch, wie schon in den Jahren zuvor, keine abschreckende Wirkung. Man wollte auf jeden Fall teilhaben, um nicht der Konkurrenz das Feld zu überlassen, koste es was es wolle. Ein Vabanqueverhalten, dessen verhängnisvolle Auswirkungen sich erst in den kommenden Jahren offenbaren würden. Dazu nur wenige Schlaglichter von Mitte 2011:

Mit der Ablieferung des 12 552-TEU-Neubaus MSC FILIPPA überschritt MSC als zweitgrößte Containerreederei der Welt die Zwei-Millionen-TEU-Stellplatzkapazität und hatte diese damit im Vergleich mit November 2006 verdoppelt. Maersk hatte die Zwei-Millionen-Marke bereits im April 2008 passiert.

Die Bestellung von Megacarriern ging weiter: Die deutsche Reederei Peter Döhle unterzeichnete einen Letter of Intend für den Bau von acht 10 000-TEU-Schiffen in China. Die in New York gelistete Seaspan hatte sieben Neubauten der gleichen Größe plus Option für 18 weitere ebenfalls in China platziert. Die südkoreanische Hanjin war mit fünf 13 000-TEU-Schiffen bei einer nicht genannten Werft dabei, APL mit zehn 14 000- und zwei 9200-TEU-Einheiten, und die deutsche Rickmers-Reederei hatte gerade mit zwei 13 100-TEU-Carriern eine Serie von acht baugleichen Neubauten abgeschlossen.

Den Vogel schoss aber einmal mehr Maersk ab. Der Branchenprimus erweiterte seine im Frühjahr 2011 bei der koreanischen Daewoo Shipbuilding & Marine Engineering bestellte Zehnerserie von 18 000-TEU-Carriern um weitere zehn. Lieferung ab Frühjahr 2013. Gesamtpreis 3,8 Mrd. USD.

Es sah nicht gut aus, was sich da in der Containerschifffahrt abspielte. Zwar hatte sich 2011 nach dem Rekordjahr 2010 die Nachfrage nach Transportraum wieder abgeschwächt, war aber dennoch aktuell gesehen einigermaßen zufriedenstellend geblieben. Die Kapazitäten der Reedereien waren, nicht zuletzt wegen der weiter oben beschriebenen Maßnahmen, relativ gut ausgelastet, und trotzdem verdienten nur noch die wenigsten Geld. Die meisten rutschten immer tiefer in die roten Zahlen. Allein im dritten Quartal 2011 machten die großen publizitätspflichtigen Linienreedereien Verluste von zusammen mehr als eine Mrd. USD. Für das Gesamtjahr sollen es laut Drewry 5,2 Mrd. USD gewesen sein. Maersk bezifferte Ende des Jahres die aktuellen Verluste im Asien-Europa-Verkehr auf 100 USD pro Box. Angesichts dieser Lage konnten Beobachter nur kopfschüttelnd auf die weiter ambitionierten Neubauprogramme der Reedereien schauen und auf die für das kommende Jahr erwartete Aufstockung der Stellplatzkapazitäten durch Ablieferungen um 25 Prozent allein bei den Schiffen über 8000 TEU.

Als erster Marktteilnehmer zog die malaysische Reederei MISC Berhad die Konsequenzen aus der desaströsen Lage und verkündete ihren Rückzug aus diesem Geschäft. Die Verluste waren zu groß geworden, und besser ein Ende mit Schrecken als ein Schrecken ohne Ende, mag man am Sitz des Unternehmens in Kuala Lumpur kühl kalkuliert haben. Anderen ging es kaum besser, selbst wenn sie nicht aufgaben und Wege für das Überleben suchten. Bekannte Namen waren darunter, die chilenische CSAV und die israelische ZIM z. B., die schon länger in argen finanziellen Schwierigkeiten steckten. Beide waren zu der Einsicht gekommen, dass sie diese tiefe, nicht enden wollende Talstrecke allein nicht durchstehen würden, und hatten sich auf Partnersuche begeben. In Japan stellte der Chef von Mitsui OSK Lines den Plan zur Diskussion, die Containeraktivitäten der drei großen Reedereien des Landes zusammenzuführen, um gemeinsam die Krise zu bewältigen.

Natürlich war allen Akteuren klar, dass die Schwierigkeiten von den tief gefallenen Frachtraten ausgingen, die in vielen Fällen nicht die Betriebs-, ja manchmal sogar nicht einmal die Brennstoffkosten deckten. Und ebenso klar war es, dass diese außerordentlich missliche Situation in erster Linie auf den gnadenlosen Verdrängungswettbewerb zwischen Maersk und MSC zurückzuführen war. Diese Giganten kämpften um die Vorherrschaft auf den Containerrouten der Welt. So war es beinahe selbstverständlich, dass andere potente Wettbewerber, die es allein nicht schaffen konnten, versuchten, Gegengewichte aufzubauen, indem sie mit geeigneten Partnern kooperierten oder Allianzen bildeten. Derartige Bewegungen haben in der Schifffahrt eine lange Tradition, die sich nun in der Containerschifffahrt verstärkt fortsetzte, besonders in den vergangenen beiden Jahrzehnten – jeder kooperierte letztlich mit jedem auf unterschiedlichen Feldern. Das konnte bereits auf unteren Ebenen beginnen, z. B. durch den Tausch oder das Anbieten von Stellplätzen.

Im Dezember 2011 gab es in dieser Hinsicht zwei wichtige Nachrichten. Anfang des Monats beschlossen die Nummer zwei und die Nummer drei unter den großen Containerlinien, MSC und CMA CGM, eine enge Zusammenarbeit im operativen Geschäft mit Schwerpunkt in den Verkehren zwischen Asien und Nordeuropa sowie Südafrika und allen südamerikanischen Märkten, und Ende des Monats schmiedeten sechs große Reedereien eine neue Europa-Asien-Allianz, die eindeutig darauf abzielte, der Dominanz des Marktführers Maersk Paroli zu bieten. Diese Reedereien der bisherigen Grand-Alliance und New-World-Alliance wollten im April des folgenden Jahres als nunmehrige G6 Alliance an den Start gehen und mit mehr als 90 bis zu 14 000 TEU Platz bietenden Schiffen in sieben Diensten über 40 Häfen in Nordeuropa, dem Mittelmeer und Asien bedienen. Neu war, dass auch die Ostseehäfen Göteborg und Danzig direkt angelaufen werden sollten.

**Flottenwachstum** für die Jahre 2011 bis 2013, unterteilt nach Schiffsgrößen

| TEU-Klasse | 2011 | | | 2012 | | | 2013 | | |
|---|---|---|---|---|---|---|---|---|---|
| | Zugang | Abgang | Veränd. in TEU | Zugang | Abgang | Veränd. in TEU | Zugang | Abgang | Veränd. in TEU |
| 2000–2999 | 14 | 5 | 25 986 | 6 | 13 | –15 200 | 10 | 12 | –5050 |
| 3000–3999 | 8 | 4 | 15 200 | 4 | 9 | –16 950 | 28 | 9 | 71 450 |
| 4000–5149 | 38 | 1 | 164 450 | 35 | 3 | 142 850 | 31 | 3 | 135 200 |
| 5150–7999 | 30 | 0 | 198 300 | 30 | 0 | 200 800 | 12 | 0 | 78 400 |
| 8000–9999 | 19 | 0 | 157 100 | 14 | 0 | 119 300 | 75 | 0 | 682 776 |
| >10 000 + | 47 | 0 | 569 300 | 71 | 0 | 886 500 | 45 | 0 | 1 006 926 |

Quelle: HANSA/Howe; Stand: Juli 2011

Begegnung in der Wesermündung

Foto: BLG

Foto: Hamburg Süd

↑ MS PORTLAND der Reederei Hamburg Süd, gebaut 2007, 1819 TEU

Foto: BLG Logistics

↑ MING GREEN der taiwanesischen Reederei Yang Ming, 5551 TEU

Damit vollzog die G6 Alliance einen Schritt, den die Maersk Line mit Direktanläufen von Danzig schon länger praktizierte. Es wurde betont, dass es sich bei dieser neuen Großallianz mit Beteiligung von APL, Hapag-Lloyd, Hyundai Merchant Marine, Mitsui O.S.K. Lines, Nippon Yusen Kaisha und Orient Overseas Container Lines nicht um eine Fusion der beiden vormaligen Allianzen handelte. Da die Partner in den folgenden 30 Monaten den Zulauf weiterer Großcontainerschiffe erwarteten, bot die neue Allianz eine gute Gelegenheit, die zusätzlichen Kapazitäten effizient zu integrieren. Was die Marktanteile betraf, bewegte sich die G6 Alliance etwa auf gleicher Höhe wie Maersk, MSC und CMA CGM.

Aber die Aussichten für das Jahr 2012 insgesamt waren mehr als trübe. Schon in der Vorschau zeigte sich, dass einige der globalen Mitspieler mit einem sehr hohen Einsatz spielten, indem sie ihre Kapazitäten, auch die noch zu erwartenden Neubauten zählten dazu, sehr viel stärker ausgebaut hatten, als es durch das erwartete Wachstum der Nachfrage gerechtfertigt gewesen wäre. Der bereits im vergangenen Jahr erlebte überaus harte Verdrängungswettbewerb mit seinem in dieser Form bisher nie gekannten ruinösen Preiskampf, dürfte sich fortsetzen, wie es aussah. Einige Analysten gingen sogar davon aus, dass sich die Marktlage in den kommenden drei Jahren sogar noch verschlechtern würde, da einfach zu viele große Schiffe in die wichtigsten Trades drängten. Das werde sich dann infolge des Kaskadeneffekts auch auf andere Fahrtgebiete auswirken. Noch einmal erklärt: Mit dem Kaskadeneffekt ist vereinfacht gemeint, wenn beispielsweise die im wichtigen Ost-West-Trade fahrenden großen Schiffe durch noch größere ersetzt werden, die vormals dort beschäftigten Schiffe in dem nächstwichtigen Fahrtgebiet eingesetzt werden und die dortige Tonnage verdrängen usw. Anders formuliert: Immer größere Schiffe verdrängen kleinere Schiffe aus ihren angestammten Märkten, die dann als vergleichsweise große Schiffe auf andere Märkte ausweichen und dort ehemals große Schiffe ablösen, die sich wiederum Märkte suchen, in denen bisher kleinere Einheiten dominierten. So also wirkt sich die zunehmend in Fahrt kommende Megatonnage bis in die lokalen Sparten aus.

Das Anfang des Jahres sich bietende Bild der weltweiten Containerschiffsflotte verdeutlicht den tiefen Ernst der Lage. Die Investitionswut der vergangenen Jahre begann sich nun nachhaltig zu rächen. Mit Auftragsverschiebungen, Stornierung von Neubauten und Slow Steaming hatten die Reedereien nahezu alle Mittel ausgereizt, um das wachsende Überangebot an Stellplätzen einzudämmen. Aber nun rollte eine beispiellose Welle von Schiffsneubauten auf die Märkte zu, was zu der bitteren Erkenntnis führte, dass sich dadurch die Schere zwischen Transportraumangebot und Ladungsaufkommen noch weiter öffnen würde. Verursacht teilweise dadurch, dass die Schiffe, die 2010 und 2011 wegen Terminverschiebungen nicht abgeliefert worden waren, nun kamen. Nach dem Einbruch der Krise 2008/09 hatten die Reedereien alles darangesetzt, die Ablieferung ihrer Neubauten hinauszuzögern oder Neubauprojekte zu stornieren. Dadurch war es ihnen gelungen, das Niveau der Fracht- und

Foto: PSW

↑ CMA CGM VELA ex CONTI JUPITER, gebaut 2008, 10 960 TEU

Charterraten zumindest zeitweise zu stabilisieren. Inzwischen hatte sich jedoch ein Rückstau bei den Ablieferungen gebildet, dessen Abfluss nicht länger aufzuhalten war. Die Kapazität wuchs in enormem Maße weiter, die Nachfrage dagegen blieb deutlich hinter den Erwartungen zurück.

Anfang des Jahres umfasste das Orderbuch für die weltweite Containerschifffahrt nach Angaben des Bremer Instituts für Seeverkehrswirtschaft und Logistik (ISL) 631 Einheiten mit unglaublichen Kapazitäten für 4,4 Mio. TEU. Das entsprach 28,5 Prozent der fahrenden Flotte. Insgesamt befanden sich nach der gleichen Quelle zu Jahresbeginn 5005 Containerschiffe mit rund 15,3 Mio. Stellplätzen im Dienst. Davon waren im vorangegangenen Jahr 192 Schiffe mit 1,2 Mio. TEU abgeliefert worden. Die ursprünglichen Prognosen hatten bei einem Zulauf von 316 Neubauten mit 1,7 Mio. TEU gelegen. Die verringerte Zahl der tatsächlichen Ablieferungen hatte sich aus Verschiebungen insbesondere ins Jahr 2012 ergeben. Diese »Bugwelle« kam aber jetzt in Fahrt, und zwar zusätzlich zu den planmäßig für das Jahr vorgesehenen Ablieferungen. Insgesamt musste im laufenden Jahr mit einem Kapazitätszuwachs von rund 11,2 Prozent gerechnet werden, im darauf folgenden mit 9,8 Prozent und 2014 nach damals aktuellem Stand mit 4,3 Prozent – wenn nicht noch weitere Neubestellungen hinzukämen, und sie kamen.

Die Menge der Verschrottungen hatte im vorangegangenen Jahr zwar nicht das Volumen aus 2009 (377 000 TEU) oder 2010 (131 000 TEU) erreicht, war aber mit 74 500 TEU recht beachtlich geblieben. Für diesen Bereich wurde jedoch jetzt wieder eine Zunahme erwartet, sodass im Endeffekt mit einem Kapazitätswachstum der Flotte von leicht über zehn Prozent gerechnet wurde. Etwas im Vorgriff kann berichtet werden, dass der Anstieg der Verschrottungen doch recht deutlich war. Allein im ersten Halbjahr gingen 120 Schiffe mit 200 000 TEU den Weg allen alten Eisens. Die jüngsten von ihnen waren erst 1997 und 1999 in Fahrt gekommen, das älteste von ihnen war 42 Jahre alt, die 142 TEU tragende ABDUL H.

Dass es auch anders ging, zeigte die griechische Reederei Costamare. Sie erwarb nahezu zum Schrottpreis von 6,8 Mio. USD das 1997 gebaute Containerschiff MESSINI (2458 TEU) und vercharterte es anschließend zu einem Tagespreis von 8100 USD für 18 Monate an Evergreen. Den gleichen Weg ging ihr 1992 gebautes MS KONSTANTINA (3351 TEU) für eine Tagesrate von 7550 USD. Ganz schön clever, die Griechen. Ende 2012 hatte die oft zitierte Maersk Line übrigens nicht nur die Spitze unter den Containerreedereien in der Welt weitgehend unangefochten erhalten können, sondern auch noch die Spitze der Aufliegerflotte übernommen. Sie war inzwischen auf 762 000 TEU angewachsenen. Davon entfielen 24 Schiffe mit 94 000 TEU allein auf Maersk, darunter sechs Schiffe, die aus dem Ost-West-Verkehr mit Fernost genommen worden waren.

Nachdem noch im vergangenen Jahr das Schrumpfen der aufgelegten Tonnage beobachtet werden konnte, was den optimistischen Stimmungstendenzen Auftrieb gegeben hatte, war dieses Gefühl jetzt nicht mehr spürbar. Seit dem Tiefstand im Juni 2011 hatte sich der Umfang der Aufliegerflotte inzwischen wieder auf 286 Schiffe mit rund 751 000 TEU und einer Durchschnittsgröße von 2500 TEU verzehnfacht – eine Folge der geringeren Nachfrage, vor allem aber des zu hohen Kapazitätsangebots auf den wichtigsten Handelsrouten. Wie schnell sich das auch in dieser Form niederschlug, zeigt, dass Anfang Dezember 2011 »erst« 210 Schiffe mit 526 000 TEU ohne Beschäftigung aufgelegen haben. Dabei ist anzumerken, dass sich auch saisonale Einflüsse auf die Zahl der Auflieger auswirken, sie ist also stets stark schwankend.

Belastend blieben für die Reedereien die Monat für Monat zulaufenden neuen Kapazitäten, allerdings selbst verschuldet, und der immer noch steigende Brennstoffpreis. Die Containerschiffsflotte überstieg trotz vermehrter Abwrackungen Mitte 2012 die 16-Mio.-TEU-Marke. Die marktwirtschaftlich wohl kaum mehr zu vertretenden Zuwächse gingen vor allem auf das Konto der beiden Rivalen Maersk und MSC. Und, eigentlich ist es kaum zu glauben, trotz der offenkundigen Branchenprobleme wurden immer noch weitere Neubauten geordert. So bestellte z. B. die britische Zodiac Mitte des Jahres noch zehn 5000-TEU-Neubauten für je 45 Mio. USD in China.

Anders sah die Lage bei den Brennstoffkosten aus. Auf die sich in diesem Sektor abspielende Preisspirale hatten die Reedereien keinen Einfluss. Sie mussten nehmen, wie es kam, und konnten ihre Kalkulationen lediglich daraufhin ausrichten, von diesem teuren Stoff so wenig wie möglich zu verbrauchen – so gut es eben ging. Slow Steaming war und blieb das Zauberwort in dieser Hinsicht. Aktuell kostete damals das in der Schifffahrt benutzte Schweröl einer gängigen Marke 750 USD pro Tonne. 2010 waren es erst im Schnitt 453 USD gewesen, 2011 aber bereits 605 USD. Hapag-Lloyd musste nach eigenen Angaben 2011 etwa 2,5 bis drei Milliarden Euro an Bunkerkosten verkraften – 450 Millionen Euro mehr als im Jahr davor. Die Ausgaben für Brennstoff hatten bei den Linien inzwischen einen Anteil von etwa einem Viertel an den Gesamttransportkosten erreicht. Vielfach auf die Raten erhobene Treibstoffzuschläge brachten kaum Entlastung. »Wir haben keine andere Wahl, als den Energieeinsatz zu optimieren«, hieß es vonseiten der Maersk-Geschäftsleitung. Andere waren der gleichen Meinung.

Als Konsequenz begannen etliche Reedereien die Geschwindigkeit ihrer Schiffe noch weiter zu drosseln und gingen zum Extra Slow oder Superslow Steaming über. Damit wurde nicht nur der Brennstoffverbrauch weiter zurückgefahren, sondern darüber hinaus fand auch noch zusätzliche Tonnage Beschäftigung, wenn auch in geringerem Umfang. Auf diese Weise ließ sich das Niveau der Transportleistungen, sprich die Abfahrtsdichte, insgesamt halten. Eine Geschwindigkeit von um die 14 Knoten war jetzt in dieser Hinsicht das Maß der Dinge.

Nachdem anfänglich vor allem die hochfrequentierten Linien zwischen Asien und Europa bzw. Asien und Nordamerika von der Langsamfahrt betroffen waren, stellten dann die Containerreedereien andere Routen ebenfalls darauf um. Dazu zählten die Fernost-Südamerika-Verkehre sowie Strecken von Asien in den Mittleren Osten, zum Indischen Subkontinent, nach Afrika und Australien. Sollte sich der Treibstoff weiter verteuern, würden auch noch andere Dienste hinzukommen, hieß es.

Als ein fast kurios anmutender Nebeneffekt konnte beobachtet werden, dass das Interesse an Luftfrachtmöglichkeiten zunahm, da nicht alle Logistikkunden bereit waren, längere Laufzeiten ihrer Ladungen als Folge des Extra Slow Steaming in Kauf zu nehmen. Die verlängerten Transitzeiten trieben vermehrt Güter zu Sea-Air-Lösungen. Nach Erkenntnissen einer großen Spedition waren speziell Importeure von Modeartikeln und Unterhaltungselektronik an kombinierten See-Luft-Lösungen interessiert. Auf der Asien-Europa-Route erwies sich dabei Dubai als wichtigster Umladepunkt, auf den Strecken von Fernost nach Südamerika wurde in Los Angeles umgeladen. Die Ladungskunden machten sich dabei strukturelle Luftfracht-Kapazitätsüberhänge in exportschwachen Regionen und damit entsprechend niedrige Luftfrachtraten zunutze. Die Daumenregel lautete: halb so hohe Transitzeit wie im Seeverkehr, halb so hohe Frachtkosten wie bei der reinen Luftfracht. Die Experten knobelten eine ganze Reihe günstiger Transportwege aus.

Ein kleiner Lichtblick begann sich Mitte des Jahres 2012 abzuzeichnen, als es führenden Reedereien gelang, ihren vorherigen ruinösen Preiskampf zu beenden oder zumindest einzuschränken. Für etliche Dienste konnten Ratenerhöhungen durchgesetzt werden mit dem fast schon schamhaft formulierten Ziel, dass die Ladung an Bord wenigstens die Kosten für den Transport decken müsse, so noch einmal Hapag-Lloyd-Chef Michael Behrendt. Es ging wohl auch nicht anders, denn alle Wettbewerber schrieben in ihren Quartalsberichten rote oder gar tiefrote Zahlen, und das trotz teilweise deutlich erhöhter Transportleistungen. Bei fast allen wurde auf die dramatisch gestiegenen Bunkerkosten als Begründung verwiesen, was wohl nur zum Teil stimmte, denn wesentlich waren sie wohl durch ihre Neubaupolitik selbst daran schuld. Es ist in diesem Rahmen müßig, im Einzelnen die Höhe der jeweiligen Verluste zu beziffern, sie erreichten Zigmillionen USD oder Euro. Auch übrigens bei den staatlichen Reedereien Chinas, Cosco und CSCL, wenn auch dort Verluste anders aufgefangen wurden als in den eher »kapitalistisch« orientierten Staaten.

Es mag überraschen, weil es stets als selbstverständlich vorausgesetzt wurde, aber die Reedereien begannen im Angesicht der anhaltenden Krise den Erfolgsfaktor »Service« wieder verstärkt in den Mittelpunkt ihrer Aktivitäten zu rücken, der zuvor unter Kostengesichtspunkten etwas an den Rand geraten war. Den Service hatten die Kunden zwar bekommen, jedoch in sehr unterschiedlicher Qualität. Das sollte sich zumindest in der wieder verbesserten Pünktlichkeit der Hafenanläufe ändern. Nachdem Maersk bereits Ende 2011 angeboten hatte, für verspätet angelieferte Container eine Entschädigung zu zahlen, gab sich auch die Konkurrenz auf diesem nicht zu vernachlässigenden Feld offensichtlich mehr Mühe. Jedenfalls, so berichteten die Analysten des Londoner Drewry-Hauses, seien inzwischen fast zwei Drittel der Containerschiffsankünfte pünktlich. Für die Kunden sicherlich auch nicht so schlecht.

Zur Abrundung des Gesamtbildes noch einige besondere Meldungen:

- Zwar war das Neubauvolumen der Containerreedereien nach wie vor unglaublich hoch, angeheizt durch immer mehr Auftragsvergaben an die Werften, bei der Bestellung von neuen Containern hielten sie sich jedoch zurück, wohl um nicht noch mehr Kapital zu binden. Davon profitierten die Container-Leasingfirmen, die laut Drewrys Maritime Research 2011/12 erstmals für sich mehr neue Boxen bauen ließen, als die Reedereien es taten. Die wirtschaftlichen Resultate konnten sich sehen lassen. So erreichte die Textainer Group, das größte Unternehmen dieser Sparte, im dritten Quartal 2012 nach eigenen Angaben einen Nettogewinn von gut 122 Mio. USD.
- Ein nicht zu unterschätzendes Sicherheitsrisiko bedeutete unverändert die Piratengefahr vor allem im Golf von Aden, am Horn von Afrika. Sie hatte sich inzwischen bis weit in den Indischen Ozean ausgedehnt. Darüber hinaus hatten die Bedrohungen in westafrikanischen Gewässern, vor Nigeria, aber auch im gesamten Golf von Guinea deutlich zugenommen. Dort verfolgten die Verbrecher zwar andere Ziele, wie übrigens auch trotz verschärfter Überwachung in indonesischen und südchinesischen Gewässern, ihnen ging und geht es vor allem um Raub und Diebstahl von Ladungsteilen und persönlichem Eigentum. Auf Mord und Totschlag kam es dabei allerdings auch in dieser Region überhaupt nicht an.
- Anders sah es am Horn von Afrika aus. Dort waren die Aktionen auf die Entführung von Schiffen und die Erpressung von Lösegeldern in Millionenhöhe ausgerichtet. Eine weitverzweigte, bisher anonym gebliebene Organisation, die bis weit nach Westeuropa reichte, bildete dabei die routiniert arbeitende Basis. Große Containerschiffe waren wegen ihrer Schnelligkeit, die sie meistens trotz Slow Steaming in diesen Gebieten ausfuhren, und wegen ihrer hohen Bordwände weniger gefährdet als kleinere und langsamere Einheiten.
- Ein drastisches Beispiel ist das deutsche Containerschiff HANSA STAVANGER, das 2009 18 Wochen von Piraten festgehalten worden war und erst nach Zahlung einer großen Lösegeldsumme freikam. Der verstärkte Einsatz von Kriegsschiffen mehrerer Länder zeigte zwar Wirkung, ganz eindämmen konnten auch sie die Gefahr in Anbetracht der Weite des zu überwachenden Seegebiets lange Zeit nicht. Anfang Dezember 2012 waren immer noch neun Schiffe mit 147 Seeleuten in der Hand dieser somalischen Verbrecher.

↓ Mehrere Monate hatten somalische Piraten das deutsche Containerschiff HANSA STAVANGER in ihrer Gewalt, bis seine Reederei Lösegeld gezahlt hatte. Nach seinem Freikommen begleitete die Fregatte MECKLENBURG-VORPOMMERN das Schiff in den sicheren Hafen.

Foto: Deutsche Marine

# Keine Besserung in Sicht, aber die Flotte wächst weiter

Und die weltweite Containerschiffsflotte wuchs und wuchs. Nach einem Report von Drewrys Research hatte der Zuwachs 2011 8,5 Prozent betragen, nach sieben Prozent im Jahr davor. Deutlich zu viel für die ohnehin schon seit Langem an überbordenden Kapazitäten leidende Flotte. Im September 2012 kam dann auch noch die Meldung, dass die Top 20 der Branche in den vergangenen zwölf Monaten rund 850 000 TEU mehr in den Markt gebracht hätten. Für das kommende Jahr 2013 wurden sogar nach einer Vorausschau noch einmal 1,7 Mio. TEU erwartet. Die noch folgenden waren erst einmal nicht mehr einzuschätzen. Sollte das überhaupt noch kommentiert werden?

Trotz der Misere gab es auch noch Neueinsteiger. Zocker? Oder möglicherweise sogar staatlich gefördert? So hat die China International Marine Containers (CIMC), eigentlich bekannt als Produzent von Containern, im Herbst 2012 selbst zehn 9200-TEU-Schiffe zur Lieferung ab 2014 bei einer Werft in Dalian bestellt, verchartert nach Indienststellung an die hoch defizitäre französische CMA CGM.

Es ging allerdings auch kleiner – je nachdem, wie man es nimmt. Nicht für lange Strecken, sondern für die Bedienung innerasiatischer Verteilerverkehre hat die Korea Marine Transport Co. (KMTC) ein 5000-TEU-Schiff zur Lieferung ebenfalls 2014 geordert. Wohlgemerkt ein 5000-TEU-Neubau für den Einsatz in einem Feederservice – ein Schiff dieser Größe war noch wenige Jahre vorher als normal in den Ost-West-Verkehren durchgegangen. Aber was war angesichts dieser Entwicklung schon normal?

Ernster waren die gegen Jahresende 2012 veröffentlichten Meldungen, dass nach einer Analyse der Deutschen Fondsresearch nur noch jedes dritte Containerschiff zwischen 2100 und 2700 TEU Geld verdient und dass die weltweit führende Containerreederei Maersk Line nicht mehr »signifikant« in seine Containeraktivitäten investieren wolle. Zitat aus einer Fachzeitschrift Ende November 2012: »Schiffsinvestoren und Reedereien (Anm.: in Deutschland) müssen sich auf schwierige Zeiten einstellen. Auch im mittlerweile fünften Jahr der Krise ist Besserung nicht in Sicht. Experten rechnen damit, dass die Branche erst in zwölf bis 18 Monaten die Talsohle durchschritten haben könnte. Angesichts zu geringer Einnahmen aus Fracht- und Charterraten sowie sinkender Schiffswerte werde eine weiter steigende Zahl von Insolvenzen vornehmlich bei Ein-Schiff-Gesellschaften erwartet. Weder Anleger noch Reeder oder

↓ Rund-um-die-Uhr-Betrieb ist auf den Terminals unabdingbar – nicht nur in Bremerhaven ist das Routine.

Foto: BLG Logistics

Emissionshäuser haben noch die Mittel, um weitere Restrukturierungen zu finanzieren.«

Deutlicher ging es kaum. Aber dennoch, und das sollte nicht unter den Tisch gekehrt oder vergessen werden, viele der Charterreedereien, ganz besonders in Deutschland, hatten in den Boomjahren vor der Krise mehr als klotzig verdient und nicht nur immer mehr Schiffe bestellt, sondern sich auch in Hamburg ebenso klotzige Immobilien zugelegt. Risikovorsorge haben Kaufleute, insbesondere hanseatische, zuvor für ihr Unternehmen immer anders betrieben und weniger für sich selbst. Insofern klingt das Jammern gerade aus dieser Reedereisparte mehr als befremdlich. Sie sollten auch den schifffahrtsfremden Anlegern, die letztlich ihren Teil zur Flottenvermehrung in der Erwartung steuerbegünstigster sicherer Gewinne beigetragen haben, reinen Wein einschenken und ihnen vermitteln, dass sich hierbei so mancher in dieser Klientel verzockt hat. Aber es dauerte.

Und dennoch. Anfang Dezember 2012 kam die Meldung, dass die deutsche Rickmers-Gruppe und die US-amerikanische Oaktree Capital Management gemeinsam im Rahmen einer strategischen Partnerschaft in einen Fond von 16 Containerschiffsneubauten investieren wollen. Die Schiffe sollen in Asien gebaut und 2014 und Mitte 2015 in Fahrt gebracht werden. Noch Fragen? Besser nicht.

Anlässlich des 29. Deutschen Logistik-Kongresses im Oktober 2012 in Berlin zog der schon häufiger zitierte Dr. Ottmar Gast, Chef der Hamburg Süd, der zweitgrößten deutschen Container-Linienreederei, ein Resümee, das sicherlich von den meisten in der Branche im Grundsatz geteilt wurde. Wenn wir seiner im »Hamburger Abendblatt« veröffentlichten Argumentation folgen, dann ist die Zeit des stürmischen Wachstums in der Containerwirtschaft vorbei. Zwar wird die Containerschifffahrt nicht schrumpfen, aber die Wachstumszahlen von vor der Weltfinanzmarktkrise sind sicher nicht mehr zu erwarten. Nicht die Folgen der Finanzmarktkrise allein dämpften das Wachstum der Branche auf lange Sicht, sondern vor allem steigende Energiekosten und verschärfte Umweltauflagen. Dr. Gast ging auch noch einmal auf den Komplex Brennstoffkosten ein. In Anbetracht der bereits aktuell exorbitanten Kosten müsse wohl damit zu rechnen sein, dass etwa 2020 rund 1000 USD per Tonne fällig würden. Das habe primär nicht einmal mit den steigenden Rohölpreisen zu tun, der Mehrpreis ergebe sich schon daraus, dass in der internationalen Schifffahrt der Anteil des Schwefels im Brennstoff von heute rund 3,5 Prozent bis 2020 – seiner Meinung nach zu Recht – auf 0,5 Prozent gesenkt werden müsse. Dafür würden aber teurere Öle und Marinediesel benötigt. Teurer werde der Seetransport auch durch steigende Abgaben auf den Ausstoß von Kohlendioxid und strengere Auflagen zur Vermeidung von Stickoxidemissionen. Mit Blick auf seine Reederei, die Hamburg Süd, kämen als Kostenbelastungen chronische Hafenverstopfungen dazu, wie etwa in dem für das Unternehmen wichtigsten brasilianischen Hafen Santos. Das brächte im Jahr schon mal durchaus ein Minus von 120 Mio. USD.

Dr. Gast rechnete damit, dass die steigenden Kosten für den Seetransport den Umschlag von Containern langfristig dämpfen werden. In den Boomjahren der Branche sei der Containertransport im Verhältnis zum Wert des Welthandels um das Dreieinhalbfache gewachsen. Dieser Faktor werde vermutlich auf 1,5 sinken. Das dürfte auch Folgen für die industrielle Arbeitsteilung – sprich Globalisierung – haben. Seit Jahrzehnten werde in Containern nahezu jedes denkbare Gut um die Welt gefahren, um an bestimmten Orten endmontiert, veredelt und vermarktet zu werden. Mittlerweile lande sogar Sand in den Stahlboxen. Rund 90 Prozent aller Stückgüter und Waren würden in Containern transportiert.

Weiter steigende Transportkosten könnten allerdings dazu führen, dass die regionale Produktion verschiedener Waren wieder an Bedeutung gewinne. »Güter, die man hoch automatisiert im Prinzip an jedem Ort der Welt herstellen kann, z. B. Solarmodule oder Mobiltelefone, wird man künftig vermutlich näher an ihren Absatzmärkten herstellen als heute«, erklärte Gast, »zumal auch das Lohnniveau in vielen Schwellenländern, vor allem in Asien, weiter steigt.«

Die Aussagen des Hamburg-Süd-Chefs sollten nicht als düstere Prognose für die Zukunft der Containerschifffahrt gewertet werden, sondern als aktuelle realistische Einschätzung eines Fachmanns, der mit seiner Reederei unmittelbar im Geschehen stand. Sie erfuhr aus anderen Quellen durchaus Bestätigung. So werde nach ihrer Einschätzung die Globalisierung der Weltwirtschaft eher abnehmen oder stagnieren, wenn auch auf hohem Niveau. Etliche vor allem in China aufgebaute Produktionsstätten würden zurückgefahren oder sogar geschlossen und, aus deutscher Sicht, in näher gelegene osteuropäische bzw. zentralasiatische Länder verlagert. Dafür gab es viele Gründe, sicher aber sei, dass nach dort keine Seetransporte mehr notwendig wären. Die chinesische Wirtschaft, vor Jahren noch als »verlängerte Werkbank der Weltwirtschaft« geschätzt, werde künftig wohl kaum noch das Ladungsvolumen aufbringen wie zuvor.

# Die Flotte wächst immer noch weiter, die Lage bleibt wechselhaft

Allgemein gesehen war es so, dass das während der vergangenen Jahre praktizierte Slow Steaming allmählich immer mehr ausgeweitet worden war. Doch allmählich gingen den Linienreedereien die Möglichkeiten aus, die weiterhin zahlreich neu in Fahrt kommenden Megacarrier durch noch weiteres Slow Steaming kapazitätsneutral in die Fahrpläne zu integrieren. Allein zu Anfang des Jahres 2012 war die Flotte laut Alphaliner gegenüber dem Anfang des Vorjahres um sechs Prozent auf eine Kapazität von 16,3 Mio. TEU angewachsen.

Ein Situationsbericht von Ende 2012 zeigt, dass die Containerschifffahrt die Krise noch nicht überwunden hatte. Das globale Wirtschaftswachstum hatte sich verlangsamt, und infolgedessen war auch die Nachfrage nach Container-Transportleistungen zurückgegangen. Es wurde deutlich, dass die erhoffte Erholung noch länger auf sich warten ließ. Auf der Nachfrageseite hatte es zwar keinen Einbruch gegeben, aber eine deutlich nachlassende Dynamik. Nach einem Zuwachs von 13 Prozent 2010 war der Nachfragezuwachs mit nur knapp sieben Prozent im Vorjahr schon sehr viel geringer ausgefallen.

Ursachen dafür gab es verschiedene: Die Erdbeben- und Tsunamikatastrophe und infolgedessen das Reaktorunglück von Fukushima hatten nicht nur direkte Auswirkungen in Japan. Über die starke Verflechtung der international organisierten Produktionsprozesse und die Handelsbeziehungen waren auch andere Staaten in Asien, Europa und Nordamerika betroffen – z. B. durch ausbleibende oder stark verspätete Zulieferteile. Hinzu kamen die negativen Auswirkungen der Euro- und Schuldenkrise. Diese hielten an und bremsten die globale Wirtschaftsentwicklung spürbar. Belastend wirkten sich die unverändert bestehenden Überkapazitäten aus. Im Laufe des Jahres 2012 kamen laut Clarkson 207 Containerschiffe mit einer Gesamtkapazität von 1,26 Mio. TEU neu in Fahrt, nach 1,21 Mio. TEU 2011. Unter der 2012 neu in Fahrt gebrachten Tonnage waren 78 Schiffe mit Kapazitäten von 8000 TEU und mehr.

Auch die wachsende Zahl der aufgelegten, weil beschäftigungslos gewordenen Schiffe – Mitte 2013 waren es 187 mit zusammen 448 000 TEU – und die angesichts der schwachen Marktlage zunehmenden Schiffsverschrottungen trugen nicht

→ Trübe Aussichten für die nächsten Jahre.

Foto: PSW

dazu bei, einen gewissen Ausgleich von Angebot und Nachfrage zu schaffen. Laut Clarkson gingen 2012 178 Schiffe mit einer Stellplatzkapazität von 332 380 TEU den Weg in die Hochöfen. Nur 2009 war das Volumen mit 379 426 TEU noch höher gewesen. Die meisten Abbrüche gab es bei Einheiten zwischen 1000 TEU und 24 499 TEU. Das Durchschnittsalter der abgebrochenen Schiffe lag bei 25 Jahren. Bemerkenswert war dabei die zunehmende Zahl sehr viel jüngerer Schiffe. Dieser Trend hielt an. MSC VENEZUELA (Bj. 1996) und PRESIDENT ADAMS (Bj. 1988), jeweils ca. 4400 TEU, waren 2013 die bis dahin größten Abwrackschiffe. Allerdings wurde es auch in diesem Segment schwieriger, denn fallende Stahlpreise sorgten für ein sinkendes Preisniveau für die zum Abbruch verkauften Schiffe.

Bernd Wrede, viele Jahre bis Ende 2001 Chef von Hapag-Lloyd, äußerte sich im Oktober 2013 in einem Interview mit der Zeitung »Die Welt« zu der seit fünf Jahren anhaltenden Krise in der Schifffahrt und antwortete auf die Frage, wie es den weitergehe wie folgt: »Der Begriff Schifffahrtskrise erweckt den Eindruck eines schwachen Marktes. Speziell in der wichtigen Containerschifffahrt sind jedoch seit vielen Jahren überdurchschnittliche Mengenzuwächse zu verzeichnen, die andere Wirtschaftszweige gerne hätten. Das Kernproblem in der globalen Containerschifffahrt sind drastische Überkapazitäten, die hausgemacht sind. Hierfür sind überwiegend die Charterreeder verantwortlich und nur zum Teil die Linienreedereien, die die Schiffe der Charterreeder mieten. Der Mengenboom in den Jahren bis 2007/08, der im Wesentlichen ein China-Exportboom war, wurde seitens der Beteiligten extrapoliert mit der Folge überwiegend hochspekulativer Neubaubestellungen. Eine konsequente Anpassung der Kapazität an die Nachfrage durch Auflegen von Schiffen, Verschrottungen oder Reduzierung von Neubestellungen wären das Gebot der Stunde. Ich kenne die Pläne der einzelnen Reedereien nicht. Aber selbst wenn sie abgestimmt handeln würden, was gegen alle Erfahrung in der Branche spricht, dauert das einige Jahre.«

Sören Skou, Chef des Marktführers Maersk, plädierte zum etwa gleichen Zeitpunkt angesichts der Neubauentwicklung und der weltwirtschaftlichen Lage bei einer Konferenz in Kopenhagen für eine Verknappung des Transportraums: »Mit noch niedrigeren Preisen werden wir keine zusätzliche Nachfrage erreichen. Vielmehr ist es weit wichtiger, den Transportraum zu verknappen.« Für das laufende Jahr erwartete er eine Nachfragesteigerung für die Container-Linienschifffahrt um zwei bis drei Prozent. Vor der großen Krise habe es Jahre mit zum Teil zehnprozentigem Zuwachs gegeben. Das sei seiner Meinung nach vorbei und werde auch nicht wiederkommen. Die Branche werde bei ihren Planungen künftig stärker auf die Rahmenbedingungen achten müssen. »Wachstum in der Containerschifffahrt wird sich noch näher an der wirtschaftlichen Entwicklung orientieren müssen.«

Rationalisierung sei das Gebot der Stunde, referierte Skou weiter und verwies auf ein entsprechendes Programm für die eigene Flotte. Als wichtigen Faktor verwies er auf die Treibstoffausgaben. Der dänische Marktführer konnte nach eigenen Angaben die Kosten pro Container im zweiten Quartal 2013 um 12,7 Prozent im Vergleich zum Vorjahreszeitraum reduzieren. Neben einer effizienteren Verkehrsroutenführung war der Bunker dabei der größte Faktor. Insgesamt verbrauchte die Reederei für ihre 596 Frachter acht Millionen Tonnen Treibstoff pro Jahr. Daraus entstanden Kosten von fünf Milliarden US-Dollar. Die 20 bestellten Triple-E-Schiffe mit je 18 270 TEU sollen den Verbrauch pro Container im Vergleich zum Durchschnitt um 50 Prozent senken. Drei dieser Megacarrier waren inzwischen in Dienst gestellt worden.

Mit der Verknappung des Transportraums, wie Skou es anregte, war es jedoch so eine Sache. Allein ein Blick auf die Entwicklung seiner eigenen Flotte ließ Zweifel aufkommen, allein wegen der vorher bestellten 20 Schiffe der Triple-E-Klasse, auf die später noch eingegangen wird. Der Orderwahn vor allem der meisten großen Reedereien setzte sich ungebrochen fort, trotz Überkapazitäten und schwachen Ladungsaufkommens. Die Schiffbau-Niedrigstpreise der Werften, ausgelöst durch bei Weitem zu geringe Auslastung der extrem aufgeblähten Werftkapazitäten in Fernost, mussten offenbar ausgenutzt werden, obwohl es eigentlich keinen Sinn machte, ein 18 000-TEU-Schiff, auch typisiert als Ultra Large Container Ship (ULCS), zu bestellen, das anschließend wegen des geringen Ladungsaufkommens mit nur 14 000 TEU an Bord unterwegs sein würde. Einen zusätzlichen Anreiz für die Bestellungen der neuen Schiffe bot jedoch auch der wirtschaftlichere Betrieb, der mit ihnen möglich war. Die ältere Tonnage blieb allerdings weiter im Markt, und die Abbruchraten blieben zu gering, um einen Ausgleich zu schaffen.

Nach den Triple-E-Neubauten von Maersk war als nächster großer Auftrag der von der China Shipping Container Lines (CSCL) über fünf 18 000-TEU-Bauten bei der südkoreanischen Werft Hyundai Heavy Industries (HHI) platziert worden. Wie »günstig« es inzwischen geworden war, ein ULCS bauen zu lassen, ließ sich mit diesen zwei Preisen verdeutlichen: So kostete einer der CSCL-Neubauten rund 140 Mio. USD, während Maersk für eines seiner 2011 bestellten etwa gleich großen Triple-E-Containerschiffe noch rund 185 Mio. USD an die Bauwerft Daewoo in Südkorea pro Schiff überweisen musste.

Wie bereits erwähnt war ein nicht unwesentlicher Teil der Krise auf den seit Jahren andauernden Preiskampf der drei Weltmarktführer Maersk, CMA CGM und MSC zurückzuführen, der allerdings auch an ihrer eigenen Substanz zehrte. Dem wollten die drei Kontrahenten ein Ende bereiten und verkündeten Mitte 2013, dass sie sich im Prinzip darauf geeinigt hätten, zu kooperieren und eine Allianz unter dem Namen »P3« zu gründen, die im zweiten Quartal 2014 ihre Geschäfte aufnehmen sollte. Diesen Plänen mussten jedoch erst noch die zuständigen Kartellbehörden zustimmen. Die drei Gesellschaften wollten auf den Linien von Asien nach Europa, über den Pazifik und über den Atlantik, wo sie über einen kombinierten Weltmarktanteil von 37 Prozent verfügten, gemeinsame Dienste anbieten. Das Ziel war u. a., die Kapazitäten besser zu steuern und die Auslastung zu erhöhen, weil den Kunden auch Containerstellplätze auf den Schiffen der Partner vermittelt werden konnten. Das sei geballte Marktmacht, kommentierte die Branche das Vorhaben. 255 Schiffe mit insgesamt 2,6 Mio. Stellplätzen wollten die Partner im Rahmen der Kooperation einsetzen – 40 Prozent der Gesamtkapazität der weltweiten Flotte.

Aber das Vorhaben, das mit Sicherheit vielfältige Auswirkungen auf das Gesamtgeschehen bis hin zu den Häfen gehabt hätte, scheiterte im Juni 2014 am Einspruch der chinesischen Kartellbehörden, nachdem die in der EU und den USA bereits zugestimmt hatten. Nur wenig später gaben jedoch Maersk und MSC bekannt, dass sie nun ohne CMA CGM eine neue Allianz unter dem Namen »2M« bilden wollten. Sie war zwar mit 185 Schiffen und einer Stellplatzkapazität von 2,1 Mio. TEU etwas kleiner als die vormals angepeilte »P3«, aber die Ziele waren die gleichen. Allerdings sollte es im Gegensatz zu den »P3«-Planungen keine gemeinsame Flottenzentrale geben.

Dass eine Kooperation Kostenvorteile bringen würde, hatten auch schon andere vorher erkannt und entsprechend gehandelt. So hatten z. B. bereits Ende 2011 sechs Reedereien die G6 Alliance mit dem Ziel gegründet, ihre Kräfte zu bündeln und die Kräfteverhältnisse auf den wichtigsten Linienverbindungen zwischen Fernost und Nordeuropa zu ordnen. Mitglieder waren Hapag-Lloyd, APL, Hyundai Merchant Marine, Mitsui O.S.K. Lines, Nippon Yusen Kaisha und Orient Overseas Container Line. Zusammen setzten sie 90 Schiffe ein, die 40 Häfen bedienten. Diese an der G6 Alliance beteiligten Reedereien waren außerdem Mitglieder entweder in der vorher gegründeten Grand Alliance oder New World Alliance. Die Mitgliedschaften waren in Bewegung, auch bei einer Vielzahl anderer Kooperationen und Zusammenschlüsse. Ziele waren dabei immer, die Dienste zu optimieren, die Schiffe effizienter einzusetzen und, wo immer es möglich war, Kosten zu sparen.

## Die größten Containerreedereien der Welt und ihre Marktanteile in Prozent 2013

Quelle: Alphaliner

| Rang | Reederei | Land | Anteil |
|---|---|---|---|
| 1. | APM-Maersk | Dänemark | 14,9 % |
| 2. | MSC (Mediterranean Shipping Co) | Schweiz/Italien | 13,4 % |
| 3. | CMA CGM Group | Frankreich | 8,6 % |
| 4. | Evergreen Line | Taiwan | 4,8 % |
| 5. | Cosco Container Lines | VR China | 4,3 % |
| 6. | Hapag-Lloyd | Deutschland | 4,3 % |
| 7. | CSCL China Shipping Container Line | VR China | 3,5 % |
| 8. | Hanjin Shipping | Südkorea | 3,3 % |
| 9. | APL American President Lines | Singapur | 3,2 % |
| 10. | MOL Misui O.S.K. Line | Japan | 3,1 % |
| 11. | OOCL Orient Overseas Container Line | Hongkong | 2,8 % |
| 12. | Hamburg Süd | Deutschland | 2,8 % |
| 13. | NYK Line | Japan | 2,7 % |
| 14. | Yang Ming Marine Transport | Taiwan | 2,2 % |
| 15. | Hyundai M.M. | Südkorea | 2,1 % |
| 16. | PIL (Pacific International Lines) | Singapur | 2,0 % |
| 17. | »K« Line | Japan | 1,9 % |
| 18. | ZIM | Israel | 1,8 % |
| 19. | UACC United Arab Shipping Company | Kuwait | 1,6 % |
| 20. | CSAV Group | Chile | 1,3 % |

# In der Tendenz gleichbleibend

In den folgenden Jahren gab es tendenziell keine Veränderungen. Die Containerschiffsflotte und damit die Transportkapazität wuchsen unverändert weiter, so wie auch die Überkapazitäten ebenso weiterhin beklagt wurden. Die Frachtraten schwankten wie gewohnt, blieben aber im Schnitt ungenügend. Die Höhe der Brennstoffkosten gab weiter Anlass zu Klagen, wenn auch nicht in dem Maße wie in den Vorjahren, und die Abbruchraten blieben immer noch deutlich hinter den Flottenzuwächsen zurück, trugen also kaum zum Marktausgleich bei. Die Zahl der Auflieger schwankte gleichfalls, wie zuvor auch saisonbedingt. Das Wachstum der Weltwirtschaft, also des Ladungsaufkommens, entsprach weiterhin nicht den Erwartungen oder Hoffnungen der Reedereien und Investoren – ebenfalls wie immer. Im Folgenden sollen deshalb für jedes Jahr nur noch einige relevante Zahlen und wichtige Kernaussagen zu der Entwicklung dieser wichtigen Branche summarisch genannt werden.

Zu Beginn des Jahres 2014 waren nach Angaben von Clarkson insgesamt 5106 Containerschiffe mit einer Stellplatzkapazität von 17,13 Mio. TEU in Fahrt. Der Auftragsbestand belief sich auf 474 Schiffe mit 3,7 Mio. TEU, davon waren allein 230 Einheiten mit rund 1,9 Mio. TEU noch 2013 in Auftrag gegeben worden. Fast 150 Aufträge mit mehr als 1,7 Mio. TEU gehörten zur Größenklasse über 8000 TEU. 1,6 Mio. TEU sollten im Laufe des Jahres neu in die Dienste eingefädelt werden. 1,28 Mio. TEU allein von den 20 größten Carriern. Auf Evergreen, Maersk, China Shipping und Hamburg Süd kamen Zuwächse zwischen 110 000 und 200 000 TEU zu. Von den 20 größten Reedereien erwarteten nur NYK, K-Line und ZIM keine Neuzugänge. Bis Juni waren 61 Containerschiffe mit einer Kapazität von 503 700 TEU neu bestellt worden. Für das kommende Jahr rechnete Clarkson mit einem Wachstum von 1,54 Mio. TEU, das wäre der höchste jährliche Wert nach 1,5 Mio. TEU in 2008.

Anfang des Jahres waren 235 Schiffe über 500 TEU mit zusammen 779 230 TEU aufgelegt, 4,5 Prozent der fahrenden Flotte. Für das vorangegangene Jahr war der Abbruch von 74 Schiffen mit Kapazitäten zwischen 3000 und 5000 TEU gemeldet. In den ersten vier Monaten des laufenden Jahres hatten bereits Schiffe mit zusammen 212 000 TEU ihre Reise zu den Abbruchwerften angetreten.

Die Konzentrationsbewegungen bei den Reedereien setzte sich mit der Ankündigung der Hamburg Süd fort, die chilenische Reederei Compañía Chilena de Navegación Interoceánica (CCNI) übernehmen zu wollen. Die Übernahme sollte spätestens Ende des Jahres vollzogen sein.

Die Intra-Asia-Verkehre wurden als Wachstumsmarkt angesehen. Kaskadeneffekte und eine Zunahme der Nachfrage führten zum Einsatz von immer mehr Panamax-Frachtern. Wichtigstes Segment in diesem Fahrtgebiet waren aber Schiffe zwischen 1000 und 3000 TEU. Aktuell waren dort jedoch auch bereits 63 Einheiten mit 4000 und 5100 TEU in Fahrt, eines sogar noch größer. Die meisten davon wurden im innerchinesischen Küstenverkehr eingesetzt. Die Beschäftigung noch größerer ging allerdings nur langsam voran, da wichtige Häfen der Region wegen zu geringer Wassertiefen noch nicht bedient werden konnten.

Der Containerisierungsgrad im seewärtigen Außenhandel habe inzwischen ein Niveau erreicht, das sich praktisch nicht weiter steigern ließe. Zu dieser Einschätzung kam der Bremer Rhederverein in seinem Jahresbericht für 2013. »Mengenzuwächse aufgrund einer weiteren Containerisierung sind so gut wie nicht mehr möglich. Nahezu alle Waren, die in Containern verladen werden können, werden auch in Containern transportiert«, meinten die Bremer.

Und noch eine große Fusion Ende 2014. Hapag-Lloyd übernahm die chilenische Compañía Sud Americana de Vapores (CSAV) und wurde damit zur viertgrößten Linienreederei der Welt. Entsprechende Verträge für den Zusammenschluss waren bereits im April in Hamburg unterzeichnet worden. Er soll, ließ Hapag-Lloyd verlauten, erhebliche Synergien bringen. Rund 300 Mio. USD jährliche Ersparungen wurden allein durch Netzwerkoptimierungen, Produktivitätsverbesserungen und Kostenreduzierungen angestrebt. Das Unternehmen wird über rund 200 Schiffe mit einer Kapazität von etwa einer Million TEU verfügen und jährlich circa 7,5 Mio. TEU transportieren.

Anfang 2015 äußerte die BIMCO Befürchtungen, dass der stark gefallene Ölpreis Reedereien dazu veranlassen könnte, das Slow Steaming aufzugeben mit der Folge, dass sich die Überkapazitäten durch die »eingesparten« Schiffe noch vergrößern könnten. Der aktuelle Ölpreis war in Rotterdam von 600 USD pro Tonne noch zwei Jahre vorher auf 110 USD zurückgegangen.

Obwohl die Containerschifffahrt in den vergangenen Jahren bereits große, zu große Kapazitätssprünge zu verzeichnen hatte, setzt die Branche ihre Bestelloffensive fort, beklagte Drewry

Maritime Research in ihrem im April 2015 vorgelegten Jahresbericht. Die Analysten sprachen von einem »ordering frenzy«, einem Orderwahnsinn, einem Wettrennen um die modernsten und größten Frachter. Drewry sagte ein weiteres Jahr des Wachstums im Überfluss voraus und wies dabei gleich auf die Folgen hin: Mit jeder weiteren Bestellung von Schiffen mit Kapazitäten jenseits der Marke von 18 000 TEU werde sich der Tag, an dem Angebot und Nachfrage wieder ins Gleichgewicht kommen, weiter in die Ferne rücken. Seit Jahresbeginn seien rund 40 ULCV bestellt worden, die meisten von ihnen würden 2017 zur Ablieferung anstehen. »Die Industrie hat für ihre vielen Bestellungen in den Jahren 2006 und 2007 einen hohen Preis zahlen müssen«, hieß es weiter. Drei Jahre nachdem Maersk 3,8 Milliarden Dollar für Triple-E-Schiffe ausgegeben habe, scheine sich die Geschichte zu wiederholen. Viele Linienreeder seien dem längst nicht mehr so exklusiven Klub der Besteller beigetreten.

Gleich zu Anfang des Jahres war bekannt geworden, dass Taiwans Großreederei Evergreen nach der Bestellung von acht 18 000-TEU-Schiffen im Dezember 2014 einen weiteren Auftrag über den Bau von elf 20 000-TEU-Schiffen in Japan platziert hat. Sie sollen 2018 und 2019 zur Ablieferung gelangen. Und auch der Branchenprimus Maersk trat wieder in gewohnter Weise trotz seines erst unlängst geforderten Aufrufs zur Tonnageverknappung wieder als Großbesteller auf. Im Juni war ein Auftrag über den Bau von 17 Großcontainerschiffen (11 + 6 Optionen) mit einer Stellplatzkapazität von offiziell 19 630 TEU an die koreanische Daewoowerft ergangen – die zweite Generation der Triple-E-Klasse – mit Ablieferung 2017/18. Es folgte ein Auftrag für den Bau von neun 14 000-TEU-Containerschiffen mit Option für weitere acht Einheiten. Vergeben an die koreanische Hyundai Heavy Industries. Ablieferung ab 2017. Maersk-Chef Sören Skou begründete die Orderflut damit, dass in der Konsolidierungsphase, in der sich die Branche befände, die Position als Marktführer nur durch stetiges Wachstum gehalten werden könne.

In den weltweiten Orderbüchern standen Mitte Juli 2015 427 Neubauten, darunter 157 mit Stellplatzkapazitäten über 10 000 TEU. 367 406 TEU des Gesamtorderbestands waren für den Maersk-Konzern bestimmt. Die Aufträge von MSC mit 701 086 TEU und CMA CGM mit 418 547 TEU lagen noch darüber. Auch Cosco hatte bei drei chinesischen Werften neun 20 000-TEU-Einheiten mit Option auf vier weitere geordert.

Die im Deutschen Seeverladerkomitee (DSVK) beim Bundesverband der Deutschen Industrie (BDI) zusammengeschlossenen Unternehmen bewerteten die Entwicklung hin zu immer größeren Containerschiffen kritisch. Das ging aus einer

↓ Hamburg begrüßt mit einer aus Containern gebauten »20 000« im Mai 2017 die MOL Triumph als ersten Megaboxer mit einer Kapazität von 20 170 TEU.

Foto: HHM/Hasenpusch

aktuellen, nicht repräsentativen Blitzumfrage im Juni 2015 hervor: »Es zeigt sich, dass sich die zunehmenden Schiffsgrößen negativ auf die Hinterlandverkehre und Hafenabfertigung auswirken und sich dies sehr nachteilig auch auf die Abwicklungen der Binnenschiffe in den Seehäfen ausweitet. Des Weiteren führen die daraus resultierenden Überlastungen der Infrastruktur bereits heute zu spürbaren Verzögerungen in den Logistikketten.« Als dringliches Problem hatten die Seeverlader außerdem den Trend zu vermehrten Umladungen und Feederverkehren ausgemacht, da immer weniger Häfen von den immer größeren Schiffen im Direktverkehr angelaufen werden könnten. Dabei liege die für Transshipments notwendige Zuverlässigkeit bei nur 50 Prozent.

Auch in der Ostsee werden die immer größeren Schiffe immer häufiger sichtbar. Mit der 399 Meter langen MAGLEBY MAERSK der Triple-E-Klasse wurde Mitte August erstmals auch eines der weltgrößten Containerschiffe in Danzig abgefertigt.

In einem im Oktober vorgelegten Marktbericht des Bremer Instituts für Seeverkehrswirtschaft und Logistik (ISL) hieß es, dass sich wegen der fortlaufenden Ablieferungen großer Containerschiffe die verfügbare Kapazität um sieben Prozent erhöhen werde. Das andauernde Ungleichgewicht zwischen Angebot und Nachfrage – insbesondere auf den Haupthandelsrouten zwischen Europa und Fernost – wirke sich seit einigen Monaten negativ auf die Nachfrage nach Tonnage, die Aufliegerzahlen und damit auch auf die Charterraten aus. Gerade in den vergangenen Wochen sei es zu einem drastischen Anstieg der Aufliegerzahlen und einem Einbruch bei den Charterraten gekommen. Die Zahl der beschäftigungslos aufliegenden Containerschiffe habe sich vom 10. August von 82 Einheiten mit 228 396 TEU (Tiefststand 2015) bis zum Oktober auf 243 Frachter mit 779 829 TEU verdreifacht. Die durchschnittlichen Größe der Schiffe lag bei 3209 TEU.

Die Containerschifffahrt müsse sich auf weitere drei Jahre mit Überkapazitäten und finanziellen Einschnitten einstellen, berichtete ebenfalls im Oktober das Beratungsunternehmen Drewry und nannte als wesentliche Gründe die Verlangsamung des Welthandels und das große Volumen in den Orderbüchern. Für das laufende Jahr halbierte Drewry seine Wachstumsprognose auf 2,2 Prozent. 1,6 Mio. TEU seien im bisherigen Jahresverlauf bereits neu in Fahrt gekommen. Das bedeute eine Wachstumsrate von 7,7 Prozent.

Im Dezember gaben die Unternehmen CMA CGM und Neptune Orient Lines (NOL), Singapur, bekannt, dass die Aktionäre dem Verkauf von NOL an die Franzosen zugestimmt haben. Als Preis wurden knapp 3,4 Milliarden Singapur-Dollar, umgerechnet rund 2,2 Milliarden Euro genannt. Der endgültige Abschluss der Transaktion wurde nach Zustimmung der Wettbewerbsbehörden für Mitte kommenden Jahres erwartet. Durch den Zusammenschluss erweiterte CMA CGM seine Kapazitäten auf eine Flotte von 563 Schiffen und einen Umsatz von 22 Mrd. USD. Der NOL-Anteil daran lag bei sieben Mrd. USD und 94 Schiffen. Die Schifffahrtsaktivitäten von NOL waren unter dem traditionsreichen Markennamen American President Lines (APL) gebündelt. Sie waren nun dem französischen Käufer zuzurechnen. CMA CGM kündigte an, die Bedeutung Singapurs als maritimen Hub stärken zu wollen und »weitere Wachstumsmöglichkeiten umzusetzen, wo immer sie sich ergeben werden«.

Die Kapazität der weltweiten Containerschiffsflotte werde bis Ende 2015 unter Annahme von Verschrottungen und Verschiebungen geplanter Ablieferungen auf rund 19,9 Mio. TEU ansteigen – der bisherige Höchststand. Das entspreche einem Zuwachs von rund neun Prozent im Vergleich mit dem Stand zum Jahresanfang, hieß es in einem Marktbericht des Bremer Instituts für Seeverkehrswirtschaft und Logistik (ISL) im November. Anfang Oktober habe die Flotte der Vollcontainer-

↓ MÆRSK MC-KINNEY MØLLER, das seinerzeit größte Containerschiff in Bremerhaven.

Foto: BLG

schiffe aus 5205 Einheiten mit einer Kapazität von 19,4 Mio. TEU bestanden. Nach Angaben von Clarkson Research waren in den ersten neun Monaten 153 Vollcontainerschiffe mit zusammen rund 1,3 Mio. TEU abgeliefert und in Fahrt gebracht worden. Gleichzeitig sind 62 Einheiten mit einer Kapazität von rund 121 000 TEU verschrottet worden. Mit einigen verspäteten Ablieferungsmeldungen ist somit die Kapazität um rund 1,2 Mio. TEU gewachsen. Hinsichtlich der Ordertätigkeit meldete Clarkson für das dritte Quartal 2015 einen erheblichen Anstieg. Insgesamt wurden in diesem Quartal 106 Einheiten mit rund 822 000 TEU neu in Auftrag gegeben. Die aufgelegte Containerschiffsflotte verzeichnete Mitte November einen erheblichen Anstieg um 40 Prozent auf 306 Einheiten mit 1 241 758 TEU. Das war der Höchststand seit fünf Jahren.

Einige der Auflieger wurden direkt zum Verschrotten verkauft. Trotzdem wuchs die Zahl der beschäftigungslos aufliegenden Schiffe bis November 2016 auf 435 mit rund 1,7 Mio. TEU, das waren sieben Prozent der globalen Containerschiffsflotte. 1,1 Mio. TEU der beschäftigungslosen Schiffe gehörten zu Charterreedereien.

Nicht nur die Aufliegerflotte war gewachsen, sondern ebenso die Zahl der zum Abbruch gegebenen Schiffe, was noch einmal den vor einiger Zeit im Zusammenhang mit den Konzentrationsbewegungen gehörten Ausspruch unterstreicht: »Wir haben nicht zu viele Reedereien, sondern zu viele Schiffe.« 70 Schiffe mit 2 117 000 TEU wanderten in die Hochöfen. Das war allerdings deutlich weniger, als noch in der Jahresmitte erwartet worden waren. Zu dieser Zeit hatte man noch mit 150 Abbruchschiffen mit 450 000 TEU gerechnet. Aber Erwartungen und Realität haben in der Containerbranche während der vorangegangenen Krisenjahre schon oft auseinandergeklafft. Die erst 2009 gebaute RICKMERS INDIA (4250 TEU) war mit ihren sieben Jahren das bisher jüngste zum Abbruch gegebene Containerschiff. Weitere junge Tonnage folgte, beispielsweise die DIANA (4923 TEU), die mit ihren zehn Jahren nur wenig älter war als die RICKMERS INDIA. Nach der Eröffnung des erweiterten Panamakanals wuchs auch die Zahl der überflüssig gewordenen Carrier der Panamax-Größe. Geschätzt sollten es mehr als 100 werden, die in der nächsten Zeit zu ihrer letzten Reise auslaufen würden. Aber mit den Schätzungen war und ist das immer so eine Sache.

Eine überraschende Neuigkeit sorgte selbst in der Branche für einiges Erstaunen: Im ersten Quartal des Jahres war nämlich kein einziges Containerschiff neu bestellt worden. So etwas hatte es zuvor nur im zweiten Quartal 2009 gegeben. Man schrieb dieses Ereignis der Einsicht zu, dass die Überkapazität doch wohl zu groß für das Geschäft sei. Oder es zeugte von dem Erschrecken darüber, dass noch im Vorjahr Schiffe mit zusammen 2,2 Mio. TEU neu geordert worden waren. Ein solches noch höheres Auftragsvolumen hatte es lediglich 2007, just an der Schwelle zum Ausbruch der Krise gegeben. Vielleicht hatte man in den Reedereien ja auch daran gedacht. Aber, wie dem auch sei, lange hielt die außergewöhnliche, völlig untypische Zurückhaltung nicht an.

Jedoch traf es nicht nur Reedereien und Werften, sondern auch andere Partner in der Containerindustrie bekamen die flauen Zeiten zu spüren, die Containerproduzenten z. B. Die Preise für neue Boxen hatten im ersten Quartal 2016 den niedrigsten Stand seit 2002 erreicht. Sie hatten allein in den ersten drei Monaten um 15 Prozent nachgegeben, vor allem wohl durch die trüben Aussichten im Welthandel.

Eine Auflistung vom September zeigte, dass die weltweite Containerschiffsflotte von drei Allianzen dominiert wird, die 44 Prozent der Gesamtkapazität von 130 Mio. TEU auf sich vereinten.

- Die Nummer eins war die Ocean Alliance mit 539 Schiffen und 4,08 Mio. TEU. Als größtes Mitglied brachte die China Shipping Corp. (CoscoCS) 203 Schiffe mit 1,2 Mio. TEU in die Dienste ein. CMA CGM zusammen mit der kürzlich übernommenen APL folgte mit 155 Schiffen und 1,2 Mio. TEU. Im Transpazifik-Verkehr Fernost–Nordamerika brachte es die Ocean Alliance allein auf einen Anteil von 39 Prozent. The Alliance kam auf 35 Prozent und 2M auf 19 Prozent. Der Rest entfiel auf kleinere Reedereien.
- Auf dem zweiten Platz rangierte die Allianz 2M, die nach der Beteiligung von Hyundai Merchant Marine (HMM) 483 Schiffe mit 3,3 Mio. TEU einsetzen konnte. Hanjin hatte zuletzt 18 Schiffe mit 135 898 TEU eingebracht. Das war wenig im Vergleich mit den beiden anderen Partnern Maersk mit 268 Schiffen und 1,9 Mio. TEU sowie MSC mit 197 Schiffen und 1,2 Mio. TEU.
- Die dritte Gruppierung war The Alliance mit 347 Schiffen und 2,7 Mio. TEU. Größtes Mitglied waren Hapag-Lloyd/UASC mit 121 Schiffen und 1,07 Mio. TEU. Zweitgrößter der insgesamt fünf Partner war Japans NYK Line mit 68 Schiffen und 507 020 TEU, kleinster war die südkoreanische Hanjin Shipping, die allerdings gegen Jahresende Insolvenz anmelden musste.

Anfang Dezember kaufte Maersk die zweitgrößte deutsche Linienrederei Hamburg Süd. Nach Zustimmung der Kartellbehörden erfolgte der endgültige Zusammenschluss zum 1. Dezember 2017. Durch diesen Zukauf baute Maersk seine Stellung als Branchenprimus weiter aus und ist damit um ein gutes Viertel größer als der zweitgrößte unter den größten Containerreedereien, MSC. Die Flottenkapazität beträgt nach dem Zusammenschluss 3,9 Mio. TEU, gegenüber 2,8 Mio. von MSC. Der Name Hamburg Süd bleibt erhalten und deren Geschäft wird weitgehend von Hamburg aus weiter betrieben.

Im ersten Quartal 2017 ist die Zahl der Aufliegerschiffe zurückgegangen, die Flotte insgesamt stagniert. Das waren die Kernaussagen des von der Nord/LB vorgelegten Marktreports Shipping Compact. Der Containersektor habe es geschafft, die durch die Hanjin-Insolvenz freigesetzten Kapazitäten zu absorbieren. Hatte der Umfang der Ende 2016 beschäftigungslos aufliegenden Kapazitäten noch 1,42 Mio. TEU betragen, waren sie zu Beginn des Quartals erstmals seit September 2016 wieder auf unter eine Mio. TEU geschrumpft. Die Verschrottung von Containerschiffstonnage insgesamt setzte sich im ersten Quartal mit 205 000 TEU auf hohem

↓ 24-Stunden-Betrieb am Terminal ist notwendig. Die Liegezeit muss so kurz wie möglich gehalten werden, denn es gilt: Schiffe verdienen nur Geld, wenn sie fahren.

Foto: Eurogate

Niveau fort und kompensierte damit fast die abgelieferten Neubauten, die bis Ende März auf 213 000 TEU kamen. So wuchs die Containerschiffsflotte nur um 0,2 Prozent. Was als kleiner Hoffnungsschimmer aussah, relativierte sich jedoch gleich wieder angesichts der für das laufende Jahr noch zur Ablieferung avisierten 1,3 Mio. TEU, hauptsächlich Megaliner. Die Ordertätigkeit blieb wie zu Anfang des vorangegangenen Jahres verhalten: Nur elf neue Aufträge wurden erteilt, allesamt im Feederschiffsbereich. Die Fortsetzung dieser Zurückhaltung sei auch notwendig, um den Markt nachhaltig zu unterstützen, führte die Nord/LB abschließend aus.

Im August warnte allerdings Alphaliner bereits wieder, dass angesichts der zu erwartenden neuen Ablieferungen die Aufliegerflotte zum Jahresende wieder auf über eine Mio. TEU ansteigen könnte. Neubauten zwischen 14 000 TEU und 21 000 TEU würden praktisch wöchentlich abgeliefert. Während der ersten sechs Monate seien 26 Schiffe über 14 000 TEU neu in Fahrt gekommen, und ein Dutzend weitere würden noch hinzukommen, bevor die alljährliche Flaute vor dem Jahresende beginne. In den kommenden fünf Monaten würden einerseits weitere 500 000 TEU erwartet, während andererseits wahrscheinlich nur 150 000 TEU zum Verschrotten gingen und damit vom Markt verschwanden.

Bei der Größenentwicklung von Containerschiffen sollten mit den aktuellen Stellplatzkapazitäten bis zu 21 000 TEU und gut 400 Meter Länge jetzt ein Schlusspunkt gesetzt werden. Diese Meinung vertrat Olaf Merk, Schifffahrts- und Logistikexperte vom International Transport Forum im Mai 2017 auf der 9. mariLOG (Internationale Konferenz für maritime Logistik). Merk erinnerte daran, dass sich die Transportkapazität der Weltcontainerschiffsflotte in den zurückliegenden 20 Jahren verdreifacht habe. Ein Ergebnis dieser in erster Linie durch die Reeder vorangetriebenen Entwicklung sei neben einer entsprechenden Kapazitätsaufstockung auch eine deutliche Stückkostensenkung sowie günstigere Seefrachtkosten pro Box. Mit den aktuellen Megacarriern, die die Arbeitspferde auf den großvolumigen Europa-Fernost-Verkehren sind, werde aber die Kehrseite der Medaille immer deutlicher: hohe Kosten bei den landseitigen Vor- und Nachläufen sowie steigende Umschlagkosten in den Häfen aufgrund der Mengenkonzentration. Zudem seien Transportkapazitäten erzeugt worden, denen für längere Zeit keine entsprechende Nachfrage gegenüberstünde.

↓ Die Cap San Augustin, Baujahr 2013, 9814 TEU, auf der Unterelbe. Die Schiffe dieser Klasse zählen mit 2100 Reefer-Anschlüssen zu der größten Kühlcontainerkapazität.

Foto: Hamburg Süd

Geprägt war das Jahr durch die Fortsetzung der Fusionen und Zusammenschlüsse mit der Bildung von zwei weiteren Gruppierungen in Fernost. Beide hatten schon längere Zeit für Gesprächsstoff gesorgt. Durch die auf Betreiben der Staatsführung erfolgte Fusion der beiden chinesischen Großreedereien Cosco und China Container Shipping Line (CSCL) zur China Cosco Shipping Group ist eine neue Megareederei in der Containerschifffahrt entstanden. Sie wurde noch vergrößert durch den lange verhandelten Zukauf der in Hongkong ansässigen Orient Overseas Container Line. Des Weiteren haben die drei über 100 Jahre alten japanischen Reedereien Kawasaki Kisen Kaisha (»K«-Line), Mitsui O.S.K. Lines (MOL) und Nippon Yusen Kabushiki Kaisha (NYK), die über Jahre große Verluste angehäuft hatten, die Zusammenlegung ihrer Containeraktivitäten beschlossen und wollen sie vom 1. April 2018 an unter dem Namen Ocean Network Express (ONE) als Holdinggesellschaft gemeinsam weiterführen. Eingesetzt wird dann eine Flotte von 250 Schiffen mit einer Gesamtkapazität von rund 1,4 Mio. TEU.

Positive Signale für die Containerschifffahrt läuteten das Jahr 2018 ein. Aus der Investmentbank Jefferies verlautete, dass nach ihrer Einschätzung der weltweiten Linienschifffahrt mehrere gute Jahre bevorstünden. Effizienzsteigerungen und eine Verknappung der Stellplatzkapazität dürften die Ergebnisse der Reedereien bis mindestens 2020 beflügeln. Demnach würden sich die Ergebnisse der Linienreedereien dieses und nächstes Jahr jeweils verdoppeln. Die Jefferies-Analysten rechneten also mit einer kontinuierlichen Verbesserung der Marktverhältnisse. Die Schere zwischen dem weltweiten Kapazitätsangebot und der Transportnachfrage werde sich ab dem zweiten Halbjahr 2018 allmählich schließen. Herrsche aktuell noch ein Überangebot an Schiffsraum, dürfte die Nachfrage bis 2020 bei einer Wachstumsrate von vier bis fünf Prozent so stark aufgeholt haben, dass es an Kapazität fehlen werde.

Ausschlaggebend dafür seien die stark sinkenden Neubauablieferungen in den Jahren 2019 und 2020. Bereinigt um Verschrottungen dürfte das Flottenwachstum kommendes Jahr auf unter ein Prozent sinken. Für 2020 hielt Jefferies sogar eine leichte Schrumpfung der Flotte für möglich, weil die Einführung der strengen Schwefelobergrenzen für Schiffstreibstoff für mehr Verschrottungen sorgen werde. Allgemein würde erwartet, dass ältere Schiffe mit höherem Brennstoffverbrauch infolge der neuen Bestimmungen an Wettbewerbsfähigkeit einbüßen. Auch Hapag-Lloyd-Chef Rolf Habben Jansen, der im Übrigen mit der optimistischen Lageeinschätzung im Großen und Ganzen übereinstimmte, hatte vor allem Schiffe ausgemacht, die 15 Jahre und älter wären. Bei denen lohne sich eine Nachrüstung nicht mehr.

Das war eine im Grunde genommen wohl etwas zu euphorische Prognose, vor allem was die Verknappung der Stellplatzkapazität betraf. Denn die Neigung zu neuen Schiffsbestellungen nahm bei sich allmählich bessernden Marktverhältnissen ebenso zu, wie die Einsicht zu mehr Verschrottungen abnahm. Aber auch der Londoner Branchendienst Drewry hatte noch im April die allgemein gute Stimmung unterstützt, meinte jedoch, dass die weltweite Containerschifffahrt in nächster Zukunft zwar keine allzu großen Sprünge erwarten dürfe, dafür jedoch ein langsames und stetiges Wachstum zu erwarten sei. 2018 und 2019 dürfe die Branche auf ein »gesundes Nachfragewachstum« und höhere Frachtraten hoffen, hieß es. Der Tonnagebedarf werde das Flottenwachstum übersteigen, sodass die Bilanz zwischen Angebot und Nachfrage positiver aussehe und die Profite der Linienreedereien entsprechend ausfallen würden. Allerdings wurde dies alles noch vor dem drohenden Handelsstreit zwischen den USA und China ausgesprochen.

↓ Die Valparaiso Express, Baujahr 2016, 10 500 TEU, von Hapag-Lloyd, hier vor Valparaiso, hat ebenfalls 2100 Stellplätze mit Reefer-Anschlüssen.

Foto: Hapag-Lloyd

Aber es gab auch Entwicklungen, die diese allgemein positiven, wenn auch wohl zu kühnen Grundeinstellungen beeinträchtigten oder noch beeinträchtigen würden. Das waren die zur Ablieferung anstehende neue Tonnage, das Verschrottungsvolumen und die wiederaufflammende Bestellwut besonders für Großtonnage.

Die Ablieferung neuer Containerschiffe ließ trotz aller beruhigenden Vorhersagen weiteren Kapazitätsdruck in der Containerschifffahrt erwarten. Gleich im ersten Monat des Jahres waren sieben Megaboxer mit Kapazitäten zwischen 19 000 TEU und 21 000 TEU neu in Fahrt gekommen. Das war der Beginn für ein Rekordjahr für Ablieferungen im Segment zwischen 14 000 TEU und 21 000 TEU. Bis Ende Mai folgten weitere Neubauten mit 790 000 TEU. Dabei hatten einige Reedereien zur Entlastung des Marktes zwar bereits wieder Ablieferungen verschoben, dennoch waren über das Jahr insgesamt Ablieferungen von 1,5 Mio. TEU zu erwarten. Gleichzeitig würden sich laut Alphaliner die Verschrottungen verringern. Lediglich 350 000 TEU, wahrscheinlich weniger, würden zum Abwracken gelangen. Damit würden Prognosen von erwarteten 500 000 TEU zur Makulatur. Zum Vergleich: 2017 waren 422 000 TEU und ein Jahr zuvor sogar 665 000 TEU für die Hochöfen gewesen. Insgesamt werde die weltweite Containerschiffsflotte um 5,6 Prozent wachsen und damit ein Volumen von 22,28 Mio. TEU erreichen. Bei Alphaliner erwartete man, dass durch den Zulauf der vielen neuen Megacarrier weitere »kleine« Tonnage im Rahmen des Kaskadeneffekts in Verkehre »der zweiten Reihe« verschoben würde. Ein großer Teil dieser Schiffe werde künftig wahrscheinlich in Südamerika, am indischen Subkontinent und innerhalb Asiens eingesetzt.

Das alles schien nicht zu schrecken. Nachdem noch im Vorjahr CMA CGM neun neue Schiffe mit 22 000 TEU geordert hatte und MSC gleich darauf sogar elf von gleicher Größe, folgten weitere Reedereien mit Bestellungen oder Ankündigungen für Großtonnage. So Evergreen, Yang Ming und auch Hyundai Merchant Marine mit einem Megaauftrag bei heimischen Werften über insgesamt 20 Schiffe – zwölf mit Stellplatzkapazitäten von mehr als 20 000 TEU und acht mit jeweils 14 000 TEU. Damit sollte ein Anschluss an die Größten der Branche gefunden werden. Und auch Maersk, die vor noch gar nicht so langer Zeit Zurückhaltung angemahnt hatte, erweiterte seine schon in Auftrag gegebene Zehnerserie auf zwölf 15 200-TEU-Einheiten.

Vor Redaktionsschluss noch einige letzte Meldungen mit Stand Mai 2018:

- Nach einer Meldung des Shanghai International Shipping Institute sind 2017 weltweit 740 Mio. TEU umgeschlagen worden, was einem Zuwachs von sechs Prozent gegenüber dem Vorjahr entspricht. Die höchsten Zuwächse hatten mit 8,2 Prozent die chinesischen Häfen zu verzeichnen (Ningbo-Zhoushan allein 14,2 Prozent). Es folgen US-Häfen mit 7,4 Prozent, afrikanische mit 5,6 Prozent, europäische mit fünf Prozent (Rotterdam +10 Prozent, Antwerpen +3,2 Prozent, Deutschland insgesamt –0,1 Prozent, Hamburg –1,0 Prozent, Bremische Häfen +0,5 Prozent) und südostasiatische mit drei Prozent – Ausnahme Singapur mit 8,2 Prozent.
- London's Load Star hat beobachtet, dass die Zahl der abgebrochenen Schiffe im ersten Quartal mit zwölf Einheiten deutlich zurückgegangen sind gegenüber 70 im gleichen Zeitraum des Vorjahres.
- Ende Mai machte das Global Shippers Forum (GSF) Front gegen die von den führenden Linienreedereien Maersk, MSC und CMA CGM angekündigten Bunkerzuschläge als Reaktion auf die gestiegenen Treibstoffkosten. Dies sei ein Rückfall in die Zeiten der 2008 abgeschafften Linienkonferenzen, hieß es. Denn dies sei ein wenig subtiler Versuch, Kunden nicht verhandelbare Gebühren aufzuerlegen. Zu einer fairen Partnerschaft gehöre, verlässliche und angemessene Preisvereinbarungen zu treffen.
- Aus einer Dynamar-Studie von Mitte des Jahres ging hervor, dass Maersk mit 171 Einheiten mit einer durchschnittlichen Stellplatzkapazität von 2100 TEU die größte Feederschiffsflotte disponiert. Bei MSC sind es 131 Feederschiffe mit durchschnittlich 2000 TEU.
- Mitte Juli stellt Hapag-Lloyd-Chef Rolf Habben Jansen den Gigantismus betreffend klar: »Wir erwarten in den nächsten Jahren keine deutlich größeren Schiffe mehr. Da stehen wir in der Branche nicht allein.«

Foto: Samsung

→ Schiffsneubauten wie am Fließband. Samsung ist einer der größten Schiffbaukonzerne der Welt.

SAMSUNG
LINE

# Ein noch offener, aber sicher anspruchsvoller Kurs für die Zukunft

Neun Jahre hält die Krise der internationalen Schifffahrtsindustrie nun schon an. Nicht alle große Reedereien haben dem wirtschaftlichen Druck standhalten können. Zwischen 2014 und Ende 2017 sind neun der 20 größten Player vom Markt verschwunden – entweder durch Fusion oder wegen einer Insolvenz. Wie aber geht es weiter? Wie könnte es nach heutigen Erkenntnissen weitergehen? Wie sehen die Perspektiven aus? Kann es wahr werden, dass, wie einige Experten meinen, bis 2067 Containerschiffe mit Stellplätzen bis 50 000 TEU unterwegs sein werden und der Container-Transportmarkt bis dahin zwei- bis fünfmal größer sein wird als heute, je nachdem, wie sich die Märkte und Produktionsprozesse weltweit verändern? Sind künftig neben den Großcontainerschiffen modular aufgebaute, autonom schwimmende oder sogar fliegende Container/Containertransporter vorstellbar?

Wir wissen es – noch – nicht. Deshalb erscheint es angemessen, in diesem Kapitel abschließend einer Analyse der KfW-Ipex-Bank zu folgen, die deren Experten kürzlich vorgelegt haben und die in der Fachzeitschrift »HANSA« wie folgt zusammengefasst worden ist. Danach würden aufgrund des hohen Kostendrucks sowie zunehmender regulatorischer Anforderungen, die eine größere Effizienz und Transparenz voraussetzen, Big-Data-Anwendungen für Containerreedereien eine zunehmende Bedeutung haben und langfristig einen zentralen Erfolgsfaktor darstellen. Die maritime Industrie befindet sich infolge der zunehmenden Digitalisierung in einem umfassenden Transformationsprozess. Ein Großteil der Reedereien gehe laut Umfragen davon aus, dass die Automatisierung und Digitalisierung in den nächsten Jahren »extrem« zunehmen werden. Die größte Bedeutung werde hierbei der lückenlosen

Foto: we

← Ein bisschen Zukunft hat hier schon begonnen – Transportroboter stehen in Hamburg-Altenwerder Schlange beim automatischen Transport der Container vom Blocklager zu den Container-Umschlagbrücken.

Nachverfolgung von Sendungen auf dem Seeweg (Zustimmung 94 %) und der Digitalisierung der Instandhaltungsprozesse (Zustimmung 93 %) eingeräumt.

Big Data bezieht sich für die KfW-Ipex im Wesentlichen auf die informationstechnische Erfassung, Konnektivität und Analyse von Echtzeitdaten (mittels intelligenter Algorithmen). »Die Implementierung von Big-Data-Systemen stellt eine wesentliche Voraussetzung für die Optimierung des Schiffsbetriebs und des Betriebsablaufs in den Häfen und Logistikketten dar«, heißt es in der Analyse.

Operationell ermöglichten Big-Data-Systeme u. a. die Optimierung der operativen Flottenkosten und der Schiffsauslastung. Grundlegende Voraussetzung hierfür sei die Ausstattung des Schiffes mit Sensoren (Advanced Sensor Modul), um eine Echtzeitübertragung operativer Parameter wie den aktuellen Bunkerverbrauch und den Wartungszustand, zu ermöglichen.

Durch kombinierte Echtzeitübermittlung von Wetterdaten, Zuständen von Schiff und Maschinen sowie Terminal- und Hafenauslastungen ließen sich die Kosten insgesamt verringern. Branchenexperten gehen davon aus, dass sich allein durch die Anpassung von Schiffsgeschwindigkeiten an veränderte Wetterverhältnisse und die Berücksichtigung von Verzögerungen im Betriebsablauf (z. B. bei Hafenstreiks) der Bunkerverbrauch um bis zu fünf Prozent verringern lasse. »Weitere Kosteneinsparungen lassen sich erzielen, sofern bei unvorhersehbaren Beeinträchtigungen des operativen Betriebs zeitnahe, situationsabhängige Lösungsansätze (z. B. bei Hafenstreiks) entwickelt werden. Zur optimalen Entscheidungsfindung werden weitere Daten bezüglich Landtransporten, Kundenverhalten/-präferenzen benötigt«, heißt es weiter. Ferner müssten Zusatzkosten für Feederdienste, Landtransporte und kommerzielle Aspekte berücksichtigt werden.

Aufgrund der ungleichen Handelsströme stelle das Management von Leercontainertransporten eine große Herausforderung dar. Big-Data-Analysen würden die effiziente Durchführung von Leercontainertransporten durch Verwendung moderner Prognosealgorithmen ermöglichen. Um den Bewegungsstrom von Containerboxen zu optimieren und die Leertransportkosten zu reduzieren, seien Echtzeitdaten bzgl. der Standorte der Boxen zu ermitteln.

Hierfür würden Ortungsgeräte an die Container angebracht und gegebenenfalls Daten anderer operativer Systeme (AIS-Tracking von Schiffen, GPS-Ausstattung von Trucks, Auslastung der Containerdepots) bzw. Lkw-Wartezeitprognosen für logistische Knoten (Leercontainerdepot, Containerpackstation, Distributionszentrum) herangezogen. Durch zusätzliche Einbeziehung von empirischen und erwarteten Kundenbedürfnissen könnten Big-Data-Anwendungen nicht nur sicherstellen, dass die erforderliche Anzahl an Containern an den richtigen Standort transportiert wird, sondern dass die Anzahl und Kosten der Leertransporte gesenkt werden. Ein weiteres Einsatzfeld von Big-Data-Systemen bei Reedereien betreffe das Preis- und Kapazitätsmanagement. »Da im Containersegment die Differenzierung gegenüber den Wettbewerbern vor allem über die Preissetzung und damit über die Kostenbasis erfolgt, ist es für die Ertragsmaximie-

Foto: Hamburg Süd/Alessandro Fasel

rung der Reedereien von essenzieller Bedeutung, exakte Preiskalkulationen auf Basis der Stückkosten vornehmen zu können«, so das KfW-Ipex-Papier. Für die Errechnung der exakten Stückkosten würden u. a. Daten zu operationalen Aspekten wie Beladungs- und Stauapplikationen sowie die Kosten für Lkws und Züge benötigt. Auch die Berücksichtigung der Reaktion der Wettbewerber und Kunden auf Ratenanpassungen ermögliche zusätzlich die ertragsoptimierte Frachtratenbestimmung für jeden einzelnen Containertransport.

Digitale Technologien wie Cloud und Blockchain, das Internet der Dinge (vor allem die Ausstattung von Flotten und Containern mit Sensoren) sowie hieraus aufbauende Big-Data-Anwendungen haben nach Ansicht der Analysten kurzfristig die größte Bedeutung für das Containersegment. Ein wesentlicher Erfolgsfaktor werde es sein, Kundeninteraktionen und operative Systeme vollständig zu digitalisieren. Eine Vielzahl von Reedereien – wie MOL, NYK, K-Line, PIL, Maersk – kooperiere bereits mit IBM, um eine Blockchain-Plattform zu entwickeln, die den Großteil der Inter-/Transaktionen der Supplychain umfasst, inklusive Broker und Versicherer.

Ziel sei vor allem eine signifikante Verringerung der Prozess- und Dokumentationskosten, auf die ca. 20 Prozent der Transportkosten entfallen. »Sofern es gelingt, das Geschäftsmodell der Reedereien zu einem integrierten Logistikprovider auszuweiten (u. a. durch Integration der Hafeninfrastruktur, Einführung digitaler Marktplätze) kann dies die Verhandlungsmacht der Spediteure deutlich verringern.« Voraussetzung sei, dass die Reedereien die Digitalisierung als strategisches Programm auffassen, tradierte Organisationsstrukturen, Prozesse und Systeme hinterfragen und diese auf störende Ansätze überprüfen. »Andernfalls besteht die Gefahr, dass digitale Störfaktoren das Big-Data-Wertschöpfungspotenzial zuvor abschöpfen«, heißt es mahnend.

Soweit die KfW-Ipex-Analyse. Manches ist bereits getan und erreicht worden, aber es gibt noch viel zu tun.

← Die SANTA RITA der Hamburg Süd in Busan.

Foto: HHM

↑ Die Zukunft fest im Blick von einer Containerbrücke aus.

Ergänzend sollen dazu noch die Schlussfolgerungen zitiert werden, zu denen der Transportversicherer TT Club gemeinsam mit der Unternehmensberatung McKinsey in ihrer Studie »Containertransport im Jahr 2043« gekommen sind. Dach wird sich auch in Zukunft an dem gewohnten Zyklus »Aufschwung/Abschwung« nichts ändern:

- Die physischen Merkmale der Industrie werden sich kaum ändern, da die Container und die Schiffe, die sie befördern, in den nächsten 25 Jahren noch existieren werden.
- Handelsströme werden ausgewogener auf den Handelsrouten, wenn sich die Einkommen zwischen Ostasien und den Industrieländern annähern und die aufstrebenden Volkswirtschaften in Südasien und Afrika aufholen.
- Die Automatisierung wird in der gesamten Wertschöpfungskette, insbesondere auf der Landseite in Häfen, Terminals, auf der Schiene und im Lkw-Bereich, breit eingesetzt, um erhebliche Effizienzgewinne zu erzielen.
- Digitalisierung, Daten und Analytik werden die Wertschöpfungskette grundlegend verändern, und die Kunden erwarten ein hohes Maß an Zuverlässigkeit, Transparenz und Benutzerfreundlichkeit.
- Die Branchenführer im Jahr 2043 werden anders aussehen; einige werden sich konsolidieren, andere können ihr Geschäftsmodell ändern. Einige werden »Digital Natives« sein, entweder als Start-ups oder E-Commerce-Akteure, die den Containertransport in ihrer Lieferkette optimieren.

# Eine beispiellos rasche Größenentwicklung bis zu den Giganten von heute

Analog zu den gestiegenen Anforderungen in den internationalen Liniendiensten, in denen das zu transportierende Volumen durch die immer enger verzahnten Volkswirtschaften und immer mehr »containerisierte« Güterarten in rasantem Tempo zugenommen hat, ist auch die Größe der dort eingesetzten Schiffe mit vergleichbarer Schnelligkeit gewachsen. Sprunghaft geradezu und zwangsläufig, so wie es die Zuwachsmengen auf der Ladungsseite notwendig machten. Das eine hat sich aus dem anderen ergeben. Dies erklärt, wie es zu den immer neuen Giganten der Schifffahrt gekommen ist.

Diese Entwicklung hat sich wesentlich vielschichtiger vollzogen als beispielsweise die zu den »Riesendampfern« der Hamburg-Amerika Linie vor dem Ersten Weltkrieg, den schwimmenden Hotel- und Spaßpalästen der heutigen Passagierschifffahrt oder zu den Supertankern mit bis zu 500 000 Tonnen Tragfähigkeit in den 70er-Jahren des vorigen Jahrhunderts. Letztere übertrafen zwar mit ihrer Tragfähigkeit und ihren extremen Abmessungen bis 415 Meter Länge und 63 Meter Breite die heutigen Containergiganten noch, aber von ihnen sind nur ganz wenige gebaut worden, und als diese in Fahrt kamen, da war ihre Zeit eigentlich auch schon wieder vorbei.

Bei den neuen Großcontainerschiffen, die selbst die größten Flugzeugträger oder Passagierschiffe in ihrem Schatten fahren lassen können, sieht es dagegen ganz anders aus. Von ihnen sind immer mehr und immer größere Einheiten geordert worden. Sie kamen immer weiter wachsend zwar unglücklicherweise gerade in einer Periode zur Ablieferung, in der die Weltwirtschaft als Folge der Finanzkrise mit allen Auswirkungen auf den internationalen Warenaustausch stagnierte, was aber offensichtlich die Vorstellungen ihrer Besteller oder Betreiber hinsichtlich immer noch größerer Carrier kaum oder gar nicht veränderte. Die Überwindung der Durststrecke bis zu dem erhofften Wendepunkt, der sich allerdings stetig weiter in die Zukunft verschoben hat und der immer noch nicht einigermaßen verlässlich in Sicht ist, bleibt für die gesamte Branche nicht einfach. Nicht zuletzt angesichts vieler politisch, auch wirtschaftspolitisch eher negativer Bewegungen. Trotzdem sind immer noch mehr und noch größere Containercarrier in Fahrt gekommen.

Es ist, geschichtlich betrachtet, ein relativ kurzer Weg von den Anfängen mit dem umgebauten Weltkriegstanker IDEAL X, der gemeinhin als Urvater der heutigen Containerschiffe betrachtet wird, bis hin zu den heutigen Giganten, deren Zeitalter 2006 die nun schon fast ebenso legendäre EMMA MAERSK eingeläutet hatte. Ihr folgten nicht nur eine ganze Reihe von Schwesterschiffen sowie ähnlich dimensionierte Megaboxer, sondern innerhalb kürzester Zeit bereits die nächsten Generationssprünge, zu denen eigentlich nur noch die Zusätze »XXL«, »VLCC«, »ULCC«, »Megaboxer« oder einfach »gigantisch« passen.

Während die IDEAL X 1956 an Bord Platz für 58 gleichartige Behälter bot, hatte bereits die 2006 in Fahrt gekommene EMMA MAERSK eine Stellplatzkapazität von mehr als das Zweihundertfache. Eine gewaltige technische Entwicklung innerhalb von nur knapp fünf Jahrzehnten, die ihresgleichen sucht. Ein Blick auf die Zwischenstationen zeigt, wie rasch es vorangegangen ist, und ein weiterer Blick auf die noch kommenden Jahre unterstreicht dies noch zusätzlich.

Die IDEAL X war ein entsprechend umgebauter US-Standardtanker des Typs »T2« aus der Zeit des Zweiten Weltkriegs. Diesem »Adam«, dem Vorläufer eines neuen Schiffstyps, folgten zunächst weitere umgebaute Weltkriegsveteranen, nicht nur Tanker, sondern auch Liberty-Trockenfrachter. Alles das lief als »Testphase«, wenn man es denn so bezeichnen will, innerhalb der Gewässer der Vereinigten Staaten von Amerika ab, bis einschließlich Hawaii. Auch das erste rein für den Containerverkehr gebaute Schiff, die SEA-LAND VENTURE, wurde in den USA gebaut.

Allgemein kann festgehalten werden, dass es in der langen Geschichte des weltweiten Schiffbaus wohl keinen Schiffstyp gegeben hat, der eine ähnlich rasche, geradezu sprunghafte Entwicklung erlebt hat wie das Containerschiff. Schon zu Beginn der sich weltweit ausbreitenden Containerverkeh-

↓ Die IDEAL X war ein entsprechend umgebauter US-Standardtanker des Typs »T2« aus der Zeit des Zweiten Weltkriegs. Diesem »Adam«, dem Vorläufer eines neuen Schiffstyps, folgten zunächst weitere umgebaute Weltkriegsveteranen.

re in der zweiten Hälfte der 60er- bis hinein in die 70er-Jahre des vorigen Jahrhunderts, also vor nur knapp sechs Jahrzehnten, erlebte die maritime Welt eine geradezu explosionsartige Größensteigerung bei diesen damals neuartigen Frachtschiffen, mit deren Einsatz sich große Hoffnungen verbanden. Grob einteilen ließen sie sich während der ersten Jahre dieses neuen Zeitalters der Schifffahrt in drei Generationen, die damals auch zu festen Begriffen wurden. Gut darstellen lässt sich das am Beispiel der Hapag-Lloyd AG, die bekanntlich unter dem Druck der für die Containerverkehre zu erwartenden hohen Investitionen durch die Fusion der beiden traditionsreichen großen deutschen Linienreedereien Hamburg-Amerika Linie/Hapag und Norddeutscher Lloyd 1970 entstanden war.

Die **erste Generation** bildeten die vier für den Nordatlantikverkehr 1968 vom Bremer Vulkan und von Blohm + Voss abgelieferten Motorschiffe Weser Express, Elbe Express, Mosel Express und Alster Express. Sie waren bei 171 Meter Länge und 25 Meter Breite mit rund 14000 BRT vermessen. Die Antriebsanlage leistete 15750 PS für eine Geschwindigkeit von 20 Knoten. Die Besatzung bestand aus 33 Mann. 730 20-ft-Container (TEU) konnten geladen werden.

Die **zweite Generation** kam 1970 für den Australdienst in Fahrt. Es waren die wiederum vom Bremer Vulkan und von Blohm + Voss gebauten Turbinenschiffe Melbourne Express und Sydney Express. Sie brachten es bei 220 Meter Länge und 30 Meter Breite auf eine Vermessung von 26000 BRT und eine Stellplatzkapazität von 1600 TEU. Rund eine Verdoppelung also gegenüber den Vorgängern der ersten Generation. Die Antriebsanlage leistete 32450 PS für 21,5 Knoten Geschwindigkeit. Zur Besatzung zählten 39 Mann.

Den vorläufigen Höhepunkt bildeten dann die für den Fernostverkehr konzipierten vier Turbinenschiffe der **dritten Generation.** Auch die 1972/73 abgelieferten Neubauten Hamburg Express, Bremen Express, Hongkong Express und Tokio Express waren bei Blohm + Voss und beim Bremer Vulkan entstanden, den vormaligen »Hauswerften« der beiden nun fusionierten Reedereien Hapag und Norddeutscher Lloyd. Diese Neubauten waren wiederum doppelt so groß wie die davor in Fahrt gebrachten Schiffe der zweiten Generation. Sie waren 287 Meter lang, 32 Meter breit, hatten eine Vermessung von 58000 BRT und eine Stellplatzkapazität von gut 3100 TEU. Die beiden Turbinen wirkten auf zwei Schrauben und leisteten 81100 PS für eine Geschwindigkeit von 27 Knoten. Etwa 36 Mann bildeten die Besatzung. Bei dieser Gelegenheit soll gleich festgehalten werden, dass die Besatzungsstärke auf den Schiffen aller drei Generationen trotz deren gewaltiger Größensteigerung mehr oder weniger gleich geblieben ist, und da die Personalkosten einen erheblichen Teil der Schiffsbetriebskosten ausmachten, damals noch weit mehr als heute, lässt sich auch hier ein beachtlicher wirtschaftlicher Vorteil ableiten, den dieses neue Seeverkehrssystem den Reedereien bot und auch heute noch bietet. Denn selbst bei den jüngsten Giganten sind die Besatzungsstärken nicht nur nicht gewachsen, sondern konnten in Anbetracht der immer weiter voranschreitenden Automatisierung vieler Betriebsabläufe bis auf gut um die 20 Personen reduziert werden. Bei manchen Reedereien sind es etwas mehr, bei anderen weniger.

Sicher betraten die Reedereien mit diesen Schiffen und dem damit verbundenen Aufbau völlig anders zu gestaltender Transportketten absolutes Neuland. Gleiches gilt in hohem Maße auch für die Werften, die nicht nur einen völlig neuen Schiffstyp bauen, sondern gleichzeitig in kürzester Zeit die verlangten enormen Größensteigerungen bei den jeweiligen Generationen bewältigen mussten, ohne dass Zeit geblieben war, wesentliche Erfahrungen mit der vorangegangenen zu sammeln und auszuwerten. Fragen etwa nach Containerabständen, Toleranzen, zweckmäßigem Laschgeschirr und ähnliche Konstruktionsdetails mussten zunächst weitgehend theoretisch gelöst werden.

Jedoch die Schiffbauer bekamen alle diese Problematiken in relativ kurzer Zeit und durchaus bewundernswerter Weise in den Griff. Das gilt besonders, aber nicht nur für die deutsche Werftindustrie und dort wiederum in erster Linie für Blohm + Voss, dem später so kläglich untergegangenen Bremer Vulkan und für die Howaldtswerke-Deutsche Werft AG (HDW) bzw. deren Vorgängergesellschaften. Aber auch die vielen kleineren und mittleren deutschen Werften leisteten auf diesem Gebiet Hervorragendes, nicht nur beim Bau von Schiffen, die für Küstenverkehre konstruiert waren, sondern auch von solchen, die in der Überseefahrt zum Einsatz kamen. Die Hamburger Sietas-Werft, der älteste noch arbeitende Schiffbaubetrieb in Deutschland (heute Pella Sietas), konnte sich sogar rühmen, das erste deutsche Vollcontainerschiff überhaupt gebaut zu haben, noch bevor die großen Werften und Reedereien in das Geschäft eingestiegen waren. Es war die 1966 abgelieferte Bell Vanguard, die mit ihrer Vermessung von 499 BRT bereits 67 TEU laden konnte, und das waren schon mehr als auf dem »Urvater« IDEAL X Platz gehabt hatten, mit allerdings noch anderen Abmessungen.

Nach den gekonnt in Fahrt gebrachten ersten Generationen trat zumindest scheinbar eine gewisse Ruhe in der Entwicklung dieser damals immer noch so bezeichneten Spezialtonnage ein. Zwar vergrößerte sich von Jahr zu Jahr in raschem Tempo die Zahl der Schiffe und damit die Anzahl der Stellplätze für die Boxen innerhalb der Welthandelsflotte, aber von spektakulären konstruktiven neuen Höhepunkten war außerhalb enger Expertenzirkel kaum etwas zu hören. Nicht wenige Fachleute waren damals davon überzeugt, dass es eine vierte Generation von Containerschiffen mit einer deutlich über die 3000-TEU-Grenze hinausgehenden Kapazität wegen der durch den Panamakanal gesetzten Grenzen wohl kaum jemals geben werde. Eher herrschte die Ansicht vor, dass man alle die für bestimmte Fahrtgebiete konzipierten Schiffe unverändert jeweils bis zu ihrem technischen Ende fahren werde. Was sollte sich da auch schon noch entwickeln? Es waren genormte eckige Boxen zu transportieren, und das war's! Allerdings erwies es sich später dann doch nicht als ganz so einfach, obwohl die wesentlichen technischen Merkmale der Containerschiffe inzwischen weitgehend als gefestigt angesehen werden konnten.

Mitte der 70er-Jahre herrschte, den Containerschiffbau betreffend, also die allgemein akzeptierte Meinung vor, dass es in nächster Zeit weder eine vierte Containerschiffsgeneration geben würde und schon gar nicht eine mit Nuklearantrieb, über den allgemein nicht nur in der Schifffahrt diskutiert wurde. Auch kein unter Wasser fahrendes oder gar ein Container-Luftschiff – alles Projekte, die dennoch seinerzeit mehr oder weniger ernsthaft ins Gespräch gebracht worden sind. »Die Grenzen des vernünftigen Wachstums sind nach den Sprüngen der vergangenen zehn Jahre deutlich geworden«, hieß es z. B. 1977.

Diese Aussage hatte damals eine gewisse Gültigkeit, und zwar nicht nur in Bezug auf das Größenwachstum der Schiffe, sondern auch für deren Geschwindigkeit. In diesem Bereich hatte es nämlich ähnliche Sprünge gegeben wie bei den Stellplatzkapazitäten. So waren die 1970 für den Australdienst in Fahrt gekommenen Schiffe der zweiten Generation schneller als die der ersten Generation auf dem Nordatlantik, und die Neubauten für den Fernostverkehr hatten mit ihren 26/27 Knoten noch einiges dazugesetzt, was auf den langen Routen auch Sinn machte. Aber war das schon die Grenze? Im Großen und Ganzen ja, aber dennoch hat es auch auf diesem Gebiet einige bemerkenswerte Ausreißer gegeben.

Den Vogel schoss zunächst die amerikanische Seatrain Lines ab, als sie bei den damaligen Rheinstahl Nordseewerken in Emden für den Nordatlantikverkehr vier Containerschiffe mit Gasturbinenantrieb bestellte. »Die Reederei folgt damit dem wachsenden Bedarf nach schnellen Schiffen«, hieß es dazu. Als Erstes wurde am 22. März 1971 das GTS EUROLINER abgeliefert. Bei 243,39 Meter Länge und 30,50 Meter Breite konnten 816 40-ft-Boxen geladen werden. Der Hauptantrieb bestand aus zwei Gasturbinen mit einer Leistung von je 30 900 PS, die auf jeweils einen Verstellpropeller wirkten und für eine Geschwindigkeit von knapp 28 Knoten sorgten. Mit ihrem Brennstoffverbrauch von rund 300 t Gasöl täglich erwiesen sich die Schiffe jedoch bald als unwirtschaftlich, sodass der Antrieb, nachdem die Schiffe verkauft worden waren, Ende der 70er-Jahre auf Dieselmotoren umgestellt wurde.

Die Spitze, was die Geschwindigkeit betraf, schaffte schließlich Sea-Land mit ihren in Deutschland und den Niederlanden für rund 400 Mio. USD gebauten acht Containerschiffen des Typs SL-7. Als sie ab 1972 nach und nach in Fahrt kamen, waren es mit ihren 33 Knoten die schnellsten jemals gebauten Frachtschiffe der Welt. Die beteiligten Werften hatten für Konstruktion und Materialeinkauf sogar ein gemeinsames Büro eingerichtet, um die mit dem Betreten des Neulands beim Bau dieser außergewöhnlichen Schiffe verbundenen Probleme effektiver lösen zu können. Eine mehrjährige Planung und eingehende Modellversuche waren vorausgegangen.

Von den meisten anderen Containerschiffen jener Zeit unterschieden sich die 288,38 Meter langen, 32,16 Meter breiten und mit 41 127 BRT vermessenen Sea-Land-Neubauten mit einer Kapazität von 1096 TEU durch die Anordnung der Brücke am Ende der Back, um so die Deckscontainer besser gegen Seeschlag zu schützen. Die Rumpfform war im Hinblick auf große Ladekapazität, hohe Geschwindigkeit und unter Berücksichtigung der Schleusenabmessungen des Panamakanals konzipiert. Im Unterschied zu anderen Containerschiffen gleicher Größe wurde auf eine Zweihüllenbauweise verzichtet. Die Deckscontainer wurden mit einem von Sea-Land entwickelten besonderen System gestaut. Zwischen den Luken standen sogenannte »Vertical Buttress Towers«, in die Zurrrahmen über jede Containerlage gesetzt wurden. Der Doppelboden war für die Unterbringung von Heizöl und Ballast schachbrettartig unterteilt. Die maximale Ballastkapazität der Tieftanks an den Schiffsenden und der Doppelbodentanks betrug 10 360 Tonnen. Brücke und Kartenhaus bildeten einen großen Raum, in

→ Die Sea-Land-Neubauten des Typs SL-7 waren die schnellsten Frachtschiffe der Welt. Sie erreichten eine Spitzengeschwindigkeit von gut 33 Knoten. Hier die SEA-LAND FINANCE, eines von acht Schiffen dieses Typs, 1977 bei der Abfertigung in Bremerhaven.

↓ In der ersten Zeit gestaltete sich der Containerumschlag in den nordeuropäischen Häfen nicht immer ganz einfach.

Foto: BLG

Foto: BLG Logistics

Fotos: TKMS Archiv

↑ Das GTS EUROLINER erreichte eine Spitzengeschwindigkeit von 28 Knoten, verbrauchte dabei aber auch 300 Tonnen Gasöl täglich.

dessen Mitte das Fahrpult stand. Die Maschine wurde nicht von der Brücke aus fernbedient, da sich die Reederei von möglichst einfach aufgebauten Anlagen geringere Ausfallzeiten versprach. Ganz wesentlich war die aus zwei je 60 000 WPS leistenden General-Electric-Getriebedampfturbinen bestehende, auf zwei Propellern arbeitende Antriebsanlage für die Geschwindigkeit von 33 Knoten. Angesichts der hohen Antriebsleistung galt der Brennstoffverbrauch mit 614 Tonnen pro Tag bei voller Geschwindigkeit damals zunächst noch als relativ niedrig. Bei 30 Knoten sank er auf 439 Tonnen und bei 25 Knoten auf ca. 240 Tonnen täglich. 1972 liefen die beiden ersten dieser Neubauten, die SEA-LAND MCLEAN und die SEA-LAND GALLOWAY, am selben Tag von Rotterdam und Bremen zu ihrer Probefahrt aus. 1973 überquerte ein Schwesterschiff den Pazifik von Nordamerika nach Japan mit einer Durchschnittsgeschwindigkeit von 33,2 Knoten, und die SEA-LAND EXCHANGE brachte es wenig später auf der Atlantikroute sogar auf 34,9 Knoten. Mit Ausnahme des legendären Liners UNITED STATES hat nie zuvor ein Fracht- oder Passagierschiff eine derartige Geschwindigkeit erreicht.

Aber der sehr hohe Brennstoffverbrauch erwies sich sehr bald auch hier, wie bei den Seatrain-Schiffen, als ein sehr teurer, recht schnell als zu teuer werdender Spaß. Unter dem Druck des als Folge eines neuerlichen Nahostkonflikts eintretenden Ölpreisschocks, als die Bunkerkosten explodierten, mussten die Reedereien »auf die Bremse treten«. Die normale Geschwindigkeit ging bei den meisten Neubauten wieder auf deutlich unter 20 Knoten zurück, die in den vorangegangenen Jahren in Fahrt gekommenen schnelleren Schiffe drosselten ihre Antriebsleistung, und Sea-Land, die bei diesen Ölpreisen »voll ins offene Messer« gelaufen war, verkaufte ihre SL-7-Renner zu sicher ordentlichen Preisen an die US-Navy, wo sie nach entsprechenden Umbauten noch lange ihren Dienst versahen. Nach immerhin weit über 30-jähriger Fahrtzeit ein erneuter Beweis für solides europäisches Schiffbaukönnen. Das aber nur am Rande.

Zwar ist die Geschwindigkeit auch in der folgenden Zeit ein immer wieder diskutiertes Thema geblieben, aber, etwas im Vorgriff, erst ab Mitte der 90er-Jahre erreichten die für die Europa-Fernost-Dienste bestimmten oder die für den Pazifik in Fahrt gekommenen großen Neubauten wieder 24 bis 25 Knoten, bei einigen sogar noch etwas mehr. Darüber hinaus gab es zu der Zeit allerdings auch schon wieder neue Spitzen, etwa bei den von der chinesischen Staatsreederei China Ocean Shipping Co. (Cosco) in Japan georderten, für den Pazifikdienst bestimmten sechs 5250-TEU-Neubauten, von denen als erster Mitte 1997 die LU HE in Fahrt kam. Sie erreichte eine Probefahrtgeschwindigkeit von 29,2 Knoten. Auch die Post-Panamax-Schiffe, über die noch zu sprechen sein wird, zeigten nach einigen Jahren des Rückgangs wieder Geschwindigkeiten um 24,5 Knoten im Durchschnitt, verglichen mit knapp 19 Knoten Durchschnittsgeschwindigkeit der gesamten Containerschiffsflotte.

Doch zurück zu der Größenentwicklung. 1981 setzte sich Hapag-Lloyd mit der Indienststellung der FRANKFURT EXPRESS im Juni 1981 an die Weltspitze. Das nach einer Bauzeit von 321 Tagen bei den Howaldtswerken-Deutsche Werft (HDW) in Kiel an die Reederei abgelieferte, 287,70 Meter lange und 32,20 Meter breite Schiff hatte eine Stellplatzkapazität von 3035 TEU. Im Gegensatz zu den folgenden Neubauten wurden auf der FRANKFURT EXPRESS noch zwei Motoren für den Vortrieb installiert. Mit zusammen 54 400 PS sorgten sie über zwei sechsflügelige Festpropeller für eine Geschwindigkeit von 23 Knoten.

Aber Hapag-Lloyds FRANKFURT EXPRESS blieb nicht lange Weltmeister in der Containerschiffsflotte, denn in etwa zur gleichen Zeit hatte die United States Lines (USL) für ihren geplanten Round-the-world-Dienst in Korea bei der Daewoo-Werft für rund 570 Mio. USD eine ganze Serie von 14, später reduziert auf zwölf Großcontainerschiffen zur Ablieferung in den Jahren 1983 bis 1985 bestellt. Sie hatten bei 289,50 Meter Länge, 32,2 Meter Breite und 11,65 Meter Tiefgang Stellplätze für 4148 20-ft-Boxen, was einen erheblichen Größensprung im Vergleich mit der FRANKFURT EXPRESS bedeutete. Andere Reedereien ließen in dieser Zeit etliche ihrer Containerschiffe verlängern, um mehr Kapazität zu schaffen. Dabei ist zu bemerken, dass die Breite aller bis dahin gebauten großen Schiffe immer so ausgelegt waren, dass sie gerade noch in die Schleusen des Panamakanals passten. Sie waren also sehr schlank.

Malcom McLean, der legendäre Patriarch der Containerschifffahrt, der 1978 auch die United States Lines übernommen hatte, wollte mit den in Korea bestellten Neubauten noch einmal ein neues Konzept initiieren. Die Schiffe sollten mit ihrer hohen Stellplatzkapazität bei gleichzeitig vergleichsweise kostengünstiger geringer Geschwindigkeit, auch als Reaktion auf die gestiegenen Brennstoffpreise, sowie mit möglichst kleiner Besatzung die Betriebskosten deutlich reduzieren und damit der Reederei die Möglichkeit geben, günstigere Raten als die Konkurrenz anzubieten. Ende Mai 1984 kam die AMERICAN NEW YORK als erstes dieser Schiffe in Fahrt. Die United States Lines bzw. Malcom McLean hatten allerdings an ihren so groß dimensionierten Schiffen keine Freude. Sie erwiesen sich für den vorgesehenen weltumspannenden Einsatz als zu langsam und konnten noch nicht einmal die geplante Geschwindigkeit von 18 Knoten dauerhaft durchhalten. Auch der kalkulierte Faktor des geringeren Brennstoffverbrauchs fiel wegen wieder sinkender Ölpreise nicht mehr besonders ins Gewicht. Darüber hinaus hatte es die Reederei versäumt, eine für sie adäquate Logistikorganisation aufzubauen. Auf Teilstrecken griff zudem die Konkurrenz die offerierten Raten stark an. Alles das führte dazu, dass das Konzept nicht aufging und die durch die Neubauten eingegangene hohe Verschuldung nicht abgebaut werden konnte. Dadurch verschwand das ganze Unternehmen letztlich mit einem Bankrott von der Bildfläche. Es war und blieb nicht die einzige renommierte Reederei, die im Zuge der Container-»Explosion« aufgeben musste.

Interessant ist im Zusammenhang mit diesen Schiffen, dass drei von ihnen, nämlich die ehemaligen AMERICAN KENTUCKY, AMERICAN MAINE und AMERICAN NEW JERSEY, 1994 bei Blohm + Voss in Hamburg zur Verbesserung ihrer Wirtschaftlichkeit umgebaut wurden. Das geschah aber nicht wie sonst üblich durch eine Vergrößerung des Ladevolumens mit einer Verlängerung, sondern hier im Gegenteil durch eine Verkürzung der Schiffe um drei Containersektionen von zusammen 40,74 Metern. Dadurch verringerte sich die Stellplatzkapazität auf 3632 TEU. Aber die anschließend unter Sea-Land-Flagge fahrenden Schiffe sollten mit dem gleichzeitigen Anbau eines strömungstechnisch günstiger geformten Vorschiffes und einiger zusätzlicher Maßnahmen eine höhere Geschwindigkeit von den vormaligen mickrigen, höchstens 18 Knoten auf 21 Knoten erreichen. Es gelang. Umfangreiche Tests bei der Hamburgischen Schiffbau-Versuchsanstalt (HSVA) waren vorausgegangen. Die Reederei war

↓ Die MS FRANKFURT EXPRESS war bei seiner Ablieferung 1981 das größte Containerschiff der Welt.

Foto: Hapag-Lloyd

mit den Ergebnissen der Umbaumaßnahmen zufrieden. Die Schiffe verließen unter neuen Namen als SEA-LAND PRIDE, SEA-LAND VALUE und SEA-LAND MOTIVATOR die Stätte ihrer Verjüngungskur wieder.

Mit dem seinerzeit in Korea platzierten Großauftrag der United States Lines war allgemein wieder Bewegung in die Szene gekommen, in der auch deutsche Werften, die schon seit vielen Jahren im Containerschiffbau führend waren und international beachtete Standards gesetzt hatten, kräftig mitmischten. Einen Höhepunkt brachte das Jahr 1988, als die ersten fünf Containerschiffe mit einer Breite von mehr als 32,2 Metern in Fahrt kamen – gebaut beim Bremer Vulkan und bei den Howaldtswerken-Deutsche Werft AG (HDW). Sie waren breiter, als die Schleusen des Panamakanals es zuließen, und konnten daher diese wichtige künstliche Wasserstraße nicht mehr benutzen. Es waren die ersten, später so klassifizierten Post-Panamax-Schiffe. Gewagt hatte diesen Schritt die American President Lines (APL). Da sie jedoch vorwiegend auf dem Pazifik engagiert war, spielte der den Atlantik und den Pazifik verbindende Kanal für ihre Aktivitäten aber ohnehin eine eher untergeordnete Rolle. Seit über zehn Jahren hatte keines ihrer Schiffe den Kanal passiert.

Für diese fünf neuen APL-Presidents, offiziell als »C 10«-Typ geführt und traditionell gemäß dem Namen der Reederei benannt nach US-Präsidenten, PRESIDENT TRUMAN usw., war konstruktiv ein Querraster von zwölf Containern im Raum, also unter Deck, und 16 an Deck gefordert. Daraus ergab sich eine Schiffsbreite von 39,40 Metern. Der Vorteil dieser gegenüber den Panamax-Schiffen größeren Breite lag außer in der höheren Transportkapazität in den verbesserten Stabilitätswerten, wodurch hohe Deckslasten bei wesentlich geringeren stabilitätsbedingten Wasserballastmengen gefahren werden konnten. Auch beim Höhenraster sind besondere Reedereiverhältnisse berücksichtigt worden. Im Raum sollten acht Lagen und an Deck vier bis fünf Lagen übereinander gefahren werden können. So konnte die Stellplatzkapazität dieser 275,13 Meter langen »C 10«-Schiffe auf 4340 TEU gesteigert werden. Im äußeren Erscheinungsbild dieser Neubauten prägten sich als dominierendes Merkmal die an den Lukenenden bzw. an den Enden der Containerstellplätze angeordneten »Laschbrücken« ein, mit denen die Material- und Zeitaufwendungen für die mehr als die Hälfte der Gesamtcontainerkapazität ausmachenden Boxen an Deck reduziert und die Containerstauung insgesamt optimiert wurden.

Auch was die Antriebsleistung betrifft, setzten diese Neubauten neue Maßstäbe. Installiert wurde ein langsam laufender Dieselhauptmotor vom Typ Sulzer 12 RTA 84 mit einer Leistung von 41 900 kW, der leistungsstärkste bis dahin gebaute Motor überhaupt. Er ermöglichte eine Geschwindigkeit

↓ Leistungssteigerung durch Verkürzung bei Blohm + Voss in Hamburg. Nach dem Ausbau der Mittelschiffssektion werden Vor- und Achterschiff wieder zusammengefügt.

↓ Außerdem erhielten die Schiffe ein neues Vorschiff mit einer strömungstechnisch günstigeren Form.

Fotos(2): Blohm + Voss

von ca. 24,5 Knoten. Die Länge des Motors betrug 23 Meter, seine Höhe 13,5 Meter und sein Gewicht 1750 Tonnen.

Ebenfalls 1988 wurde die Fachwelt von den ersten Containerschiffen überrascht, die mit stark reduzierter Seitenkastenbreite bei Einhaltung der Panamax-Größe elf statt bisher zehn Container nebeneinander im Raum stauen konnten. Initiator war die ebenso expansiv agierende wie innovative dänische Reederei Maersk, die diese Schiffe der sogenannten »M«-Klasse auf ihrer konzerneigenen Werft in Odense bauen ließ – abgeschirmt von neugierigen Blicken Außenstehender und der Konkurrenz. Ein ähnliches Konzept wurde kurz darauf bei mehreren Containerschiffsserien auf deutschen Werften auch für deutsche Reeder verwirklicht. Danach erhielten fast alle neuen Panamax-Schiffe diesen Elferstau.

Macht man nun einen Sprung in das Jahr 1992 und schaut sich um, dann ist festzustellen, dass zu den bemerkenswerten großen Neubauten der damaligen Zeit die Hannover-Express-Serie zählt, die die Hamburger Hapag-Lloyd AG bei der koreanischen Samsung-Werft abwickelte. Diese Schiffe waren mit ihrer Vermessung von 58 783 BRZ und 64 500 tdw 294,00 Meter lang und damit die zu der Zeit längsten Containerschiffe der Welt. Ihre Breite betrug 32,25 Meter. Mit einer Antriebsleistung von 36 510 kW kamen sie auf eine Geschwindigkeit von 23,8 Knoten. Die Stellplatzkapazität der Schiffe belief sich auf 4407 TEU, womit wohl das Panamax-Optimum erreicht war. An Deck konnten maximal 15 Boxen nebeneinander gestaut werden. Bei voller Beladung waren die Schiffe jedoch gezwungen, erhebliche Mengen an Wasserballast, etwa 10 000 bis 15 000 Tonnen, aufzunehmen, damit sie überhaupt aufrecht schwimmen konnten. Diese Mengen, die nicht selten mehr als 15 Prozent der Gesamttragfähigkeit entsprachen, waren zur Erreichung der notwendigen Stabilität zwar unbedingt erforderlich, ansonsten aber eine wirtschaftlich nutzlose »Ladung«. Generell hätte dieses Ärgernis mit dem Bau breiterer Schiffe vermieden werden können, diese würden jedoch nicht mehr in der Lage sein, den Panamakanal zu passieren. Mit einer derartigen Entscheidung tat man sich noch schwer.

Der Germanische Lloyd hat später eine Methode entwickelt, mit der sich eine Verringerung der Ballastwassermenge erreichen ließ und dadurch bis zu 200 TEU mehr an Bord gestaut werden konnten.

Auf noch etwas mehr Stellplätze kamen damals mit 4419 TEU rein rechnerisch die von der koreanischen Daewoo-

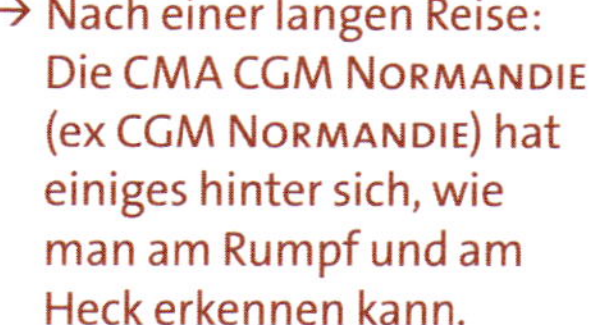

→ Nach einer langen Reise: Die CMA CGM Normandie (ex CGM Normandie) hat einiges hinter sich, wie man am Rumpf und am Heck erkennen kann.

Foto: Einar Maschmann

Foto: HDW

↑ Die 1988 bei HDW in Kiel gebaute PRESIDENT TRUMAN gehörte mit ihrer Breite von 39,40 Metern zu den ersten Post-Panamax-Schiffen.

Werft gebaute CGM NORMANDIE (60 173 tdw/261,40 m Länge) der Compagnie Genéralé Maritime (CGM, später CMA CGM), die im Februar 1992 ihre Jungfernreise angetreten hatte, sowie die BUNGA PELANGI (61 777 tdw) der Malaysian International Shipping Corporation (MISC), die bei etwa gleichen Abmessungen wie das französische Schiff fein ausgetüftelt sogar 4469 TEU an Bord unterbringen konnte. Zum besseren Verständnis muss dazu erklärt werden, dass diese maximalen Stellplatzangaben in der Regel weitgehend theoretische Zahlen waren, auch später noch. In der Praxis kommt es auf zehn oder gar 100 TEU mehr oder weniger gar nicht an. Bis an ihre zahlenmäßige Grenze ausgelastet fahren diese Großschiffe nämlich ohnehin kaum. Neben anderen Faktoren spielen beispielsweise das Gewicht der Container bzw. der Ladung, die sie transportieren, eine Rolle dabei, wie weit die vorhandenen Stellplätze der Schiffe theoretisch zu belegen sind.

Im Gegensatz zu der deutschen HANNOVER EXPRESS-Klasse gehörten sowohl die CGM NORMANDIE als auch die BUNGA PELANGI, ebenso wie die vorher erwähnten APL-Schiffe zur neuen Klasse der Post-Panamax-Einheiten, also zu denen, die den Panamakanal wegen ihrer zu großen Breite nicht mehr durchfahren können. Das schränkte sie in der Flexibilität zwar ein, bot jedoch, wie gesagt, den Vorteil günstigerer Stabilitätsverhältnisse. So konnte auf Stabilitätsballast verzichtet und wegen der größeren Breite auch »hafengerechter« gestaut werden. Das allerdings brachte wiederum die Häfen in einen erheblichen Investitionszwang, denn sie mussten mit neuen Containerbrücken dieser Größenentwicklung folgen, mit solchen, die mit größerer Höhe und weiterer Ausladung »Post-Panamax-gerecht« waren. Dieses ist ein weiteres Beispiel dafür, wie jedes Glied der Container-Logistikkette mit den anderen auf diese oder jene Weise zusammenspielen muss. Die CGM NORMANDIE war übrigens das erste Post-Panamax-Schiff, das im Europa-Fernost-Dienst eingesetzt wurde.

Foto: BLG Logistics

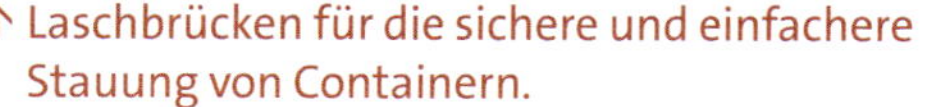

↑ Laschbrücken für die sichere und einfachere Stauung von Containern.

Foto: Bell Lines

↑ Feederschiffe verteilen die immer größeren Mengen an Boxen, hier die Bell Pioneer.

# Noch größere Containerschiffe?

Intensiv wurde auch in dieser Zeit darüber diskutiert, wie es denn weitergehen könnte mit der Größenentwicklung. Würden noch größere Schiff in Fahrt kommen? Bei der Indienststellung der CGM Normandie prophezeiten zwar Reedereivertreter bereits: »Wir werden Frachter erleben, die mehr als 5000 Container befördern können«, und auch Dr. Hanns Kippenberger, seinerzeit Vorstandssprecher der Schiffshypothekenbank zu Lübeck (SHL) sowie Generalvertreter der Deutschen Bank AG, berichtete von Plänen einiger Reedereien für 6000-TEU-Schiffe. Die meisten Fachleute zeigten sich aber sehr skeptisch, was diese Vermutungen anging.

Dr.-Ing. Wolfgang Fricke von der deutschen Klassifikationsgesellschaft Germanischer Lloyd in Hamburg betonte im Gleichklang mit anderen Kollegen, dass es zwar technisch überhaupt kein Problem gäbe, noch größere Schiffe als die derzeit größten zu bauen, andere Kriterien sprächen jedoch eher dafür, dass die 4000/4400-TEU-Schiffe für eine ganze Weile die obere Größenklasse bilden würden. So seien wegen des noch größeren Tiefgangs immer weniger Häfen auf der Welt für die angedachten Jumbos erreichbar, und die Häfen hätten schon jetzt (1992) erhebliche Probleme, den Vor- und Nachlauf der Boxen befriedigend zu regeln bzw. ausreichend Fläche zur Verfügung zu stellen. Erkennbar sei, dass der Trend wieder eher dahin gehe, schlankere und damit schnellere Schiffe zu bauen mit nicht mehr ganz so großen Stellplatzkapazitäten. Die Brennstoffkosten würden nach dem Abflauen der von den Nahostkriegen ausgelösten Ölpreisschocks auch nicht mehr eine so große Rolle spielen, sodass es den Reedereien auf ein paar Tonnen mehr im Verbrauch nicht mehr ankäme, um wieder Geschwindigkeiten von 24/25 Knoten zu erreichen. Das waren noch Zeiten, könnte man aus späterer Sicht mit etwas Wehmut sagen.

Dr. Fricke wies im Übrigen bei gleicher Gelegenheit darauf hin, dass es bei den Containerschiffen entgegen der landläufigen Meinung auch in den vergangenen Jahren niemals einen technischen Stillstand gegeben habe. Der Fortschritt während der vorangegangenen zehn bis 15 Jahre sei im Wesentlichen durch eine ständige Optimierung der Konstruktionen gekennzeichnet gewesen. Dies werde insbesondere an der immer weiter vergrößerten Stellplatzkapazität bei gleichbleibenden Hauptabmessungen deutlich. Weitere Schwerpunkte seien durch das Bemühen um mehr Sicherheit und Zeitersparnis gesetzt worden. Letzteres sei etwa mit einer Vereinfachung der Container-Laschvorgänge durch Entwicklung von Laschbrücken für Containerschiffe ab 2500 TEU und ähnlicher Verbesserungen erreicht worden.

Bemerkenswert sind weiter noch die 1994/95 für den Royal Nedlloyd einzigen in Fahrt gebrachten, in Kobe gebauten Post-Panamax-Open-Top-Schiffe NEDLLOYD HONGKONG und NEDLLOYD HONSHU mit einer Stellplatzkapazität von jeweils 4112 TEU.

Open-Top-Schiffe, also nach oben offene Schiffe, sind in der Weltcontainerflotte Raritäten geblieben, obwohl sie gegenüber den in herkömmlicher Weise konstruierten Containerschiffen durchaus einige Vorteile bieten. Um nur einige zu nennen:

- Es entfallen der Bau sowie später sämtliches Transportieren, Stauen und Zurren von Lukendeckelsystemen. Die zeitaufwendigen Operationen für das Entfernen bzw. Wiederaufsetzen der Lukendeckel bei den Umschlagarbeiten in den Häfen werden damit unnötig.
- Die Containerstaugerüste können über die Laderäume hinaus beliebig über das Deck verlängert werden. Damit entfällt das aufwendige und für das eingesetzte Personal nicht ungefährliche Laschen der Deckscontainer. Da kein Laschmaterial benötigt wird, gibt es auch keine Kosten für dessen Wartung und Ersatzbeschaffung.

Wie immer und überall gab es jedoch auch bei diesem Konzept Nachteile. So sind, auch dafür nur beispielhaft die wesentlichen herausgegriffen, lukendeckellose offene Containerschiffe bezüglich der Stauung unterschiedlich langer Container deutlich unflexibler als herkömmlich konstruierte Schiffe. Nachteilig ist auch, dass die gesamten Verteillasten der Container auf dem untersten Raumcontainer liegen, wodurch dieser, anders als bei herkömmlichen Containerschiffen, häufiger in den Bereich der höchstmöglichen Belastung gerät. Darüber hinaus müssen alle Container beim Laden und Löschen über die volle Höhe der Zellführungen (Cell Guides) gehoben werden, wodurch sich längere Hub- und Senkzeiten ergeben. Die engen Toleranzen der Container in den Führungsschienen erlauben außerdem keine größeren Krängungen des Schiffes beim Umschlag im Hafen, ansonsten käme es durch Verkanten zu Verzögerungen. Open-Top-Containerschiffe benötigen darüber hinaus eine geänderte Doppelbodenkonstruktion zur Aufnahme besonders leistungsfähiger Lenzeinrichtungen, denn es kann ja »von oben reinregnen«, wobei es etwa bei tropischen Regengüssen sehr rasch zu enormen Wassermengen kommen kann. Ebenso, wenn bei starkem Seegang überkommendes Wasser gleich »bis unten« durchläuft.

Insgesamt gesehen hat sich diese Konstruktion nicht durchsetzen oder auch nur eine gewisse Relevanz in dem Geschehen erreichen können. Im Bereich der Feederschiffe gibt es jedoch Ausnahmen, denn dort werden noch auf einigen Schiffen zumindest teilweise Open-Top-Luken angeboten.

↓ Die schnelle, ranke EILBEK hat Platz für 1620 TEU und ist teilweise als Open-Top-Schiff ausgelegt.

Foto: Meyer Werft/Hero Lang

Foto: APL

↑ Die APL CHINA der American President Lines (APL) mit Stellplätzen für 4826 TEU konnte 16 Container nebeneinander an Deck stauen.

# Es werden immer mehr, und sie werden immer größer

Aus Japan folgten ab Dezember 1994/95 zwei besondere Post-Panamax-Schiffsklassen, die OOCL CALIFORNIA-Serie der Hongkonger Reederei Orient Overseas Container Line (OOCL). Sie hatten bei einer Vermessung von 66 046 BRZ und 276,02 Meter Länge eine Stellplatzkapazität von 4960 TEU. Es waren die ersten Schiffe mit 40 Meter Breite und die ersten, die bis zu 16 Container nebeneinander an Deck stauen konnten.

Auch die sechs Neubauten der C11- bzw. APL CHINA-Klasse, die von der American President Lines (APL) 1995 in Fahrt gebracht wurden, konnten bei gleicher Breite 16 Boxen nebeneinander an Deck stauen. Sie waren 276,30 Meter lang und hatten eine Vermessung von 64 502 BRZ. Mit der 48 840 kW leistenden Antriebsanlage erreichten sie eine Dienstgeschwindigkeit von 24,5 Knoten. Den Auftrag über jeweils drei Schiffe hatte APL im Mai 1993 an die Werften Howaldtswerke-Deutsche Werft (HDW) in Kiel und Daewoo Shipbuilding & Heavy Machinery in Seoul vergeben. Wegen der guten Erfahrungen mit den 1988/89 von HDW gelieferten Neubauten der C10-Klasse wurden auf

Foto: Kvaerner

↑ Die P & O NEDLLOYD TASMAN war das erste einer Serie von fünf Großcontainerschiffen mit Stellplätzen von jeweils 5468 TEU, die in Wismar und Warnemünde gebaut wurden. Es waren die letzten auf deutschen Werften entstandenen Großcontainerschiffe.

Wunsch der Reederei auch die von Daewoo in Auftrag genommenen Schiffe nach Plänen von HDW erstellt. Nach Zulauf der sechs Neubauten disponierte APL mit insgesamt elf Schiffen, die alle im Pazifikverkehr eingesetzt wurden, in dieser Zeit die größte Post-Panamax-Containerschiffsflotte unter den Reedereien der Welt.

Trotz dieser von HDW erbrachten, hoch geschätzten Leistungen war es nicht zu übersehen, dass die große Zeit der deutschen Werften, die bis Ende der 80er-Jahre Maßstäbe im Containerschiffbau gesetzt hatten, auf diesem Gebiet vorbei war. Allein die Warnemünder Kvaerner Warnow Werft konnte 1998 noch einmal einen hart umkämpften Auftrag von P&O Nedlloyd über fünf 5000-TEU-Schiffe an Land ziehen. Zwei der Schiffe wurden, um die gewünschten Ablieferungstermine einhalten zu können, im Unterauftrag auf der Aker MTW Werft in Wismar gebaut. Aber das war es dann auch. Die Werften in Fernost festigten ihre Dominanz, die vor allem im Großschiffbau zunächst kaum noch Wettbewerber von außerhalb zum Zuge kommen ließ. Das galt besonders für Korea, wo mit massiver staatlicher Unterstützung Mega-Werftkomplexe entstanden waren. In ihren gewaltigen Baudocks konnten mehrere Großschiffe in ausgefeilter Taktbauweise gleichzeitig entstehen, was allerdings auch keine Sonderwünsche der Besteller zuließ. Es sei denn, sie wurden entsprechend teuer bezahlt. Die dort entstehenden Schiffe wurden in ihren Dimensionen immer gigantischer. Der Ausbau der Werftkapazitäten ging noch weiter.

Allein die zum dänischen Maersk-Konzern gehörende Odense Staalskibsvaerft verfügte als einzige Werft außerhalb Asiens über ein 415 Meter langes Dock, ein Baudock, in dem auch die neuen Giganten entstehen konnten, was stets mit allerlei Geheimnistuerei verbunden war, da sie für die konzerneigene Maersk Line gebaut wurden.

Nachdem von dort auch vorher schon für die Containerschiffsentwicklung einige Überraschungen präsentiert worden waren, wurde 1996 mit dem unter Wahrung der gewohnten Verschwiegenheit erfolgten Bau der REGINA MAERSK ein weiterer, in der maritimen Welt stark beachteter Meilenstein gesetzt. Die REGINA MAERSK kann, ohne zu übertreiben, nach allen vorangegangenen großen Post-Panamax-Schiffen als der erste Megacarrier bezeichnet werden. Sie war mit 81 488 BRZ vermessen und mit ihren 318,24 Meter Länge gleichzeitig das erste Containerschiff der Welthandelsflotte mit einer Länge von über 300 Metern sowie ebenfalls das erste mit einer Breite von 42,80 Metern. Damit konnten erstmals 17 Containerlagen nebeneinander an Deck gestaut werden, eine Reihe mehr als auf den vorangegangenen Bauten. Also eine ganze Reihe von Superlativen auf einmal. Der Tiefgang erreichte 14,50 Meter. Die Stellplatzkapazität wurde offiziell mit 6000 TEU angegeben, von der Szene aber realistisch auf gut 7000 TEU geschätzt. Die Reederei hat in dieser Hinsicht bis zur Infahrsetzung immer untertrieben.

Aber egal, ob nun 6000 oder 7000 TEU, einen Größensprung wie diesen hatte es in der Containerschiffsentwicklung bisher noch nicht gegeben. Mit Anschlüssen für 700 Kühlcontainer (Reefer) war der Neubau gleichzeitig auch das Schiff mit der größten Kühlkapazität in der Welthandelsflotte. Jedoch damit noch nicht genug: Installiert wurde auf dem Schiff ein Zwölf-Zylinder-Motor mit einer Leistung von rund 55 000 kW, wiederum der bis dahin leistungsstärkste Schiffsmotor der Welt. Er sorgte für eine Geschwindigkeit von 25 Knoten. Auch die vier Hilfsaggregate hatten es in sich. Mit ihren 12 000 kW wären sie in der Lage, 6000 Haushalte mit Strom zu versorgen. Flossenstabilisatoren dämpften die Rollbewegungen dieses ersten Giganten, der mit einer Besatzung von nur 15 Mann auf die Reise geschickt wurde. Das war sehr gering, aber durch die weitgehende Automatisierung vieler Arbeitsvorgänge an Bord machbar. Andere

Foto: Blohm + Voss

Reedereien fuhren mit etwas größerer Besatzung, aber die menschlichen Probleme blieben auch dort – vor allem das der Vereinsamung der wenigen Menschen auf den Riesenschiffen.

Beschäftigt wurde die REGINA MAERSK im Europa-Fernost-Dienst via Suezkanal. Erster Anlaufhafen dort war am 26. Februar 1996 Singapur, der damals noch umschlagstärkste Containerhafen der Welt. Das entsprach einander: das größte Containerschiff der Welt in dem größten Containerhafen, was dann auch offiziell entsprechend gewürdigt wurde. Zur Begrüßung des Schiffes erschien der Verkehrsminister des prosperierenden Stadtstaates, Mr. Mah Bow Tan, höchstpersönlich. Und am Ende dieses ersten Anlaufs konnte dann noch einmal eine Supermeldung publiziert werden: 3544 Boxen waren in 18 Stunden umgeschlagen worden – es war das beste bis dahin im Europa-Fernost-Dienst erreichte Ergebnis.

Die REGINA MAERSK war, wie festzuhalten ist, nach den eingangs beschriebenen ersten drei Generationen, das erste Schiff in einem ähnlich großen Entwicklungssprung. Seit der Indienststellung der oben erwähnten, ab 1984 in Korea gebauten Neubauserie der United States Lines (AMERICAN NEW YORK usw.) war es über die folgenden zwölf Jahre zwar schrittweise vorangegangen, aber die Stellplätze auf den größten Schiffen schwankten bis dahin immer zwischen 4000 und 5000 TEU. Das war nun vorbei, denn bereits ein Jahr später, 1997, verlor die REGINA MAERSK ihre kurzfristige Spitzenstellung an das gleichfalls in Odense gebaute Kompagnieschiff SOVEREIGN MAERSK, das mit Plätzen für offiziell 6600 TEU, geschätzt aber 8300 TEU, die Führung übernahm. Es war bei gleicher Breite mit 346,98 Metern länger und um 10 000 BRZ größer vermessen als die Reedereischwester. So hat die Reederei Maersk einmal mehr bewiesen, dass sie, wie schon vorher, immer für Überraschungen gut war. Immerhin hat sie sich auch deshalb unangefochten als größte weltweit agierende Containerreederei etablieren können.

Aber als ob gewisse Dämme gebrochen worden waren – wer wagt den ersten Schritt, ging es von da an rapide bergauf, wenn man die weitere Größenentwicklung so bezeichnen darf. Nachdem im Jahr 1992 eine zunächst mit viel Skepsis bedachte erste Durchführbarkeitsstudie für den Bau von 8000-TEU-Containerschiffen erstellt worden war, markierte das Jahr 2003 dann den Durchbruch für diese Größenklasse, deren Neubauten nur wenig später schon als die Regelschiffe in den Ost-West-Verkehren galten. Mehr als 80 Schiffe dieser neuen Generation standen Ende 2003 bereits in den Auftragsbüchern koreanischer Werften. Weitere Projekte waren zu diesem Zeitpunkt in der Planung, teilweise in weit fortgeschrittenem Zustand. Auch der Bau noch größerer Schiffe wurde weiter ohne technische Probleme als machbar angesehen, wie umfangreiche Studien von Werften in Verbindung mit Klassifikationsgesellschaften zeigten. Schon Ende 2003 wurde sogar eine erste Serie von 9500-TEU-Schiffen in Auftrag gegeben.

Daran reichte die 2005 vom Stapel gelaufene MSC PAMELA der Mediterranean Shipping Company (MSC) mit ihren 9178 TEU Stellplätzen zwar noch nicht ganz heran, aber das von Samsungs Werft in der Nähe von Pusan gebaute 336,70 Meter lange, 15 Meter tiefgehende und mit 107 849 BRZ vermessene Schiff war das erste mit einer Breite von 45,60 Metern, womit erstmals an Deck 18 Container nebeneinander gestaut werden konnten.

Die 9500-TEU-Grenze erreichten dann im ersten Halbjahr 2006 die COSCO GUANGZHOU mit einer Stellplatzkapazität von 9469 TEU bei 350,56 Meter Länge und 42,80 Meter Breite sowie die XIN LOS ANGELES mit 9580 TEU bei 336,70 Meter Länge und 45,60 Meter Breite. Sie kamen für die chinesischen Reedereien COSCO bzw. China Shipping Container Line

← Die REGINA MAERSK passte gerade noch in das große Trockendock ELBE 17 von Blohm + Voss in Hamburg.

↓ VICENTE PINZÓN (3500 TEU) der brasilianischen Hamburg-Süd-Tochter Alianca.

Foto: Hamburg Süd/Koblinsky

Foto: Hamburg Süd/Mok

↑ Besprechung am Maschinenstand.

(CSCL) in Fahrt. Aber auch diese Schiffe waren nur Vorboten für eine Klasse noch größerer Schiffe, die bereits durchkonstruiert war.

Im selben Jahr wurde bekannt, dass der Germanische Lloyd in anderthalbjähriger Zusammenarbeit mit der koreanischen Großwerft Hyundai Heavy Industries (HHI) einen innovativen Entwurf für ein 13 000-TEU-Containerschiff erarbeitet hatte. Er basierte auf zwei wesentlichen technischen Neuerungen, und zwar hatten sich die Kooperationspartner für einen doppelten Antrieb sowie für die Trennung von Deckshaus und Maschinenraum entschieden. Das 382 Meter lange und 54,20 Meter breite Schiff kam laut Plan auf einen Tiefgang von 13,50 Metern. Unter Deck konnten 6230 TEU in zehn Lagen über 19 Reihen gestaut werden. Die 7210 TEU an Deck waren in 21 Reihen nebeneinander angeordnet. Der Schiffsantrieb basierte auf zwei redundanten Antriebssträngen mit zwei Dieselmotoren und einer Leistung von jeweils 45 000 kW, die für eine Geschwindigkeit von 25,5 Knoten sorgen sollten. Allerdings seien auch andere Antriebskonzepte denkbar, hieß es dazu.

Insbesondere sicherheitstechnische Aspekte würden nach Meinung der Initiatoren die Entscheidung für den Doppelantrieb und die damit verbundene geringfügig höhere Investition rechtfertigen. Im Falle eines Schadens an einem der Motoren sei das Schiff weiterhin manövrierfähig und könnte mit eigener Kraft einen sicheren Hafen erreichen. Die Hauptmaschinen und Wellengrößen entsprächen denen eines 4000-TEU-Schiffes, und für diese Größenordnungen lägen mehr als 15 Jahre Betriebserfahrungen mit bewährten Konstruktionen und technischen Lösungen vor. Motoren und Propeller dieser Größe seien weitverbreitet und die Wartung sowie die Beschaffung somit einfach und kostengünstig.

Die Variante mit nur einem Antrieb werfe dagegen einige Fragen auf. Die Leistung eines 14-Zylinder-Motors sei nicht ausreichend, um die angestrebte Geschwindigkeit zu erreichen, während ein 16-Zylinder-Motor wiederum zu groß wäre. Auch die sich ergebende Propellergröße wäre aus Sicht von Hyundai mit fertigungstechnischen Unsicherheiten in Bezug auf Kavitation und einer extrem großen Wellenleistung verbunden. Im Falle des Ausfalls der Hauptmaschine wäre das Schiff mit seiner der Ladekapazität entsprechend teuren Ladung und einer korrespondierend großen Bunkerkapazität manövrierunfähig. Sowohl hinsichtlich der Schiffssicherheit als auch der möglichen Folgekosten bei einer denkbaren Havarie würden sich dadurch nur schwer kalkulierbare Risiken ergeben.

Was die Trennung von Deckshaus und Maschinenraum betreffe, so ermögliche die Anordnung des Deckshauses im vorderen Bereich nicht nur die Erfüllung der Anforderungen hinsichtlich des Sichtstrahls, sondern ebenfalls eine größere Containerkapazität sowie die Reduzierung der Ballastwassermenge. Auch die internationalen Vorschriften zum Schutz der Brennstofftanks würden erfüllt, denn diese seien in dem geschützten Bereich unterhalb des Deckshauses angeordnet. Darüber hinaus würde mit dem vorgelegten Design eine reduzierte Biegung und eine erhöhte Steifigkeit erreicht. Die Produktionszeit für ein solches Schiff wurde mit neun bis zehn Monaten angegeben. Aufgrund der starken Auslastung der Werften könnte eine erste Ablieferung allerdings nicht vor 2009 erfolgen.

Vonseiten der Schiffbauer ist immer wieder betont worden, dass die Grenzen des Wachstums für die Mega-Containerschiffe weniger in der Konstruktion der Schiffe lägen, sondern vielmehr müsste bei diesen Überlegungen eine Reihe von äußeren Faktoren berücksichtigt werden. Das seien besonders die Wassertiefen in den Hafenzufahrten und in den Häfen selbst, die Suprastruktur in Gestalt der Umschlageinrichtungen der Terminals, die logistischen Anforderungen, vor allem was die Organisation der Zu- und Ablaufverkehre betreffe, sowie die zunehmenden Betriebsrisiken für den Fall, dass ein solches Großschiff einmal ausfalle, aus welchen Gründen auch immer. Das

Foto: Global Terminals/Hapag-Lloyd

→ Antwerpen Express macht in Vancouver bei Global Container Terminals fest.

gelte nicht nur für die Einhaltung der Fahrpläne, wo ein Ersatz sich noch relativ leicht irgendwie bewerkstelligen ließe, sondern mehr noch für die Möglichkeiten einer Kollision, für Feuer an Bord oder für eine Strandung. Das alles sei ja keinesfalls völlig auszuschließen. Neben den dann zu befürchtenden riesigen Umweltschäden könnten auf die Versicherungen gigantische Forderungen zukommen. Je größer das Schiff, je mehr Container an Bord, desto größer das Risiko, wobei der Wert der Ladung den Wert des Schiffes um ein Mehrfaches übertreffen könne. Alle diese Dinge seien mit Blick auf weitere Größensteigerungen ins Kalkül zu ziehen, weniger von den Schiffbauern, sondern in erster Linie von den Reedereien sowie in deren Gefolge von den Häfen und von den Versicherern. Auch sollte bedacht werden, ob genügend hoch qualifiziertes Personal zur Verfügung stehe, dem die nautische und technische Verantwortung für derartige Riesen übertragen werden könne.

Nicht einfach erschien es zu diesem Zeitpunkt, zufriedenstellende Antworten auf Fragen des Antriebs und des Antriebskonzepts für diese Giganten zu finden. Die bis dahin erreichte Motorenleistung genügte für eine nächste Generation nicht mehr. Wie schon der Entwurf des Germanischen Lloyd für eine solche vorsah, wurde mit der gleichen Begründung auch von anderen Seiten unter Sicherheitsaspekten ebenfalls im Gegensatz zu der bisherigen Praxis ein Zweischraubenantrieb vorgeschlagen. Ins Spiel gebracht wurde mit dieser Zielrichtung alternativ auch die Kombination eines Einschraubers mit einem zusätzlichen Pod-Antrieb.

Es zeichnete sich in allen durchaus kontrovers geführten Diskussionen jedoch ab, dass nach Vorstellungen der Reedereien das Einschrauben-Schiff, das Einschrauben-Großschiff, wohl auch künftig die Regel bleiben würde. Verlangt wurden dafür aber nicht nur Motoren mit noch höherer Leistung, sondern gleichfalls mit einem extrem zu nennenden Zuverlässigkeitsgrad. Schließlich ist es so, dass eine Ladung von 10 000 und mehr Boxen einen immensen Wert darstellt. Ein Versagen des Antriebsmotors könnte, wie erwähnt, diese Ladung gefährden und unter Umständen sogar einen Totalverlust verursachen, was wiederum zu Umweltschäden führen könnte, die weit über die großen Tankerunfälle der letzten Zeit reichten. Als Horrorbeispiel dafür sei nur der Name PRESTIGE genannt. Zwar

→ Überholungsarbeiten an der Antriebsanlage der RIO BRAVO der Hamburg Süd (Baujahr 2009, 5905 TEU).

Foto: Hamburg Süd/Spahrbier

musste man dabei schon in erster Linie an die in den Boxen befindliche Ladung denken, unter der sich fast immer größere Mengen hochgiftiger Stoffe befinden, aber auch daran, dass in den Brennstofftanks dieser Schiffsgiganten Schwerölmengen mitgeführt werden, die etwa dem Ladevolumen eines mittelgroßen Tankers entsprechen. Dieses alles berücksichtigt und um deutlich mehr Betriebssicherheit an sich zu erreichen, sprach zwar viel für einen Antrieb mit zwei Motoren, unter betriebswirtschaftlichen Aspekten hatten Konzepte dieser Art aber trotz allem wohl kaum Chancen zur Realisierung.

Foto: E. R. Schiffahrt

→ Das Großcontainerschiff MSC Benedetta (ex E. R. Benedetta) wurde 2011 gebaut und hat bei einer Länge von 366 Metern und einer Breite von 48 Metern eine Stellplatzkapazität von 13 092 TEU. Die MSC Benedetta gehörte zu den ersten Containerschiffen, bei denen Brücke und Maschinenraum getrennt waren.

Die Reedereien standen diesen Ideen sehr skeptisch gegenüber, weil sie die Mehrkosten für derartige Lösungen scheuten. Möglicherweise hätten hier, wenn überhaupt, feste Richtlinien der Klassifikationsgesellschaften oder der IMO international verbindliche Zeichen setzen können, so wie es bei Tankschiffen bereits Praxis war. Bei derartigen Richtlinien stünden dann die Sicherheit von Mensch und Umwelt sowie Kriterien bei der Festsetzung der Versicherungsprämien im Mittelpunkt und nicht die von den Reedereien zu kalkulierenden Investitionskosten.

Was die Weiterentwicklung des Einmotorenantriebs betrifft, so gab es aber bereits erkennbare Lösungsansätze: Die beiden infrage kommenden Motorenhersteller, MAN B & W und Wärtsilä/Sulzer, hatten bereits Motoren mit Leistungen von über 80 000 kW geliefert, und MAN B & W bot schon Anfang 2004 eine Antriebsanlage mit einer Leistung von 97 300 kW/132 000 PS

Foto: MMG

↑ Schiffspropeller: in Deutschland produziert und nach Asien geliefert. Ganz wichtig ist die exakte Endbearbeitung, der Feinschliff.

an, hatte zu diesem Zeitpunkt aber noch keine feste Bestellung. Selbst die Lieferung der für die Umsetzung der Antriebsleistung erforderlichen Riesenpropeller wurde nicht als Problem erachtet. Als bisher größter war bis dahin einer mit 10,5 Meter Durchmesser geliefert worden, und der nächste Schritt, der Guss eines noch schwereren, war für Mitte 2004 angekündigt. 110 Tonnen einer speziellen Metalllegierung waren dafür in einem komplizierten Vorgang wie bei einem Glockenguss in eine vorgefertigte Form zu füllen. Bis diese Masse erkaltete, dauerte es Tage, und eine noch längere Zeit war für die anschließende Feinbearbeitung eines solchen Kunstwerks vorzusehen.

Noch einmal rückblickend aus dem Kenntnis- bzw. Entwicklungsstand des Jahres 2003: Danach wurde vorbehaltlos anerkannt, dass die Linienschifffahrt mit dem Einsatz immer größerer Containerschiffe in großen Schritten effizienter und zuverlässiger geworden sei. Gleichzeitig wurde davon ausgegangen, dass es in Zukunft weitere Fortschritte bei der Entwicklung von Containerschiffen über 9000 TEU hinaus geben werde. Konstrukteure und Ingenieure würden zweifelsohne in der Lage sein, die Marktnachfrage nach noch größeren Einheiten jenseits der 10 000-TEU-Grenze zu befriedigen, denn Containerschiffe seien immer, so hieß es, nahe den Grenzen entwickelt worden, die technisch für möglich gehalten worden seien. Die damals angepeilte Obergrenze lag bei dem im niederländischen Delft entwickelten sogenannten Malakkamax-Entwurf mit einer Stellplatzkapazität von 18 000 TEU, der inzwischen Eingang in die Entwicklungsgeschichte gefunden hat. Er ist nie irgendwie relevant geworden. Als Malakkamax wurde ein Typ bezeichnet, dessen Größe nach damaligen Vorstellungen gerade noch die Durchfahrt der wichtigen Straße von Malakka erlauben würde. Das ist jedoch kaum nachzuvollziehen, denn die geringste dort anzutreffende Tiefe beträgt 25 Meter. Und das als Vergleich, der errechnete Tiefgang eines Containerschiffes mit einer Stellplatzkapazität von 30 000 TEU würde bei 20 Metern liegen, abhängig von der Schiffsbreite. Eine solche Größenordnung liegt aber auch heute (2018) immer noch in weiter Ferne.

Einer der wesentlichen Diskussionspunkte im Zusammenhang mit der weiteren Entwicklung und dem Bau noch größerer Containerschiffe war stets der Tiefgang, und zwar mit Blick auf Häfen und Fahrwasser. Dazu gab es unter etlichen anderen eine Äußerung der Hafenverwaltung von Hongkong, in der prognostiziert wurde, dass zwischen 2005 und 2010 eine Flotte von Mega-Containerschiffen zulaufen würde, die nur noch vier bis fünf große Transshipmenthäfen auf der Europa-Fernost-Route bedienen könnten. Dabei werde eine Wassertiefe von bis 15,50 Meter ausreichen, um diese Generation problemlos abfertigen zu können. Der Konstruktionstiefgang dieser bis zu 400 Meter langen und über 50 Meter breiten Schiffe werde 15 Meter nicht überschreiten. Im Einsatz läge ihr Tiefgang eher noch niedriger, da die volle Tragfähigkeit wegen eines mehr oder weniger hohen Leercontaineranteils ohnehin kaum ausgenutzt werde.

Ein vom Bureau Veritas ausgearbeitetes 12 500-TEU-Projekt kam auf einen Tiefgang von 14,5 Metern, und nach Einschätzung des Germanischen Lloyd, der sich mit ähnlichen Projekten beschäftigt hatte, lagen die Vorstellungen von den Tiefgängen ebenfalls zwischen 10,0 und bis zu 14,5 Meter. Diese Angaben wurden jedoch von einer anderen Arbeitsgruppe, und das zeigt die Intensität der Diskussionen, vehement bezweifelt, da ihrer Ansicht nach ein derart geringer Tiefgang bei den auf die genannte Stellplatzkapazität vergrößerten Schiffen nur durch eine im Verhältnis zur Schiffslänge noch größere Breite erreicht werden könnte, was aber wieder andere Probleme schaffe. Einzig der Malakkamax-Entwurf mit bis zu 18 000 TEU Kapazität gehe realistisch von 21 Meter Tiefgang aus, der auf absehbare Zeit aber z. B. eine Suezkanal-Passage nicht zulassen würde. Dazu siehe die Aussage weiter oben.

Einige Meldungen aus dem Jahr 2003 spiegeln einerseits den bis dahin nicht erlebten Auftragsboom in diesem Jahr wider, andererseits verdeutlichen sie mehr noch das rasante Größenwachstum:

**8. Mai:** Die Anzahl der zwischen Januar und April bestellten Containerschiffsneubauten hat eine bisher nicht gekannte Rekordhöhe erreicht. Nach Angaben des Londoner Maklerhauses Clarkson Research sind in diesem Quartal Schiffe mit zusammen 346819 TEU geordert worden – mehr als im gesamten Jahr 2002.

**6. Juni:** Die mit einer Stellplatzkapazität von 8063 TEU als derzeit weltgrößter Container-Carrier bezeichnete OOCL SHENZHEN läuft erstmals den Hamburger Hafen an. Weitere dieser 322,97 Meter langen und 42,80 Meter breiten Einheiten sind von OOCL zur Lieferung bis Mitte 2004 bestellt.

**24. Juli:** Die griechische Costamare Shipping Co. hat bei Hyundai drei bis fünf 8200-TEU-Carrier zur Ablieferung 2006 in Auftrag gegeben. Zur gleichen Zeit hat die taiwanesische Reederei Evergreen bei Mitsubishi zehn 6724-TEU-Schiffe zur Ablieferung 2005 – 2007 geordert.

**27. Juli:** Nachdem die Hamburger Reederei Claus-Peter Offen bei Hanjin Heavy Industries bereits im April fünf 8030-TEU-Schiffe und bei Hyundai vier 5600-TEU-Schiffe zur Lieferung ab 2005 bestellt hatte, kommen mit Ablieferung 2006/07 vier weitere 8100-TEU-Schiffe dazu.

**August:** Die Münchner Conti-Reederei bzw. ihre Beteiligungsfirma NSB Niederelbe Schifffahrtsges. mbH bestätigen bei koreanischen Werften platzierte Aufträge über insgesamt 18 Großcontainerschiffe. Andere Reedereien buchen zahlreiche weitere Neubauten zwischen 7500 TEU und 8000 TEU mit Lieferterminen ab 2004.

**22. August:** Neuer Auftragsrekord – allein im Juli sind 67 Containerschiffe mit zusammen 349 992 TEU, darunter mehr als 40 Post-Panamax-Einheiten mit 250 000 TEU, bei den Werften platziert worden, womit der bisherige Monatsrekord fast verdoppelt wurde. In den ersten sieben Monaten dieses Jahres sind bereits 240 Containerschiffe mit einer Gesamtkapazität von 1 056 300 TEU und damit mehr als doppelt so viel Kapazität wie im gesamten Vorjahr 2002 geordert worden. Trotz des Zulaufs hoher Stellplatzkapazitäten in diesem und im nächsten Jahr und eines sogar noch darüber hinausgehenden umfangreichen Auftragsbestands geht Clarkson davon aus, dass das Ladungsaufkommen weiterhin stärker zunimmt als der Transportraum. Die Nachfrage werde in diesem Jahr »nur« um 9,6 Prozent und im nächsten Jahr um 8,1 Prozent wachsen, während die Stellplatzkapazität lediglich um sieben bzw. 6,5 Prozent aufgestockt werde.

**3. September:** Allein beim Germanischen Lloyd (GL) stehen 44 große Containerschiffe der 8000-TEU-Klasse zur Klassifizierung an. Damit ist die Größenentwicklung jedoch keineswegs abgeschlossen, denn im Anschluss an eine kürzlich fertiggestellte Studie für ein 9200-TEU-Schiff arbeitet der GL, wie bekannt wird, im Auftrag einer koreanischen Werft an einem Design für ein 12 000-TEU-Schiff.

**30. September:** Sechs von der Hamburger Reederei Blue Star GmbH bei der IHI-Werft in Kure bestellte Containerschiffe werden eine Kapazität von je 8125 TEU erhalten.

**8. Oktober:** Die anhaltende Hausse auf dem Chartermarkt führt trotz gleichzeitig anziehender Neubaupreise zu weiteren Aufträgen, wobei auch in der Größe der Schiffe neue Maßstäbe gesetzt werden. So hat die in Vancouver ansässige Seaspan Container Lines, die im Januar bereits durch ihre Bestellung von fünf 8076-TEU-Schiffen bei der koreanischen Samsung-Werft überrascht hat, jetzt mit derselben Werft einen Letter of Intend über den Bau von vier 9500-TEU-Schiffen unterzeichnet, verbunden mit einer Option für vier weitere Einheiten dieses Typs, womit erneut eine Grenze im Containerschiffbau überschritten wird. Derzeit befinden sich nach Angaben des Branchendienstes Alphaliner 28 Großcontainerschiffe zwischen 7500 TEU und 8200 TEU im Bau sowie weitere 100 zwischen 7455 TEU und 8400 TEU in Auftrag.

**16. Dezember:** OOCL kontrahiert bei der Samsung-Werft zusätzlich zwei 8063-TEU-Containerfrachter zur Lieferung in 2007 und erweitert damit die Serie dieser zu den weltweit größten zählenden Containerschiffsneubauten auf zwölf.

Soweit beispielhaft einige Aufträge, die innerhalb nur weniger Monate platziert worden sind. Sie vermitteln schlaglichtartig einen Eindruck einerseits von der Boomsituation, in der sich dieses Segment der Welthandelsflotte sowie der weltweite Güteraustausch befanden, sowie andererseits in welcher Zahl und wie rasant auf immer größere Schiffe zugesteuert wurde. Es gab aus heutiger Sicht aber auch einige »vernünftige« Reedereien, die diesen Größentrip, der einige der Beteiligten offenbar regelrecht süchtig

Foto: HHM/Hasenpusch

← Die Fahrwasserbreite muss auch die Begegnung großer Schiffe erlauben.

gemacht hatte, nicht mittrugen, jedenfalls nicht bis ins Letzte. Die taiwanesische Evergreen Line gehörte dazu. Sie blieb bei Schiffen bis 8000 TEU, die ihrer Ansicht nach noch flexibel genug einzusetzen und nicht wegen ihrer Größe an bestimmte Routen gebunden waren.

Dazu noch eine allgemeine Anmerkung: Im Mittelpunkt des Interesses standen natürlich immer mehr oder weniger die ganz großen Schiffe. Groß, größer, am größten, das war das, was Aufmerksamkeit weckte. Die ganz großen, das waren immer die Schiffe, die auf den Fernostrouten eingesetzt wurden. Dort gab es die Ladung, mit der die Schiffe gefüllt werden konnten, und dort gab es auch etliche Häfen, die diese Giganten »verkraften« konnten. In anderen Fahrtgebieten spielten jedoch andere Faktoren für die Größenentwicklung der dort eingesetzten Schiffe eine bestimmende Rolle. Das war zum einen das Volumen der anfallenden Ladung, und zum anderen waren es mehr noch die Verhältnisse in den zu bedienenden Häfen, was die Zufahrten und die Wassertiefen betraf.

Beispiel Südamerika: Auch dort hat es eine ebenso rasante Größenentwicklung der Schiffe gegeben, wenn ihr auch engere Grenzen gesetzt waren. Bei Beginn der Containerisierung des Liniendienstes der Hamburg Süd zwischen Europa und Südamerika 1980 konnten beispielsweise die ersten dort eingesetzten Schiffe der Reederei jeweils lediglich nur 530 Container laden, und noch in den 90er-Jahren hatte es mit Rückblick auf das bisherige Wachstum geheißen, dass Stellplatzkapazitäten von ca. 3000 TEU das Ende der Fahnenstange sein würden. Jedoch, und das zeigt einmal mehr die Haltbarkeit von Prognosen, bereits 2001 kamen die ersten Schiffe mit 3800 TEU in Fahrt, 2002 waren es Neubauten mit 4100 TEU, und im selben Jahr bestellte die Hamburg Süd in Korea sechs 5552-TEU-Containerschiffe für ihren Dienst zwischen Europa und der Ostküste Südamerikas. Das erste kam als MONTE CERVANTES im Juli 2004 in Fahrt. 2008 wurde dann mit der RIO DE LA PLATA der erste von sechs 5900-TEU-Neubauten übernommen und in den Südamerika-Ostküstendienst der Gruppe eingefädelt. Und 2012–2014 kamen schließlich die Schiffe der neuen CAP SAN-Klasse mit jeweils 9600 TEU zur Flotte. Zusammen mit der VALPARAISO EXPRESS-Klasse von Hapag-Lloyd die größten Kühlcontainerschiffe der Welt. Die Frage, ob diese Größe nun tatsächlich das »Ende der Fahnenstange« war, blieb offen. Abwarten, lehrte die Erfahrung auch hier.

Bemängelt wurde in dieser Zeit von ernst zu nehmenden Beobachtern, dass sich die großen Linienreedereien immer mehr auf das Angebot der Chartermärkte verlassen würden, anstatt selbst angemessen in eigene Tonnage zu investieren. Hintergrund dieser Kritik war, dass mit Stand von Ende 2003 die 30 führenden Linienreedereien den Anteil der Chartertonnage in ihren Flotten seit 1992 von durchschnittlich 20 auf rund 50 Prozent erhöht hatten. Auch ein Zeichen für den sich entwickelnden, geradezu unglaublichen Boom in der Containerschifffahrt, der seinen Höhepunkt noch nicht erreicht hatte und der gerade für die Anbieter von Chartertonnage mit teilweise exzessiv aufgeblähten Flotten wenig später eine so bittere Wendung nahm.

Die Nutzung von Chartertonnage war allerdings ein allgemein normales Marktverhalten. Eine Linienreederei muss Wert darauf legen, einen Grundstock eigener Tonnage zu haben, die nach ihren

↓ SANTA ROSA, 7100 TEU, Baujahr 2011, unmittelbar nach der Ablieferung.

Foto: Hamburg Süd

Überlegungen ausgelastet werden kann. Für zusätzliche Transportaufgaben werden Schiffe gechartert – kurz-, mittel- oder langfristig – abhängig von der Einschätzung der Marktlage. Geht das Ladungsaufkommen zurück, werden je nach Vertragsdauer gecharterte Schiffe zurückgegeben. Ein uralter Rhythmus im Schifffartsgeschehen.

Häufig wurde in dieser Zeit warnend darauf hingewiesen, dass bei der zunehmenden Bestellung von Megacarriern, die bekanntlich nur wenige Großhäfen anlaufen könnten, auch eine entsprechend große und leistungsfähige Flotte von Feederschiffen für die seeseitige Verteilung bzw. das Zubringen der Boxen zur Verfügung stehen müsse. Dafür gebe es aber zu wenige Aufträge, und die bestehende Flotte werde zunehmend überaltert.

Und noch ein ganz anderer Aspekt, der angesichts der beeindruckenden Entwicklung hin zu den heutigen Megaboxern mit Stellplatzkapazitäten von deutlich über 10 000 TEU häufig nicht beachtet wurde, war, dass die »Großen« die »Kleinen« aus ihren angestammten Fahrtgebieten verdrängen werden. Vor allem ging es bei den »Kleinen« um Schiffe mit Kapazitäten von etwa 6000 TEU. Sie waren bis dato die vorherrschende Klasse in den Fernostverkehren, und sie wurden nun sukzessive durch die neue Generation der Großcontainerschiffe ersetzt, eben von den Mega- und XXL-Boxern. Das ist der bereits oben erwähnte »Kaskadeneffekt«. Nach einer Untersuchung des französischen Schiffsmaklers Barry Rogliano Salles vom Herbst 2008 würden 60 Prozent des gesamten Europa-Fernost-Verkehrs mit Großschiffen um die 12 500 TEU abgewickelt werden können, und der ebenfalls französische Branchenexperte Alphaliner stimmte dem zum etwa gleichen Zeitpunkt zu. Er meinte, dass die bei Weitem meiste Ladung in den Containerverkehren zwischen Nord-/Südeuropa und Fernost künftig fast ausschließlich mit etwa 130 Mega-Boxcarriern transportiert werden dürfte. Was aber tun mit den zuvor in diesen Diensten eingesetzten, ja auch gar nicht so »kleinen« und zudem erst noch wenige Jahre alten Schiffen? Das blieb die offene Frage. Für sie musste und muss zunehmend Beschäftigung in anderen Verkehren gefunden werden, etwa in denen zwischen Europa und Südamerika, Europa und Indien oder auf dem Nordatlantik. Dort würden dann die Größen der Schiffe bis auf etwa 10 000 TEU wachsen, worauf die meisten der in diesen Fahrtgebieten liegenden Häfen allerdings mitsamt ihren Zufahrten bis dahin kaum vorbereitet waren, ebenso wenig wie die dortigen Märkte. Die Schiffe waren aber jedenfalls schon da.

Dazu noch einmal ein kurzer Rückblick auf die allgemeine Entwicklung. Bereits 2001 hatte es vor dem Hintergrund der rasch wachsenden Containerschiffsflotte und des auf sie zugeschnittenen Warenaustauschs einen Rückschlag gegeben. Grund dafür waren die von islamistischen Fundamentalisten verübten Selbstmord-Terroranschläge in den USA, denen Tausende Menschen zum Opfer gefallen waren. Dieser unglaubliche Schock lähmte, wie von den Fanatikern beabsichtigt, nicht nur das Zusammenleben der Menschen allgemein, sondern auch den wirtschaftlichen Austausch, der daraufhin einen schweren Einbruch erlebte. Dieser Einbruch wurde aber bereits im folgenden Jahr wieder überwunden und leitete im Transport und Umschlag in eine Wachstumsphase von bis dahin nicht gekanntem Ausmaß über. Während in den Vorjahren der Containerverkehr in etwa dreimal so schnell wie das Welt-BIP gewachsen war, bewegte sich die Quote nun rasch in Richtung vier, was schließlich zu gewissen Kapazitätsengpässen bei den Reedereien und auch in den Häfen führte.

Diese überraschend schnelle Wende hatte jedoch noch einen anderen, besonderen Grund. Die Beschaffung und Produktion vieler Güter wurden nach dem Beitritt Chinas zur Welthandelsorganisation (WTO) ab etwa Ende 2001 in beachtlichem Maße aus westlichen Industriestaaten nach China verlagert, was zu einem ungeheuren Anstieg der Warenströme führte und damit einhergehend zu einem entsprechenden Wachstum der Containerschiffsgrößen. Ein derartiger außergewöhnlicher Schub war aber nicht wieder zu erwarten. Woher sollte er auch kommen? Die Containerschiffsreedereien würden also noch auf Jahre hinaus mit den von ihnen selbst geschaffenen Überkapazitäten zu leben haben.

Foto: Port of Felixstowe

→ Felixstowe ist mit einem Jahresumschlag von rund 4 Mio. TEU der führende Containerumschlagplatz in Großbritannien. Bis 2030 soll die Kapazität auf das Doppelte ausgebaut werden.

↓ Umfangreiche computergestützte Tests, mit denen Lastfälle generiert werden können, sind wichtige Werkzeuge für die Schiffskonstrukteure geworden.

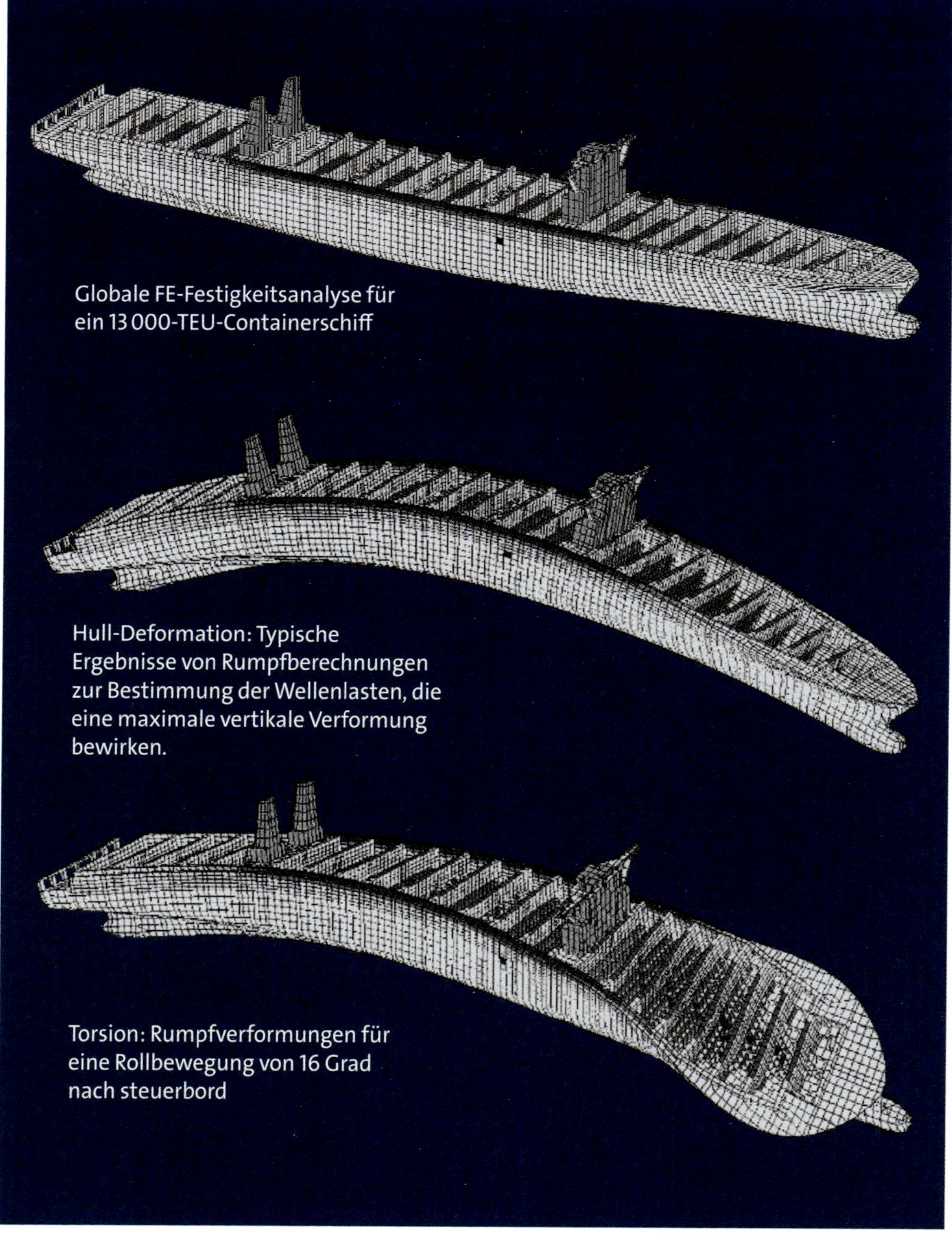

Globale FE-Festigkeitsanalyse für ein 13 000-TEU-Containerschiff

Hull-Deformation: Typische Ergebnisse von Rumpfberechnungen zur Bestimmung der Wellenlasten, die eine maximale vertikale Verformung bewirken.

Torsion: Rumpfverformungen für eine Rollbewegung von 16 Grad nach steuerbord

Abbildung: GL

# Betriebssicherheit als Entwicklungsschwerpunkt

Bei allen der bis dahin vollzogenen Schritte in der Größenentwicklung war natürlich die Wahrung der Betriebssicherheit der Großcontainerschiffe nicht außer Acht gelassen worden. Dabei galt es eine Vielzahl von Faktoren zu beachten. Aus diesem Spektrum beispielhaft nur einige.

Da sind zunächst die dynamischen Belastungen, die wesentlich dann entstehen, wenn das Schiff während seines Einsatzes durch höhere Wellen fährt, was gewöhnlich der Fall ist. Glattes Wasser ist bestenfalls gelegentlich in Küstengewässern anzutreffen. Die Belastungen geschehen dabei gleich auf mehreren Ebenen: Der Schiffskörper als Ganzes wird je nach seiner Lage im Wellenfeld mit einer Durchbiegung (Sagging) beansprucht, dann nämlich, wenn der Mittschiffsbereich in einem Wellental, Vor- und Achterschiff jedoch auf Wellenbergen liegen. Verändert das Schiff seine Lage so, dass der Wellenberg nun im Mittschiffsbereich, Bug und Heck aber in Wellentälern liegen, wird der Schiffskörper aufgebogen (Hogging). So geschieht es meistens in ständigem Rhythmus während der Seereise. Bei schräg anlaufenden Wellen ergeben sich darüber hinaus Querbiegungen und Verdrehungen des Schiffskörpers (Torsion). Die Auswirkungen dieser Belastungen haben einen sehr starken Einfluss auf die Betriebsfestigkeit des Schiffes und damit auf seine Sicherheit insgesamt. Deshalb müssen ihnen bei Konstruktion und Bau höchste Aufmerksamkeit gewidmet werden – eine bedeutende Aufgabe für die Klassifikationsgesellschaften und die Konstrukteure in den Bauwerften.

Damit kann übergeleitet werden zu einem weiteren wichtigen Faktor in Sachen Betriebs- und Schiffssicherheit. Dabei geht es um die sorgfältigste Ausführung der Schweißarbeiten beim Bau der Schiffe. Dabei steckt der Teufel auch hier, wie so häufig, im Detail, denn Schweißen ist ein komplizierter und schwieriger Prozess. Sogar in der ISO-Norm 9000 für Qualitätsmanagementsysteme wird es als »spezieller Prozess« bezeichnet, sei es beim Verschweißen der Außenhaut, beim Bau des Ruders oder beim Schweißen der Lukendeckel. Obwohl man das Ergebnis einerseits sofort sieht, lässt sich andererseits die Qualität der ausgeführten Arbeit in Gestalt einer Schweißnaht nicht so leicht beurteilen. Deshalb ist es ganz wichtig, vorab zu wissen, was zu tun ist und wie das zu tun ist. So ist beispielsweise zu klären, welche Stahlsorten verarbeitet werden sollen und welcher Schweißzusatz bei welchem Stahl am besten verwendet werden sollte. Einen Eindruck von dem Umfang der zu leistenden Arbeiten und davon, was zu prüfen ist, bekommt man, wenn man sich verinnerlicht, dass je nach Bauwerft für ein 10 000-TEU-Schiff schätzungsweise 850 bis 1000 Kilometer Schweißnaht gelegt wird.

Natürlich kann hier auf Einzelheiten nicht näher eingegangen werden, aber festzuhalten ist, dass Schiffe in der Regel dahingehend ausgelegt sind, um sie 25 Jahre oder noch länger in Fahrt zu halten. So lange sollten idealerweise auch die Schweißnähte halten. Da die Schiffe aber immer größer geworden sind, um immer mehr Boxen auf einmal transportieren zu können, kommen immer dickere und festere Bleche zum Einsatz. Die Herausforderung bei den dickeren Blechen ist dabei, dass sie schwieriger zu schweißen sind als dünnere Bleche, denn je dicker ein Blech ist, desto schneller kühlt es nach dem Schweißen ab, und desto mehr kann sich in der Folge seine innere Struktur verändern. Daher ist es in diesem Fall notwendig, dass einige Bleche vor dem Schweißen in einem definierten Bereich rechts und links der Naht vorgewärmt werden. Wegen der heißen Umgebung erschwert das die Arbeit der Schweißer.

Für hochfeste Stähle gelten andere Regeln: Bei ihnen ist zumeist mit definierter Wärmeeinbringung, also mit begrenzter Wärme, zu arbeiten. Das bedeutet für den Schweißer, dass er eine bestimmte Schweißnahtlänge in einer vorgegebenen Zeit ($\pm$ 2 sec) fertigstellen muss. Auch kein einfaches Unterfangen, das viel Erfahrung und Konzentration erfordert. Dabei sind gute Schweißer immer schwerer zu finden, zumindest in Europa. Die estnische Werft BLRT Group hat beispielsweise bereits im August 2009 erklärt, dass sie trotz der aktuellen Schiffbaukrise eine größere Anzahl chinesischer Schweißer angeworben habe, um sie auf ihrer Werft in Tallinn zu beschäftigen.

Vor diesem Hintergrund sind in erster Linie die Klassifikationsgesellschaften gefordert, sorgfältige Kontrollen vorzunehmen und bereits im Vorfeld entsprechende Richtlinien festzulegen. Jede Stahlplatte und jeder Schweißzusatz wird untersucht

↓ Hohe Containerstapel an Bord verlangen mit Blick auf die Sicherheit der Ladung besondere Aufmerksamkeit.

Foto: Maschmann

und zertifiziert. Jede Schweißnaht wird geprüft. Für die Sicherheit des Schiffes und der für Mensch und Ladung hängt viel von der exakten und sauberen Ausführung ab.

An dieser Stelle ist an den Totalverlust der MOL Comfort zu erinnern, die im Juni 2013 im Indischen Ozean auseinandergebrochen war (siehe Seite 75), was mit größter Wahrscheinlichkeit auf Fehler im Stahlbau zurückzuführen war. Die japanische Klassifikationsgesellschaft Class NK, die auch dieses Schiff betreute, hat sich intensiv mit dem wichtigen Thema Stahlqualität und Materialermüdung gerade bei Großcontainerschiffen beschäftigt, dabei wichtige Forschungsarbeit geleistet und die Ergebnisse Mitte 2016 vorgelegt. Es ist eine der entscheidenden Fragen, welche Stahlstärken und welche Stahlgüte in Zukunft nötig sein werde, um den mit den wachsenden Schiffsgrößen verbundenen Herausforderungen etwa hinsichtlich der Festigkeit schiffbaulich gewachsen zu sein. Wie wichtig dieser Aspekt ist, hat u. a. gerade auch der Fall MOL Comfort gezeigt.

→ Die sorgfältige Ausführung der Schweißarbeiten an Bord in allen Teilen des Neubaus muss im Anschluss daran

→ noch einmal ebenso sorgfältig geprüft werden.

Fotos (2): GL

Was weiterhin die Sicherheit von Schiff und Ladung betrifft, so muss geradezu zwangsläufig das Augenmerk auch auf die immer höher werdenden Containerstapel an Deck gerichtet werden. Acht Lagen übereinander an Deck sind heute auf den Megacarriern bereits Selbstverständlichkeit. Immer höher türmen sich die Boxen auf den Großcontainerschiffen an Deck. Auch dies ist ein Teilfeld der Entwicklung. Damit die sich auftürmenden Stapel unter dem Einfluss der Witterungsverhältnisse, wie Wind und Seegang, die durchaus extrem werden können, nicht über Bord gehen, umkippen oder an Deck fallen, müssen die Container an Deck hochsicher gelascht bzw. gezurrt werden.

Ein überaus schwieriger Job übrigens, der von dem damit beauftragten Hafenpersonal oder von Bordmitarbeitern ausgeführt werden muss. Die jeweiligen Laschpläne werden mit den Klassifikationsgesellschaften abgestimmt und sind, auch mit Blick auf die Versicherung, exakt einzuhalten.

Unter Deck bieten Zellgerüste Gegenlager für die durch die Schiffsbewegungen auftretenden Kräfte und damit eine relative Sicherheit. Die Lagen an Deck mit ihren vielen Tausend Containern sind dagegen jedoch weitaus stärker als die Unterdeckslagen diesen und noch dazu den Windkräften ausgesetzt. Sie müssen ebenfalls alle Bewegungen des Schiffes mitmachen – das Rollen, Stampfen und Schlingern – und dagegen gesichert sein. Das geschieht durch den Einsatz von unterschiedlich konzipierten Laschbrücken, Zurrstangen und sogenannten Twistlocks, die als Quer- und Längsverbindungen die Containerstapel zusammenhalten und den auf sie drückenden unterschiedlichen Kräften entgegenwirken. Das allerdings gelingt nicht immer. Manchmal ist wegen menschlicher Fehler die Laschung nicht optimal, oder es sind die Kräfte von Sturm und See zu stark. Gegen beides wird es wohl auch in Zukunft keine allgemeingültigen Mittel geben, um Schäden zu vermeiden. Aber dass das Ganze mit den immer mehr Lagen übereinander an

Deck trotz weiterentwickelter Technik nicht einfacher geworden ist, liegt auf der Hand.

Dazu nur noch: Die Windangriffsfläche eines beladenen Großcontainerschiffes, auf irgendwelche TEU-Zahlen wollen wir uns hierbei gar nicht festlegen, überschreitet die Segelflächen auch der größten Großsegler um ein Vielfaches. Die dadurch entstehenden nautischen Schwierigkeiten bei der Führung des Schiffes, speziell in engen Fahrwassern oder im Hafen, sowie ebenfalls besonders die enormen Sicherungsprobleme für die Containerstapel an Deck müssen vor diesem Hintergrund sicherlich nicht weiter erläutert werden.

Aber nach einer Umfrage des World Shipping Council (WSC) von Mitte 2011 war die Zahl der Boxen, die pro Jahr auf See über Bord gehen, deutlich geringer als bislang angenommen. Bis dahin vorliegende Schätzungen waren von 2000 bis 10 000 ausgegangen. Tatsächlich liege die Zahl aber nur bei etwa 675 Containern pro Jahr, erklärte der in Washington ansässige Verband der internationalen Linienreedereien damals. Katastrophale Ereignisse wie Kollisionen oder Grundberührungen ausgenommen, seien es im Schnitt sogar nur 350 Container pro Jahr. Die Verlustmengen seien nur ein »winziger Bruchteil« des jährlichen Beförderungsvolumens, das der WSC mit rund 100 Mio. beladenen Containern angab. An der WSC-Umfrage hätten sich Reedereien beteiligt, die zusammen mehr als 70 Prozent der weltweiten Stellplatzkapazität für Container repräsentierten. Die Daten seien dann hochgerechnet worden. Obwohl sich Verluste aufgrund äußerer Bedingungen wohl nie auf null reduzieren ließen, engagierten sich die Linienreedereien weiterhin bei allgemeinen Präventiv- und Aufklärungsprogrammen zur Verbesserung der Ladungssicherheit.

Daran hat sich auch in den folgenden Jahren wenig geändert. 2017 berichtete der World Shipping Council, der nun allerdings von jährlich 130 Mio. transportierten TEU ausging, dass im Zeitraum 2008 bis 2016 jährlich durchschnittlich 1582 Container über Bord gegangen wären. In dieser Zahl seien jedoch auch alle Boxen enthalten, die bei großen oder größeren Katastrophen in Verlust geraten seien. Dazu gehöre z. B. der Fall MOL COMFORT Mitte 2013, bei dem die gesamte Containerladung mit 7041 TEU auf Tiefe gegangen war. Das seien allein 77 Prozent der Gesamtverluste des Jahres gewesen.

→ Blick in die geöffneten, noch vollkommen leeren Laderäume eines 5000-TEU-Containerschiffes. Zu beachten sind vor allem die Führungsschienen für die Container.

Foto: PSW

# EMMA MAERSK Superstar

Doch zurück zur Entwicklung der Schiffsgrößen. Mitte 2004 hatte die Maersk-Line, damals noch Maersk-Sea-Land, bei ihrer unternehmenseigenen Odense Staalskibsvaerft acht große Containerschiffe geordert, was umgehend intensive Debatten und Spekulationen in der Branche auslöste. Vonseiten der Reederei wurde die Stellplatzkapazität dieser Neubauten mit dem für sie üblichen Understatement zunächst mit 7500 TEU angegeben, Schätzungen in der Branche kamen im Vorfeld der Ablieferungen auf etwa 9500 TEU. Später begann durchzusickern, dass die ab 2006 zu liefernden Neubauten doch noch erheblich größer werden sollten. Als Hauptantrieb für diese Schiffe bestellte die Reederei in Südkorea die weltweit ersten 14-Zylinder-Dieselmotoren vom Typ Doosan-Sulzer 14RT-flex96C mit 80 080 kW. Als erster dieser Giganten einer neuen sogenannten PS- oder E-Klasse wurde am 7. September 2006 die EMMA MAERSK auf die Reise geschickt. Weil diesem Schiff eine besondere Stellung in der an Ereignissen ja bis dahin überhaupt nicht armen Geschichte der Containerschiffsentwicklung zukommt, soll es nachfolgend ausführlicher beschrieben werden. Mit dem Riesenschritt zum Bau der EMMA MAERSK begann für die Containerschifffahrt ein neues Zeitalter, für das die EMMA MAERSK als »Mutter« bezeichnet werden kann. Sie gehörte zu den ersten, die mit ihren Abmessungen auch die neuen Schleusen des Panamakanals nicht mehr passieren konnten – ein Neo-Post-Panamax-Schiffe also.

Der erste Brennschnitt für den Neubau L-203, das war die werftinterne Benennung, war auf den 5. Juli 2005 datiert, die Kiellegung erfolgte am 20. Januar 2006, die Ausdockung am 18. Mai und die Ablieferung am 31. August 2006. Diese trotz einer zweimonatigen Verzögerung durch einen Brand kurze Bauzeit ließ sich nur durch eine enge Kooperation mit ausländischen Werften realisieren, die Rumpfsektionen und in zwei Teilen den Aufbau zulieferten, also wesentliche Stahlarbeiten übernahmen. Und nur so konnte auch der angestrebte gleichzeitige

↓ Da verlässt sie zum ersten Mal ihre Bauwerft in Odense, die EMMA MAERSK, der neue Superstar der Containerflotten. Typisch Maersk ist der in hellem Blau gehaltene Rumpf des beeindruckenden Neubaus.

| | | |
|---|---|---|
| Länge ü. a. | 397,71 | m |
| Länge zw. d. Loten | 376,00 | m |
| Breite | 56,40 | m |
| Tiefgang (max.) | 16,00 | m |
| Seitenhöhe | 30,20 | m |
| Tragfähigkeit | 158 200 | tdw |
| Container | 11 000 | TEU |
| Kühlcontainer | 1000 | FEU |
| Vermessung | 170 794 | BRZ |
| | 55 396 | NRZ |
| Leerschiffsgewicht | ca. 60 600 | t |
| Hauptantrieb | Wärtsilä 14 RT-flex96C | |
| Leistung | 80 080 | kW |
| Geschwindigkeit | 26 | kn |
| Klassifizierung | ABS | |
| Besatzung | 13 | |

Foto: Foto: Maersk

Bau von vier neuen Schiffen dieser Klasse, wenn auch in unterschiedlichen Baustadien, in dem einzigen Baudock der Werft, es war das größte in Europa, erreicht werden. Die Ablieferung des unter der Baunummer L-204 entstehenden nachfolgenden Schwesterschiffes war für den Herbst 2006 terminiert. Das letzte sollte Anfang 2008 in Fahrt kommen. Es war die EUGEN MAERSK, die tatsächlich am 29. Januar 2008 in Fahrt kam.

Welcher Kapazitätssprung mit der EMMA MAERSK eingeleitet wurde, verdeutlicht in erster Linie seine von der Reederei später offiziell angegebene Stellplatzkapazität von 11 000 TEU, was gegenüber der vorangegangenen GUDRUN MAERSK-Klasse mit ebenfalls offiziell 7500 TEU eine – offizielle – Steigerung um etwa 40 Prozent bedeutete. Die Reederei wies auf die damit erreichte Produktivitätssteigerung und den damit ihrer Meinung nach verbundenen Wettbewerbsvorteil hin. Gleichzeitig haben Reederei und Werft eine ganze Reihe von konstruktiven Neuerungen umgesetzt, die der weiteren Erhöhung der Wirtschaftlichkeit des Schiffes und seinem umweltfreundlicheren Betrieb dienten. Hierzu lässt sich beispielhaft als eine der Maßnahmen des stringenten Energiesparkonzepts der Reederei die Laderaum- und die Maschinenraumbelüftung mit energieoptimierten Ventilatoren anführen, mit denen eine Reduzierung der Abgasemissionen und des Geräuschpegels erreicht wurde.

Deutlich wurde der mit diesem Neubau eingeleitete erneute Generationswechsel auch mit Blick auf die signifikante Zunahme der Tragfähigkeit. Sie wuchs nach 115 700 tdw der Vorgängerklasse erheblich auf nunmehr 158 200 tdw. Von den ersten drei Containerschiffsgenerationen 1968 – 1971 und von der REGINA MAERSK einmal abgesehen, hatte es im Containerschiffbau oder überhaupt im zivilen Schiffbau einen derartigen Entwicklungssprung noch nicht gegeben.

Mit dieser Baureihe verdeutlichten Eigner und Werft, dass sie dem Konzept eines zusammenliegenden Deckshauses/Maschinenraums etwa im mittleren Teil des Schiffes noch einmal den Vorzug gegenüber anderen Konstruktionsvorschlägen gaben. Außerdem hatten sie sich für eine einzelne Motorenanlage in Verbindung mit nur einer Schraube entschieden und damit gegen das vor allem von Klassifikationsgesellschaften aus Sicherheitsgründen vorgeschlagene Konzept mit zwei Motoren und zwei Schrauben.

Die Hauptabmessungen der EMMA MAERSK hat die Reederei, nachdem zuvor schon viele Gerüchte an der Küste ihre Runde gemacht hatten, erst am Tag der Taufe ihres Neubaus offiziell publik gemacht: Hervorzuheben ist die gegenüber der Vorgängerklasse trotz der erheblichen Kapazitätssteigerung nur moderate Verlängerung um rund 30 Meter bei einer allerdings deutlichen Zunahme der Breite um fast fünf Meter von 42,8 Meter auf 56,40 Meter, was in schiffbaulicher Hinsicht neben der größeren Stellplatzkapazität auch die Stabilität erheblich verbesserte. Was die Stellplatzkapazität angeht, so wurde diese von externen Fachleuten entgegen der offiziellen Angabe nun auf knapp 13 500 TEU geschätzt.

Ein Blick auf das äußere Design zeigt, dass außer dem traditionellen Blau des Rumpfes auch andere typische Merkmale der Maersk-eigenen Schiffe erhalten geblieben waren. Dazu gehörten der weit über das vordere Lot herausragende Bugwulst, in diesem Fall um 15,4 Meter. Außerdem die lang hochgeschwungene Back und ein senkrecht fallendes Spiegelheck. Wegen der großen Schiffsbreite werden die weit ausladenden geschlossenen Brückennocken von einer stabilen Rohrkonstruktion gestützt. Verglichen mit der Vorgängerklasse ist der Brückenaufbau weiter zur Mitte hin angeordnet. Als Gründe dafür wurden der bessere Trimm und günstigere Sichtverhältnisse über die vor dem Brückenaufbau gestauten Container genannt. Der vorgeschriebene Sichtstrahl ist zudem durch eine weitere Erhöhung des Brückenaufbaus um ein Deck auf zwölf optimiert worden (einschließlich des Ruderhauses).

Es war davon auszugehen, dass die Entscheidung für die bis dahin einmalige Schiffsbreite nicht nur mit Blick auf die größere Transportkapazität getroffen wurde, sondern auch um den Tiefgang von max. 16 Metern in gerade noch vertretbaren Grenzen zu halten. Das war erforderlich, da, um es noch einmal zu wiederholen, nur ganz wenige Hafenzufahrten und Häfen in Europa und Fernost auf einen derart großen Tiefgang vorbereitet waren, der allerdings, um das anzufügen, nur bei voll beladenen Schiffen erreicht wird. Das heißt, dass dann auch alle an Bord gestauten Container voll beladen sein müssten, was wohl kaum jemals der Fall sein würde. Aber dennoch, selbst unter dieser Einschränkung waren die meisten Häfen damit noch überfordert.

Das wird exemplarisch deutlich am Beispiel Bremerhaven, das von der EMMA MAERSK am 10. September 2006 auf ihrer Jungfernfahrt nach der Bedienung der Häfen von Århus und Göteborg erstmals angelaufen wurde. Erst kurz zuvor war dort in Vorbereitung dieses Erstanlaufs die Wendestelle in der Weser, also die einzige Stelle im Strom, an der derartig große Schiffe vor dem Anlegen an der Kaje oder nach dem Ablegen gedreht werden können, von 400 auf 600 Meter erweitert worden. Da aber wegen der dafür zur Verfügung stehenden Zeit, sie war durch die üblichen Proteste und Einwendungen immer knapper geworden, die notwendigen Baggerarbeiten nicht rechtzeitig zu Ende gebracht werden konnten, war die eigentlich für den 11. September geplante Ankunft um einen Tag vorverlegt worden, um das dann aufgelaufene Hochwasser zu nutzen. Der mittlere Tiefgang des lediglich teilbeladenen Schiffes betrug zu der Zeit nur 10,6 Meter. Voll beladen hätte die EMMA MAERSK weder Bremerhaven noch Hamburg bedienen können. Die Bemühungen, eine Vertiefung der Zufahrten zu erreichen, ziehen sich auch heute noch wegen des in Deutschland immer wieder beklagten dichten Gestrüpps der behördlichen Vorschriften und unzähligen Klagen von Umweltschützern vor den Gerichten seit Jahren hin.

Die hafenseitige Abfertigung der EMMA MAERSK, das Löschen und Beladen, war dann für den North Sea Terminal (NTB) in Bremerhaven kein Problem, denn an der Kaje standen schon seit einiger Zeit neue Containerbrücken mit 62,50 Meter Auslage bereit. Diese Spannweite war für diesen neuen Giganten und seine erwarteten Nachfolger wegen deren Schiffsbreite erforderlich. Gelöscht wurden 574 Container, geladen 2462.

Die EMMA MAERSK hatte in ihren Laderäumen Platz für 20 Containerreihen nebeneinander und zehn Lagen übereinander. Die Zahl der Containerreihen an Deck betrug 22, als Anzahl der Lagen an Deck wurden sieben genannt, wahrscheinlich waren aber geschätzt neun möglich. Eingesetzt wurde ein patentiertes Laschsystem der Werft. Ein großer Teil der Stellplätze war für die Aufnahme von 40-ft-Containern ausgelegt. Die Laderäume wurden jeweils von vier mithilfe von Containerbrücken zu bewegenden Pontondeckeln abgedeckt. Der 27,3 Meter lange Hauptmotor beanspruchte einen entsprechend größeren Maschinenraum, der über die Länge des Aufbaus hinausreichte. Dafür musste ein Laderaumverlust in Kauf genommen werden, ebenso wie für die Anordnung der Bunkertanks, die nach 2007 in Kraft getretenen neuen Richtlinien nicht mehr im Außenhautbereich angeordnet sein durften.

Als Hauptantrieb wurde der bereits erwähnte 14-Zylinder-Zweitakt-Dieselmotor des Typs Wärtsilä/Sulzer 14 RT-flex96C installiert, der bei 102 U/min 80 080 kW bzw. max. 108 920 PS leistete. Es war der stärkste bis dahin für einen Schiffsantrieb gebaute Motor überhaupt. Er wog insgesamt 2300 Tonnen und wirkte über eine etwa 120 Meter lange Welle auf einen 131,5 Tonnen schweren Festpropeller mit einem Durchmesser von 9,6 Metern. Es war der größte bis dahin gefertigte Propeller. Gleichzeitig speiste der Dieselmotor unter Zuhilfenahme eines 8500 kW leistenden Abgasrückgewinnungssystems eine zweite elektrische Leistungsquelle. Dazu wurden die Abgase des Dieselmotors durch einen Economizer geleitet, der Dampf für den Betrieb eines Turbinengenerators erzeugte.

Foto: Wärtsilä

Foto: MMG

↑ Der Festpropeller der EMMA MAERSK hat einen Durchmesser von 9,6 Metern und ein Gewicht von 131,5 t. Der bis dahin weltgrößte Schiffspropeller.

← Der Hauptmotor der EMMA MAERSK, ein Wärtsilä (Sulzer) 14RT-flex96C Zweitakter mit einer Leistung von 80 080 kW.

Zu diesem umfassenden System gehörte außerdem eine Abgasturbine, die ca. zehn Prozent des Abgasstroms für die Erzeugung elektrischer Energie nutzte. Die verbleibenden 90 Prozent Abgasstrom wurden in den drei Turboladern verwendet. Die elektrische Grundversorgung gewährleisteten fünf Hilfsdiesel von je 4320 kW, die mit Generatoren gekoppelt waren. Der von den Hilfsgeneratoren und/oder dem Turbinengenerator erzeugte elektrische Strom konnte für den Antrieb von zwei auf die Antriebswelle geschrumpften Wellenmotoren mit jeweils 9000 kW Leistung genutzt werden. Die Schweröltanks des Schiffes fassten insgesamt 16920 cbm, die Dieselölkapazität beläuft sich auf 405 cbm, die Schmierölkapazität auf 652 cbm.

Zwei Paar aktive Stabilisierungsfinnen reduzierten bei ungünstigem Wetter die Rollbewegungen des Schiffes und bedeuteten damit einen erheblichen Gewinn für den Schutz der Ladung. Eine Treibstoffersparnis von 1200 Tonnen jährlich sollte die Beschichtung des Unterwasserschiffes mit Silikon bringen, wodurch sich der Wasserwiderstand verringerte. Zur Verbesserung der Manövriereigenschaften waren vorn und achtern jeweils zwei Verstellpropeller mit jeweils 25 t Querschub installiert, die von je einem 1750 kW leistenden Elektromotor angetrieben wurden. Mit ihrer Hilfe sollte auch die normalerweise für ein Schiff dieser Größe notwendige Schlepperassistenz verringert werden können. So wurden dann auch beim ersten Anlaufen von Bremerhaven lediglich zwei Schlepper angefordert, um das fast 400 Meter lange Schiff innerhalb einer Viertelstunde auf der Weser zu drehen. Zwei geschlossene Rettungsboote, ein Fast-Rescue-Boat und sechs Rettungsinseln zählten zum Sicherheitsequipment.

Zur Brückenausstattung gehörten ein Autopilot, ein VMS-Navigationssystem (ECDIS), ein Kreiselkompass und zwei Radargeräte. Außer den üblichen Funk- und Faxanlagen usw. diente ein leistungsfähiges Satellitengerät der Kommunikation.

Als Besatzungsstärke gab die Reederei 13 Personen an. Möglich gemacht wurde diese Minimalcrew durch weitgehende Automation sowie elektronische Maschinen- und Ladungsüberwachung über 8000 Kontrollpunkte, mit denen der störungsfreie Lauf aller relevanten Anlagen und Systeme sichergestellt werden sollte. Allerdings waren und sind derartig kleine Besatzungen auf Schiffen mit diesen gigantischen Abmessungen sehr umstritten. In dieser Form wurde nach verbreiteter Meinung das Effizienzdenken zu weit auf die Spitze getrieben. Es erhob sich dabei die Frage, ob so nicht gewisse Sicherheitsstandards auf der Strecke blieben, da die Verantwortung an Bord von immer weniger Menschen geschultert werden musste. Die deutschen Reedereien wollten, soweit bekannt, auf ihren Großschiffen keine Besatzungen unter 20 Mann fahren, denn Stress und »Fatigue« genannte Erschöpfungszustände kamen bereits häufig genug vor. Hinzu kam auf den riesigen Schiffen das Gefühl der Vereinsamung.

Die neun Wochen dauernde Jungfernreise der EMMA MAERSK führte im Anschluss an Bremerhaven nach Rotterdam, Algeciras, Suez, Singapur, Kobe Nagoya, Yokohama, Yantian, Hongkong und Tanjung Pelepas sowie heimkehrend über Suez, Felixstowe, Rotterdam, Bremerhaven, Göteborg und Århus.

Mit der EMMA MAERSK hatte die mit Abstand weltgrößte Container-Linienreederei ihren auch technischen Vorsprung einen großen Schritt nach vorn weiter ausgebaut. Wegen der langen Planungs- und Vorlaufzeiten, besonders auch die Verfügbarkeit von entsprechend großen Bauplätzen betreffend, war klar, dass die Konkurrenz frühestens gegen Ende des Jahrzehnts mit ähnlichen Einheiten nachziehen könnte. Wie es dann auch geschah.

Mit Spannung wurde erwartet, wie sich der Einsatz dieser Megaboxer oder inzwischen auch Ultra Large Container Ships (ULCS) genannten Giganten der neuen Generation auf die Gestaltung der Liniendienste auswirken würde. Klar war, dass die Konzentration der Hauptlinien auf wenige Häfen ein verstärktes Transshipment für den Transport der Container zu ihrem endgültigen Bestimmungsort notwendig machen würde.

Mit dem Auftauchen der neuen Großtonnage gewann zu allem anderen das Problem, wo denn diese Schiffe überhaupt noch docken könnten, eine erhöhte Relevanz. Nicht nur die Zahl der Häfen, die von ihnen angelaufen werden können, war geschrumpft, sondern noch mehr die Anzahl der Docks, die zur Verfügung standen, wenn es denn für Reparaturen oder turnusmäßige Klassearbeiten notwendig werden sollte. Dabei war nicht nur die Länge und Breite der Docks entscheidend, sondern gleichermaßen der Tiefgang, den sie bei einer Dockung zuließen. Dieser war bei Containerschiffen erheblich größer als bei Tankern oder Massengutschiffen, auf deren Bedienung die vorhandenen Großdocks bisher in erster Linie ausgelegt waren. Da die Großcontainerschiffe der neuen Generation aber ausschließlich im Fernostverkehr fuhren, würden sie auch dortige Docks nutzen wollen oder müssen, die es bis dahin zwar noch gar nicht gab, wo aber eine rasche und flexible Antwort auf die sich dafür abzeichnenden Anforderungen zu erwarten war.

↓ Blick in einen der Laderäume. Zu sehen sind hier die Führungsschienen für die Container unter Deck.

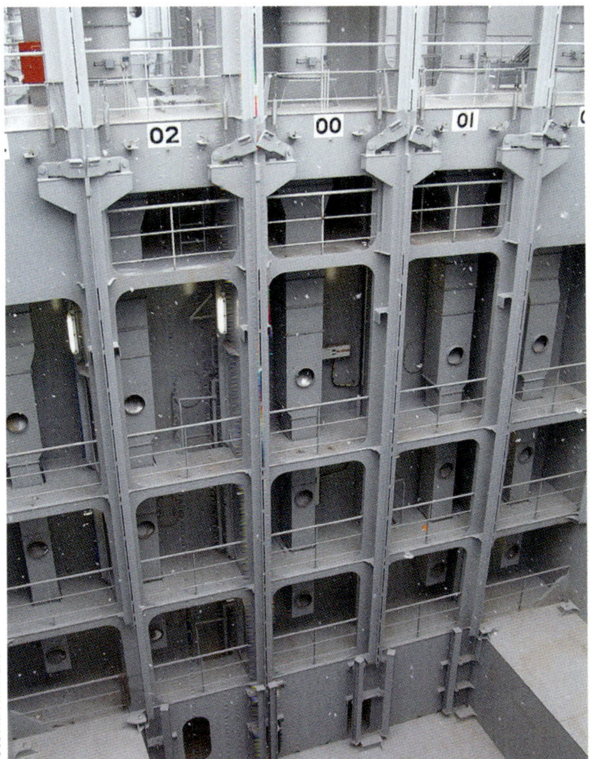


Foto: R. Hinrichs

↑ Suezkanal-Konvoi bei Ismaelia.

↑ Megacarrier MSC Bruxelles mit ägyptischem Segelboot im Großen Bittersee des Suezkanals. Hier mussten die Schiffe warten, bis der Gegenkonvoi passiert hatte.

Fotos (4): PSW

# Kanäle, Engpässe und Projekte

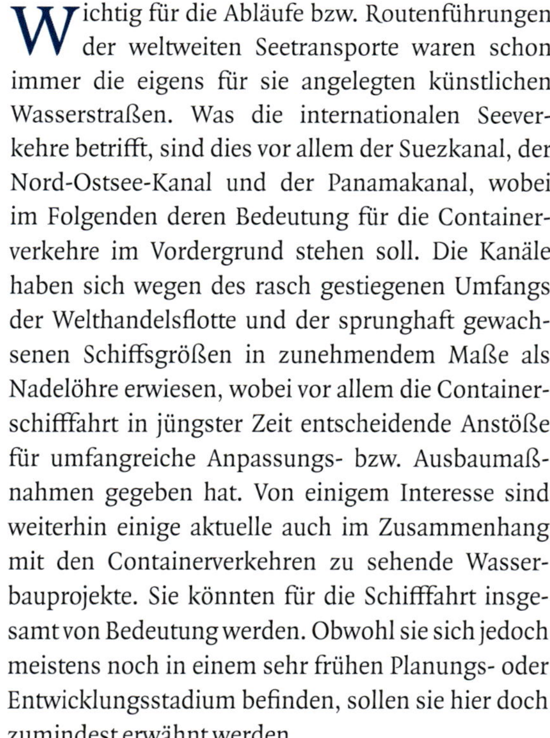

Wichtig für die Abläufe bzw. Routenführungen der weltweiten Seetransporte waren schon immer die eigens für sie angelegten künstlichen Wasserstraßen. Was die internationalen Seeverkehre betrifft, sind dies vor allem der Suezkanal, der Nord-Ostsee-Kanal und der Panamakanal, wobei im Folgenden deren Bedeutung für die Containerverkehre im Vordergrund stehen soll. Die Kanäle haben sich wegen des rasch gestiegenen Umfangs der Welthandelsflotte und der sprunghaft gewachsenen Schiffsgrößen in zunehmendem Maße als Nadelöhre erwiesen, wobei vor allem die Containerschifffahrt in jüngster Zeit entscheidende Anstöße für umfangreiche Anpassungs- bzw. Ausbaumaßnahmen gegeben hat. Von einigem Interesse sind weiterhin einige aktuelle auch im Zusammenhang mit den Containerverkehren zu sehende Wasserbauprojekte. Sie könnten für die Schifffahrt insgesamt von Bedeutung werden. Obwohl sie sich jedoch meistens noch in einem sehr frühen Planungs- oder Entwicklungsstadium befinden, sollen sie hier doch zumindest erwähnt werden.

Gerade die drei bedeutenden großen Kanäle und in gewisser Weise auch die neuen Projekte haben ihren Ursprung nicht allein wirtschaftlichen Überlegungen zu verdanken, sondern politische und militärische sind ebenfalls eingeflossen. Das schmälert jedoch keinesfalls ihren allgemeinen Stellenwert für die wirtschaftlichen Belange, die heutzutage wohl eher von Bedeutung sind. Allerdings können sie gerade wegen ihrer Bedeutung rasch auch zu politischen Brennpunkten werden. Doch der Reihe nach.

Die älteste dieser künstlichen Wasserstraßen überregionaler, ja weltweiter Bedeutung ist der 1869 eröffnete **Suezkanal.** Er ist eine der Hauptschlagadern des Weltseeverkehrs und führt 163 Kilometer stufenlos durch die Landenge von Suez. Mit seinen Endpunkten Port Said im Norden und Port Taufiq bei Suez im Süden verbindet er das Mittelmeer mit dem Roten Meer und verkürzt damit die Distanzen zwischen Nordwesteuropa und Südostasien/Fernost erheblich. Jährlich nutzen ihn über 20 000 Schiffe. Mehrfache Ausbaumaßnahmen dienten in erster Linie dazu, den von den Ölfeldern des Mittleren Ostens kommenden, immer größer werdenden Tankern die Passage voll abgeladen problemlos zu ermöglichen. Auch für die größten Containerschiffe gibt es keine Behinderungen oder Beschränkungen. Aktuell gibt es allerdings dennoch zwei Entwicklungen, die den Reedereien gewisse Sorgen bereiten. Das ist zum einen der Umstand, dass der Kurs der Schiffe vor oder nach der Kanalpassage zwangsläufig durch den piratenverseuchten Golf von Aden führt, was zusätzliche Versicherungsprämien mit sich bringt, und zum anderen sind es die hohen Gebühren für die Kanalpassage, die in den Betriebskostenrechnungen schmerzlich zu Buche schlagen. Obwohl eine ganze Reihe der großen, in den Fernostdiensten eingesetzten Schiffe anstelle der Kanalpassage die Route um das Kap der Guten Hoffnung herum nimmt, hat sich die Suezkanal-Verwaltung lange Zeit mit einer Flexibilisierung der Gebühren ziemlich schwer getan. Sie sind immerhin eine tragende Säule des ägyptischen Staatshaushalts. Neuere Überlegungen, die sich aus der Erweiterung und damit der zunehmenden Konkurrenz des Panamakanals ergeben, haben jedoch schon zu einem gewissen Umdenken geführt. In den ersten vier Monaten des Jahres 2009 war die Zahl der Kanaltransits nach offiziellen Angaben im Ver-

↑ »Wüstenschiffe« mit gleichem Kurs.

↑ Moschee in Suez querab an Backbord.

gleich mit dem entsprechenden Vorjahreszeitraum um 17,5 Prozent zurückgegangen. Der Nettoertrag verringerte sich entsprechend. Die Einnahmen aus den Kanalgebühren sanken um 22,4 Prozent auf 1,3 Mrd. USD. Schwer einzuschätzen waren damals die längerfristigen Folgen, die sich möglicherweise aus dem sogenannten »arabischen Frühling« ergeben könnten. Leider war Ende 2012 im Nahen Osten in gefährlicher Weise wieder einmal alles offen. Durch den Umsturz 2013/14 spitzte sich die Lage im Lande zunächst weiter zu, blieb dann aber abgesehen von einigen als bereits üblich zu wertenden islamistisch motivierten Terroranschlägen relativ stabil.

Der neu gewählte Präsident, Feldmarschall Abdel Fattah as-Sisi, ergriff auch was den Suezkanal betraf, rasch die Initiative. Noch 2014 erklärte er vor der UN-Vollversammlung die vor der Realisierung stehenden Ausbaupläne für den Kanal. Mit dem Ausbau solle nicht nur seine Kapazität verdoppelt, sondern auch eine starke Säule für die weitere soziale, wirtschaftliche und politische Entwicklung Ägyptens geschaffen werden. Die ursprünglich auf drei Jahre veranschlagte Bauzeit wurde auf seine Initiative auf nur ein Jahr verkürzt, und dieses ehrgeizige Ziel wurde tatsächlich erreicht. Pünktlich auf den Tag genau nach Beginn der Arbeiten konnte der Präsident am 6. August 2015 den »neuen Kanal« für den Verkehr freigeben. Nach Angaben der Kanalbehörde haben zeitweise bis zu 80 gleichzeitig eingesetzte Bagger eigener und international tätiger Fachunternehmen zusammen mit bis zu 40 000 Arbeitern 508 Mio. Kubikmeter Sand bewegt. Eine glänzende Koordinationsleistung.

Geschaffen wurden ein neuer, 37 Kilometer langer Parallelkanal etwa auf der Hälfte des bestehenden Streckenverlaufs sowie die Vertiefung der Wasserstraße auf durchgängig 24 Meter und ihre Verbreiterung auf bis zu 320 Meter an der breitesten Stelle. Ziel war es, damit die gleichzeitige Passage von Schiffen in beiden Richtungen zu ermöglichen. Das war ganz entscheidend, da so nicht nur die zuvor üblichen, zeitraubenden Wartezeiten vor den beiden Einfahrten im Norden und im Süden zur Zusammenstellung der Konvois wegfallen konnten, sondern auch die Aufenthalte des einen Konvois im Großen Bittersee, wo er zu warten hatte, bis der Gegenkonvoi aus der anderen Richtung vorbei war. Damit hatte der Transit im Normalfall rund 22 Stunden gedauert, und dies sollte sich auf die Hälfte der Zeit verkürzen. Bis 2023 sollte ein täglicher Transit von 100 Schiffen erreicht werden. Ein hoch gestecktes Ziel.

Die Entwicklung verlief insgesamt positiv, sodass die Suez Canal Authority (SCA) im Dezember 2017 einen neuen Rekord melden konnte. An einem einzigen Tag hatten 74 Schiffe die Wasserstraße passiert. 50 Schiffe mit 3,1 Mio. Tonnen Ladung waren es von Suez nach Port Said und 24 mit 2,1 Mio. Tonnen Ladung in umgekehrter Richtung. Wenig vorher waren es in zwei aufeinanderfolgenden Tagen insgesamt 112 Schiffe mit 6,6 Mio. Tonnen Ladung gewesen. Diese beiden Höhepunkte gaben der SCA Veranlassung, einen Vergleich mit dem Panamakanal zu ziehen, der vor allem in den Fernostverkehren als Wettbewerber gilt. Nach diesen Angaben nutzen 58 Linien mit einer Durchschnittsgröße der Schiffe von 10 378 TEU den Suezkanal, gegenüber 33 Linien mit einer durchschnittlichen Schiffsgröße von 5960 TEU, die den Weg durch den Panamakanal nehmen. Und die SCA konnte Mitte 2018 noch einen weiteren Rekord bekannt geben: Im abgelaufenen Betriebsjahr 2017 hatten sich die Transitgebühren auf 5,585 Mrd. USD summiert, das höchste bis dahin erreichte Ergebnis. Im Jahr davor waren es noch »erst« 5,008 Mrd. USD gewesen.

Foto: Wessels

↑ Der Nord-Ostsee-Kanal ist die am meisten befahrene künstliche Wasserstraße der Welt. Vorne die Wes Amelie.

Für den Nord-Ostsee-Kanal gibt es seit Langem konkrete Ausbaupläne, mit denen die Wasserstraße den gestiegenen Anforderungen angepasst werden soll. Das gilt für den zunehmenden allgemeinen Schiffsverkehr ebenso wie für die in den Feederverkehren eingesetzten, immer größer gewordenen Schiffe, mit denen die wachsenden Ladungsmengen abgefahren werden müssen. Mit dem Ausbau sollen die Voraussetzungen dafür geschaffen werden, dass Schiffe mit bis zu 280 Meter Länge und 33 Meter Breite den Kanal passieren können. Die Fahrrinne soll auf der ganzen Länge um einen Meter auf 10,50 Meter vertieft werden. So zumindest die Planungen, deren Umsetzung allerdings noch weit von einer Realisierung entfernt ist. Zwar hat man sich sogar zum Bau einer fünften Großschleusenkammer in Brunsbüttel durchgerungen, weil die alten, noch aus der »Kaiserzeit« stammenden Anlagen so marode geworden sind, dass sie sowohl auf der einen als auch der anderen Seite wegen technischer Mängel immer mal wieder und oft tagelang ausfallen. Der Bau der neuen Schleuse in Brunsbüttel wird mehr als fünf Jahre in Anspruch nehmen. Erst danach soll mit einer durchgreifenden Sanierung der alten Schleusenanlagen auf beiden Seiten begonnen werden.

Gegenwärtig liegt die Obergrenze für Containerschiffe, die den Kanal nutzen können, bei etwa 1400 TEU. Diese Kapazität bietet der von der Hamburger Sietas Werft 2008 entwickelte »Baltic-Max«-Typ mit einer Länge von 168 Metern, einer Breite von 26,80 Metern und einem Tiefgang voll abgeladen von 9,61 Metern. Man hofft, dass bei den Ausbauplänen noch nicht das letzte Wort gesprochen ist, denn nach Meinung

Nicht ganz so alt wie der Suezkanal ist der 1887 bis 1895 erbaute, knapp 100 Kilometer lange, quer durch Schleswig-Holstein führende **Nord-Ostsee-Kanal,** früher Kaiser-Wilhelm-Kanal, er verbindet, wie der Name schon sagt, Nord- und Ostsee. An den beiden Endpunkten, Brunsbüttel auf der Nordsee- und Kiel-Holtenau auf der Ostseeseite, gleichen Schleusenanlagen die gegebenen Höhenunterschiede aus. Diese, gemessen an den Schiffspassagen am meisten befahrene künstliche Wasserstraße der Welt – 2015 waren es 43 032 Schiffe, darunter 32 091 Handelsschiffe unterschiedlicher Größen und Typen – hat zunehmend Bedeutung für die Containerverkehre zwischen den wirtschaftlich aufstrebenden Ostsee-Anrainerländern und dem »Rest der Welt« gewonnen. Sie erspart den Schiffen den deutlich weiteren Weg um Skagen herum.

→ Die Maersk Arkansas passiert Rendsburg.

vieler Experten und Betroffenen wäre es wünschenswert, dass auch Schiffe mit Stellplatzkapazitäten über 2000 TEU bis etwa 2200 TEU in naher Zukunft den Kanal passieren könnten. Das wird jedoch, so wie schon die aktuellen Planungszustände zeigen, noch lange Wunschdenken bleiben. Gegenwärtig benennt die Wasserstraßen- und Schifffahrtsverwaltung die Maximalabmessungen – je nach Länge – mit 32,5 Meter Breite und sieben bis 9,5 Meter Tiefgang.

Irritationen gab es, als die dänische Maersk Line erstmals mit Post-Panamax-Containerschiffen um Skagen herum in die Ostsee einlief, um Danzig direkt zu bedienen. Das Debüt gab die MAERSK TAIKUNG (8200 TEU), die am 1. Dezember 2009 Shanghai verlassen hatte und am 5. Januar 2010 am Terminal in Danzig festmachte. Das war durchaus eine Sensation, die für reichlich Debattenstoff sorgte, vor allem im Hamburger Hafen, das um einen Teil seines dichten Feedernetzes in den baltischen Raum fürchtete, und nicht zuletzt natürlich bei den Feederreedereien selbst, die die Großkonkurrenz argwöhnisch beäugte. Inzwischen sind Großcontainerschiffe in der Ostsee aber schon keine Seltenheit mehr. Und eine neue, von Maersk speziell für den Ostsee-Einsatz entwickelte Containerschiffsserie mit 3600 TEU Stellplatzkapazität (Typ VISTULA MAERSK) und hoher Eisklasse kann mit ihrer Breite von 35,2 Meter die Schleusen des Nord-Ostsee-Kanals gar nicht mehr passieren, sondern muss den Weg um Skagen herum nehmen (siehe auch Seite 213). Ob und inwieweit diese neue Schiffsklasse und ihre eventuellen Nachfolger die Bedeutung des Kanals mindern, bleibt abzuwarten.

Foto: Lloyd's Register

↑ Es ist wenig Platz für die großen Containerschiffe in den Schleusen des Panamakanals, allerdings war es auch schwer für die Kanalbetreiber, mit dem Größenwachstum der Schiffe mitzuhalten.

Foto: Maschmann

Von hoher Bedeutung für Schifffahrt und Handel weltweit ist ebenfalls der **Panamakanal,** der, wie der Suezkanal, auch immer mal wieder in die politischen Debatten gerät. Der 1914 nach langer Bauzeit dem Verkehr übergebene Kanal, der mit einer Länge von 81,6 Kilometern die Landenge von Mittelamerika durchschneidet, Atlantik und Pazifik verbindet sowie die Seewege zwischen Europa und Fernost sowie zwischen der nordamerikanischen Ostküste und Fernost in bestimmten Destinationen erheblich verkürzt, hat beträchtlichen Einfluss auch auf die Größenentwicklung der Containerschiffe gehabt, zumindest lange Zeit. Die Begriffe Panamax, Post-Panamax und jüngst Neo-Panamax und NeoPost-Panamax zeugen davon. Sie gelten für Schiffe, deren Abmessungen so ausgelegt sind, dass sie gerade noch den Kanal mit den alten Schleusen nutzen können

↑ Zahlreiche Routen des Weltseeverkehrs führen durch den Panamakanal.

(Panamax) und für solche, die dies aufgrund ihrer Länge und Breite nicht mehr können (Post-Panamax). Für sie wurde in jahrelanger Bauzeit und hohen Investitionen ein neues Schleusensystem geschaffen, das Schiffen bis ca. gut 13 000 TEU die Kanalpassage ermöglicht. Das sind dann Neo-Panamax, und aus den Schiffen, die wiederum zu groß auch für die neuen Schleusen sind, wurde die Neo-Post-Panamax-Klasse. Davon ist inzwischen eine wachsende Anzahl im Einsatz.

Barriere waren zunächst die Schleusen des ursprünglichen Kanals. Durch sie waren die Abmessungen der Schiffe, die den Kanal nutzen wollten, auf max. 294 Meter Länge, 32,3 Meter Breite und zwölf Meter Tiefgang beschränkt. Das hat lange Zeit die Konstruktionen der Containerschiffe eingeengt. Man wollte oder musste in bestimmten Fernostdiensten den Kanal passieren oder den Suezkanal nutzen. Alternativen gab es lediglich in beschränktem Maße. Etwa die Nutzung von Landbrücken, wenn Fernostladung von einem für den Kanaltransit zu großen Schiff von US-Westküstenhafen zu Empfängern im Bereich der Ostküste gebracht oder aber dort für den Weitertransport wieder auf ein anderes Schiff verladen werden musste.

Diese Probleme hatten begonnen, als 1988 die American President Lines (APL) in Deutschland, beim Bremer Vulkan in Bremen und den Howaldtswerken-Deutsche Werft (HDW) in Kiel Schiffe in Auftrag gab, die mit ihrer Breite von 38,50 Meter nicht mehr in die Kanalschleusen passten. Sie wurden die ersten Post-Panamax-Schiffe.

Seitdem wuchs ihre Zahl von Jahr zu Jahr und damit der Druck auf die Betreiber des Kanals, diesen endlich den neuen, immer noch weiter wachsenden Schiffsgrößen anzupassen. Hinzu kam die zunehmende Belastung des Kanals durch immer mehr Schiffspassagen, die gerade für Containerschiffe wegen immer wieder auftretender Verzögerungen oft teilweise erhebliche Schwierigkeiten bei der Einhaltung ihrer meistens eng bemessenen Fahrpläne mit sich brachten. So betrug die reine Transitzeit im Schnitt etwa zwölf Stunden. Mit Wartezeiten vor der Kanaleinfahrt dauerte es auch schon mal doppelt so lange, und ohne Voranmeldung mussten Schiffe nicht selten sogar mehrere Tage auf ihre Durchreise warten. Die Passagekosten waren erheblich, und die Kanalbehörde hatte sogar einige Tricks erfunden, mit denen sie noch zusätzlich erhöht werden konnten. Dazu ist anzumerken, dass Panama, wie im Fall Ägyptens mit dem Suezkanal, den überwiegenden Teil seines Staatshaushalts aus den Kanalgebühren generiert.

Es musste also dringend etwas geschehen, um diese für den Welthandel so wichtige künstliche Wasserstraße den aktuellen Anforderungen anzupassen und sie möglichst auch fit zu machen für die künftig zu erwartenden. Die Entscheidung fiel nach langen, durchaus kontrovers geführten Diskussionen im Oktober 2006. Das eigentliche Startsignal für den Bau erfolgte dann unüberhörbar am 3. September 2007 mit der Zündung einer großen Ladung Dynamit in Paraiso Hill, wo mit den umfangreichen Baggerarbeiten begonnen wurde. 2014, also 100 Jahre nach der Inbetriebnahme der Wasserstraße, sollten die Arbeiten eigentlich abgeschlossen sein. Daraus wurde jedoch nichts, denn die Arbeiten zogen sich deutlich länger hin, wobei das bei der Realisierung großer Bau- und Infrastrukturprojekte ja durchaus keine Ausnahme ist.

Die Gründe dafür waren mannigfaltig: So wurde festgestellt, dass der Gießbeton für das Projekt nicht den speziellen Anforderungen entsprach. Schon im Herbst 2012 gab es große Demonstrationen vor allem im Gebiet um Colon. Es kam zu Hafen- und Straßensperrungen. Die Menschen protestierten teilweise gewalttätig gegen die Landnahme seitens der Regierung für den Kanalausbau. Außerdem gab es Differenzen zwischen der Kanalverwaltung und dem bauausführenden Konsortium wegen aufgetretener Zusatzkosten. 5,25 Mrd. USD hatte die Kanalbehörde ursprünglich als Kosten angesetzt. Die Regierung versprach sich von dem Mammutvorhaben rund 7000 neue Arbeitsplätze und zusätzlich weitere 35 000 indirekte.

Dazu noch einige weitere Stichpunkte, die der Erwähnung wert erscheinen, vor allem wegen einiger Superlative:

- 2012 generierte Panama mit seinem Kanal, einschließlich Erträgen aus Wasserkraft und anderen Einkommensquellen einen Gesamtumsatz von 2,411 Mrd. USD und einen Nettogewinn von 1,258 Mrd. USD gegenüber 1,229 Mrd. USD im vorangegangenen Jahr.
- Gut 150 Mio. Kubikmeter Erdreich und Geröll mussten bewegt sowie zwölf Mio. Tonnen Zement und 192 000 Tonnen Stahl verbaut sowie im Durchschnitt 40 000 Arbeitskräfte beschäftigt werden.
- Die für die neuen Schleusen benötigten Tore sind die größten dieser Art in der Welt. Sie wurden im Ausland gefertigt und mussten über See mit Spezialschiffen herangeschafft werden. Die größten sind 57,6 Meter lang, zehn Meter dick und 31,9 Meter hoch mit einem Gewicht von über 4000 Tonnen.
- Für die etwa 280 Kanallotsen wurde wegen der neuen Schleusen und der darin eingesetzten Schlepper eine spezielle Schulung angesetzt. Gechartert wurde dafür zu Übungszwecken eigens ein Post-Panamax-Schiff.
- Und ganz nebenbei: Das erste Containerschiff, das den Panamakanal passierte, war im September 1962 die SEA-LAND ADVENTURER der US-Reederei Sea-Land.

Aber alles hat einmal ein Ende, so auch der Ausbau des Panamakanals. Mitte 2016 konnte das erste Schiff einlaufen. Es war die aus dem Atlantik kommende chinesische COSCO SHIPPING PANAMA (9443 TEU). Sie passierte, festlich begrüßt und ansonsten problemlos, die neuen 427 Meter langen und 55 Meter breiten Schleusen und wurde mit einer Transitgebühr in Höhe von 575 545 USD zur Kasse gebeten. Wenige Tage später musste die mit 10 000 TEU Stellplatzkapazität etwas größere japanische MOL BENEFACTOR sogar 829 468 USD an die Kanalverwaltung überweisen. Das sind schon erkleckliche Summen, und wenn man bedenkt, dass jährlich rund 17 000 Schiffe allerdings unterschiedlicher Typen und Größen den Kanal passieren und zahlen müssen, kommt so schon eine beachtliche Größenordnung für den Staatshaushalt zusammen. Im ersten Betriebsjahr der neuen Schleusen wurden allein über 1500 Neo-Panamaxe gezählt. Containerschiffe bilden die größte Gruppe der »Kanalkunden«, gefolgt von Gastankern (LNG und LPG).

Die Größe der Schiffe, die die neuen Schleusen passieren wollen, hatte die Kanalverwaltung zunächst auf maximal 366 Meter Länge, 49 Meter Breite und 15,30 Meter Tiefgang festgelegt. Das erschien, als die Ausbauplanungen begannen, als ausreichend, selbst mit Blick auf die Zukunft, soweit sie damals einzuschätzen war. Aber damit hatte man sich gründlich verkalkuliert, denn schon bald zeigte sich, noch während die gewaltigen Baumaßnahmen voll im Fluss waren, dass die Containerschiffsgrößen wie in den zurückliegenden Jahren weiter sprunghaft zunahmen und die Obergrenze von 13 000 TEU für Neo-Panamaxe nur noch Mittelmaß war und Größen bis zu 20 000 TEU Realität wurden. Das war wohl der Grund, dass es schon 2015 angeblich Überlegungen gegeben hat, eine weitere Strecke mit Schleusen für Schiffe bis zu 20 000 TEU Stellplatzkapazität zu bauen. Diese Idee verschwand jedoch sang- und klanglos wieder. Die dafür aufzubringenden Kosten von geschätzt 16 bis 17 Mrd. USD waren wohl kaum aufzubringen. Als immerhin kleinen Schritt vorwärts hat die Kanalverwaltung Mitte 2018 Maßnahmen angekündigt, mit denen die tägliche Schleusung von Neo-Panamax-Schiffen auf acht erhöht werden soll. Außerdem wurde die maximal zulässige Breite der zu schleusenden Schiffe von 49 m auf 51,25 m festgesetzt. Mit diesen Veränderungen sollte offiziell zwar dem wachsenden Verkehr Rechnung getragen werden, aber die

↓ Die HYUNDAI SMART (12 565 TEU) ist mit ihren 366 Meter Länge und 48,20 Meter Breite eines der vielen Post-Panamax-Schiffe, die dank der neuen Schleusen nun den Panamakanal passieren können.

Foto: Archiv HJW

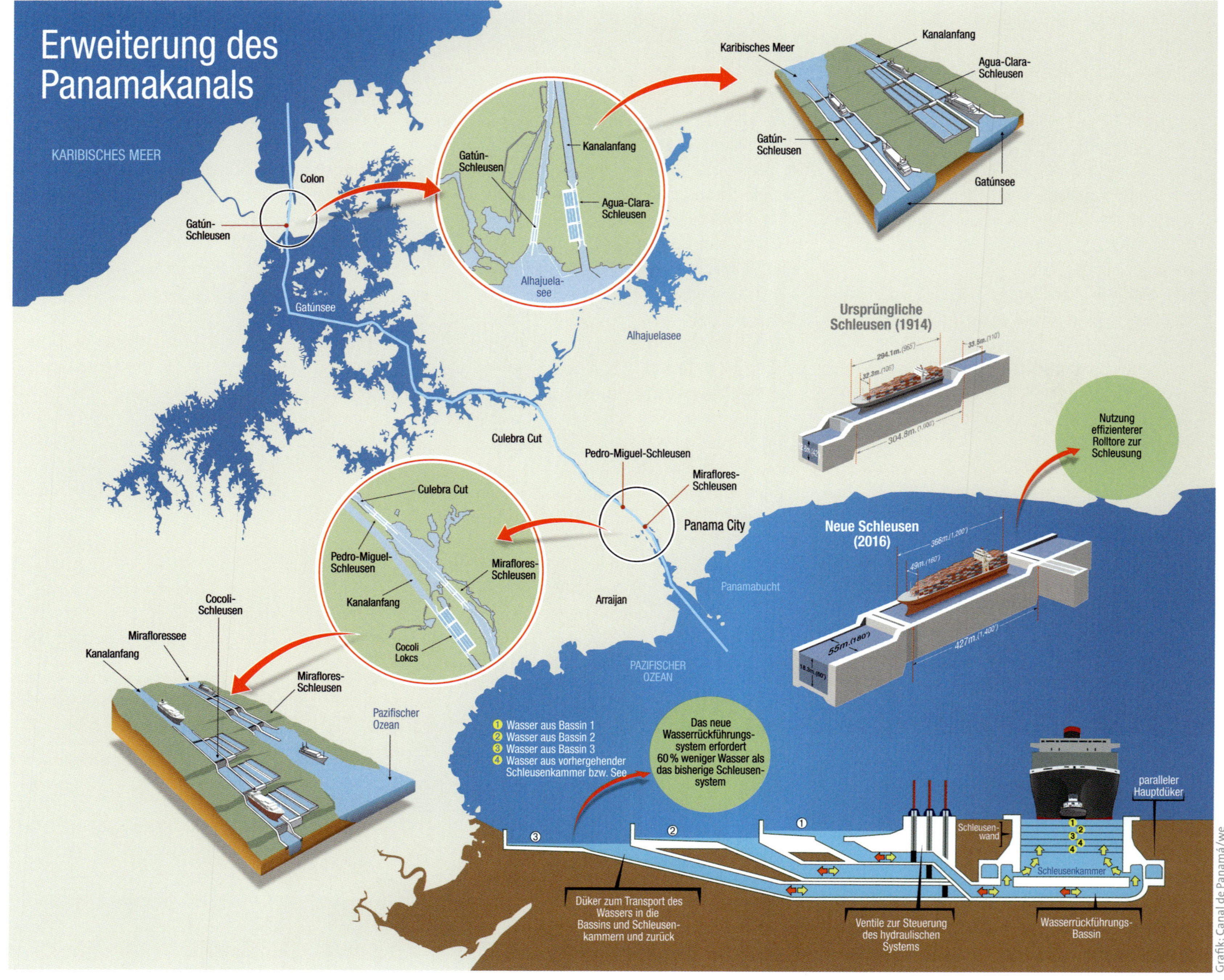


Grafik: Canal de Panamá/we

dadurch zu generierenden zusätzlichen Einnahmen für die Staatskasse dürften sicherlich ebenfalls eine Rolle gespielt haben.

Bei dieser Gelegenheit soll rückblickend aber auch festgehalten werden, dass die Kanalerweiterung zwar zwangsläufig erheblich in die Natur eingriff, dabei aber auch Umweltbelange berücksichtigte. So setzte das Design der neuen Schleusen, die eigentlicher Kernpunkt der Maßnahmen waren, auf einen ressourcenschonenden Betrieb. Das verdeutlichen z. B. die Gatún-Schleusen als wohl wichtigste der Anlagen. Jede der dortigen Schleusenkammern wurde über kommunizierende Röhren mit je drei oberhalb gelegenen Wasserspeicheranlagen verbunden. Für das Anheben der Schiffe in der Schleusenkammer werden entsprechende Zuleitungen geöffnet, damit das aus den Sparbecken per Schwerkraft zufließende Wasser diese bis auf

Foto: Canal de Panamá

↑ Auf diesem Foto ist das System der neuen Schleusen mit den ressourcenschonenden Wasserspeicherbecken gut zu erkennen.

die benötigte Höhe füllt, bis der Ausgleich zum unterschiedlich hohen Wasserspiegel des Kanals hergestellt ist. Aber anders als bei der in den alten Schleusen eingesetzten Technik fließt das Wasser nach dem Schleusenvorgang nicht einfach in den Kanal ab, sondern in die Vorhaltebecken zurück bis zur erneuten Nutzung. So kommen letztlich nur noch rund 40 Prozent der für einen Schleusengang benötigten Wassermenge aus dem zwischen 1907 und 1913 durch Stauung des Río Chagres künstlich angelegten Gatúnsee. Seine Wasseroberfläche wurde übrigens noch weiter angehoben, um für den Schiffsverkehr eine durchlaufende Wassertiefe von 15 Metern zu erreichen.

Die mit dem Ausbau erreichte Leistungssteigerung des Panamakanals hatte vielfältige Auswirkungen, auch weit über den Kanal selbst hinaus. Das betraf beispielsweise die Routenführung der Reedereien, die jetzt mit größeren Schiffen den Kanal passieren konnten, und die Hafenplanungen bzw. den Ausbau vieler Häfen im Einzugsbereich des Kanals. Vor allem galt das für Häfen an der US-Ostküste und auch in der Karibik. Die US-Ostküstenhäfen, das kann auch für einige Häfen an der kanadischen Atlantikküste gelten, hatten sich trotz der relativ langen Vorlaufzeit nicht auf die sich abzeichnende Verkehrssituation vorbereitet, um Schiffe mit bis zu 13 000 TEU abfertigen zu können. In etlichen Ostküstenhäfen brach mehr oder weniger unvermittelt eine gewisse Hektik in Sachen Hafenausbau aus. Baggerprogramme wurden entwickelt und durchgezogen sowie die für die zu erwartenden Großschiffe benötigten Umschlagbrücken und sonstiges Gerät beschafft. In der Karibik stellten sich ebenfalls etliche Häfen auf die zu erwartenden Großschiffe ein. Manches in dieser Region könnte dabei durchaus auch einen politischen Hintergrund haben, was, wenn man es so will, sich aus dem verstärkten chinesischen Engagement in der Nähe des Kanals sowohl auf dessen pazifischer wie auch atlantischer Seite erkennen lässt.

Das leitet über zu einem anderen Großprojekt, dem sogenannten **Nicaraguakanal,** der einige Zeit durchaus Schlagzeilen machte. Bereits seit den 20er-Jahren des vorigen Jahrhunderts, als sich eine immer stärkere Belastung des Panamakanals abzuzeichnen begann, hatte es immer mal wieder Diskussionen gegeben, als Alternative oder Ergänzung einen zweiten Kanal quer durch Nicaragua zu bauen. Ein solches Vorhaben kam Mitte 2012 der Realisierung näher, als das nicaraguanische Parlament einem Gesetzentwurf zustimmte, der die gesetzliche Grundlage dafür schuf. Danach sollte der Staat an der für den Betrieb des Kanals zu gründenden Gesellschaft 51 Prozent der Anteile halten, 49 Prozent private Investoren. Letztere müssten jedoch die gesamten Baukosten übernehmen. Die Gewinne sollten anteilsmäßig aufgeteilt werden. Die Behörden rechneten mit Kosten in Höhe von 30 Mrd. USD für die Umsetzung des Plans, der innerhalb von zehn Jahren verwirklicht werden sollte. Ein genauer Routenverlauf wurde allerdings noch nicht vorgelegt, weil es einen Konflikt mit dem Nachbarland Costa Rica geben könnte, denn die wahrscheinlich günstigste Trasse führt durch den großen Lago de Nicaragua, dessen Südufer die Grenze beider Staaten bildet. Die Abmessungen dieses neuen Kanals sollten so ausgelegt werden, dass ihn auch die größten Containerschiffe passieren könnten.

Nicaraguas links orientierter Präsident betrachtete das Projekt ausdrücklich nicht als Konkurrenz zum Panamakanal. Die Panamakanal-Behörden, und mit ihnen andere, sahen das jedoch offensichtlich nicht so, zumal hinter diesem Vorhaben chinesische Geldgeber steckten mit wahrscheinlich nicht ganz unpolitischen Motiven. Um es kurz zu machen, das Projekt kam, möglicherweise aufgrund heftiger Proteste der einheimischen Bevölkerung, trotz großen Getöses über marginale Anfänge nicht heraus. Es ist still geworden darum, und es bleibt abzuwarten, ob es vielleicht doch irgendwann und irgendwie wiederbelebt wird. Einerseits denken Chinesen stets unbeirrt langfristig, und andererseits geben die auch für den ausgebauten Panamakanal weiter bestehenden Größenbeschränkungen einen nochmaligen Anreiz.

→ Die Route durch die Straße von Malakka und im Vergleich der Weg durch den Kra-Kanal, sollte er einmal realisiert werden.

Zwar kein Kanal, aber doch auch ein Nadelöhr ist die für den Weltseeverkehr ungemein wichtige und sehr stark frequentierte **Straße von Malakka** als Verbindung des Indischen Ozeans mit dem Südchinesischen Meer sowie damit Europa, Afrika, den Nahen Osten und Indien mit Ostasien. Die Wasserstraße zieht sich zwischen der Malaysischen Halbinsel und der Insel Sumatra hin, ist 800 Kilometer lang und größtenteils zwischen 50 bis 300 Kilometer breit, an der schmalsten Stelle im Süden jedoch nur 2,8 Kilometer. Die relativ kurze Singapurstraße, die im Süden an die Straße von Malakka anschließt, wird meistens als deren Teil angesehen.

Etwa ein Drittel des globalen Handelsvolumens und die Hälfte des weltweit benötigten Öls passieren die Straße von Malakka – 90 000 Handelsschiffe der verschiedensten Typen sind es jährlich, darunter viele Öltanker. Aber auch sehr viele Containerschiffe nutzen täglich die Route in beiden Richtungen. Eine nachhaltige Störung oder zeitweise Sperrung dieser Handelsroute könnte etliche Volkswirtschaften nahezu zum Erliegen bringen. Die Passage dieser Wasserstraße erfordert von den Schiffsführungen hohe Aufmerksamkeit. Zum einen wegen der Enge des von vielen Wracks und Sandbänken gesäumten Fahrwassers und zum anderen wegen der enormen Verkehrsdichte, denn zu den großen und sehr großen Frachtschiffen kommt eine Unzahl kleinerer Schiffe, insbesondere Fischerei- und Küstenfahrzeuge sowie traditionelle Segler. Immer wieder passieren Havarien, wobei das Horrorszenario, nämlich eine durch ein Tankerunglück verursachte Ölpest, wie die seinerzeit von der PRESTIGE vor der baskischen Küste verursachte, oder die Havarie eines großen Containerschiffes mit einer Vielzahl von Chemikalien und anderer gefährlicher Stoffe in den Boxen latent über dem Ganzen schwebt. Beides ist bisher glücklicherweise noch nicht eingetreten, würde aber, wenn es dennoch eines Tages dazu käme, für die angrenzenden, dicht besiedelten Länder eine kaum vorstellbare Katastrophe bedeuten.

Für diesen streckenweise relativ engen Wasserweg mit seiner enormen Verkehrsdichte gilt eine Tiefgangsbeschränkung. Der maximal zugelassene beträgt 20 Meter, und danach richtete sich wiederum ein vor einigen Jahren in den Niederlanden entwickelter Entwurf eines Containerschiffes, der die Bezeichnung »Malakkamax« erhalten hat. Eines Schiffes also, dessen Abmessungen gerade noch die Durchfahrt erlauben würden. Ein solcherart eingeschränkter Schiffstyp geht jedoch an den Realitäten vorbei, denn bestenfalls Containerschiffe mit 30 000 TEU Stellplatzkapazität kämen auf einen Tiefgang von etwa 20 Metern, und das auch noch anhängig von ihrer Breite. So wird denn auch heutzutage der Begriff »Malakkamax« eigentlich nur noch rückblickend erwähnt.

Im Zusammenhang mit der dicht befahrenen Straße von Malakka tauchte vor einigen Jahren das erstmals im 17. Jahrhundert diskutierte Projekt eines sogenannten **Kra-Kanals** wieder auf. Ein solcher Kanal quer durch die malaiische Halbinsel durch den Isthmus von Kra könnte nicht nur eine deutliche Entlastung für die Straße von Malakka bringen, sondern auch die Verbindung zwischen den westlichen und östlichen Wirtschaftszentren deutlich verkürzen, wodurch sich gleichermaßen Zeit und Brennstoff sparen ließe.

Über die immensen Kosten und die zu erwartenden Umweltprobleme sowie innerstaatlicher Gegensätze hinaus wäre ein solches Kanalprojekt auch ein nicht leicht zu nehmendes Politikum. Und wieder kommt auch hier die neue Weltmacht China ins Spiel. China, dessen lebenswichtige Ölimporte zu 90 Prozent die Straße von Malakka durchlaufen, ist ein Befürworter dieses Projekts, weil es sich davon mehr Sicherheit für seine Versorgungswege verspricht. Der Stadtstaat Singapur allerdings ist dagegen, weil dadurch das Herz seiner Wirtschaft, sein Hafen, den nahezu alle die Straße von Malakka durchfahrenden Schiffe passieren oder anlaufen, an Bedeutung verlieren könnte. Außerdem wird auch ein nennenswerter Teil des für China bestimmten Rohöls in den singapurischen Raffinerien verarbeitet, was sich bei Existenz eines Kra-Kanals wohl bald verlagern dürfte. Doch zur Erinnerung: Am 15. Mai 2015 haben Thailand und China in Guangzhou eine Absichtserklärung (MoU) über den Bau einer Schiffspassage durch den Isthmus von Kra unterzeichnet.

Noch eine andere Bedeutung unter ebenfalls auch anderen Aspekten hat ein weiterer regulierter Seeweg. Es ist der sogenannte **Nördliche oder Arktische Seeweg** durch die eisigen Gewässer entlang der nördlichen Küsten Russlands. Wegen der nach vielen Vorhersagen zunehmenden Erderwärmung könnte, so eine Meinung, der bis jetzt noch monatelang mit Eis bedeckte und nur mithilfe starker Eisbrecher zu durchfahrende Seeweg eventuell in wenigen Jahren ganzjährig zu passieren sein und damit die Distanzen wichtiger Seeverkehrswege erheblich verkürzen. Allerdings wird diese Routenführung für die Containerschifffahrt auch in absehbarer Zeit wohl kaum von Bedeutung sein, denn wegen der in diesen Gewässern herrschenden nach wie vor unsicheren Witterungs- bzw. Eisverhältnisse ließe sich die erforderliche möglichst genaue Fahrplantaktung nicht gewährleisten. Jedoch als mögliche Option für eine fernere Zukunft soll diese Route hier nicht unerwähnt bleiben. Aber immerhin heißt eine in Russland seit Jahrhunderten gebräuchliche Redewendung: »Nitschewo, der Tag wird kommen, vielleicht, oder auch nicht.«

Man muss sehen, was da noch kommen kann, zumal China auch hier unmissverständlich sein Interesse ausgesprochen hat. Zwar hat es seit Jahren in zunehmendem Maße Testfahrten mit unterschiedlichen Schiffstypen gegeben. Auch China hat 2013 als einen ersten Frachter unter seiner Flagge die 19 150 tdw tragende YONG SHENG auf die Reise geschickt. Das war für China indes nicht nur wirtschaftlich, sondern auch politisch von Bedeutung. Das Reich der Mitte definiert sich nämlich selbst als »arktisnaher Staat«, besitzt seit Mai 2013 Beobachterstatus im Arktischen Rat und will so auf allen Problemfeldern, die sich aus einer »offenen Arktis« ergeben, mitmischen. Und auch die IMO, die Internationale Schifffahrtsorganisation, hat sich eingeschaltet und schon jetzt mehr Transporte durch die Beringstraße und die Beringsee selbst auf von den USA und Russland vorgeschlagenen Routen ab Dezember 2018 genehmigt. Während der Saison 2017 hat Cosco zehn Frachter den Nördlichen Seeweg passieren lassen, für 2018 wurde die gleiche Anzahl angekündigt.

Doch damit nicht genug. Kanalträume, die möglicherweise auch Einfluss auf die Containerschifffahrt haben könnten, gibt es auch anderswo. Sie scheinen aus mancherlei Gründen geradezu Konjunktur zu haben. So sind zu Beginn 2018 erstmals Details zum sogenannten **Istanbul-Kanal** bekannt geworden, dem ehrgeizigsten Verkehrsprojekt in der Türkei. Danach soll noch 2018 mit dem Bau eines 45 Kilometer langen Kanals zwischen dem Schwarzen Meer und dem Marmarameer begonnen werden. Die Bauzeit soll fünf Jahre betragen. Derzeit müssen Schiffe mit erhebliche Wartezeiten rechnen, wenn sie die überlastete Meerenge Bosporus passieren wollen. Das Projekt ist wegen seiner hohen Kosten von umgerechnet geschätzt 14 Milliarden Euro und seiner möglichen schädlichen Auswirkungen auf die Umwelt umstritten.

Eigentlich keinen Kanal, jedoch einen **»Panamakanal auf Rädern«**, wie die geplante Eisenbahnlinie vor Ort genannt wird, soll eine neue Verbindung zwischen Atlantik und Pazifik schaffen. Die Präsidenten Brasiliens und Boliviens haben kürzlich ein entsprechendes Abkommen unterzeichnet. Eine 3750 Kilometer lange Bahnstrecke soll den brasilianischen Hafen Santos über die Anden mit dem peruanischen Hafen Ilo verbinden. Die Kosten werden auf zwölf Milliarden Euro geschätzt. Das Projekt wird besonders von dem dazwischen liegenden Land Bolivien forciert, da es keinen direkten Meereszugang besitzt. Der Bau der Strecke soll fünf Jahre dauern und könnte, falls die Finanzierung steht, schon 2019 beginnen und 2025 abgeschlossen sein. Bei Finanzierung und Bau wird Hilfe von Deutschland und der Schweiz erhofft. Aber auch China hat offenbar bereits Interesse bekundet.

Chinesische Investoren zeigen ebenfalls Interesse am Bau eines Kanals, der die Donau und das Mittelmeer verbinden soll. Entsprechende Planungen bestehen in Serbien, Mazedonien und Griechenland. Der Kanal wird, wenn er realisiert wird, von der Donau über deren Nebenfluss Morava (Serbien) sowie über den Vardar (Mazedonien/Griechenland) führen und schließlich bei Thessaloniki in der Ägäis enden. Die Kosten werden mit 17 Milliarden Euro veranschlagt, die Bauzeit auf sechs Jahre geschätzt.

Foto: Archiv HJW

Trotz der viel beschworenen drohenden Erderwärmung werden sicher noch einige Jahrzehnte vergehen, bevor – wenn überhaupt – der nördliche Seeweg einmal regelmäßig von Containerverkehren genutzt werden kann. Auch modernste Eisbrechertechnik wird daran nichts ändern.

# Antrieb und Umweltschutz

So, wie die Problematik der »Nadelöhre« für die gesamte Schifffahrt gilt, so stellt es sich auch für den Umwelt- und Klimaschutz dar. Die initiierten Maßnahmen, die einen nicht zu unterschätzenden Einfluss auf die Betriebskostenrechnungen haben, gelten für alle Bereiche, und damit auch für die Containerschifffahrt.

Der Klima- und Umweltschutz nimmt in der Schifffahrt seit Jahren einen hohen Stellenwert ein – Tendenz zunehmend. Im Mittelpunkt stehen dabei die durch den Schiffsantrieb verursachten Emissionen. Ein keimendes Bewusstsein dafür ergab sich notgedrungen in den Zeiten der beginnenden Krise, als mit vielerlei Einsichten und Vorschlägen Schritte zur Reduzierung des Brennstoffverbrauchs eingeleitet wurden. Immer öfter tauchte dabei öffentlichkeitswirksam als Erklärung auf, dass dies alles auch der Emissionsreduzierung diene. Lassen wir es doch so, denn Fakt ist schlicht, dass beim Verbrauch von weniger Brennstoff natürlich auch die Emissionen von Kohlendioxid ($CO_2$), Stickoxid ($NO_X$), Schwefeldioxid ($SO_2$) und Rußpartikeln sinken.

Die von den Schiffen verursachten Emissionen, die nach der Nutzung des Brennstoffs durch deren Schornsteine rauschen, sind seit einigen Jahren zunehmend Gegenstand entsprechender intensiv geführter Diskussionen geworden. Diese Art der Umweltbelastung war nicht mehr länger hinnehmbar.

So wurde die Internationale Schifffahrtsorganisation IMO (International Maritime Organization) als Unterorganisation der Vereinten Nationen damit beauftragt, Vorschriften zur Reduzierung dieser Emissionen auszuarbeiten, wobei zunächst vor allem der $CO_2$-Ausstoß im Fokus stand. Bereits im April 2000 hatte dann die IMO auch eine Absenkung des zulässigen Schwefelgehalts in dem durchgängig in der Handelsschifffahrt als Brennstoff genutzten Schweröls beschlossen. Von 2020 an sind danach weltweit nur noch 0,5 Prozent erlaubt, nach aktuell noch 4,5 Prozent. Das konnte nach harten Diskussionen erreicht werden, und zum Schluss standen dann doch unterschiedliche Übergangsfristen auf dem Papier. Aber immerhin war ein deutliches Zeichen gesetzt, und so nimmt die Schifffahrtsbranche für sich in Anspruch, als erste weltweit die Reduktion von Treibhausgasen verbindlich festgelegt zu haben.

Und es geht noch weiter: Nach langwierigen Verhandlungen hat die Staatengemeinschaft der Vereinten Nationen im Rahmen der IMO im April 2018 einer globalen Regelung zum Klimaschutz für die Seeschifffahrt zugestimmt, wonach die Schifffahrt ihre globalen $CO_2$-Emissionen bis zum Jahr 2050 mindestens halbieren soll. Spätestens bis zum Ende des Jahrhunderts sollen alle Schiffe klimaneutral sein und gar kein $CO_2$ mehr ausstoßen.

Bereits heute sind in als besonders gefährdet beurteilten Seegebieten »Sulphur Emission Control Areas« (SECAs) eingerichtet. Das waren zunächst die Nord- und Ostsee, der Ärmelkanal und die kalifornische Küste. Für sie wurde ein Grenzwert von einem Prozent festgelegt, 2015 auf nur noch 0,1 Prozent herabgesetzt. Weitere Seegebiete sind hinzukommen, selbst China bemüht sich, sodass insgesamt gesehen von einer deutlichen Verschärfung auszugehen ist. Vor allem aus europäischer Sicht

↓ Mit dem »richtigen« Propeller kann der Brennstoffverbrauch und damit die $CO_2$-Emission verringert werden.

Foto: GL/Petzold

↓ Landstromanschlüsse für den Hafenbetrieb tragen zur Luftreinhaltung bei.

Foto: Hapag-Lloyd

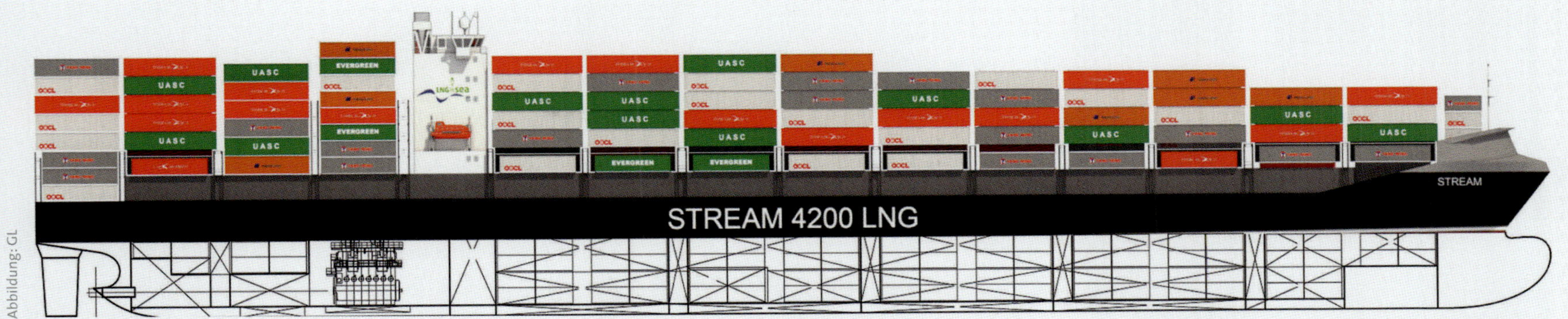


GL genehmigtes Design eines LNG-betriebenen Containerschiffes.

wird bemängelt, dass bis jetzt das teils mit uralten Fähren vielbefahrene Mittelmeer in diesen Regeln nicht erwähnt wird.

Die Zulieferindustrie hat auf die Vorgaben zur Verringerung der Schwefelemissionen frühzeitig reagiert und unterschiedliche Verfahrenstechniken für die Trocken- und Nassentschwefelung entwickelt, sogenannte Scrubber. Sie sind als Alternative zum schwefelreduzierten Brennstoff zugelassen und werden auch genutzt. Die Schwefelanteile werden nach der Nutzung des Brennstoffs aus dem Abgas herausgefiltert, an Bord aufbewahrt und später an Land entsorgt.

Als nicht minder kritisch werden die Schwefelemissionen und die Stickoxidemissionen ($NO_X$) bewertet. Dabei ist zu berücksichtigen, dass die in der Vergangenheit bei den Großdieselmotoren erreichten sehr guten Wirkungsgrade während der periodischen Verbrennung im Zylinder vor allem hohe Gastemperaturen voraussetzen. Dadurch sinken zwar einerseits die spezifischen Brennstoffverbräuche und damit die Kohlendioxidemissionen, andererseits steigern hohe Gastemperaturen und Luftüberschüsse aber die Bildung von Stickoxiden ($NO_X$) erheblich. Dieser Konflikt, wenn man ihn denn so bezeichnen soll, hat vor allem in den letzten Jahren die Schiffsmotorenentwicklung geprägt.

Längerfristig gesehen muss jedoch ohnehin der Einsatz von mit Schweröl betriebenen Schiffsmotoren infrage gestellt werden. Einmal, weil die auf der Erde zur Verfügung stehenden Ölreserven irgendwann einmal zur Neige gehen, und zum anderen, weil die durch die Verbrennung von Schweröl verursachten Emissionen zum Schutz der Umwelt deutlich reduziert bzw. weitgehend vermieden werden müssen. Es gibt Alternativen.

Im Zuge dieser Überlegungen hat die Verwendung von verflüssigtem Erdgas (LNG; Liquefied Natural Gas), dessen weltweit entdeckte Reserven die von Erdöl inzwischen weit überschreiten, zunehmend an Bedeutung gewonnen, wie die jüngste Entwicklung zeigt. Die großen Motorenhersteller haben mit erheblichem Einsatz daran gearbeitet, und zwar mit Erfolg, entsprechende Antriebstechniken anzubieten, auch für den Antrieb von Großcontainerschiffen. Schon allein wegen der Bedeutung der Containerschifffahrt für den weltweiten Güteraustausch wird gerade für dieses Segment intensiv geforscht, um zu anderen, umweltfreundlicheren Antriebssystemen als den gegenwärtigen zu kommen. Das hat zur Entwicklung von Dual-Fuel-Motoren geführt, also zu solchen, die sowohl Schweröl als auch Flüssiggas als Brennstoff nutzen können, bis hin zu solchen, die allein für den Verbrauch von Flüssiggas ausgelegt sind.

Noch 2012 hatte sich Hapag-Lloyd-Chef Michael Behrendt für die Großschifffahrt so geäußert: »LNG kommt für uns zurzeit nicht infrage. Der gesamte Markt sieht dies derzeit noch als eine innovative Spielerei an. LNG würde uns sehr einschränken, weil es z. B. an der notwendigen Infrastruktur fehlt. Ein Schiff ist aber das größte flexible Transportmedium überhaupt. Es muss in jeden Hafen der Welt geschickt werden können – mit der einzigen Einschränkung des Tiefgangs. Wenn eines Tages weltweit die Voraussetzungen (also weltweit vorhandene »Tankstellen«) für den Einsatz von LNG geschaffen sind, könnte dieser Ansatz aber interessant werden.«

Danach sah es also so aus, dass es noch ein langer Weg werden würde, bis dieser Brennstoff für die weltweit eingesetzten Großschiffe zum Einsatz kommt. Und das zu einer Zeit, als bereits ernst zu nehmende Ansätze für das Gegenteil erkennbar waren. Das zeigten z. B. die beiden in San Diego georderten Containerschiffen für die US-Reederei TOTE, selbst wenn sie noch Dual-Fuel-Motoren als Antrieb erhalten sollten. Ein weiteres Beispiel ist der vom Germanischen Lloyd 2012 bereits geprüfte Entwurf »STREAM 4200 LNG« der Hamburger IPP Ingenieur Partner Pool GmbH. Er sollte im LNG-Betrieb eine Fahrstrecke von 9000 Seemeilen erreichen. Gleiches gilt für den von der Klassifikationsgesellschaft Det Norske Veritas (DNV) geprüften Entwurf von Kawasaki Heavy Industries (KHI) für ein 9000-TEU-Containerschiff mit LNG-Antrieb. Das Schiff war mit einer neuen Art LNG-Tank konzipiert, der mehr Platz für die Container zuließ. Es gab also schon um 2012 Bewegung auch in Richtung Großschifffahrt.

Beim Einsatz kleinerer Schiffe mit räumlich begrenzten Routen, wie sie typisch sind für Feederschiffe und Fähren, hat LNG bereits einen festen Platz für den Antrieb eingenommen. Neubauten sind mit diesem umweltfreundlichen Antrieb in Fahrt gekommen, Norwegen ist hier zweifellos die Nummer eins. Andere in Dienst befindliche Schiffe sind mittlerweile entsprechend umgerüstet worden. Auch Containerschiffe, wie z. B. die deutsche WES AMELIE.

Die Werft German Dry Docks in Bremerhaven hat das Containerschiff WES AMELIE 2017 auf den Betrieb mit verflüssigtem Erdgas (LNG) umgerüstet und Ende August an die Wessels-Reederei in Haren/Ems zurückgeliefert, sodass das Schiff nach Beendigung der notwendigen Erprobungen seinen Dienst wieder aufnehmen konnte. Die 152,72 Meter lange und 23,40 Meter breite, 2011/12 in China gebaute WES AMELIE hat eine Stellplatzkapazität von 1036 TEU und ist das erste Containerschiff weltweit, das für den Einsatz mit dem emissionsarmen Treibstoff umgerüstet wurde. Die Umrüstung vom Betrieb mit Schweröl auf den mit LNG erfolgte gemeinsam mit dem Hauptmaschinenhersteller MAN Diesel & Turbo. Der Inhalt des 500 Kubikmeter fassenden LNG-Tanks der WES AMELIE reicht für eine Fahrstrecke von ca. 2700 Seemeilen bei einer Geschwindigkeit von 17 Knoten und guten Bedingungen (Tiefgang, Wetter, Seegang, Strömung und Bewuchs des Unterwasserschiffes). Unterstützt wurde diese bahnbrechende Maßnahme mit einer beträchtlichen Summe durch das Bundesverkehrsministerium, das damit ein Zeichen für die Nutzung von LNG als umweltfreundlichem Treibstoff auch im maritimen Bereich setzen wollte. Weiter hieß es dazu aus dem Ministerium: »Mit der Umrüstung bereits in Fahrt befindlicher Schiffe können wir gemeinsam mit der maritimen Wirtschaft wichtige Impulse für den Ausbau der LNG-Technologie ‚Made in Germany' setzen.« Bemängelt wurde im Zusammenhang mit der Rücknahme des umgebauten Schiffes zum wiederholten Mal mit Blick auf die allgemeine Situation, dass die bestehende LNG-Infrastruktur (Verflüssigungsanlagen, Lagerkapazitäten, Bunkereinrichtungen) selbst in den hochfrequentierten Häfen für eine flächendeckende Versorgung von Seeschiffen mit LNG-Betrieb bei Weitem immer noch nicht ausreiche. Zwar werde vielerorts daran gearbeitet, aber das dauere. Dabei geht es nicht nur um die Verfügbarkeit von LNG-Bunkerplätzen in den Häfen, sondern auch um die mobile Versorgung durch Bunkerschiffe, von denen einige bereits in Fahrt oder in Auftrag gegeben worden sind.

↓ Die Erstbetankung der WES AMELIE erfolgte mit vier Lkw-Ladungen auf dem Gelände von German Dry Docks in Bremerhaven.

Foto: Nauticor

Im Verlauf der Amsterdamer Messe »Europort 2017« haben MAN Diesel & Turbo und die Reederei Wessels einen Vertrag über die Umrüstung von drei weiteren Schiffen auf Dual-Fuel-Gasbetrieb unterzeichnet. Der Betrieb des Erstlings WES AMELIE funktioniert also erwartungsgemäß.

Es ist zwar bereits weiter oben bei der Vorstellung der verschiedenen Boxentypen erwähnt worden, deshalb hier nur noch ein kurzer Hinweis darauf, dass für den Einsatz auf kleineren Schiffen in den Küsten- oder Kurzstreckenverkehren Container für den Transport von Flüssiggas entwickelt worden sind. Sie können wie normale Container auf geeigneten Stellplätzen mitgeführt werden und speisen das LNG in darauf durch Nachrüstung vorbereitete Antriebsanlagen ein. Eine durchaus sinnvoll erscheinende Zwischenlösung (siehe Seite 56).

Mit Blick auf den Umweltschutz, aber auch auf die künftig sich bietenden weiteren neuen Möglichkeiten in Sachen Antrieb sind die Entwickler des Germanischen Lloyd (GL) noch einen Schritt weiter gegangen. Sie haben die Vision eines tatsächlich emissionsfreien Handelsschiffes skizziert, das keinerlei Schwefel- und Stickoxid, Feinstaub oder Treibhausgase verursacht – weder durch seine Bordanlagen noch bei der Herstellung seiner Treibstoffe. Ausgangspunkt ihrer Vorstellungen ist ein 1000-TEU-Feederschiff mit Standardabmessungen, das nur mit

← Modell des vom Germanischen Lloyd konzipierten Null-Emissions-Schiffes.

verflüssigtem, mit Windstrom erzeugtem Wasserstoff betrieben wird – direkt »betankt« am Rande eines Offshore-Windparks an einer entsprechenden Anlage. Als Einsatzgebiet wurden Nord- und Ostseeverkehre mit typischen Zehn-Tage-Rundreisen zugrunde gelegt.

Dieses neue Schiff hat komplett offene Ladeluken, über die die Lade- und Löscharbeiten in den Häfen rascher erledigt werden können. Das wiederum erlaubt eine geringere Dienstgeschwindigkeit von nur 15 Knoten, sodass im Endeffekt die Umlaufzeiten gleich bleiben.

↓ Das Schiff fährt eine »Tankstelle« in einem Offshore-Wind-Park an, um seine Batterien aufzuladen – zunächst nur eine Vision.

Foto (2): GL

Der Entwurf für dieses visionäre Schiff sieht zwei Stromerzeugungsräume vor: einen im Vorschiff und einen im Hinterschiff. Als Hauptantriebsaggregate dienen zwei Propulsor-Module; ein zusätzliches Strahlruder erhöht die Manövrierfähigkeit und dient als Notantrieb. Die Antriebsenergie wird von einer aus zehn gekoppelten Modulen bestehenden Brennstoffzellenanlage generiert. Nach Einschätzung des Germanischen Lloyd könnte mit Windstrom erzeugter flüssiger Wasserstoff für die Schifffahrt irgendwann zwischen 2020 und 2030 gewerblich interessant werden, sofern der Preis für Marinegasöl (MGO), das ansonsten in den besonders vor Emissionen geschützten Seegebieten (SECAs) genutzt werden müsste, auf rund 2000 USD pro Tonne gestiegen sei. Der Weg dahin ist gar nicht mehr so weit. Zwischen 2000 und 2010 haben die Preise bereits von 250 auf 650 UDS/t zugenommen, und 2008 hatten sie vorübergehend sogar einen Spitzenwert von 1319 USD/t erreicht. Klar ist auf jeden Fall, dass der Druck zur weiteren Senkung der Treibhausgasemissionen in den kommenden Jahren zunehmen wird. Sicher ist auch, dass der Schiffsbetrieb teurer wird und deshalb nach Alternativen gesucht werden muss. Eine davon könnte sogar die vorgestellte Vision der Entwickler des Germanischen Lloyd sein.

↓ So könnte ReVolt aussehen, wenn das Projekt einmal realisiert würde.

Foto: DNV GL

Dazu noch eine kleine Ergänzung, die einige Zeit später Forscher der norwegisch-deutschen Klassifikationsgesellschaft DNV GL (seit 2013 fusioniert) als Alternative für die Kurzstreckenschifffahrt präsentierten – das Projekt »ReVolt«. Ein Schiff, das nach ihren Angaben ökologischer, intelligenter und sicherer sein soll als konventionelle Schiffe. ReVolt soll ohne Besatzung eigenständig arbeiten, vollständig batteriegetrieben und hocheffizient sein. Als Antrieb ist eine 3000-kW-Batterie vorgesehen. Da sich hierdurch die Anzahl wartungsintensiver Teile – wie etwa rotierende Komponenten – verringere, würden auch die Betriebskosten sinken. Die Reichweite des Schiffes, wurde mit 100 Seemeilen angegeben, dann müsse die Batterie wieder aufgeladen werden. Wenn die dafür benötigte Energie aus erneuerbaren Quellen gewonnen werde, entfielen auch die Kohlendioxidemissionen, so die Entwickler. Weiter hieß es, dass »ReVolt« Hersteller, Werften und Reeder dazu anregen solle, neue Lösungen für eine sichere und nachhaltige Zukunft zu entwickeln.

Fest steht, und das ist wohl unwidersprochen, dass Schiffe die energieeffizientesten Verkehrsträger mit den niedrigsten $CO_2$-Emissionen pro Transportleistung sind. Während 90 Prozent des interkontinentalen Güterverkehrs mit Seeschiffen abgewickelt wird, tragen diese nach einer aktuellen IMO-Studie nur etwa 2,7 Prozent zu den globalen Emissionen bei. Dennoch müssen sie weiter verringert werden. Mit Blick auf den intensiven internationalen Wettbewerb in der Seeschifffahrt kommen nach einer verständlichen Forderung des Verbands Deutscher Reeder (VDR) aber nur global gültige Vorschriften in Betracht, da ansonsten erhebliche Wettbewerbsverzerrungen vorprogrammiert seien.

In Richtung skeptischer und umweltbewusster Konsumenten hieß es aus einem Reedereikontor: »Der Transport eines 20-Fuß-Containers auf unseren modernsten Schiffen verursacht pro Kilometer einen $CO_2$-Ausstoß von 46 g, beim Lkw sind es 900 g und beim Flugzeug 7000 g. Und wer gern Wein genießt, sollte statt spanischen doch lieber kalifornischen Wein trinken. Denn der $CO_2$-Fußabdruck einer Flasche Wein aus Südspanien, die per Lkw nach Deutschland gefahren wird, ist mit 249 g um rund 45 Prozent größer als der einer Weinflasche, die mit einem Containerschiff aus den USA kommt. Da sind es nur 171 g.«

Und als Abschluss des Komplexes Brennstoffe noch einige Erkenntnisse, die Experten zu diesem Thema im Frühjahr 2018 in Hamburg im Verlauf der Fachveranstaltung »Alternative

Kraftstoffe« äußerten. Eingangs wurde darauf hingewiesen, dass der Schifffahrt 2020 in Sachen Kraftstoff große Herausforderungen bevorstünden, denn ab Anfang dieses Jahres muss der zulässige Schwefelanteil im Brennstoff um 86 Prozent auf nur noch 0,5 Prozent gesenkt werden. Die Reedereien stünden nun unter Handlungsdruck, was Alternativen anginge. Ein Vortragender der Papenburger Meyer Werft betonte, dass LNG der Kraftstoff der Stunde sei und es noch lange bleiben werde. Für die Zukunft schrieb er aber auch den »E-Fuels« eine große Bedeutung zu. Weiter hieß es, dass es, um die Einführung alternativer Brennstoffe voranzutreiben, noch erheblicher Anstrengungen im Bereich von Forschung und Entwicklung sowie der Unterstützung der Anwender bedarf. Den dominierenden Brennstoff der Zukunft werde es jedoch nicht geben, so der Tenor. Vielmehr würden je nach Einsatz, Schiffstyp und Fahrtgebiet spezifische Lösungen zum Tragen kommen, was zu einem Brennstoffmix führe.

Selbstverständlich ist der in der Schifffahrt zu praktizierende Umweltschutz noch deutlich weiter gefasst und betrifft noch andere Bereiche über Antrieb, Brennstoff und Emissionen hinaus. Dazu sind von der IMO umfangreiche Regelwerke erarbeitet worden, die inzwischen globale Gültigkeit erreicht haben oder denen zumindest entsprechende Fristen gesetzt worden sind. Sie alle hier in der Breite abzuhandeln, wie es bei dem Komplex Antrieb/Emissionen vorstehend geschehen ist, dafür fehlt der Platz. Manches ist allerdings auch bereits in anderen Zusammenhängen erwähnt worden, wie z. B. die Energiereduzierung bei den Kühlcontainern oder die umweltschonenden Rumpfbeschichtungen. Etwas anderes sind regionale Vorschriften oder Kann-Angebote wie etwa Landstromanschlüsse oder sogar Bestimmungen, nach denen Schiffe ihre Geschwindigkeit zum Schutz von Walen reduzierten müssen, so zu bestimmten Zeiten vor der kalifornischen Küste, besonders in der Bucht von San Francisco.

Von außerordentlicher Wichtigkeit, gerade vor dem Hintergrund heute verstärkt geführter notwendiger Diskussionen, ist die Vorschrift, nach der keine umweltschädlichen Abwässer und Abfälle, insbesondere Plastikmüll, ins Meer entsorgt werden dürfen. Von internationaler Bedeutung ist, wenn auch nicht in dem Maße öffentlich wahrgenommen, das erst kürzlich in Kraft getretene Ballastwasserübereinkommen. Mit ihm soll verhindert werden, dass sich über das irgendwo aufgenommene Ballastwasser der Schiffe bei dessen Entsorgung Meeresorganismen oder Kleingetier in Gewässer gelangen

↓ Der von Kawasaki entwickelte und von DNV geprüfte Entwurf eines größeren Containerschiffes mit LNG-Antrieb.

Abbildung: Kawasaki DNV

und sich dort ausbreiten, wo sie nicht hingehören. Das hat in der Vergangenheit bereits große Schäden in der Meeresumwelt angerichtet. Inzwischen gibt es Ballastwasseraufbereitungsanlagen.

Vor allem unter Umweltaspekten und auch weil es um Menschen geht, ist die Praxis, ausgemusterte ältere Schiffe an dafür völlig ungeeigneten Plätzen, an Stränden verschrotten zu lassen, ein dringliches Problem. Diese Plätze liegen schwerpunktmäßig in Südostasien, in Indien, Pakistan und Bangladesch, aber auch noch in China. Dort finden die Abbrucharbeiten unter katastrophalen, teils lebensgefährlichen Bedingungen statt. Arbeits- und Umweltschutz sind weitgehend unbekannt. Oft kommt es zu schweren Unfällen. Seit Langen gibt es internationale Bemühungen, diese unhaltbaren Verhältnisse zu verändern und gewisse Standards durchzusetzen, nach denen sich die Abwrackbetriebe zertifizieren lassen können. Erste Erfolge gibt es bereits, aber es sind noch viel zu wenige.

Auf einer internationalen Konferenz zum Recycling von Seeschiffen 2018 in Hamburg hat Alfred Hartmann, Präsident des Verbands Deutscher Reeder (VDR), an die Bundesregierung appelliert, das weltweite Übereinkommen von Hongkong für sicheres und umweltfreundliches Recycling endlich zu ratifizieren. Nur die Hongkong-Konvention könne weltweit Wirkung entfalten und die Umwelt- und Arbeitsbedingungen auf den Recyclingwerften in Asien für die Menschen dort real verbessern.

70 Prozent aller Schiffe werden nach VDR-Angaben (Stand: Anfang 2018) in Asien, insbesondere in Indien, Bangladesch und Pakistan, recycelt – und nur drei Prozent in der EU. Bereits im März 2014 hatte das Europäische Parlament an die EU-Mitgliedstaaten appelliert, die 2009 von 67 Mitgliedstaaten der IMO auf den Weg gebrachte »Hong Kong International Convention for the Safe and Evironmentally Sound Recycling of Ships« (HKC) in Kraft zu setzen. Sie sieht feste Regelungen für umweltfreundliches Recycling von Schiffen und für die Arbeits-

↓ Abwrackwerft in Südostasien: So sollte es nicht mehr sein – Arbeitssicherheit und Umweltschutz müssen mehr Gewicht erhalten.

Foto: GL

bedingungen in den Recyclingwerften vor. Einer der Kernpunkte des Abkommens ist die Erstellung einer Schadstoffliste, in der alle toxischen Stoffe wie Asbest, PCB, Ozon abbauende Gase und TBT-haltige Außenhautanstriche erfasst werden müssen. Weiterhin enthält die Konvention Bestimmungen für die Zertifizierung und die qualitative Auswahl von geeigneten Recyclingwerften.

In den ersten drei Monaten des Jahres 2018 sind 206 Schiffe weltweit verschrottet worden, die meisten davon in Südostasien, meldete die NOG Shipbreaking Platform. 152 von ihnen landeten wieder an den Stränden von Bangladesch, Pakistan oder Indien. Die meisten von ihnen kamen mit jeweils 14 aus Südkorea und den Vereinigten Arabischen Emiraten, gefolgt von Russland und den USA. Deutschland taucht im Gegensatz zum Vorjahr in dem jüngsten Bericht nicht auf. Den Grund für die trotz teils katastrophaler Umwelt- und Arbeitsschutzbedingungen großen Abbruchzahlen an den Stränden der genannten Länder sah die NGO in den dort gezahlten Schrottpreisen von bis zu 450 USD pro Tonne. Damit könnten die zertifizierten Recyclingwerften in der Türkei und in China bei Weitem nicht mithalten. Dort würde nur knapp die Hälfte gezahlt. In der maritimen Wirtschaft hat inzwischen jedoch mit Blick auf die umweltschädlichen und häufig lebensgefährlichen Zustände in Südasien erkennbar ein gewisses Umdenken eingesetzt. So ziehen sich Investoren aus Reedereien zurück, die nachweislich mit unsauberen Abwrackpraktiken in Verbindung stehen, der norwegische Pensionsfond beispielsweise. Und auch die deutsche KfW Ipex-Bank ist jüngst der von niederländischen Banken gegründeten Responsible Ship Recycling Standards beigetreten. Außerdem hat u. a. Hapag-Lloyd, die fünftgrößte Reederei der Welt, angekündigt, ihre zum Abbruch anstehenden Schiffe nur noch auf Recyclingwerften mit entsprechenden Standards für Sauberkeit und Sicherheit verschrotten zu lassen.

Foto: Hapag-Lloyd

← Da sieht es doch schon etwas anders aus – das Hapag-Lloyd-Containerschiff HEIDELBERG EXPRESS wurde in der Türkei abgebrochen.

Vor allem in China sind die Häfen sehr schnell in großem Stil gewachsen, nicht nur wegen der steigenden Ladungsmengen, sondern auch, um die großen Containerschiffe abfertigen zu können.

→ Hongkong musste seinen Platz an Shanghai abgeben.

→ Lianyungang zählt eher zu den nur mittelgroßen chinesischen Häfen.

→ Der zu Shanghai gehörende Yangshan-Port wurde gerade in einem Teilbereich testweise voll automatisiert.

Fotos (3): Archiv HJW

# Und wie ging es weiter?

Um noch einmal kurz und abschließend auf die EMMA MAERSK bzw. die E-Klasse zurückzukommen und damit wieder den Übergang zur weiteren Größenentwicklung zu finden, ist noch zu erwähnen, dass 2016 damit begonnen worden ist, die Kapazität dieser Schiffe durch Erhöhung der Deckshäuser und Laschbrücken um noch einmal etwa 1300 TEU zu vergrößern.

Im Mittelpunkt der Diskussionen und Überlegungen stand nach wie vor die Frage, wie es denn weitergehen würde oder könnte. Wäre ein weiterer Größensprung überhaupt denkbar, nachdem die EMMA MAERSK praktisch ein neues Zeitalter eingeläutet hatte?

Vor dem Ausbruch der Krise war allgemein davon ausgegangen worden, dass der ökonomische Druck, der nach immer effizienteren Containertransporten verlangte, wahrscheinlich dazu führen würde, dass auch die Containerschiffe in den kommenden Jahren immer größer würden und die der EMMA MAERSK folgende Generation möglicherweise bereits der Übergang zu dem bereits erwähnten Malakkamax-Entwurf sein könnte. Generell herrschte dabei die Ansicht vor, dass man dabei das Einmotoren-/Einschraubensystem als mögliche Option nicht ganz fallen lassen dürfe, das System Doppelmotor/Doppelschraube aber die logische Wahl für die Konstruktion eines solchen 18 000-TEU-Schiffes sein sollte, dessen Hauptabmessungen aber von neuen Überlegungen hinsichtlich Design, Konstruktion und Betrieb bestimmt würden. Die Breite dieser nach damaliger Sicht übergroßen Containerschiffe werde voraussichtlich 60 Meter betragen. Damit könnten 24 Reihen Container an Deck nebeneinander transportiert werden. Der Tiefgang dürfe 21 Meter nicht überschreiten, da dies der maximal erlaubte für die Passage der Malakka-Straße sei.

Diese Überlegungen beschäftigten weite Fachkreise. Fakt war aber zunächst, dass, vor allem initiiert durch die angekündigten Ausbaupläne des Panamakanals, eine durchaus so zu bezeichnende Orderflut für Schiffe der neuen Megaklasse mit Stellplätzen um 10 000 TEU und darüber eingesetzt hatte. Besonders deutsche Reedereien, die sich als Speerspitze in diesem Segment empfanden, taten sich dabei hervor.

Nach Aussagen im Geschäftsbericht des Verbands Deutscher Reeder (VDR) 2006 waren mit Stand von Anfang Oktober des Jahres 1247 Containerschiffe mit einer Kapazität von insgesamt 4608000 TEU im Bau oder in Auftrag, darunter 78 Schiffe über 9000 TEU. Dabei war, so der VDR, klar zu erkennen, dass die EMMA MAERSK mit ihren 12508 TEU (nach Angaben von »Fairplay Newbuildings«) keine Ausnahme der Super-Postpanamax-Schiffe bleiben werde. Einige Reeder hätten sich angeschlossen und Schiffe über der magischen Grenze von 10000 TEU Stellplatzkapazität bestellt, beispielsweise ZIM, MSC und Cosco mit zusammen 17 Neubauten. Allein die französische CMA CGM habe acht Schiffe mit jeweils 11400 TEU geordert. Größer würden momentan »nur« die sieben Schwestern der EMMA MAERSK sein, die, wie die Reederei später offiziell einräumte, eine Stellplatzkapazität von je 15550 TEU hatten. Wahrscheinliches Ziel dieser Geheimniskrämerei war, die Konkurrenz darüber im Unklaren zu lassen, welche Schiffsgrößen die Reederei inzwischen tatsächlich einsetzte.

Bei der Gelegenheit erscheint es noch einmal angebracht, die so oft zitierten Economies of Scale in Erinnerung zu bringen. Das heißt, dass größere Schiffe in der Regel die Container, im Zusammenhang mit der zurückzulegenden Fahrstrecke bewertet, günstiger transportieren könnten als weniger große Schiffe. Selbst wenn man Bankenstudien inzwischen sicher ziemlich skeptisch gegenüberstehen sollte, zitieren wir noch einmal die Deutsche Bank. Sie hatte 2008 errechnet, dass schon ein 8000-TEU-Schiff im Schnitt um ein Sechstel geringere Kosten pro Container habe als ein 5000-TEU-Containerschiff. Dabei seien die Brennstoffkosten der mit Abstand größte Posten bei den Betriebskosten. Der Verbrauch steige unterproportional zur Schiffsgröße. Ähnliches gelte für die Besatzungskosten. Das stimulierte natürlich.

Eigentlich ist die Sache mit den Economies of Scale ganz einfach. Um es noch einmal zusammenzufassen: Je größer das Schiff, desto niedriger sind die Transportkosten pro Box – vorausgesetzt, dass es gelingt, die Kapazität des Schiffes voll oder zumindest weitgehend auszulasten. Das kann zur Kostenführerschaft beitragen, und die ist das A und O in der weltweiten Containerschifffahrt, denn der Wettbewerb wird in diesem Markt ganz wesentlich über den Preis entschieden. Die Kehrseite davon ist, dass, wenn nämlich die kalkulierte Auslastung des Schiffes nicht gelingt, sich das Ganze ins Gegenteil verkehrt, wie seit Beginn der Krise unschwer festzustellen war.

Das führt zu der Frage, ob der Kostenvorteil durch den Einsatz des größtmöglichen Schiffes für den Wettbewerb tatsächlich der ausschlaggebende Faktor war. Der Kostenvorteil könnte nämlich an anderer Stelle allerdings schnell auch wieder verloren gehen.

Das passierte vor allem dann, wenn es nicht gelang, das Schiff auszulasten und den Aufwand für die Rückführung leerer Container zu den Quellen der Ladung in Grenzen zu halten. Letzteres war gerade im Verkehr zwischen Asien und Europa mit einer durchschnittlichen Repositionierungsquote von seinerzeit 40 Prozent eine anspruchsvolle Herausforderung. Wer deutlich unter diesem Schnitt blieb, der stand nicht so schlecht da. Hinzu kam noch, wie schon oft zitiert, dass größere Schiffe immer weniger Häfen bedienen können. Damit stieg die Zahl der Boxen, die mit Vor- und Nachlauf zu feedern waren, was zusätzliche Kosten bedeutete.

Aber es soll nicht übergangen werden, dass es auch in dieser sich erneut rasch aufschaukelnden Hochphase der Containerschiffseuphorie warnende Stimmen gab, die diesen Gigantismus in Zweifel stellten. Beispielsweise Dipl.-Ing. Axel Schönknecht von der Technischen Universität Hamburg-Harburg. Es mache wirtschaftlich keinen Sinn, größere Containerschiffe mit mehr als 9000 TEU einzusetzen, da die ökonomischen Vorteile der Größe durch längere Hafenliegezeiten aufgefressen würden, hatte er Anfang 2007 auf dem 3. Fachkolloquium der Wissenschaftlichen Gesellschaft für Technische

↓ Wenn ein Megafrachter mit 20000 TEU den Terminal erreicht, werden voraussichtlich bis zu 14500 TEU umgeschlagen. Kleinere Schiffe, die Bahn und Lkw bringen und holen die Container. Das Blocklager dient dabei als Zwischenstation.

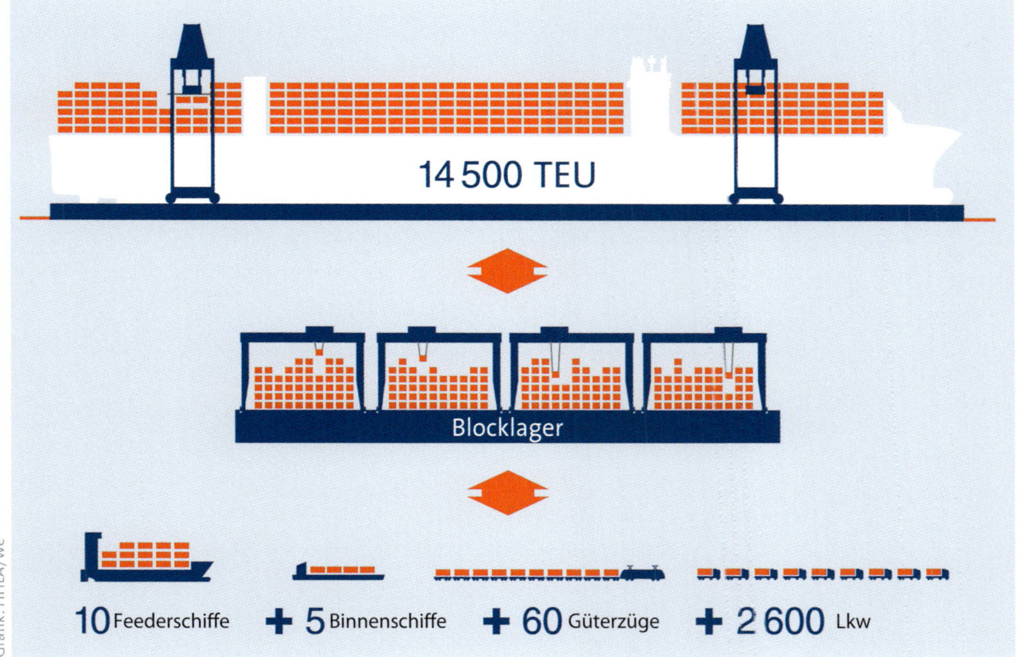


Grafik: HHLA/we

Logistik (WGTL) in Hamburg zu bedenken gegeben. Zwar sei es richtig, dass die Betriebskosten pro TEU bei steigender Schiffsgröße sinken, jedoch würden sich die Hafenliegezeiten der großen Schiffe verlängern und damit deren Produktivität negativ beeinflussen. Während die Fahrtzeiten optimiert werden könnten, sei das bei den Hafenliegezeiten nur in sehr engen Grenzen möglich. Das liege vor allem an den technischen Gegebenheiten des Containerumschlags.

Ab 8000 TEU würden die Umlaufverzögerungen, die in den Häfen entstünden, die höhere Produktivität aus den Größeneffekten ausgleichen, hatten Schönknechts Berechnungen ergeben. Außerdem werde der Größenvorteil der Mega-Containerschiffe durch die Notwendigkeit des Einsatzes zusätzlicher Feederverkehre weiter beeinträchtigt, wie bereits weiter oben erwähnt. Die ganz großen Containerschiffe könnten bekanntlich nur noch ganz wenige Häfen anlaufen, sodass eine Umladung auf kleinere Schiffe für die Verteilung in die Fläche weitaus häufiger notwendiger sei als bei nicht ganz so großen Schiffen zwischen 7000 und 8000 TEU, die mehr Häfen direkt bedienen könnten. Das koste Zeit und Geld. Zu berücksichtigen seien außerdem die längeren Liegezeiten auch der Feederschiffe, die nach seinen Erkenntnissen viel länger seien als die der Überseeschiffe, weil sie in der Regel mehrere Terminals in den Häfen zu bedienen hätten.

Aus diesen Gründen, zu denen er weitere hinzufügte, sei es überhaupt nicht sinnvoll, die Diskussion über die Wirtschaftlichkeit eines Schiffes auf die Frage nach der Schiffsgröße zu reduzieren. Diese sei eher »nebensächlich«. Deshalb erwartete er, dass die Anzahl der Neubauten über 10 000 TEU begrenzt bleiben werde und es zu keiner weiteren Steigerung der Schiffsgrößen komme.

Er hat mit seiner Prognose, wie viele andere mittel- oder längerfristige so oder so lautenden Einschätzungen, nicht Recht behalten. Denn bereits im Jahresbericht 2007 des Verbandes Deutscher Reeder konnte nachgelesen werden, dass erstmals auch deutsche Reedereien Containerschiffe der Super-Postpanamax-Klasse bestellt hätten. 17 mit einer Stellplatzkapazität von insgesamt 215 000 TEU seien es bis zum Ende des zweiten Quartals 2007 gewesen, und dieser Bestellbestand habe sich im Laufe des dritten Quartals nahezu verdreifacht. Weiter hieß es: Insgesamt waren zu diesem Zeitpunkt (Anm.: Ende 3. Quartal) Containerschiffe mit zusammen 6,4 Mio. TEU bestellt. Der kräftige Anstieg der Neuplatzierungen resultiere vor allem aus der unvorhergesehen starken Nachfrage nach Containerschiffen über 12 000 TEU. Nachdem im vergangenen Jahr die Bestellhürde von 10 000-TEU-Schiffen durchbrochen worden sei, rolle seit Frühling 2007 eine zweite Auftragswelle für diese Schiffe vor allem auf koreanische Werften zu. Die Erweiterung des Panamakanals, Kostenvorteile durch Economies of Scale und die Bereitschaft von Linienreedereien, die vielfach von deutschen Trampreedereien georderten VLCS (Very Large Container Ships) oder auch ULCS (Ultra Large Container Ships) einzuchartern, könnten als wichtige Triebfedern für diesen Auftragsboom gewertet werden, hieß es. Laut »Fairplay Newbuildings« seien bereits 90 Schiffe über 12 000 TEU geordert.

Mitte 2008, so ist es im dann folgenden VDR-Jahresbericht nachzulesen, hatten deutsche Initiatoren schon 64 Schiffe mit Stellplätzen von über 10 000 TEU geordert. Und der Germanische Lloyd hielt in der Ausgabe 2/2008 seines Kundenmagazins »nonstop« fest, dass mit Stichtag 1. Januar 2012 insgesamt 173 Großcontainerschiffe, die sogenannten »Megaboxer«, mit Staukapazitäten von 10 000 TEU und mehr in Fahrt sein würden. Anfang 2008 waren es erst neun Schiffe dieser Größenordnung gewesen. Eine geradezu explosionsartige Vergrößerung der Flotte.

Eines der ersten der neuen 12 000-TEU-Klasse zuzuordnenden Schiffe war die MSC Daniela, die im Dezember 2008 von der koreanischen Samsung-Werft an die Mediterranean Shipping Company (MSC), nach Maersk die zweitgrößte Containerreederei der Welt, abgeliefert wurde. Sie hatte nun mit diesem Neubau, dessen Stellplatzkapazität mit 13 500 TEU angegeben wurde, das weltweit größte Containerschiff unter ihrer Flagge. Aber derartige Titel hatten, wie erinnerlich, meistens nur für kurze Zeit Bestand. In rascher Folge kamen wenig später weitere Schiffe dieser Größenordnung in Fahrt. Ob sie nun ein paar TEU mehr oder weniger an Bord stauen konnten, spielte keine Rolle. Was es mit den offiziell angegebenen oder inoffiziell vermuteten Stellplatzkapazitäten auf sich hat, wurde oben erwähnt.

Immerhin soll die mit 151 559 GT vermessene MSC Daniela, weil ihr nach der Emma Maersk auch in mancherlei Hinsicht eine besondere Bedeutung zukommt, hier anschließend etwas ausführlicher vorgestellt werden, wobei weitgehend den Ausführungen der Klassifikationsgesellschaft Germanischer Lloyd gefolgt wird, nach deren Vorschriften und unter deren Aufsicht dieser neue Gigant entstanden ist.

So war die MSC Daniela nicht nur wegen ihrer Größe eine Besonderheit – auch das Design stach hervor: Um die

SOLAS-Anforderungen (SOLAS = International Convention of Safety of Life at Sea – Internationales Übereinkommen zum Schutz des menschlichen Lebens auf See) bezüglich des Sichtfeldes von der Brücke des großen Containerschiffes aus zu erfüllen, ohne Stellflächen einzubüßen, waren Deckshaus und Maschinenraum erstmals bei einem Großcontainerschiff voneinander getrennt angeordnet. Die Platzierung des Deckshauses im vorderen Schiffsteil ermöglichte eine Erhöhung der Ladekapazität und ferner eine Reduzierung der Ballastwassermenge. Dieses Zwei-Insel-Design war jedoch nicht unbedingt neu, sondern auch bereits vorher bei einigen anderen – kleineren – Schiffen angewendet worden.

Das Schiff erfüllte die neuesten internationalen Bestimmungen zum Schutz der Brennstofftanks weit vor deren offizieller Inkraftsetzung, da sich die Tanks im geschützten Bereich unterhalb des Deckshauses befanden. Außerdem zeichnete sich der Schiffsrumpf durch erhöhte Biegefestigkeit und Steifigkeit aus. Die Verwendung hochfester Stähle war Voraussetzung für den Bau eines Schiffes dieser Größenordnung. Diese Spezialstähle ermöglichten eine Reduzierung der Plattenstärken und damit des Eigengewichts, gewährleisteten jedoch eine hohe Festigkeit. Nur mit hochfesten Stählen ließen sich die Abmessungen der Platten und Versteifungselemente in vernünftigen Grenzen halten.

Die MSC Daniela hatte bei einer Länge von 366 Metern und einer Breite von 51,2 Metern einen Tiefgang von 15,6 Metern und gehörte damit zu den ersten Schiffen, die auch nicht in die neuen Schleusen des Panamakanals passten. Sie verfügte über sieben Laderäume sowie einen kleineren im Maschinenraumbereich. Die 25 Laschbrücken reichten fast über zwei Containerlagen hoch und ermöglichten eine optimierte Ladungsverteilung in den Containerstapeln. Dieser neue Gigant, für den allein rund 34 000 t Stahl verbaut worden waren, entstand in exakt neun Monaten und einem Tag. Angetrieben wurde er von einem

Foto: BLG

← Zusammentreffen vor Bremerhaven: MSC Daniela (13 500 TEU) begegnet der MSC Ilona (6732 TEU).

Foto: GL/Ouhua

↑ Ist die Trennung von Deckshaus und Maschinenraum vorteilhaft auch für mittelgroße Schiffe? Auf der MEDONDRA, die eine Stellplatzkapazität von »nur« 5300 TEU hat, ist man diesem Konstruktionsprinzip jedenfalls gefolgt.

MAN B & W-Motor vom Typ 12K 98MC mit einer Leistung von 72 240 kW, der eine Geschwindigkeit von 25 Knoten ermöglichte. Unterbringungsmöglichkeiten gab es an Bord für 28 Besatzungsmitglieder plus sechs Mann Suez Crew.

Sicher war die Anordnung des Deckshauses weit vorn damals dem einen oder anderen auf den ersten Blick als ziemlich ungewöhnlich erschienen, aber so neu oder gar bahnbrechend war diese Konstruktionsidee keineswegs, wie schon kurz erwähnt. Bereits in den siebziger Jahren war auf den SL-7-Typ-»Rennern« von Sea-Land, die zu den Containerschiffsahnen zählen, das Deckshaus ebenso weit vorn angeordnet. So sollten die hinter dem Deckshaus befindlichen Containerstapel besser vor Seeschlag geschützt werden. Allerdings mussten sich die Schiffsführungen erst noch an ein besonderes »Gefühl« gewöhnen, weil durch die neue Anordnung der Brücke weit vorn der Drehpunkt des Schiffes nicht mehr vor ihnen, sondern hinter ihnen lag.

Und um das noch anzufügen: Das Konstruktionsprinzip des nach vorn verlegten Deckshauses hat sich nach Angaben des Germanischen Lloyd nicht nur bei den Megaboxern als vorteilhaft erwiesen, sondern auch später beispielsweise bei dem mit »nur« 5300 TEU deutlich kleineren Panamax-Containerschiff MEDONDRA, das die chinesische Werft Ouhua 2009 für die deutsche Reederei Buss gebaut hat. Die MEDONDRA, erstes von vier Schwesterschiffen, war 294 Meter lang, 32,2 Meter breit und hatte einen Tiefgang von 13,6 Metern. Mit 5300 TEU bot sie die größte Stellplatzkapazität, die bis dahin bei Panamax-Schiffen erreicht worden war.

Mitte 2011 waren bereits mehr als 90 Schiffe mit mehr als 12 000 TEU vorwiegend in den Ost-West-Verkehren im Einsatz. Die meisten von ihnen zählten mit 366 Meter Länge und zwischen 48 und 52 Meter Breite bereits zu dem neuen Typ mit der weit vorn angeordneten Brücke, und der nächste Größensprung ließ nicht lange auf sich warten, trotz seit Längerem bestehender und immer wieder beklagter Überkapazitäten, die mit jedem neuen Schiff noch weiter zunahmen.

Bestellt waren diese Neubauten schon. Sie gehörten zu einer Achterserie von 13 344-TEU-Neubauten, die im Juli 2007 von der französischen Reederei CMA CGM, der drittgrößten unter den Containerreedereien der Welt, bei der Daewoo Shipbuilding & Marine Engineering (DSME) im südkoreanischen Geoje, in Auftrag gegeben worden war. Von dieser Serie kam 2009 als erstes Schiff die CMA CGM CHRISTOPHE COLOMB in Fahrt. Vier weitere folgten 2010, und die verbleibenden drei Bauten sollten in einer um 30 Meter verlängerten und drei Meter verbreiterten Version

↓ CMA CGM CHRISTOPHE COLOMB, einlaufend in Hamburg. Das 2009 gebaute Schiff hat bei einer Vermessung von 153 022 GT eine Stellplatzkapazität von 13 380 TEU.

Foto: HHM

abgeliefert werden. Dadurch wurden die Ablieferungen um rund zwei Jahre verzögert, vor dem Hintergrund der allgemeinen Krise für die Reederei eine wertvolle gewonnene Zeit.

Das erste Schiff dieser Dreierreihe wurde im November 2012 auf den Namen CMA CGM Marco Polo getauft. Für die beiden Schwesterschiffe waren die Namen anderer großer Seefahrer und Entdecker, nämlich CMA CGM Zheng He und CMA CGM Vasco da Gama, vorgesehen. Sie sollten 2013 in Fahrt kommen. Mit dieser neuen Klasse setzte sich nun CMA CGM nach Maersk mit ihrer »E«-Klasse (Emma Maersk) an die Spitze der führenden Containerreedereien, zumindest was die Größe ihrer größten Schiffe betraf.

Die Jungfernfahrt der CMA CGM Marco Polo nach Europa begann am 7. November 2012 im chinesischen Ningbo. Die Reederei konnte sich nun rühmen, und sie tat es auch, das mit einer Stellplatzkapazität von 16 020 TEU weltgrößte Containerschiff in seiner Flotte zu beschäftigen. Mit einer Länge von 396 Metern war es zweieinhalbmal länger, als der Kölner Dom hoch ist. Gleiches galt für das Empire State Building (381 m bis zum Dach) und den Eiffelturm (324 m). Geplant war das Schiff ursprünglich für eine Stellplatzkapazität von 14 000 TEU, wurde dann aber durch Hinzufügen einer zusätzlichen 34-Meter-Rumpfsektion verlängert. Etwas Salz in die Suppe streute allerdings der Branchendienst Alphaliner, als er schrieb, dass dieses neue Megaschiff mit seiner Kapazität zu einer Zeit den Markt »bereichert«, in dem sich die Branche bereits seit einigen Jahren dem Druck eines erheblichen Stellplatzüberangebots gegenübersehe. Dieses und jedes weitere Schiff werde den Druck noch erhöhen. Bis 2015 müsste für 219 Schiffe mit jeweils mehr als 12 500 TEU Stellplätzen Ladung gefunden werden. Ende 2012 wären es »erst« 115 gewesen.

Mitte Dezember 2012 traf die CMA CGM Marco Polo in Hamburg und anschließend in Bremerhaven ein. Beide Häfen hatten sich monatelang unter Einschaltung aller Beteiligten, von den Lotsen, über die Hafenbehörden bis hin zu den Terminals, akribisch auf den Erstanlauf dieses großen Schiffes vorbereitet. Computersimulationen jeder erdenklichen Lage eingeschlossen. Aber alles klappte reibungslos, auch was das Wetter betraf. In diesem Fall war besonders die Windstärke entscheidend. Es war ein Großereignis für die Küste, das entsprechende mediale Beachtung fand, selbst wenn dabei etwas in den Hintergrund geriet, dass auch dieses Schiff beide Häfen nur teilbeladen anlaufen konnte, weil ansonsten der Tiefgang zu groß gewesen wäre.

Selbstverständlich kann man den Begriff »größtes Containerschiff der Welt« so oder so interpretieren. Irgendetwas lässt sich immer finden, was größer ist als bei anderen. So waren die Emma Maersk und ihre Schwestern mit ihren Abmessungen von 397 Meter Länge und 56,40 Meter Breite so gesehen zwar immer noch die größten, weil längsten Containerschiffe. Die CMA CGM Marco Polo kam dagegen »nur« auf 396 Meter Länge und

## Ein langes Schiffsleben

Nicht nur die großen und immer größeren Containerschiffe sind der Erwähnung wert, sondern ein besonders langlebiges soll ebenfalls einen Platz erhalten. Es ist die ehemalige Sea-Land Adventurer. Sie gehörte zu den vier von der Sea-Land-Reederei Anfang der 1960er-Jahre erworbenen 1941/42 gebauten Weltkriegstankern vom Typ T2. Sea-Land, die zu dieser Zeit erst über sechs durch Umbau entstandene Containerschiffe verfügte, ließ auch diese Neuerwerbungen für den Transport von zunächst 474 Boxen umbauen. Die dafür vorgesehenen neuen Mittelschiffe bzw. Laderaumsektionen von 127,2 Meter Länge und 23,8 Meter Breite wurden bei der Hamburger Schlieker-Werft bestellt und von dieser sowie nach deren Übernahme durch Blohm & Voss geliefert. Der letzte dieser Midbodies verließ Hamburg im Oktober 1962 per Schlepp mit Bestimmung Baltimore, um dort mit dem Vor- und Achterschiff eines der angekauften T2-Tanker komplettiert zu werden.

Als die Turbinenantriebe der Weltkriegsveteranen 1977/78 verbraucht waren, wurden sie zur Mitsubishi-Werft in Kobe geschleppt und dort erneut auseinandergeschnitten. Während die ältesten Teile, die Vor- und Achterschiffe mit Maschinenraum, als Schrott in Hochöfen ihre Dienstzeit beendeten, blieben die in Deutschland gebauten Mittelschiffe erhalten, wurden in die bei Mitsubishi auf Kiel gelegten Neubauten Sea-Land Adventurer, Sea-Land Pacer, Sea-Land Leader und Sea-Land Pioneer eingefügt und zu neuen Containerschiffen mit einer Stellplatzkapazität von 1023 TEU. Die Sea-Land Adventurer erhielt den Namen San Francisco und später nach Eignerwechsel noch andere, zuletzt MSC Koper. Als solche fuhr sie 2010 nach Alang zum Abwracken. Das Mittelschiff von Schlieker/Blohm & Voss hatte zu der Zeit 48 Jahre Seefahrt gut überstanden. Damit endete wohl auch eines der letzten, wenn nicht gar das letzte Containerschiff, dessen Rumpf teilweise noch genietet war.

Foto: Archiv HJW

53,60 Meter Breite, bot jedoch an Bord Platz für 16 020 TEU, während für die dänischen Schiffe rund 15 200 TEU das Maximum war. So kann nun jeder für sich selbst entscheiden, wem die Ehre gebührt.

Die höhere Stellplatzkapazität ergab sich, weil das Brückenhaus dieses Neubaus noch näher zum Bug hin angeordnet war als bei den Maersk-Schiffen. Dadurch konnte dahinter an Deck durchgehend die maximale Höhe an Containern gestapelt werden, was vor dem Brückenhaus nicht möglich war, weil ein bestimmter Sichtstrahl von der Brücke aus nach vorn gewährleistet sein musste. Unterhalb des Aufbaus waren u. a. die Bunkertanks angeordnet, um neueste MARPOL-Vorschriften zu erfüllen. Angefügt seinen noch zwei beliebte kleine Zahlenspiele im Zusammenhang mit der 16 020-TEU-Stellplatzkapazität: Alle Boxen hintereinander gereiht würden eine Länge von 97 Kilometern ergeben oder auf Lkw verladen einen Stau von 138 Kilometern.

Als Antrieb erhielt die CMA CGM Marco Polo einen 14-Zylinder-Zweitakt-Dieselmotor von Wärtsilä. Er war mit 108 000 PS Leistung der seinerzeit stärkste Motor der Welt und erlaubte eine Höchstgeschwindigkeit von gut über 24 Knoten, wurde aber wegen des geringeren Brennstoffverbrauchs dem Vernehmen nach nur mit 21 Knoten ausgefahren. Das waren dann aber immer noch 300 t pro Tag. Um noch bei der Technik zu bleiben, so wurde darauf hingewiesen, dass die Hauptmaschine elektronisch kontrolliert werde und dadurch durchschnittlich drei Prozent weniger Treibstoff und 25 Prozent weniger Schmieröl als die Vorgängeraggregate verbrauche. Weiterhin werde der Energieverbrauch durch die optimierte Rumpfform sowie ein leicht gedrehtes, frei schwebendes Ruder mit einem verbesserten Strömungsverhalten verringert, bei gleichzeitig reduzierten $CO_2$-Emissionen. Hinzu komme noch, dass vor dem Schiffspropeller Leitflächen zur Verbesserung des Anströmverhaltens angebaut worden sind. Gefahren werde das Schiff von einer 25-köpfigen Besatzung.

↓ Großmotor bei Doosan Engine Korea im Bau.

Foto: Archiv HJW

Die CMA CGM Marco Polo wies bei voller Beladung einen maximalen Tiefgang von 16 Metern auf, sodass sie in diesem Zustand, wie erwähnt, weder Hamburg noch Bremerhaven erreichen konnte. Sie würde es auch dann nicht können, wenn irgendwann einmal die Vertiefung der Fahrwasser von Elbe und Außenweser abgeschlossen sein sollte. Bis jetzt boten von der Fahrwassertiefe her gesehen nur Wilhelmshaven und Rotterdam die Möglichkeit, ein voll abgeladenes Schiff dieser Größenordnung zu empfangen. Bei seinem Erstanlauf in Hamburg wurde das Schiff von sechs Containerbrücken bedient und schlug insgesamt rund 4000 Boxen bzw. 6500 TEU um. Nach Angaben der Hafenverwaltung waren dies 29 000 t Ladung einkommend und 54 000 t ausgehend.

Eine Rundreise von Ningbo nach Europa und zurück dauerte 77 Tage. In Europa bediente das Schiff die Häfen Southampton, Hamburg, Bremerhaven Rotterdam, Zeebrügge, Le Havre und Malta, auf der anderen Seite waren es unter anderem Ningbo, Xiamen, Shanghai, Hongkong und Port Kelang.

Dazu noch als Besonderheit angefügt: Nach einer Meldung vom Februar 2012 bot die Reederei auf der CMA CGM Marco Polo auch Passagierplätze an, darunter Doppelkabinen mit 20 Quadratmeter Wohnraum. Ein Zusatzgeschäft für eine besondere Passagierklientel, das bei vielen Reedereien lange in Vergessenheit war.

Lange würde sich CMA CGM nicht damit schmücken können, mit ihrer CMA CGM Marco Polo und deren beiden Schwestern die größten Containerschiffe der Welt unter seiner Flagge zu haben, denn längst hatte der Branchenprimus

GRÖSSENVERGLEICH

↑ CMA CGM MARCO POLO 396 m
↑ Sattelzug 25 m
↑ Airbus A380 72,72 m
↑ CHARLES DE GAULLE Flugzeugträger 261,50 m
↑ QUEEN MARY II 345 m

Grafik: Hafen Hamburg/we

Maersk den nächsten Sprung vorbereitet. Schon im Februar 2011 hatte die Reederei nach anfänglichem Leugnen bekannt gegeben, dass sie zehn Schiffe mit Stellplätzen für jeweils 18 000 TEU bei der koreanischen Daewoo Shipbuilding & Marine Engineering geordert hatte. Wenig später wurde der Auftrag für diese sogenannte Triple-E-Klasse auf 20 Einheiten erhöht. Weitere Einheiten sollten eventuell später hinzukommen. Preis pro Schiff 190 Mio. USD, was damals als vergleichsweise günstig erschien. Der Bau des ersten Schiffes begann im Mai 2012, und zwar in Anwesenheit des dänischen Kronprinzenpaares. Das allein unterstreicht sowohl die Bedeutung der Reederei für das Land Dänemark als auch die dieses Ereignisses an sich. Die Ablieferung dieses ersten Schiffes der Serie war für Mitte 2013 terminiert.

Diese Nachricht war für die Fachwelt natürlich ein echt großer »Hammer«, für viele auch ein ebenso großer Schock. Letzteres nicht allein wegen der Größe der neuen Schiffe, denen man ja nun irgendetwas entgegensetzen musste, sondern auch nicht zuletzt in Anbetracht der enormen weiteren Kapazitäten, die das ohnehin viel zu große Transportangebot noch weiter in geradezu unglaublicher Weise vergrößern würde. Maersk war als Teil eines Riesenkonzerns mit sprudelnden Einnahmequellen aus Öl- und Gasgeschäften unbestritten in der Lage, die Milliardensumme, die diese Schiffe kosteten, aufzubringen, aber wer sollte mithalten können? Vielleicht der Verfolger MSC, der sich auf andere Geldquellen stützt, aber sonst? So war es vielleicht oder wahrscheinlich das Kalkül der Dänen, auf diesem Weg Konkurrenz auszuschalten, zum Aufgeben zu bringen.

Das wies Maersk natürlich vehement zurück. Dort wollte man diese immense Flottenerweiterung keineswegs als »aggressive Expansion« verstanden wissen, sondern die neuen XXL-Megaliner seien genau das, was man brauche, hieß es. Was auch immer damit gemeint sein mochte. Vorgesehen waren die neuen Schiffe, die bis 2015 in Fahrt kommen sollten, für die für sie allein mögliche Route zwischen Europa und Asien. Für den Transpazifik-Verkehr würden sie nicht infrage kommen, da keiner der US-Häfen auch nur annähernd in der Lage war, diese Giganten aufzunehmen.

Die Klassebezeichnung Triple-E leitete sich von den drei der Konstruktion zugrunde gelegten Zielen ab: »Economy of scale« (Skaleneffekt), «Energy efficient« (Energieeffizienz) und «Environmentally improved« (verbesserte Umweltfreundlichkeit). Als Erstes von zunächst zehn baugleichen Schiffen

↓ Die CMA CGM MARCO POLO war zeitweise das weltgrößte Containerschiff. Hier bei ihrer ersten Ankunft in Bremerhaven.

Foto: BLG/Scheer

→ Seitenriss der MÆRSK MC-KINNEY MØLLER

Grafik: Krüger-Kopiske

lieferte im Juni 2013 die Werft Daewoo im südkoreanischen Okpo die MÆRSK MC-KINNEY MØLLER ab. Bei 399 Meter Länge, 59 Meter Breite und 16 Meter Tiefgang brachte es das mit 194 849 GT vermessene Typschiff der neuen Klasse auf eine Stellplatzkapazität von 18 270 TEU. Die minimale Besatzungsstärke wurde mit 13 Personen angegeben. In Fahrt waren es tatsächlich aber 22 Personen.

Besonders bemerkenswert war jedoch, über die schiere Größe hinaus, die Antriebsanlage mit erstmals wieder zwei Hauptmotoren von zusammen 86 000 PS Leistung, die so weit wie möglich achtern angeordnet war. Sie wirkten direkt auf zwei Festpropeller. Diese Anordnung weit achtern ermöglichte den Einbau kürzerer und damit raumsparender Antriebswellen, was zusätzlichen Platz für Container schuf. Die Anlage war auf wirtschaftliches, langsames Fahren ausgelegt. Insgesamt sollte der Treibstoffverbrauch pro Container nach Reedereiangaben gegenüber der EMMA-MAERSK-Klasse mit ihren 109 000 PS um 20 Prozent reduziert werden. Das wären 2,1 Liter Schweröl pro 14 Tonnen schwerem Container (TEU) pro 100 Kilometer und 24 Knoten Geschwindigkeit. Gegenüber der Maximalgeschwindigkeit von 25 Knoten soll die Treibstoffersparnis bei 22,5 Knoten 20 Prozent, bei 20 Knoten 37 Prozent und bei 17,5 Knoten 50 Prozent betragen. Ausgelegt sind die beiden Motoren für eine optimale Geschwindigkeit von 19 Knoten. Bei damaligen Brennstoffkosten von rund 620 USD pro Tonne waren das schon wesentliche Werte.

↓ Die MÆRSK MC-KINNEY MØLLER macht am North Sea Terminal Bremerhaven (NTB) fest, an dem Maersk beteiligt ist.

Foto: BLG

Die Schiffe der Triple-E-Klasse waren in 22 Laderäume unterteilt, die mit je vier Pontondeckeln verschlossen wurden. Unter Deck war Platz für 21 Reihen Container nebeneinander, an Deck waren es 23 sowie üblicherweise sechs bis zehn Boxen übereinander. Zur MÆRSK MC-KINNEY MØLLER noch eine zwar kleine, aber durchaus bemerkens- und erhaltenswerte Nachricht: Sie hatte Anfang 2015 auf einer Reise von Algeciras nach Tanjung Pelepas in Malaysia 18 168 TEU an Bord und war damit das erste in dieser Größenklasse, das mit über 18 000 TEU beladen war. Bis dahin war die ebenfalls zur Triple-E-Klasse gehörende MARY MAERSK mit 17 603 TEU der Rekordhalter, und zwar auf dergleichen Route. Darüber, wie viele der Boxen leer waren, wurden keine Angaben gemacht. Mit welcher Anzahl Container an Bord die MÆRSK MC-KINNEY MØLLER von Algeciras ausgelaufen war, ist ebenfalls nicht bekannt, denn allgemein hieß es zu der Zeit, dass nur zwei Häfen in der Welt in der Lage seien, voll beladene 18 000-TEU-Schiffe zu empfangen: Shenzhens Yantian Terminal und Malaysias Tanjung Pelepas.

Die Konkurrenz folgte dem Branchenprimus. Im Januar 2013 wurde bekannt, dass auch die in Kuwait ansässige United Arab Shipping Company (UASC) Interesse an der Bestellung von 18 000-TEU-Schiffen zeigte, und wenig später kam die Meldung, dass die chinesische Reederei CSCL fünf 18 000-TEU-Neubauten in Südkorea bestellt hatte, und zwar zum sensationellen Preis von 140 Mio. USD pro Schiff. Die Maersk-Bauten waren noch deutlich teurer gewesen. Aber die Werften brauchten dringend Aufträge und lockten mit Niedrigpreisen, was sich Reedereien wie CSCL, und nicht nur die,

Foto: HHI

Bei der Gelegenheit ein Blick auf die Hyundai Heavy Industries (HHI) in Ulsan, auf der zahlreiche Container gebaut wurden, so auch für die CAP SAN-Schiffe. Es ist die größte Werft der Welt. Sie wurde in der rund eine Million Einwohner zählenden Universitätsstadt mit massiver staatlicher Unterstützung 1972 aus dem Boden gestampft und beschäftigt rund 25 000 Mitarbeiter (2013). HHI hat nach eigenen Angaben einen Marktanteil von 15 Prozent an der internationalen Schiffbauproduktion. Auf dem etwa 1200 Hektar großen Produktionsgelände befinden sich zehn Trockendocks, unzählige Werkshallen sowie Verwaltungs- und Sozialgebäude (darunter 60 Kantinen). In den Docks befinden sich meistens mehrere Dutzend Schiffe unterschiedlicher Größe gleichzeitig im Bau. In Boomzeiten hat HHI jährlich mehr als 100 Containerschiffe hergestellt. Inzwischen werden auch immer mehr Spezialschiffe wie Flüssiggastanker und Bohrschiffe gebaut.

zunutze machten. Über den Sinn dieses Kreislaufs muss nicht diskutiert werden. Übrigens stieg in dieser Zeit auch China in den Bau von Großcontainerschiffen ein. Im August 2013 orderte CSSC Shipping (Hongkong) drei 16 000-TEU-Einheiten, von denen zwei von Jiangnan Changxing Heavy Industry und eins bei Waigaoqiao gebaut werden sollten – die bis dahin größten im Reich der Mitte gebauten Boxcarrier.

2013 übernahm die Reederei Hamburg Süd auch das erste von sechs Schiffen ihrer neuen CAP SAN-Klasse von der südkoreanischen Hyundai-Werft in Ulsan. Sie konnten mit ihren jeweils 9600 TEU größenmäßig zwar nicht mit den vorgenannten Supercarriern mithalten, aber es waren mit 333,2 Meter Länge und der Tragfähigkeit von 124 458 tdw nicht nur die größten Schiffe in der Geschichte der Reederei überhaupt, sondern mit 2100 Kühlcontaineranschlüssen die mit der größten Reefer-Kapazität weltweit. Der relativ klein gewählte Hauptmotor mit einer maximalen Dauerleistung von 40 670 kW beschleunigt die Schiffe auf 21 Knoten und damit auf eine geringere, brennstoffsparende Geschwindigkeit, als sie von anderen Schiffen dieser Größe gemeinhin erreicht wurde.

# Verflüssigtes Gas als Treibstoffalternative

Immer strengere Auflagen für die Emission von Abgasen begünstigten die Entwicklung von Schiffen, die durch verflüssigtes Erdgas (Liquefied Natural Gas, LNG) – angetrieben werden. Nutzten bisher vor allem in sensiblen Regionen verkehrende Fähren sowie Offshore-Fahrzeuge das Flüssiggas, wurden zunehmend auch größere Containerschiffe mit LNG-Antrieb konzipiert und auch schon gebaut.

Den Anfang hatte die US-Reederei Totem Ocean Trailer Express (TOTE) gemacht. Sie hatte bereits 2012 bei der Werft General Dynamics NASSCO im kalifornischen San Diego zwei Containerschiffe plus drei Optionen bestellt, die mit einem MAN B6W-Zweistoffdieselmotor wahlweise Öl oder Flüssiggas als Treibstoff nutzen konnte. Die 3100-TEU-Neubauten erhielten für die LNG-Brennstoffversorgung ein Leitungssystem zur Förderung des Gases bei niedrigen Temperaturen und hohem Druck mithilfe von speziell ausgelegten Hochdruckpumpen, Verdampfern und Rückverflüssigungsanlagen. Das Gas wurde in zwei zylindrischen Drucktanks auf dem Hauptdeck hinter dem Brückenaufbau gelagert. Mit dem skizzierten Gasversorgungssystem wurde der Brennstoff sowohl dem Hauptmotor als auch den Hilfsaggregaten zugeführt. Über den Tanks wurde ein Deck für die Aufnahme weiterer Containerstellplätze in zwei Lagen eingezogen. Die beiden 232,9 Meter langen und 32,2 Meter breiten Neubauten wurden für die Route zwischen Jacksonville/Florida und San Juan/Puerto Rico in Fahrt gebracht. Das befahrene Seegebiet ist von der IMO zur Sonderzone mit definierten Abgasgrenzen ausgewiesen, die dank des LNG-Antriebs eingehalten werden konnten.

Auch der nächste Auftrag für den Bau von LNG-angetriebenen Containerschiffen wurde von einer US-Reederei auf einer US-Werft realisiert. Die Reederei Matson bestellte bei der Aker Philadelphia Shipyard zwei 3600-TEU-Neubauten für den Dienst zwischen dem US-Festland und Hawaii. Die 259 Meter langen Schiffe wurden speziell für den Transport von 45-Fuß-Containern konzipiert und so ausgelegt, dass sie auch die kleineren Häfen auf Hawaii bedienen konnten. Mit ihrem 42700 kW leistenden Dual-Fuel-Motor von MAN B&W erreichen sie eine Geschwindigkeit von über 23 Knoten. Die Ablieferung des ersten Schiffes dieser Aloha-Klasse war für den Herbst 2018 als DANIEL K. INOUYE geplant.

→ MS MAERSK BEAUFORT löscht eine Ladung Flüssiggas.

Foto: Maersk

Schon 2013/14 hatte MAN B & W weitere Neubau- und Nachrüstungsprojekte bearbeitet, darunter auch die Großcontainerschiffe der United Arab Shipping Co. (UASC). Diese Reederei hatte im August 2013 bei Hyundai Heavy Industries elf 14 000-TEU- und fünf 18 800-TEU-Frachter geordert, die die Vorgabe »LNG ready« erfüllten und ab Ende 2014 bzw. ab dem ersten Halbjahr 2015 abgeliefert werden sollten. Der von der norwegischen Klassifikationsgesellschaft Det Norske Veritas geprägte Begriff »LNG reasy« bedeutet, dass die Ultra Large Container Carrier (ULCC) so auszurüsten waren, dass ihre Antriebsmotoren auf die Nutzung von Flüssiggas als Brennstoff umgestellt werden konnten. Die 18 000-TEU-Bauten waren Schwesterschiffe der fünf gleich großen Neubauten, die der Linienpartner China Shipping Container Line (CSCL) auf der gleichen Werft in Auftrag gegeben hatte.

Der erste der 15 000-TEU-Neubauten wurde Ende November 2014 in Ulsan auf den Namen SAJIR getauft und von der Reederei UASC gleich als »umwelttechnischer Meilenstein« gepriesen. Es war zwar »LNG ready«, doch wann diese technische Option eingelöst würde, blieb noch offen. Die LNG-Option war jedoch nicht die einzige umwelttechnische Besonderheit dieser Großfrachterserie. Sie war auf eine Reisegeschwindigkeit von 16 bis 18 Knoten ausgelegt, bei einer Höchstgeschwindigkeit von 22 Knoten. Um dies möglichst effizient zu erreichen, hatten die Konstrukteure intensiv an der Form des Schiffsrumpfes gefeilt, um den Reibungswiderstand möglichst gering zu halten. Dem Umweltschutz zugute kommen sollte auch die Vorausrüstung mit einer Landstromversorgungsmöglichkeit während der Hafenliegezeiten. Das war zwar noch nicht zwingend gefordert, aber man wollte darauf vorbereitet sein. Das galt auch für das installierte Ballastwasser-Reinigungssystem, dessen verpflichtende Einführung von der IMO vorbereitet wurde. »Diese besonders effizienten Containerfrachter werden uns in unserem Bestreben unterstützen, den $CO_2$-Verbrauch pro Containereinheit nachhaltig zu senken«, hieß es dann auch vonseiten der Reederei. Die SAJIR hatte eine Reefer-Kapazität von 1000 TEU, war 368 Meter lang und 51 Meter breit. Der Tiefgang betrug gut 15,50 Meter.

Zwar hatte der Einsatz umweltfreundlicher LNG-Antriebsanlagen verstärkt Eingang in die Neubauplanungen der Reedereien und Schiffbauer gefunden, aber damit gaben sich Entwickler und Konstrukteure noch nicht zufrieden. Es gibt ja nichts, was nicht noch verbesserungsfähig ist. So hatte sich, etwas im Vorgriff, Anfang 2018 im Wettbewerb um möglichst umweltfreundliche Antriebe eine neue Allianz für LPG-Technologien gebildet. Die beiden Branchengrößen MAN als Motorenbauer und die Großwerft Hyundai (HHI) hatten eine Vereinbarung unterzeichnet, mit sie ihre Bereitschaft erklärten, bei der Entwicklung von LPG-Dual-Fuel-Motoren zusammenzuarbeiten. Ziel sei es, Zweitaktmotoren im Markt anzubieten, die mit LPG (Liquefied Petroleum Gas) betrieben werden. »Wir haben bereits großes Interesse an der Nutzung von LPG als Antrieb von LPG-Tankern beobachtet. Allerdings prüfen auch Akteure aus anderen Segmenten der Schifffahrt diese Technologie«, hieß es vonseiten MANs. Man sehe generell einen Trend in dieser Richtung. LPG habe einige Vorteile. Es enthalte keinen Schwefel, sei weitverbreitet verfügbar und leicht zu bunkern.

↑ Entwurf für ein LNG-Bunkerschiff

→ Querschnitt durch einen LNG-Kugeltank

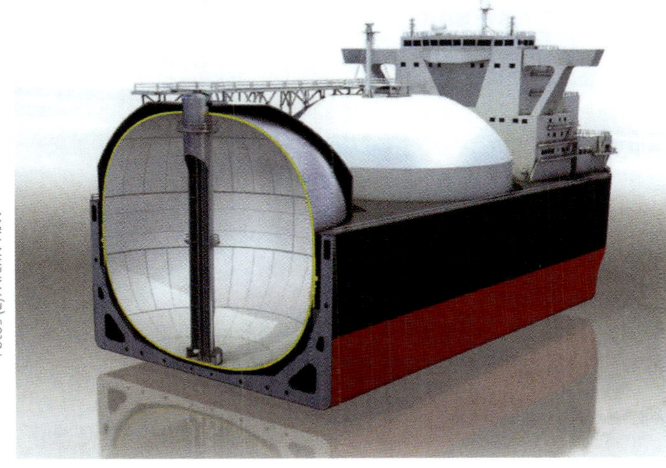

Fotos (2): Archiv HJW

# Und immer schnellere Größensprünge

Die Stellplatzkapazität der Weltcontainerschiffsflotte nahm allerdings nicht nur durch die Bestellung von Neubauten ungebremst zu, sondern auch durch Maßnahmen, mit denen die Transportkapazität bereits in Fahrt befindlicher Schiffe gesteigert wurde. Gewöhnlich erfolgte das durch eine Verlängerung durch Einsetzen einer neuen Mittelschiffssektion. Die Buxtehuder Reederei NSB wählte 2013/14 für drei ihrer in Charter von MSC fahrenden Schiffe, MSC LAUSANNE, MSC CAROUGE und MSC GENEVA mit jeweils 4872 TEU, eine andere Lösung, nämlich die Verbreiterung (Widening) der Schiffe. Zwar sind auch bereits vorher Schiffe verbreitert worden, wobei es aber fast immer um eine Verbesserung der Stabilität gegangen war. Hier war es jedoch das Ziel, bislang weltweit erstmalig, vor allem die Anzahl der Containerstellplätze zu erhöhen, bei gleichzeitiger Steigerung der Effizienz.

NSB hatte für die komplizierte und auch für Nichtschiffbauer interessante Operation ein grundsätzlich anderes Verbreiterungskonzept erarbeitet, ausgeführt bei der chinesischen Huarun Dadong Dockyard (HRDD). Dabei wurde das Schiff im Laderaumbereich auf Mitte Schiff aufgeschnitten, denn dort war die Beanspruchung quer zum Schnitt gering und der Stahl deshalb vergleichsweise dünn. Die notwendigen Schnitte quer zum Schiff erfolgten am Maschinenraumschott-Frontschott und am Kollisionsschott. Hier waren die Biegemomente deutlich geringer als am Hauptspant. Im Bugbereich wurde das Schiff um einen Laderaum verlängert, wobei die Form erhalten blieb. Am Heck konnte dies nicht ebenso gewährleistet werden. Zur Reduktion des Wellenwiderstands wurde auch der Wulstbug durch einen optimierten ersetzt. Das alles spielte sich im Wesentlichen in einem Trockendock so ab,

→ Mit der Verbreiterung der MSC LAUSANNE wurde nicht nur ihre Stellplatzkapazität erhöht, sondern auch ihre Stabilität verbessert.

Foto: NSB

dass nach dem Trennen des Vor- und Achterschiffes vom Laderaum dieser längs geschnitten und auf einem Schwerlastsystem auseinandergezogen wurde. Der dadurch entstandene Leerraum wurde durch vorgefertigte quaderförmige Sektionen aufgefüllt. Anschließend wurden alle Teile wieder miteinander verschweißt. Entstanden war so ein »neues« Schiff mit einer Länge von vorher 262 auf 270 Meter, einer Breite von 32,2 auf 40 Meter, einer Tragfähigkeit von 3109 auf 4945 tdw, einer Geschwindigkeit von 24 auf 22,3 Knoten und einer Containerkapazität von 4872 auf 4945 TEU. Nach Angaben der Reederei haben sich durch die Verbreiterung drei wesentliche Vorzüge ergeben:

- Kapazitätserhöhung
- höhere Stabilität, d. h. weniger Stabilitätsballast und größere Stellplatzkapazität bei 14 t homogen
- geringere Geschwindigkeit infolge größerer Verdrängung bei gleichbleibender Maschinenanlage – also insgesamt gesehen geringerem Brennstoffverbrauch und damit entsprechend geringerem $CO_2$-Ausstoß

Inzwischen mehrten sich wieder einmal bei aller Euphorie für die immer größeren Schiffe die Stimmen, die sich zu den möglichen Grenzen dieses gigantischen Wachstums äußerten oder ihn sogar infrage stellten. Selbst in Führungsebenen von Reedereien wurde immer häufiger, wenn auch verständlicherweise eher intern, zugegeben, dass das Größenwachstum der Schiffe zumindest volkswirtschaftlich längst keinen Sinn mehr mache. Allerdings könne es sich keine Linie erlauben, sich dem Diktat der niedrigen Slotkosten zu entziehen und aus der Spirale auszubrechen. Dazu soll auf die Ausführungen Dr. Axel Schönknechts von der TU Hamburg-Harburg auf Seite 195 hingewiesen werden.

Ähnlich klang es bei Dr. Ottmar Gast, Sprecher der Geschäftsführung der Hamburg-Süd-Gruppe, im November 2014 bei einem Vortrag auf der Mitgliederversammlung des Zentralverbands Deutscher Seehafenbetriebe (ZDS). Mit der Indienststellung der ersten 19 000-TEU-Frachter sollte die weltweite Reedereibranche bei der Schiffsgrößenentwicklung bis auf Weiteres einen Punkt setzen. Ein solches Kapazitätsmoratorium sei aus mehreren Gründen erstrebenswert. So leide die Branche ja weiterhin unter den Folgen eines deutlichen Überangebots an Container-Transportkapazitäten. Ein anderes Argument für einen Schiffsgrößenstopp sei, dass die Reedereien an operativer Flexibilität verlören, denn die XXL-Frachter könnten längst nicht mehr alle wichtigen Häfen ansteuern. Zudem bedinge der Einsatz von Großfrachtern auch, dass hinsichtlich der landseitigen Organisation des Vor- und Nachlaufs der gewaltigen Containerströme ein immer größerer Aufwand betrieben werden müsse. Gast verwies in diesem Zusammenhang darauf, dass in der Gesamtkostenkalkulation für einen Container der reine Seeanteil derzeit noch bei 40 Prozent liege, während die verbleibenden 60 Prozent auf die landgebundenen Kosten entfielen.

Bei einer Veranstaltung der Klassifikationsgesellschaft DNV GL in Hamburg hieß es zum etwa gleichen Zeitpunkt, dass der Schlusspunkt in der schiffstechnischen Entwicklung vor allem durch die Abmessungen der großen künstlichen Wasserstraßen der Welt, also Suezkanal und Panamakanal, gesetzt werde. So gelten beispielsweise im Suezkanal Auflagen nicht für den Tiefgang, sondern für die Querschnittsfläche eines Schiffes, für die Breite also.

## Größenentwicklung der Containerschiffe

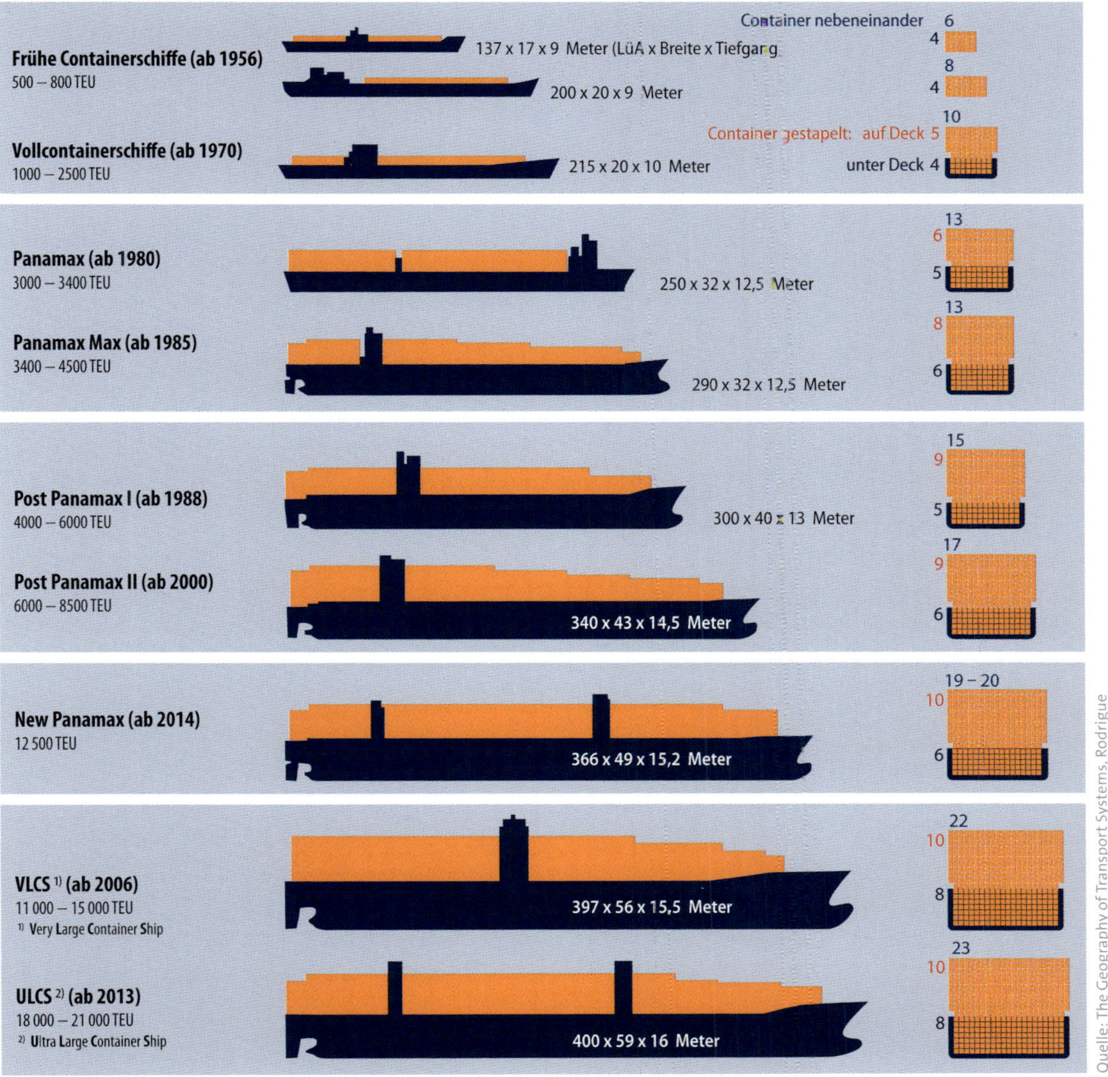

Quelle: The Geography of Transport Systems, Rodrigue

Foto: Archiv HJW

Für die Schiffbauer wäre es aber kein Problem, »in Kürze 24 000-TEU-Frachter zu bauen«.

Schiffbauer und Reedereien hatten bereits Kurs in diese Richtung aufgenommen. Erste Anzeichen dafür gab es schon 2015. Nach gut zwei Jahren als weltgrößtes Containerschiff löste Anfang 2015 die CSCL GLOBE der China Shipping Container Lines (CSCL) mit einer Stellplatzkapazität von 19 100 TEU die Schiffe der Triple-E-Klasse von Maersk (18 270) ab. Die CSCL GLOBE war das Typschiff einer Serie von fünf Einheiten, die von der Reederei 2013 noch mit einer Kapazität von je 18 400 TEU bei Hyundai Heavy Industries bestellt, aber kurz vor Baubeginn auf 19 100 TEU vergrößert worden war. Diese Neubauten waren mit 187 541 GT vermessen, 399,67 Meter lang und 58,6 Meter breit. Der maximale Tiefgang wurde mit 16 Metern angegeben. Damit hatte jeder von ihnen annähernd eine so große Fläche wie vier Fußballfelder zusammen. Der Hauptmotor mit einer Leistung von 56 800 kW/77 227 PS war ausgelegt für 25 Knoten Geschwindigkeit. Eine automatische Steuerung des Verbrauchs, um der aktuellen Geschwindigkeit des Schiffes und den Bedingungen auf See zu entsprechen, verbesserte die Kraftstoffeffizienz. Dadurch sollten die Schiffe 20 Prozent weniger Treibstoff pro TEU verbrennen, verglichen mit dem Profil eines 10 000-TEU-Containerschiffes.

Irgendwie dazwischen passte noch die von Hyundai Samho in Mokpo für die United Arab Shipping Co. (UASC, 2017 mit Hapag-Lloyd fusioniert) gebaute BARZAN, die als erstes Schiff einer Sechserserie im Mai 2015 ihre Jungfernreise antrat und einige Besonderheiten aufwies. Mit einer Stellplatzkapazität von 18 800 TEU lag sie zwischen dem Maersk Triple-E-Typ und der CSCL GLOBE. Genau genommen kam ihr so ebenfalls für kurze Zeit ein Spitzenplatz zu. Wenn bei dem Kampf darum schon wenige Boxen ausreichen, um als Champion zu gelten, dann waren es bei der BARZAN als Besonderheit wenige Meter in der Länge. Die BARZAN brachte es auf glatte 400 Meter, die CSCL GLOBE dagegen »nur« 395,4 Meter. Auch Kleinigkeiten zählen eben. Die Breite betrug 59 Meter, der Tiefgang 16 Meter, die Höhe 76 Meter. Der 56 832 PS leistende Hauptmotor sorgte für eine Geschwindigkeit von bis zu

↑ MSC ZOE, 19 224 TEU, 395 m, einlaufend nach Hamburg. Auf dem Spruchband der Schnee von gestern, die Olympiabewerbung Hamburgs »Moin Hamburg, MSC drückt die Daumen für die Spiele 2024«.

→ Die BARZAN, 18 800 TEU, fährt nun unter Hapag-Lloyd-Flagge.

Foto: UASC/Hapag-Lloyd

Foto: BLG

← MSC Oscar, 19 224 TEU.

22,8 Knoten. Und das vor allem bemerkenswert, er war »LNG ready« als erste Antriebsanlage eines Großcontainerschiffes. Dazu noch Anmerkungen zu den Themen Sicherheit und Manövrieren. Mit gut 11 000 Quadratmeter bot die Bordwand so viel Fläche wie die Segel des größten Segelschiffes, was von der Schiffsführung während der Fahrt und besonders bei An- und Ablegen viel Gefühl für das Schiff abverlangte. Und eine Barzan, für die 57 000 Tonnen Stahl verbaut wurden, konnte man nicht eben mal zum Stoppen bringen. Etwa 3,5 Kilometer brauchte der Riese von 18 Knoten auf null.

Die CSCL Globe verblieb nicht lange auf dem Spitzenplatz als weltgrößtes Containerschiff. MSC, die zweitgrößte Containerreederei, schickte ihr MSC Oscar mit einer Stellplatzkapazität von 19 224 TEU nur kurze Zeit später nach der CSCL Globe auf die Jungfernreise. MSC Oscar war zusammen mit fünf weiteren Einheiten der sogenannten Olympic-Baureihe 2013 geordert worden, bei der Werft Daewoo in Südkorea, und zwar zunächst ebenfalls als 18 400-TEU-Schiff mit nachträglicher Vergrößerung durch eine zusätzliche Deckscontainerlage auf 19 224 TEU. So groß war der Abstand zu dem Vorgänger an der Spitze nicht. Die Länge betrug 395,4 Meter, die Breite 59 Meter und der Tiefgang 16 Meter. Auch die Antriebsanlage war ähnlich. Der Bau des Schiffes nach einem speziellen Widebeam-Design hat vom ersten Zuschnitt der Stahlplatten bis zur Ablieferung, einschließlich der ausgedehnten Inbetriebnahme und Probefahrten, lediglich elf Monate gedauert. Es wurde mit einem torsionssteifen Kastenträger ausgestattet und aus Stahlplatten gebaut, die im Bereich des Lukensülls bis zu 100 Millimeter stark waren. Die Schwesterschiffe liefen bis November 2015 vom Stapel. Insgesamt erwartete MSC zum Zeitpunkt der Ablieferung der MSC Oscar auf die Fertigstellung von 18 weiteren Schiffen mit einer Kapazität von mehr als 19 000 TEU.

Ende 2015/Anfang 2016 befanden sich nach Angaben des Branchendienstes Alphaliner 6096 Containerschiffe mit einer Gesamtstellplatzkapazität von 20 312 469 TEU auf den Linienverbindungen in der Welt in Fahrt. Dabei hatte Maersk mit einer

Foto: HHM/Hasenpusch

← MOL Triumph, 20 170 TEU, im Mai 2017 erstmals in Hamburg.

Foto: DOLE

↑ 2016 kamen nach langer Pause erstmals wieder zwei Kühlcontainerschiffsneubauten in Fahrt mit Platz für jeweils 770 40-Fuß-Boxen.

Kapazität von 2,99 Mio. TEU die größte Flotte mit einem Marktanteil auf TEU-Basis von 14,7 Prozent. Den zweiten Platz belegte mit 13,4 Prozent Marktanteil MSC, gefolgt von CMA CGM mit 8,8 Prozent.

Im Februar 2016 kamen nach langer Pause erstmals auch wieder Kühlcontainerschiffe in Fahrt. Es waren drei von Dole 2013 bei Hyundai Mipo Dockyard bestellte Einheiten, mit denen drei kleinere 491-FEU-Schiffe ersetzt werden sollten, die zwischen San Diego und Guayaquil/Ecuador, Paita/Peru, Callao/Costa Rica sowie Puarto Quetzal/Guatemala verkehrten. Als erster dieser 56-Mio.-USD-Neubauten konnte die Dole Pacific übernommen werden. Die Schwesterschiffe Dole Atlantic und Dole Caribbean folgten nach jeweils rund elf Monaten Bauzeit wenig später noch im gleichen Jahr. Sie waren bei 189,98 Meter Länge und 30,4 Meter Breite mit 25 669 GT vermessen und hatten eine Stellplatzkapazität für 770 40-Fuß-Container (FEU). Mit zwei bordeigenen Hydaulik-Gantry-Kränen, die bis 50 Boxen in der Stunde bewegen konnten, waren sie unabhängig von Umschlaganlagen an Land. Vier Dieselgeneratoren sicherten den hohen Energieverbrauch der Kühlschiffe.

Nachdem seit 2015 keine außergewöhnlich großen Schiffe mehr in Auftrag gegeben worden waren, überschlugen sich im Jahr 2017 praktisch die Ereignisse wieder, soweit sie den Größenwettlauf betrafen. Den Anfang machte die MOL Triumph nicht nur als zu dieser Zeit größtes Containerschiff der Welt, sondern sogar als erstes, das die 20 000-TEU-Grenze übersprang. Sie war zusammen mit fünf Schwesterschiffen 2015 trotz der anhaltenden tief greifenden Krise in der Containerschifffahrt für rund 155 Mio. USD von der japanischen Reederei Mitsui O.S.K. Lines (MOL) bei der koreanischen Samsung Heavy Industries bestellt worden. Der Neubau bot Platz für 20 170 TEU bei 400 Meter Länge, 58,8 Meter Breite, 16 Meter Tiefgang und einer Vermessung von 192 672 GT. Schiffbaulich entsprach er den bereits in Betrieb oder noch im Bau befindlichen ULCC. Der auch für die Nutzung von LNG vorbereitete Hauptmotor leistete 82 440 kW/LNG ready) für 24 Knoten Höchst- und 22 Knoten Dienstgeschwindigkeit.

Die Jungfernreise der MOL Triumph führte im April 2017 ab Xingang über Dalian, Qingdao, Shanghai, Ningbo, Hongkong, Yantian, Singapur, Tanger, Southampton und Hamburg nach Rotterdam. Auf der Rückreise wurde auch Dschabal Ali bedient. Aber noch während dieser Reise ging der Titel als weltgrößtes Containerschiff auf die Madrid Maersk mit nunmehr 20 568 TEU Stellplatzkapazität über. 24 Containerreihen konnten an Deck nebeneinander gestaut werden. Die von Daewoo gebaute, mit 214 286 GT vermessene Madrid Maersk war wie die MOL Triumph ebenfalls 2015 geordert worden, und zwar als Teil einer insgesamt elf Schiffe umfassenden Serie, von denen das letzte Mitte 2018 in Fahrt kommen sollte. 1,8 Mrd. USD sollen für die gesamte Serie investiert worden sein.

→ OOCL Hong Kong, 21 413 TEU, Baujahr 2017, frisch von der Werft.

Aber der MADRID MAERSK ging es wie ihrer Vorgängerin MOL TRIUMPH. Schon im Verlauf ihrer Jungfernreise verlor sie die Krone als größtes Containerschiff an die von Koreas Samsung Heavy Industries (SHI) als erstes Schiff einer Sechserserie für die Orient Overseas Container Line (OOCL) gebaute, noch größere OOCL HONG KONG wieder. Sie war 2015 geordert worden, bot Stellplätze für 21 413 TEU und war das erste Schiff, das die 21 000-TEU-Marke übersprang. So ging es eben Schritt für Schritt nach oben. Die OOCL HONG KONG ist mit 210 890 GT vermessen, 399,87 Meter lang, 58,80 Meter breit, geht 16 Meter tief, die Antriebsanlage leistet 75 570 kW.

Die Gesamtserie, deren letzte Einheit im Januar 2018 abgeliefert wurde, kostete übrigens nach Werftangaben 950 Mio. USD, also rund 158 Mio. USD pro Schiff. Das war schon sehr günstig, verglichen mit den Preisen in den Jahren der Hochzeit. Und es war auch günstiger gegenüber den ebenfalls durchaus noch günstigen 163 Mio. USD, die Maersk etwa um die gleiche Zeit für einen fast gleich großen Neubau ihrer MADRID MAERSK-Klasse an Daewoo überweisen musste. Aber die Werften, und besonders die exzessiv ausgebauten Großwerften in Korea und China, buhlten um jeden sich abzeichnenden Auftrag, und am besten ging das natürlich über den Preis.

Foto: OOCL

Foto: HHLA/Hasenpusch

↑ COSCO ARIES, 19 213 TEU, ein Cosco-Eigenbau von der Nantong-Werft, hat 2018 als erstes chinesisches Schiff der 20 000-TEU-Klasse Hamburg bedient.

Zwar nicht ein Spitzenschiff wie die OOCL HONG KONG, aber unbedingt zur gleichen Größenklasse zählen die Schiffe des 2015 eingeleiteten Neubauprogramms der chinesischen Staatsreederei Cosco, das zum Teil noch von der Reederei China Shipping Container Lines (CSCL) stammte, die inzwischen aber in Cosco aufgegangen war. Bestellt waren insgesamt 17 Schiffe bei den Werften Shanghai Waigaoqiao Shipbuilding, Nantong Cosco KHI Ship Engineering und Dalian Shipbuilding mit Stellplatzkapazitäten zwischen 19 373 TEU und 21 200 TEU. Als erster dieser Neubauten wurde im Januar 2018 die COSCO SHIPPING ARIES abgeliefert, und dazu gehört ebenfalls als erstes Schiff einer Sechserserie, die bei Waigaoqiao gebaute COSCO SHIPPING UNIVERSE mit 21 237 TEU sowie einer Vermessung von 194 864 GT. Es war das bis dahin größte Schiff der in den zurückliegenden Jahren mit enormem Tempo gewachsenen Reederei. Mitte 2018 führte Alphaliner sie als viertgrößten Containercarrier mit einer Flotte von 363 Schiffen, 2,01 Mio. TEU Transportkapazität und neun Prozent Marktanteil. Nach abgeschlossener Übernahme der Hongkong-Reederei Orient Overseas Container Lines (OOCL) würde sie nach Alphaliners Einschätzung die französische CMA CGM mit ihren 11,7 Prozent Marktanteil überholen. Die aber hatte selbst zu dieser Zeit noch 17 Schiffe mit 244 000 TEU im Orderbuch.

Dazu gehörten neun 22 000-TEU-Megacarrier, die sie bei den beiden chinesischen Werften Hudong-Zhonghua und Shanghai Waigaoqiao bereits im Herbst 2017 in Auftrag gegeben hatte. Sie sollten ab Ende 2019 in Fahrt kommen. Dieser bereits Monate vorher diskutierte, aber dann doch überraschende Auftrag hatte bei Koreas Schiffbauern tiefe Bestürzung ausgelöst, denn

Foto: Hamburg Süd/van der Horn

↑ Mit der Cap San Lorenzo und ihren Schwesterschiffen wurden neue Maßstäbe in den Südamerika-Verkehren gesetzt.

sie hatten diesen Großauftrag schon beinahe sicher für sich gebucht. Ausschlaggebend war dann doch wieder letztlich der in China angebotene Preis. Der hatte bei Hyundai Heavy Industries (HHI) bei 175 Mio. USD pro Schiff gelegen, die Chinesen setzten 160 Mio. USD dagegen. Bei diesem Unterschied muss man natürlich nicht einmal ins Grübeln kommen, zumal chinesische Werften bereits bewiesen hatten, dass sie auch größere Containerschiffe bauen konnten.

Als Reaktion auf den Verlust dieses zur Auslastung der Baukapazitäten dringend benötigten Auftrags kündigte HHI an, 5000 ihrer 17 000 Beschäftigten von September 2017 bis Juni 2018 auf freiwilliger Basis in unbezahlten Urlaub schicken zu wollen. Sollte diese Zahl nicht erreicht werden, sollten alternativ einige Produktionslinien stillgelegt und an diesen beschäftigte Arbeiter zu Trainingsmaßnahmen geschickt werden. Mitte 2017 hatte HHI noch 85 Neubauten im Auftragsbuch, gegenüber 110 im Jahr davor. Im zweiten Halbjahr waren laut HHI 30 Schiffe abzuarbeiten, nach über 40 im »normalen« Halbjahreszeitraum. In China sah es dagegen bedeutend besser aus. Nach Angaben der China Association of the National Shipbuilding Industry hatten die Werften des Landes neue Aufträge mit einer Tragfähigkeit von insgesamt 8,14 Mio. tdw buchen können – 31,4 Prozent des globalen Marktes, womit Korea, das auf 30,6 Prozent gekommen war, überrundet sei. Aus der Shanghai Maritime University hieß es dazu, dass die chinesischen Werften erstmals ihre südkoreanischen Konkurrenten hinter sich gelassen und auch im hochwertigen Schiffbau, bezogen auf den CMA-CGM-Auftrag, erstmals gegenüber den Koreanern die Nase vorn gehabt hätten.

Außer dass mit den CMA-CGM-22 000-TEU-Neubauten erstmals die 22 000-TEU-Grenze erreicht und letztlich wahrscheinlich mit 22 852 TEU sogar überschritten wurde, war bei ihnen die Besonderheit festzuhalten, dass sie als erste Großcontainerschiffe reinen LNG-Antrieb erhalten sollten. Das hatte die Reederei als »bahnbrechende Entscheidung« im Rahmen der Bonner Klimakonferenz im November 2017 als ihre Reaktion auf den verstärkten Umweltschutz bekannt gegeben. Die von GTT entwickelten Kraftstofftanks in Membranbauweise werden 18 600 Kubikmeter fassen und damit genügend Brennstoff für eine Rundreise an Bord haben. Um dem von Kritikern monierten Mangel an entsprechender Bunkerinfrastruktur zu begegnen, sind mit GTT und dem Ölkonzern Total langfristige Verträge abgeschlossen worden. Immerhin ging es nach Infahrtsetzung aller neun Schiffe um eine Menge von 300 000 Tonnen pro Jahr. Außerdem haben Total und die japanische Reederei Mitsui O.S.K. Lines einen Zehnjahres-Chartervertrag zum Betrieb eines innovativen LNG-Bunkerschiffes unterzeichnet. Die Kapazität des 2020 fertigzustellenden Tankers, der in China gebaut wird, soll 18 000 Kubikmeter betragen. Zunächst hat sich CMA CGM für Rotterdam als Bunkerstandort entschieden. Eine spätere Nutzung von Singapur wurde explizit nicht ausgeschlossen, denn der südostasiatische Stadtstaat – ein traditioneller Bunker-Hub – forciert seit geraumer Zeit den Aufbau einer Infrastruktur. Generell wird davon ausgegangen, dass künftig immer mehr Reedereien dazu übergehen werden, LNG als Brennstoff zu nutzen, um den immer schärfer werdenden internationalen Emissionsbestimmungen zu entsprechen. Wichtig dafür sei jedoch ein rascherer Ausbau der weltweiten LNG-Infrastruktur, die immer noch bei Weitem nicht dicht genug sei.

Nur wenige Tage nach Bekanntgabe des CMA-CGM-Auftrags über neun 22 000-TEU-Schiffe hat der Rivale MSC nachgezogen und die Bestellung von gleich elf Schiffen dieser Größe bestätigt, worüber jedoch ebenfalls schon länger vorher in der Branche spekuliert worden war. Der Auftrag im Wert von mehr als 1,5 Mrd. USD ging aber nicht nach China, sondern wurde bei der angeschlagenen koreanischen Werft Daewoo Shipbuilding & Marine Engineering (DSME) platziert. In Anbetracht ihrer desolaten Lage hatte sie wohl den »Schnäppchenpreis« von 136 Mio. USD zur Beschäftigungssicherung offerieren müssen.

Zwar wurde die Stellplatzkapazität dieser Neubauten offiziell mit 22 000 TEU angegeben, Alphaliner ging jedoch davon aus, dass es wohl 23 356 TEU sein würden. Die 402 Meter langen und 61,4 Meter breiten Schiffe böten 24 Bays in der Länge, 24 Reihen nebeneinander an Deck und 24 Boxen übereinander – je zwölf im Raum und an Deck – daher die Bezeichnung Megamax-24 laut Alphaliner. Die Differenz von rund 500 TEU bei den Stellplätzen im Vergleich mit den neuen CMA CGM-Carriern bei ansonsten nahezu gleichen technischen Daten ergab sich wahrscheinlich dadurch, dass MSC Skrubber zur Abgasreinigung vorsah, für die weniger Platz als für die LNG-Tanks auf den CMA CGM-Bauten benötigt wurde – Platz für etwa eine 40-ft-Bay.

Im Rahmen der Auftragsankündigung betonte MSC auch, dass mit ihm die Kapazitäten im Fernostverkehr, dem einzigen, in dem die Neubauten überhaupt zum Einsatz kommen könnten, nicht erhöhen zu wollen. Stattdessen sollen diese Neubauten dort in Fahrt befindliche »kleinere« Tonnage ablösen, insbesondere solche in der Größe 13 000/ 14 000 TEU. Aber wie zuvor die CMA-CGM-Aufträge hatten auch die von MSC Sorgen hinsichtlich noch weiter zunehmender Überkapazitäten verstärkt.

Wohl nicht zu Unrecht, denn zu den bereits genannten enorm großen Neubauorders von Maersk, CMA CGM, MSC und Cosco waren auch die von weiteren Marktteilnehmern in Betracht zu ziehen, von japanischen Reedereien sowie Evergreen z. B. Und Hyundai Merchant Marine Co. (HHM) hatte erst Mitte Juni 2018 mit den drei großen Schiffbauunternehmen des Landes – HHI, Daewoo und Samsung – eine Absichtserklärung über ein großes Auftragspaket über den Bau von zwölf 23 000-TEU- und acht 14 000-TEU-Boxcarriern unterzeichnet. Sie sollen 2020/21 in Fahrt kommen. Dem muss wohl nichts hinzugefügt werden.

Zu viele ULCCs würden in den kommenden Jahren abgeliefert, so die Befürchtungen. Gleichzeitig warnten Analysten aber auch davor, dass es für kleinere Carrier, die durch die Welle neuer Megaboxer auf andere Routen ausweichen müssten, schwierig werden könne, ausreichend Beschäftigung zu finden. Allein 30 Einheiten mit einer durchschnittlichen Stellplatzkapazität von 11 700 TEU würden 2018 in den Fernost- und Pazifikverkehren durch größere ersetzt, und für sie müssten in anderen Fahrtgebieten Beschäftigung gefunden werden – im immerwährenden Kaskadeneffekt, ausgelöst seit Jahrzehnten durch den Einsatz immer größerer Schiffe. Diese Verlagerungen waren alles andere als nachfragegetrieben und verursachten durchaus auch spezifische Probleme über die Verdrängung bislang dort eingesetzter kleiner Tonnage hinaus. Zu nennen sind dafür beispielhaft Hafenbeschränkungen und die Einhaltung von Abfahrtsfrequenzen.

Das gibt Gelegenheit, auf die Situation in dem Bereich Feederverkehre hinzuweisen. Im Mai 2018 warnte Seaintel Maritime Analysis vor einem drohenden Mangel an Feederschiffen, der 2020, abhängig von den Regionen zwischen 400 und 1200 Einheiten betragen könnte. Ausgelöst auch dadurch, dass etwa zehn Prozent der existierenden Feederschiffsflotte 2020 ein Alter von 25 Jahren erreicht haben würde. Die infolge des Kaskadeneffekts in die Feederrouten neu vorstoßenden Schiffe mit Kapazitäten bis 11 000 TEU könnten die Probleme nur teilweise lösen, und das auch nur in bestimmten Verbindungen. Vor allem viele Häfen würden hier ganz klare Grenzen setzen. Benötigt würden deshalb kleinere Einheiten, mit denen auch die vielen kleineren Häfen vor allem, aber nicht nur an den europäischen Küsten erreicht werden können. Nicht zuletzt ließen sich dadurch zahlreiche Transporte in den Zu- und Ablaufverkehren über Land vermeiden.

Ein deutliches Zeichen für den nordeuropäischen Feedersektor hat im April 2018 die Maersk-Tochter Seago Line mit der Übernahme der auf der chinesischen Werft Cosco Zhoushan gebauten VISTULA MAERSK gesetzt. Sechs weitere Schiffe dieser Klasse werden folgen. Die VISTULA MAERSK und ihre Schwestern sind speziell für den Einsatz in Nord- und Ostsee und dabei wiederum besonders für die Bedienung der im östlichen Teil der Ostsee gelegenen russischen Häfen ausgelegt. Es sind die größten speziell für die Ostsee konzipierten Feedercarrier – mit hoher Eisklasse, ohne Wulstbug und zu breit für den Nord-Ostsee-Kanal. Die 200 Meter langen, 35,2 Meter breiten und zehn Meter tiefgehenden Schiffe haben eine Stellplatzkapazität von 3596 TEU und werden deshalb schon mal als »EMMA MAERSK der Ostsee« bezeichnet. Mit ihrer Eisklasse sind sie für den Einsatz bei Temperaturen von bis zu −25 °C geeignet und zeichnen sich außer ihrem stärkeren Rumpf durch eine hohe Kühlkapazität mit 600 Reefer-Anschlüssen aus. Zu den frischen Waren, die im Russland-Dienst transportiert werden, zählen beispielsweise Zitrusfrüchte, Tomaten, Orangen und Kartoffeln. Und noch etwas ist besonders bemerkenswert: Mit ihnen wird der Einsatz künstlicher Intelligenz getestet. So wurden an Bord u. a. LIDAR-Tools zur Abstands- und Geschwindigkeitsmessung mit Laserstrahlung installiert. Ähnlich wie die Fahrunterstützungssysteme in modernen Autos scannen sie die Umgebung des Schiffes, um Hindernisse rechtzeitig zu erkennen und die sogenannte »Situational Awareness« zu erhöhen. Im Ergebnis soll damit der Flottenbetrieb sicherer und effizienter gestaltet werden, teilte die Reederei mit.

Selbst in den Feederverkehren gibt es Bewegung in Richtung LNG (siehe auch Seite 204). So hat Unifeeder, ein führender europäischer Short-Sea-Operator, einen Dienst zwischen Rotterdam und Ostseehäfen aufgenommen. Auch die auf den LNG-Betrieb umgerüstete WES AMELIE (siehe Seite 188) ist dazu zu rechnen. Der Ausbau der erforderlichen Infrastruktur macht Fortschritte. Notfalls werden LNG-Tankwagen eingesetzt, um den Brennstoffvorrat an Bord wieder zu ergänzen.

Foto: Maersk

→ Die VISTULA MAERSK ist das Typschiff einer Serie von Feederschiffen, die eisverstärkt vor allem in der Ostsee verkehren sollen.

# Die weitere Entwicklung …

Allgemein gesehen wird es selbstverständlich auf jeden Fall weitergehen. Bleibt nur die Frage, wie? Schlüssig oder gar abschließend wird natürlich niemand seriös eine Antwort darauf geben können. Und was es mit Prognosen so auf sich hat, ist bereits vorher angeklungen. Bleiben also nur Vermutungen, die auf den beschriebenen Entwicklungssträngen basieren und auf aktuellen Fakten, deren Bestand sich erfahrungsgemäß aber immer auch kurzfristig verändern oder sonst wie an Wert verlieren kann.

Was die wirtschaftliche Seite der Containerverkehre betrifft, gibt es wohl kaum Zweifel, dass sie, etwas abgeschwächt vielleicht, ihren generellen Schwung beibehalten – wie in der Vergangenheit mit Höhen und Tiefen. Knackpunkte bleiben dabei die politischen Entwicklungen und die Reaktionen der Finanzmärkte darauf – das mit Blick auf zunehmende oder stagnierende Ladungsvolumina.

Intern wird es darum gehen, wie die Branche mit ihren immer beklagten und doch nicht abgebauten Überkapazitäten umgeht. Theoretisch müsste es einen Ausgleich zwischen Angebot und Nachfrage geben oder mindestens das Bestreben, dorthin zu gelangen. Entsprechende Forderungen sind seit Ausbruch der Krise in der Branche immer mal wieder laut geworden – immer vergebens und so wie es aussieht, wird sich das Verhalten nicht ändern. Wer sollte denn mit dem Bremsen auch anfangen? Stets die anderen!

Die Technik betreffend sieht es so aus, dass neben den schon bekannten Bemühungen um den Bau noch größerer Einheiten zunehmend die Entwicklung autonom – also ohne Besatzung – fahrender Containerschiffe in das Blickfeld der Forscher und Konstrukteure gerückt ist. Etliche Unternehmen der Branche haben sich auf diesem Feld engagiert, ihre Vorstellungen formuliert oder bereits auch schon mit dem Bau von Modellen bzw. Prototypen begonnen. Dazu als Ergänzung bereits erwähnter Typen zwei weitere Beispiele:

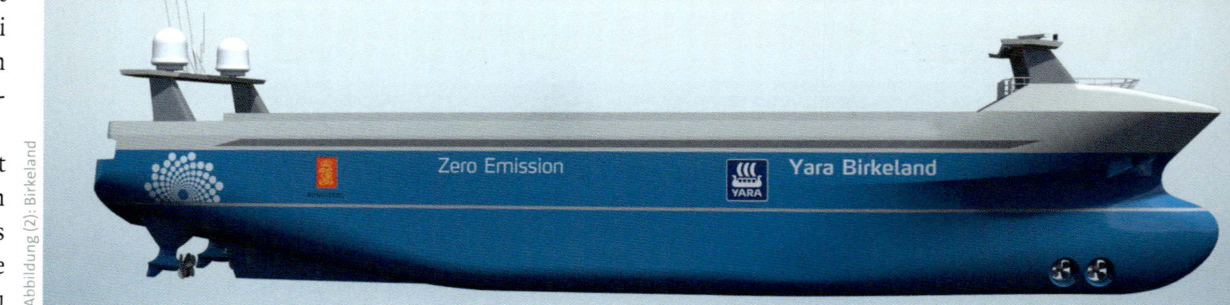


Abbildung (2): Birkeland

↑ Das Yara Birkeland-Projekt aus Norwegen

✤ In Norwegen ist das Projekt Yara Birkeland bereits relativ weit fortgeschritten. Es ist ein Gemeinschaftsprojekt des Technologiekonzerns Kongsberg und dem Unternehmen Yara ASA, das in dem etwa 140 Kilometer südwestlich von Oslo gelegenen Städtchen Porsgrunn Düngemittel hauptsächlich für den Export produziert. Der Entwurf sieht ein 120 TEU tragendes Open-Top-Containerschiff vor, das allein durch Batterien auf Wasserstoffbasis versorgt wird und zunächst für Fernsteuerung und dann sogar autonomen Betrieb ausgerüstet wird. Ziel ist es, mit der 79,5 Meter langen, 14,8 Meter breiten und fünf Meter tiefgehenden Yara Birkeland die Emissionen von jährlich rund 40 000 Lkw-Fahrten zu vermeiden, die für den Transport der produzierten Düngemittel zu den Terminals in den Exporthäfen Brevik, Herøya und Larvik notwendig sind. Die Transporte sollen künftig im Pendelverkehr per Schiff durchgeführt werden. Nach Ablieferung des Schiffes Ende 2018 sollen sofort die Tests beginnen. Für 2019 ist ein ferngesteuerter Betrieb geplant, ab 2020 dann der autonome.

✤ Das Modell von Rolls-Royce, Projektname »Electric Blue«, geht von einem modular aufgebauten 1000-TEU-Fahrzeug aus, wobei die einzelnen Module problemlos leicht austauschbar sein sollen, um spezielle Anforderungen bestimmter Fahrtgebiete zu erfüllen. Das gilt auch für die Wahl des Antriebs – Marinediesel, E-Motoren oder LNG. Die Brücke mit allen Einrichtungen für autonomes Fahren ist abnehmbar und kann mit allen ihren notwendigen Anlagen an Land installiert werden, um von dort aus das Schiff zu steuern, zu überwachen bzw. zu kontrollieren. Falls abgenommen, kann der Platz der

Abbildung: Hansen

↑ Das Rolls-Royce-Projekt ELECTRIC BLUE – ein autonom fahrendes Schiff.

Brücke für die Stauung weiterer Container genutzt werden. Die Rumpfkonfiguration ist so optimiert, dass der Einfluss schweren Wetters minimiert wird. Kein Ballastwasser nötig. Das ELECTRIC BLUE-Design kann auf 4000 TEU erweitert und auf Jahre hinaus dank seines modularen Aufbaus ständig neu angepasst werden, auch mit dem Einsatz modernerer Technologien. Die Erprobungen mit »Electric Blue« sollen 2020 beginnen. Ab 2025 ist dann der Einsatz mit zunächst noch einigen Fachleuten an Bord geplant, ab 2030/35 könnte auf voll autonomes Fahren umgeschaltet werden.

Auch China hat für Tests mit autonom fahrenden Schiffen bereits ein Seegebiet ausgewiesen. Beim Branchenführer Maersk allerdings steht man dem autonomen Betrieb von Containerschiffen (zunächst?) noch eher skeptisch gegenüber. Dort hieß es im März 2018 etwa, dass auch die größten Schiffe der Reederei mit sehr kleinen Besatzungen fahren würden, also einen eher vernachlässigbaren Faktor in den Betriebskosten darstellten. Es mache also wirtschaftlich keinen Sinn, beispielsweise ein 400-Meter-Großschiff ohne einen Menschen an Bord zu betreiben – jedenfalls im Moment noch nicht.

Eine andere Überlegung befasst sich mit der Zusammenfassung von Containern zu größeren Einheiten. Dabei geht es vor allem um die weitere Einbeziehung von Häfen, die von den Mega-Containerschiffen nicht mehr angelaufen werden können. Davon gibt es in allen Teilen der Welt eine ganze Menge. Dies im Blick hat z. B. der US-Logistikberater Jack Oney das sogenannte »Seahorse«-Shipping-Konzept entwickelt. Es sieht vor, dass ein Großcontainerschiff sechs autonome 2250-TEU-Containerschiffe im offenen Laderaum transportiert. Sie werden vor der Küste, etwa der US-Westküste, abgesetzt und sollen dann einzeln entweder mit eigener Kraft oder mit Schlepperhilfe im Küstenverkehr ihre kleineren Zielhäfen erreichen. Im Fall der US-Westküste könnten das beispielsweise sechs Häfen zwischen Vancouver und San Diego sein. Das Konzept (siehe Seite 216) erinnert an das Lash-System (Lash – Lighter aboard ship), das in den 1970er-Jahren ansatzweise realisiert worden ist, sich aber nicht durchsetzen konnte. Es blieb eine Episode. Wieweit das »Seahorse«-Konzept eventuell angenommen wird, bleibt abzuwarten. Noch ist es nur ein Projekt.

# Kommen noch größere?

Die weitere Größenentwicklung der »Giganten« bzw. jetzt XXL-Schiffe, der »Megaboxer« oder »Very Large Container Ships/Vessels« (VLCS/ULCV) bzw. »Ultra Large Container Ships/Vessels« (ULCS/ULCV) ist aus einer Reihe von Gründen durchaus offen. Sicher wird es eine weitere, noch größere nächste Generation geben. Das ist trotz aller Mahnungen und Vorbehalte ziemlich sicher. 26 000 TEU und sogar 30 000 TEU sollen sogar in Fachkreisen bereits in der Vorplanung oder im Gespräch sein. Technisch wird das keine Probleme bereiten, aber wäre das wirtschaftlich noch zu vertreten? Das ist die oft gehörte Fragestellung. Vor allem aber sind weitere Folgen, etwa in den Bereichen Umwelt und Landverbrauch, nicht abzuschätzen und liegen absolut im Bereich des Spekulativen.

Wie weit das Argument, dass größere Containerschiffe wirtschaftlicher zu betreiben sind (Economy of Scale), noch zieht, ist offen. Aber auch das stößt an Grenzen, wie ebenso und mehr noch die Restriktionen in Kanälen und besonders in Häfen diese aufzeigen. Ein 24 000-TEU-Schiff kann, durchgerechnet, Längen bis zu 460 Meter erreichen und mit 25 Containerreihen an Deck bis zu 63,6 Meter Breite. Tiefgang bis 17 Meter. Welche Häfen können das noch verkraften? In Asien gibt es sicherlich mehrere, in Europa ist die Zahl jedoch sehr begrenzt. Viele Hafenstandorte liegen zudem an Flüssen, die geografischen Zwängen wie begrenzten Wassertiefen unterliegen. Da größere Schiffe zunehmend auch breiter werden müssen, wird es auf manchen Flüssen zudem Probleme im Begegnungsverkehr geben. Darüber hinaus können sich Fragen hinsichtlich Versicherungen stellen. Wer wird bereit sein, für den möglichen Totalverlust eines solchen Großschiffes einschließlich Ladung aufzukommen, und was ist für diese Versicherungen zu zahlen?

Im Moment müsste eigentlich, zumindest auf mittlere Sicht, das Bemühen im Vordergrund stehen, möglichst alle oder wenigstens die meisten der bis jetzt (Mitte 2018) auf den Markt zugelaufenen und die noch kommenden »Giganten« zu beschäftigen. Dafür ist aber noch eine lange Durststrecke mit wahrscheinlich vielen Überraschungen zu überwinden, wenn überhaupt. Es wird in dieser Hinsicht jedoch in nächster Zeit ohne Frage, wie schon in der Vergangenheit, jede Menge Prognosen in jede Richtung geben. Wer weiß? Rückblickend haben der Container und die um ihn herum entstandene Industrie immer wieder Überraschungen parat gehabt. Warum also sollte es in Zukunft anders sein?

Abbildung: Jack Oney

↑ Die Idee aus den USA von einem künftigen Großcontainerschiff hat Ähnlichkeiten mit dem Lash-System aus den 1970er-Jahren.

↓ Auch Wärtsiläs stromlinienförmige Zukunftsvision ist mit Megacontainern bestückt, die jeweils 16 TEU zusammenfassen.

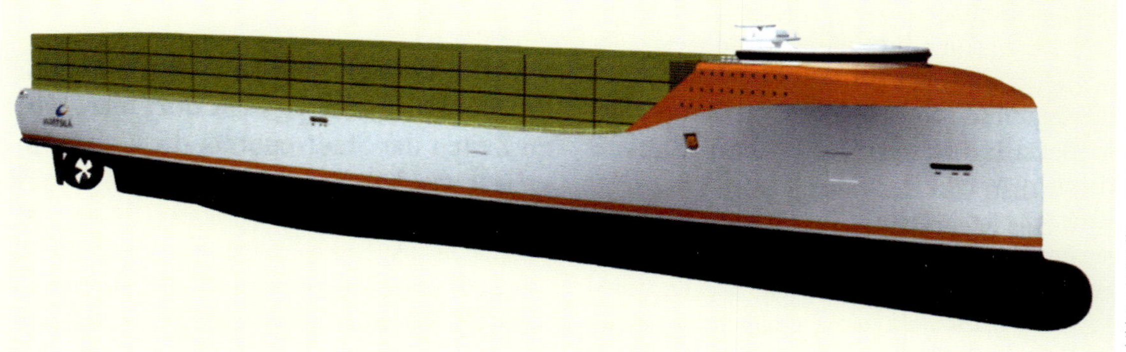

Abbildung: Wärtsilä

Foto: Eurogate

**Ganz große Containerschiffe** werden bei ihren Hafenanläufen immer auch sehr große Boxenmengen umschlagen. Das stellt die Häfen bzw. die Terminals, denn diese Megacarrier kommen seltener und dazu nicht immer planmäßig, vor große Herausforderungen, die möglicherweise weiteren Größensteigerungen Grenzen setzen werden. Da die Mengen gewöhnlich stoßweise anfallen, muss auf den Terminals nicht nur genügend Platz vorhanden sein, sondern für den Zu- und Ablauf der Container wird eine leistungsfähige Infrastruktur benötigt, um das rasch und reibungslos bewältigen zu können. Die gegenwärtig vielerorts bestehenden Engpässe werden nicht so leicht und schon gar nicht kurzfristig auszubauen sein. Anderes, wie die Belastungsspitzen für Mensch und Material, kommt hinzu.

Das alles tat dem berechtigten Stolz des Hamburger Terminals Eurogate keinen Abbruch, als er Anfang August 2018 melden konnte, dass in den vergangenen Tagen von zwei Großcontainerschiffen, beide 400-Meter-Giganten, insgesamt 25 276 TEU umgeschlagen worden seien. Die MADISON MAERSK (18 270 TEU) löschte und lud 12 509 TEU, bei der MSC MIRJAM (19 200 TEU) waren es insgesamt 12 767 TEU. Beides sind laut Eurogate neue Spitzenwerte für den Umschlag einzelner Schiffe. Das Foto zeigt die MADISON MAERSK beim Umschlag am Eurogate-Terminal.

## Größenentwicklung im Containerschiffbau seit 1968

| Baujahr | Schiffsname | Reederei | Werft | TEU | Länge | GT |
|---|---|---|---|---|---|---|
| 1968 | ELBE EXPRESS | Hapag-Lloyd | Blohm + Voss | 730 | 171 | 14 069 |
| 1981 | FRANKFURT EXPRESS | Hapag-Lloyd | HDW | 3 430 | 288 | 57 540 |
| 1988 | PRESIDENT TRUMAN | APL | HDW | 4 400 | 275 | 61 300 |
| 1995 | APL CHINA | APL | HDW | 4 826 | 276 | 64 500 |
| 1996 | REGINA MAERSK | Maersk | Maersk | 6 000 | 318 | 81 488 |
| 2004 | CSCL ASIA | CSCL | Samsung | 8 500 | 334 | 90 645 |
| 2005 | GUDRUN MAERSK | Maersk | Maersk | 8 500 | 367 | 97 933 |
| 2005 | MSC PAMELA | MSC | Samsung | 9 178 | 336 | 90 449 |
| 2006 | EMMA MAERSK | Maersk | Maersk | 14 770 | 397 | 170 794 |
| 2010 | MSC DANIELA | MSC | Daewoo | 13 800 | 365 | 153 022 |
| 2012 | CMA CGM MARCO POLO | CMA CGM | Daewoo | 16 020 | 396 | 175 343 |
| 2013 | MÆRSK MC-KINNEY MØLLER | Maersk | Daewoo | 18 000 | 400 | 194 849 |
| 2015 | BARZAN | UASC | Hyundai | 18 800 | 400 | 195 636 |
| 2015 | MSC OSCAR | MSC | Daewoo | 19 240 | 395 | 192 237 |
| 2017 | MOL TRIUMPH | MOL | Samsung | 20 170 | 400 | 199 000 |
| 2017 | MADRID MAERSK | Maersk | Daewoo | 20 488 | 399 | 214 786 |
| 2018 | COSCO SHIPPING UNIVERSE | Cosco | Waigaoqiao | 21 237 | 400 | 194 860 |
| 2020 | MSC NEUBAU | MSC | Hyundai | 23 358 | 402 | ? |

# Auch in den Häfen niemals Stillstand

Von dem Einsatz der immer größeren Containerschiffe haben sich die Linienreedereien Vorteile versprochen, um im Kostenwettbewerb möglichst weit vorn zu bleiben. Das ist beim Vorhandensein bestimmter Voraussetzungen im direkten Seetransport auch durchaus gelungen. Die dort erreichten Vorteile lassen sich jedoch nur erhalten, wenn die Häfen mitziehen und alles dafür tun, damit die Aufenthalte der Schiffe dort angemessen zeitlich begrenzt bleiben. Schließlich gilt der Spruch unverändert, dass mit einem Schiff nur Geld verdient werden kann, wenn es fährt.

Die Häfen müssen also alles daransetzen, den Umschlag der Boxen möglichst zu beschleunigen, und zwar sowohl durch den Ausbau und die Anpassung bestehender Anlagen als natürlich auch mit dem Bau neuer Terminals auf der »grünen Wiese«. Keine leichten Vorhaben! Sie sind heutzutage einfacher anzukündigen als zu realisieren. Insbesondere in einem Umfeld, in dem jede Hafenausbau- und Neubaumaßnahme viele Jahre diverse Genehmigungsverfahren durchlaufen muss – ganz zu schweigen von weiteren Aspekten wie der Finanzierung und der Umweltverträglichkeit, die der immer sehr aufwendigen endgültigen Durchführung entgegenstehen. Letzteres wird vor allem in Westeuropa, aber auch in Nordamerika teilweise auf die Spitze getrieben. Dabei wäre doch ein vernünftiges Abwägen der Aspekte von wirtschaftlicher Notwendigkeit und des unbedingt auch erforderlichen Schutzes von Umwelt und Natur eher angebracht als ein starres

↓ Der JadeWeserPort entstand in Wilhelmshaven auf der »grünen Wiese«.

Foto: JadeWeserPort

Beharren auf den eigenen Grundsätzen und Einwendungen – theoretisch jedenfalls.

Dabei ist der Aus- oder Neubau der Häfen und Terminals absolut notwendig, damit die über die Jahre permanent gewachsenen Transportmengen nicht zu Kapazitätsengpässen führen, wie in der Vergangenheit bereits zeitlich und örtlich begrenzt zu erfahren war. Darüber hinaus sind in den Häfen funktionierende, ineinandergreifende Konzepte erforderlich, um einen möglichst optimalen Ablauf beim Boxenumschlag zu gewährleisten. Nur mit ihnen können die Häfen in der Ära der immer größeren Megacarrier ihre Wettbewerbsfähigkeit erhalten oder sie sogar noch verbessern.

Der bereits vorher schon einmal zitierte Dr.-Ing. Axel Schönknecht von der Technischen Universität Hamburg-Harburg (TUHH), Institut Technische Logistik, hat es vor einiger Zeit schlüssig auf den Punkt gebracht. Nach seiner damals geäußerten Meinung, die im Grundsatz auch heute noch häufig immer mal wieder von Fachleuten bestätigt wird, geht die monetäre Produktivität von Containerschiffen mit Stellplatzkapazitäten von über 8000 TEU als Folge längerer Hafenliegezeiten verloren oder wird zumindest teilweise eingeschränkt. Mit einfachen Worten: Pro Slot kann dadurch mit ihnen im Jahr weniger Geld verdient werden als mit kleineren Schiffen. Damit nun die Vorteile der ganz großen Carrier insgesamt gesehen erhalten bleiben bzw. noch gesteigert werden können, muss nicht zuletzt auf entsprechend kurze Hafenliegezeiten geachtet werden. Wenn es gilt, die vorgegebenen Rundreisezeiten einzuhalten, könnten höhere Geschwindigkeiten zwischen den Häfen einen Ausgleich schaffen. Das wird aber wegen des damit verbundenen höheren Treibstoffverbrauchs nur in Ausnahmefällen praktiziert (siehe Slow Steaming). Eine andere inzwischen häufiger angewendete Möglichkeit ist, die Anzahl der

↓ Um den Umschlag deutlich zu beschleunigen, bietet sich der Einsatz möglichst vieler Brücken am Schiff an. Hier sind es neun an der CMA CGM Amerigo Vespucci (13 830 TEU) in Bremerhaven. 3400 Boxen wurden während der Liegezeit geladen und gelöscht.

Foto: BLG

bedienten Häfen zu beschränken. Dies zeigt beispielhaft auf, dass kurze Umschlagzeiten in den Häfen und an den Terminals auch künftig ein sicher in mancher Hinsicht sogar noch zunehmend entscheidendes Wettbewerbskriterium ist. Der Innovationsdruck ist erheblich und bleibt eine Konstante.

Grundsätzlich ist es also so, dass die Infahrtsetzung immer größerer Schiffe eine erhebliche Steigerung der Kaimauerproduktivität verlangt hat und weiter verlangen wird, um die anzustrebende möglichst kurze Liegezeit der Megacarrier zu erreichen. Dazu sind schnellere Kranspiele notwendig sowie damit einhergehende schnelle innerbetriebliche Zubringerprozesse und leistungsgesteigerte Zu- und Ablauftransporte der Boxen. Das bedingt im Kern den Einsatz modernster Containerbrücken, hier ist beispielhaft die sogenannte Twin-40-Brücke zu nennen, mit der gleichzeitig zwei 40-ft- oder vier 20-ft-Container geliftet werden können – und zwar über immer mehr Containerreihen hinweg. Mehrere Brücken am Schiff, um so die Gesamtmenge schneller umzuschlagen, sind hilfreich – wenn sie zur Verfügung stehen. Dennoch bleibt es insgesamt gesehen ganz banal so, je mehr Boxen umzuschlagen sind, desto länger werden die für das Schiff unproduktiven Liegezeiten im Hafen. Notwendig ist es, alle Mittel einzusetzen und Konzepte zu finden, um sie so weit wie möglich zu begrenzen.

Es geht aber nicht nur um die Umschlagleistung an der Kaikante allein, sondern ebenso um die Abfertigung an den Gates und um den Transport der Boxen zwischen der Stackarea und dem Kai. Vor allem mit der Größe der Schiffe steigt auch der Flächenbedarf für den Containervorstau. Die effiziente Nutzung der vorhandenen, in den meisten Fällen eher knappen zur Verfügung stehenden Flächen für die Lagerung von Containern hat mehr und mehr an Bedeutung gewonnen. Hier ist z. B. die lange übliche Van-Carrier- bzw. Straddle-Carrier-Technologie inzwischen an ihre Grenzen gestoßen. Kompakte automatisierte oder auch teilautomatisierte Blocklager ermöglichen mehr als eine Verdoppelung der Flächenproduktivität. Möglich ist das, weil schienengeführte (RMG) oder gummibereifte (RTG) Portal- bzw. Gantry-Kräne das Stapeln übernehmen. Sie können höher stapeln und benötigen deutlich weniger Platz als Van- oder Straddle-Carrier, die zwischen den von ihnen zu bedienenden Containerreihen hindurchfahren müssen. Der mit

→ Diese Containerbrücken haben eine lange Seereise von Shanghai nach Hamburg überstanden. Sie wurden auf dem Burchardkai-Terminal installiert, um auf die neuen Generationen von Megacarriern vorbereitet zu sein.

Foto: HHLA

den Gantry-Kränen erreichte Effekt kann noch durch ein optimiertes Terminallayout mit kurzen Wegen gesteigert werden – selbstverständlich alles elektronisch gesteuert, wie überhaupt die Elektronik immer mehr Einzug in den Terminalbetrieben gehalten hat und noch wichtiger werden wird.

Enorm wichtig für die Gesamtproduktivität eines Terminals ist darüber hinaus die funktionale Eingliederung der Intermodalanbindung in das Terminallayout. Dabei geht es um die Hinterlandanbindungen durch Lkw, Schiene und Binnenwasserwege. Dafür steht das Argument, dass jeder Hafen so gut ist wie seine Hinterlandanbindungen. Bei den jüngsten Generationen von Containerschiffen mit Stellplatzkapazitäten von bisher um die 20 000 TEU können bei Hafenanläufen etwa bis zu 10 000 Moves beim Laden und Löschen anfallen, die innerhalb kürzester Zeit zu transportieren sind, um den Terminal funktionsfähig zu halten. Daraus ergeben sich Verkehrsbelastungen, die einige Häfen, vor allem in Europa, an ihre Leistungsgrenzen gebracht haben. Auf diesem Gebiet muss also noch viel getan werden, um diese Abläufe im Griff zu behalten, sie optimal zu gestalten. Das wird in erster Linie der problembehaftete weitere vielfältige Ausbau aller Verkehrswege bis hin zur Schaffung ausreichender Parkräume für Lkws sein. Hier mittel- oder gar kurzfristig ausreichende Lösungen zu finden und zu realisieren ist nur schwer vorstellbar.

Schließlich noch ein Blick auf die Bestrebungen, den Terminalbetrieb zu automatisieren oder zumindest weitgehend zu automatisieren. Das hat relativ früh begonnen und hat inzwischen zu bemerkenswerten Teilergebnisse geführt, die natürlich noch weiter vorangetrieben werden. Voll automatisierte Terminals gibt es bei dato (Mitte 2018) aber nur in China, in Shenzhens Yantian-Hafen und in Qingdao. Die aber befanden sich zu diesem Zeitpunkt immer noch im Testbetrieb. An weiteren Plätzen, nicht nur in China, laufen entsprechende Vorbereitungen.

Die für die Automatisierung notwendigerweise einzusetzenden Systeme bringen nicht nur Vorteile, sondern sie bergen in sich auch gefährliche Angriffsflächen. Stichwort Cybersicherheit. Während in der Vergangenheit Häfen und Transporteure hauptsächlich um die physische Sicherheit besorgt waren, stellen heutzutage Cyberangriffe in zunehmendem Maße die größte Gefahr dar. Hafensysteme sind praktisch ständig Cyberangriffen ausgesetzt, die von verschiedenen Tätergruppen, Kriminellen oder Terroristen etwa, mit unterschiedlichen Motiven ausgehen. Im Gegensatz zu herkömmlichen Angriffen können Cyberangriffe aus sicherer Entfernung, möglicherweise

→ Feierabend auf einer Containerbrücke

Foto: Kalmar

Abbildung: Malcho

→ Ein Lösungsvorschlag für die hafeninterne Boxenumfuhr ist das bisher zwar von der Uni Rotterdam ausgezeichnete, aber dennoch bisher noch nicht realisierte Projekt PORT FEEDER BARGE. Dabei handelt es sich um eine selbstfahrende Barge, die mit eigenem Krangeschirr ausgestattet ist und sowohl für die Hafenumfuhr als auch als schwimmender Terminal für Binnenschiffe eingesetzt werden kann.

Tausende Kilometer entfernt, anonym ausgeführt werden. Angreifer können Systeme überwachen und Informationen sammeln, um Schwachstellen zu erkennen, bevor sie eine kriminelle Tat oder einen Angriff ausführen. Im Gegensatz zu physischen Angriffen ist das Erkennen von Cyberkriminalität weitaus schwieriger. Inzwischen gibt es Gesetze zum Schutz von IT-Systemen, und auch von privater Seite sind verschiedene Abwehrsysteme entwickelt worden. Das alles trägt zwar zur Verbesserung der Sicherheit bei, einen vollständigen Schutz wird es aber wohl kaum geben. Ständige Aufmerksamkeit ist wahrscheinlich auch hier in Zukunft der bestmögliche Schutz.

Effizienter, sicherer, nachhaltiger und intelligenter – diese Eigenschaften dürften also zusammenfassend gesehen in den kommenden Jahren die Entwicklung der Häfen bestimmen.

Dazu noch einige ergänzende Anmerkungen und Zusammenfassungen, ohne dass sich aus der Reihenfolge eine Wertung ergeben soll:

- Shanghai hat 2015 Singapur als weltgrößten Containerhafen abgelöst. 2017 sind in Shanghai erstmals über 40 Mio. TEU über die Kaikanten gegangen.
- 2016 sind weltweit 720 Mio. TEU umgeschlagen worden.
- Von entscheidender Bedeutung ist vor dem Hintergrund der gewachsenen und wahrscheinlich noch weiter wachsenden Schiffsgrößen die Erreichbarkeit der Häfen. Das gilt nicht nur für die Wassertiefe der Fahrwasser und an den Liegeplätzen, sondern auch für die Breite der Zufahrten, breit genug, um auch Begegnungsverkehre zu ermöglichen. Zu berücksichtigen sind darüber hinaus auch Brückenhöhen, ausreichende Wendebecken und die Tideverhältnisse.
- Es müssen ausreichende Terminalflächen zur Verfügung stehen, damit genügend Platz besonders für die stoßartig anfallenden großen Boxenmengen der Megacarrier vorhanden ist. Das bedingt eine ausgefeilte Terminallogistik.
- Die Zu- und Ablaufverkehre müssen ausgebaut und reibungslos organisiert werden, nicht zuletzt um Terminalflächen frei zu halten. Dabei muss sich jeder Terminalbetreiber vor Augen halten,

Foto: bremenports

→ Stapellauf einer Baggerschute mit LNG-Antrieb für den Einsatz in den bremischen Häfen.

dass die Produktivität an den Kaikanten zwar sehr wichtig ist, aber gleichermaßen auch die Verweildauer der Boxen auf den Terminals. Sie muss so kurz wie möglich gehalten werden, und darauf muss ein großer Teil künftiger Maßnahmen abgestellt werden.

- Die konzeptionelle Vernetzung von See- und Binnenhäfen muss weiter vorangetrieben werden, um die vorhandenen Kapazitätsreserven und die sich bietenden Vorzüge der Binnenwasserstraßen zur Entlastung von Straße und Schiene zu nutzen sowie gleichermaßen damit einen Beitrag für den Umweltschutz zu leisten.
- Die hafeninterne Boxenumfuhr bedarf einer überzeugenden Lösung, dort wo es mehrere getrennte Terminals gibt.
- Wo es Feederverkehre über leistungsfähige Binnenwasserstraßen gibt, müssen eigene Terminals für die Binnenschifffahrt geschaffen werden.
- Es gilt, die digitale Kooperation zwischen Häfen zu fördern, um die operativen Abläufe zu verbessern.
- Die Häfen müssen sich besser auf Unfälle von Großcontainerschiffen an ihren Terminals oder in ihrer Nähe vorbereiten. Das betrifft neben anderem ausreichend große Bergungskräne, Feuerlöschkapazitäten sowie entsprechend leistungsfähige Schlepper und Festmacherboote.
- Zunehmend ist in den vergangenen Jahren der Umweltschutz ins Blickfeld gerückt. Diese Bewegung wird sich fortsetzen. Auch in den Häfen gibt es viele Möglichkeiten, dem über das schon Erreichte hinaus noch mehr zu entsprechen. Dazu einige Stichworte: Landstromversorgung, Abfallentsorgung (Müll, Altöl, Schiffsabwässer), Nutzung alternativ erzeugter Energie (Windenergie) für den eigenen Stromverbrauch, auch zum Aufladen von Batterien z. B. der Flurfördergeräte sowie Nutzung von LNG zur landseitigen Versorgung von Schiffsaggregaten und als Antriebsmittel für Hafenbetriebsfahrzeuge.
- Drewrys Anfang August 2018 vorgelegte Fünfjahresprognose für die Containernachfrage geht von einem durchschnittlichen Wachstum von knapp sechs Prozent pro Jahr aus, damit würde der weltweite Containerumschlag in den Häfen in dem Zeitraum um fast 240 Mio. TEU anwachsen. Beim derzeitigen Stand der Containerterminal-Branche entspricht das einem jährlichen Wachstum von sechs Prozent TEU zusätzlich; das ist ungefähr die Umschlagskapazität des Hafens Shanghai.
- Und abschließend: Die weitere Konzentration unter den Container-Linienreedereien wird deren Marktmacht weiter stärken und auch den Druck auf die Häfen und Terminalbetreiber tendenziell weiter erhöhen. Von ihnen wird anhaltend ein Höchstmaß an Flexibilität verlangt werden.

↓ Die Windkraftanlage zur Deckung des eigenen Strombedarfs auf dem Eurogate-Terminal.

Foto: Eurogate

## Die Top-20-Containerhäfen der Welt (in 1 000 TEU)

Quelle: Maritime Logistik

| Rang | Hafen | Staat | Region | 2017 | 2016 | 2015 | 2014 | 2013 |
|---|---|---|---|---|---|---|---|---|
| 1 | Shanghai | China | Jangtse-Delta | 40 230 | 37 133 | 36 537 | 35 268 | 33 617 |
| 2 | Singapur | Singapur | Malakka-Straße | 33 670 | 30 904 | 30 922 | 33 869 | 32 240 |
| 3 | Shenzhen | China | Perlflussdelta | 25 210 | 23 979 | 24 204 | 23 798 | 23 280 |
| 4 | Ningbo-Zhoushan | China | Jangtse-Delta | 24 610 | 21 560 | 20 620 | 19 450 | 17 351 |
| 5 | Busan | Südkorea | Straße von Korea | 21 400 | 19 850 | 19 469 | 18 423 | 17 690 |
| 6 | Hongkong | Hongkong | Perlflussdelta | 20 760 | 19 813 | 20 073 | 22 374 | 22 352 |
| 7 | Guangzhou | China | Perlflussdelta | 20 370 | 18 858 | 17 625 | 16 160 | 15 309 |
| 8 | Qingdao | China | Gelbes Meer | 18 260 | 18 010 | 17 510 | 16 624 | 15 520 |
| 9 | Dubai | Ver. Arab. Emirate | Arab. Halbinsel | 15 440 | 14 772 | 15 592 | 14 750 | 13 641 |
| 10 | Tianjin | China | Gelbes Meer | 15 210 | 14 490 | 14 090 | 14 050 | 13 010 |
| 11 | Rotterdam | Niederlande | Nordsee | 13 600 | 12 385 | 12 235 | 12 453 | 11 621 |
| 12 | Port Klang | Malaysia | Malakka-Straße | 12 060 | 13 170 | 11 887 | 10 736 | 10 350 |
| 13 | Antwerpen | Belgien | Nordsee | 10 450 | 10 037 | 9 654 | 9 136 | 8 578 |
| 14 | Xiamen | China | Formosa-Straße | 10 380 | 9 614 | 9 183 | 8 572 | 8 010 |
| 15 | Kaohsiung | Taiwan | Taiwan | 10 240 | 10 465 | 10 264 | 10 593 | 9 938 |
| 16 | Dalian | China | Gelbes Meer | 9 710 | 9 614 | 9 450 | 10 128 | 10 860 |
| 17 | Los Angeles | USA | US-Westküste | 9 340 | 8 857 | 8 160 | 8 340 | 7 869 |
| 18 | Hamburg | Deutschland | Nordsee | 9 000 | 8 910 | 8 821 | 9 729 | 9 302 |
| 19 | Tanjung Pelepas | Malaysia | Malakka-Straße | 8 300 | 8 281 | 9 120 | 8 500 | 7 628 |
| 20 | Laem Chabang | Thailand | Golf von Thailand | 7 760 | 7 227 | 6 780 | 6 518 | 6 032 |

# Quellennachweis

**Bücher**

Bremer Lagerhaus-Gesellschaft, Bremer-Bremerhaven Container-Story
Erik Lindner, Die Herren der Container, Hamburg 2008
Olaf Preuß, Eine Kiste erobert die Welt, Hamburg 2007
Dieter Strobel, Die Warnemünder Werft, Wolgast 2002
Hans Jürgen Witthöft, Die Mega-Carrier kommen, Hamburg 2004
Hans Jürgen Witthöft, Hamburg Süd – Eine illustrierte Geschichte der Ereignisse, Hamburg 2009

**Zeitschriften**

Binnenschifffahrt, BLG Logistics, Containerisation International, ConTrailo, DVZ Deutsche Verkehrs-Zeitung, Hamburger Abendblatt, SuT Schifffahrt und Häfen, Schiff & Hafen, Täglicher Hafenbericht, Weserlotse

**Info-Dienste/Sonstige Publikationen**

AXS-Alphaliner, Braemar, Clarkson, Dynamar, Fairplay, Hansa Daily, ISL-Institut für Seeverkehrswirtschaft und Logistik, Lloyd's Register/New Ships, Shipping Gazette – Daily Shipping News, Wikipedia
Hauszeitschriften und sonstige Publikationen aus den Häusern Det Norske Veritas, Verband Deutscher Reeder, Germanischer Lloyd, Hafen Hamburg Marketing, Hamburg Süd, Hapag-Lloyd, Hansa, Hansa Treuhand, HHLA, International Salvage Union (ISU), Kalmar, MAN

**Umschlagfoto**

Titelbild: Hapag-Lloyd